한 권으로 끝내는

실전 LLM 파인튜닝

한 권으로 끝내는
실전 LLM 파인튜닝

지은이 강다솔
펴낸이 박찬규 엮은이 최용, 전이주 디자인 북누리 표지디자인 Arowa & Arowana

펴낸곳 위키북스 전화 031-955-3658, 3659 팩스 031-955-3660
주소 경기도 파주시 문발로 115, 311호(파주출판도시, 세종출판벤처타운)

가격 28,000 페이지 348 책규격 175 x 235mm

초판 발행 2024년 12월 17일
ISBN 979-11-5839-562-9 (93000)

등록번호 제406-2006-000036호 등록일자 2006년 05월 19일
홈페이지 wikibook.co.kr 전자우편 wikibook@wikibook.co.kr

이 책의 내용에 대한 추가 지원과 문의는 위키북스 출판사 홈페이지 wikibook.co.kr이나
이메일 wikibook@wikibook.co.kr을 이용해 주세요.

한 권으로 끝내는
실전 LLM 파인튜닝

GPT 작동 원리부터
Gemma 2 / Llama 3 파인튜닝, vLLM 서빙까지

강다솔 지음

위키북스

오늘날 인공지능(AI)은 우리 생활 곳곳에서 놀라운 변화를 일으키고 있습니다. 특히 거대 언어 모델(LLM)의 발전은 AI 기술의 새로운 지평을 열었으며 GPT, Gemma, Llama 3와 같은 강력한 모델이 등장하면서 AI를 활용하는 영역이 더욱 넓어지고 있습니다. 이러한 다양한 활용 분야에서 각 도메인의 특수성을 반영하고 실제 문제를 해결하기 위해서는 기존 모델의 맞춤화가 필수이며, 이에 따라 LLM 파인튜닝 기술의 중요성이 나날이 커지고 있습니다.

이 책은 단순히 LLM을 사용하는 방법을 넘어서, 모델의 작동 원리부터 실제 파인튜닝까지 체계적으로 다룹니다. 튜링 테스트부터 시작해 인공지능의 역사적 맥락과 NLP의 발전 과정을 살펴보며, 트랜스포머의 등장으로 이어지는 혁신의 순간들을 되짚어 봅니다. 특히 self-attention의 원리 등 트랜스포머의 작동 방식과 핵심 이론을 쉽게 풀어내어 언어 모델이 학습하는 원리를 이해하는 데 중점을 두었습니다. 이를 바탕으로 독자들이 자연스럽게 파인튜닝의 본질을 이해하도록 돕습니다.

실무적인 측면에서는 단일 GPU 환경에서의 전체 파인튜닝부터 LoRA, QLoRA와 같은 효율적인 파라미터 튜닝 기법, 그리고 다중 GPU 환경에서의 병렬화 전략까지 다룹니다. 이 모든 실습은 Runpod 환경에서의 실습을 통해 이론이 어떻게 실제로 구현되는지 경험할 수 있으며, vLLM을 활용한 모델 서빙 최적화를 통해 실제 서비스 구현까지 이어지는 전체 과정을 상세히 안내합니다.

복잡한 개념들을 쉽게 풀어내면서도 최신 연구와 실무 트렌드를 반영하여, AI의 본질과 응용 방법을 균형 있게 다루고자 했습니다. 이 책을 통해 LLM 파인튜닝의 이론적 기초부터 실전 활용법까지 체계적으로 학습하여, 여러분만의 커스텀 AI 모델을 개발하는 여정을 시작하시기 바랍니다.

끝으로, 이 책의 모든 코드를 꼼꼼히 검토하고 귀중한 피드백을 주신 NLP 엔지니어 조상철 님, 퀀트 엔지니어 권용성 님, 백엔드 엔지니어 김준호 님께 진심으로 감사드립니다.

강진범 _ 브릭메이트 CTO, 공학박사

이 책은 인공지능과 자연어 처리(NLP)에 대한 풍부한 지식과 실용적 노하우를 제공하며, 다양한 잠재 독자들에게 흥미로운 가능성을 열어줍니다. 복잡한 개념을 쉽게 풀어내면서도 최신 연구와 실무 트렌드를 반영해, AI의 본질과 응용 방법을 균형 있게 다루고 있습니다.

특히, 단순한 이론서에 그치지 않고 실습을 통해 지식을 체득할 수 있는 기회를 제공합니다. GPT와 트랜스포머를 활용한 모델 구현부터 GPU 병렬화, 데이터 전처리, 파라미터 튜닝까지 다루며, 실전에서 바로 사용할 수 있는 구체적인 방법을 담았습니다. 독자들은 이 책을 통해 AI 프로젝트를 성공적으로 수행할 자신감을 얻게 될 것입니다.

무엇보다, Runpod와 같은 실무 플랫폼을 활용한 실습 내용은 학습을 더욱 빠르고 효과적으로 만들어 줍니다. 최신 모델의 비교와 튜닝 전략도 소개되어 있어, 인공지능 기술을 비즈니스나 연구에 도입하려는 이들에게 실질적인 가치를 전달합니다.

이 책은 AI에 대한 새로운 통찰과 실용적 해법을 원하는 모든 이들에게 훌륭한 지침서가 될 것입니다. 여러분이 이 책을 통해 인공지능의 세계를 더욱 깊이 이해하고, 그 잠재력을 활용해 큰 성과를 거두길 기대합니다.

기회가 될 때 꼭 한번 읽어보시길 추천드립니다.

이준범 _ AI/ML GDE

최근 거대 언어 모델의 발전을 역사적 맥락에서 체계적으로 살펴보고, 글을 읽는 여러분이 딥러닝의 기초부터 현재 최신의 여러 기술까지 이해할 수 있도록 상세하게 기술을 다루고 있습니다.

초기 AI가 어떤 모습이었고, 현재는 어떤 모습으로 발전했으며 그리고 신경망과 퍼셉트론의 등장과 Backprop까지 어떻게 딥러닝이 발전해 왔는지 잘 짚어줍니다.

Transformer, GPT와 같이 최신 언어 모델의 기초가 되는 부분을 코드 레벨로 함께 다룰 뿐 아니라, 실제 코드 레벨로 실습할 수 있도록 제공하고 있고, 딥러닝과 PyTorch에 대해 잘 알지 못하는 경우에도 코드 하나하나가 어떤 의미인지 상세하게 설명이 되어 있고, 또한, 코드 실행 결과별로 Tensor의 입출력 결과가 함께 있어 실제 코드가 어떻게 값들을 조작하는지 따라갈 수 있어 읽고 응용하는 데 부담을 많이 줄여줍니다.

언어 모델의 예시로 Llama 3, Gemma 2와 같이 올해 출시된 여러 모델의 아키텍처도 함께 다루고 있어 함께 살펴보기도 좋으며, 실제 Gemma 모델을 기반으로 클라우드 플랫폼에서 학습하는 실습이 있어 여러분이 가진 실제 데이터셋으로 바꿔 학습해 보는 데 기반이 되어줄 거라 생각합니다. 학습 시에 샘플 데이터가 영어 데이터가 아니라 한국어 데이터로 이뤄져 있어 여러분이 보다 쉽게 접근할 수 있고 학습의 이점을 보다 뚜렷이 체감할 수 있을 듯합니다.

이 책은 여러분이 한국어 언어 모델 학습을 좀 더 편안한 마음으로 시작할 수 있도록 도와주는 첫 지도가 되어줄 거라 생각합니다. 파이팅!

염경현 _ Amazon Web Services CSE

데이터 엔지니어로 근무하고, 클라우드 회사에서 다양한 고객들의 니즈를 접하면서 점점 인공지능에 대한 이해가 이제는 선택이 아닌 필수인 시대로 가고 있다고 느끼고 있습니다.

이 책은 인공지능과 자연어 처리(NLP)에 관심이 있는 모든 엔지니어들에게 유용한 안내서입니다. NLP의 발전 과정에 따라 초기 기계 번역의 한계부터 최신 트랜스포머 모델의 등장까지를 차근차근 다룸으로써 인공지식에 대한 지식이 부족한 독자들도 기술 발전의 흐름을 쉽게 이해할 수 있게 도와줄 것입니다.

또한 GPU 병렬 처리 및 효율적인 파라미터 튜닝 기법(PEFT)을 다룸으로써 대용량 데이터를 다루는 엔지니어들에게 필수적인 정보를 제공합니다. LoRA 및 QLora를 활용한 효율적 모델 학습 방법은 실제 개발 환경에서 모델을 최적화하는 데 큰 도움이 될 것입니다. GPT와 같은 최신 언어 모델의 구축부터 파인튜닝(Fine-Tuning)까지, 실질적으로 적용 가능한 단계별 과정이 설명과 함께 코드로 제공되어 이론과 실습을 자연스럽게 연결할 수 있습니다.

이 책은 인공지능을 활용하여 데이터 파이프라인을 최적화하거나 모델을 클라우드 환경에서 관리하고 싶은 모든 클라우드 엔지니어에게 더할 나위 없는 지침서입니다. 최신 AI 기술을 다루면서도 실용적인 관점에서 접근하고 있어, 실무에 바로 적용 가능한 가치 있는 자료가 될 것입니다.

어렵게만 느껴지는 인공지능 모델에 대한 부담을 줄이고, 실습을 통해 인공지능 모델을 쉽게 익혀보고 싶은 모든 분들께 이 책을 추천합니다.

이경록 _ YouTube 테디노트 Creator

이 책은 최근 급부상하고 있는 LLM 파인튜닝 분야에 대한 깊이 있는 통찰과 실용적인 가이드를 제공합니다.

특히 파인튜닝을 전문적으로 다룬 한글 서적이 부족했던 상황에서, PEFT와 Full Fine-tuning 등 다양한 방법론을 입문자의 관점에서 체계적으로 설명하고 있어 큰 의미가 있습니다.

주목할 만한 점은 파인튜닝을 이해하기 위한 기초 개념부터 차근차근 설명하고 있다는 것입니다.

self-attention의 작동 원리, 토크나이저의 개념, vocab의 의미, 트랜스포머의 작동 방식 등 핵심 이론을 쉽게 풀어내어, 독자들이 자연스럽게 파인튜닝의 본질을 이해할 수 있도록 돕습니다.

실무적인 관점에서도 매우 유용한 내용을 담고 있습니다.

단일 GPU 환경에서의 파인튜닝부터 다중 GPU를 활용한 고급 기법까지 다루며, 특히 vLLM을 활용한 모델 서빙 방법을 상세히 설명하여 실제 서비스 구현까지 이어질 수 있도록 안내합니다.

이 책은 파인튜닝을 배우고자 하는 모든 이들에게 한 줄기 빛과 같은 존재가 될 것입니다.

특히 실습 중심의 구성과 친절한 설명은 독자들이 실제로 LLM을 자신의 목적에 맞게 조정하고 활용할 수 있는 자신감을 심어줄 것입니다.

이론과 실무의 균형 잡힌 접근, 그리고 최신 기술 트렌드를 반영한 내용 구성은 이 책의 가장 큰 장점입니다.

LLM 파인튜닝에 관심 있는 모든 분들에게 이 책을 강력히 추천드립니다.

유원준 _ 네이버클라우드 NLP 엔지니어

시중의 LLM 관련 서적들은 너무 많은 주제를 얕게 훑거나, 구글 코랩 환경의 실습에 그쳐 실무와 거리가 있었습니다. 이 책은 기초 이론부터 LLaMA 3와 같은 최신 모델까지 깊이 있게 다루면서도, 단계적인 설명으로 초심자도 쉽게 따라올 수 있습니다.

특히 다른 책들과 차별화되는 점은 현업에서 바로 활용 가능하고 반드시 체득해야 할 파인튜닝, PEFT, vLLM 서빙 등 실전적인 기술들을 hands-on 실습으로 다룬다는 것입니다. 실제 많은 회사에서 사용하는 Runpod 환경에서의 실습을 통해 실제 현업에서 필요한 기술들을 체득할 수 있습니다. AI 분야 입문자부터 실무자까지, 이 책은 거대 언어 모델의 핵심을 이해하고 실제 구현할 수 있는 귀중한 지침서가 될 것입니다.

이 책의 예제 파일을 다운로드하는 방법을 설명하겠습니다.

이 책의 모든 예제 파일은 다음 주소의 깃허브에 있습니다.

- **깃 허브 주소:** https://github.com/wikibook/llm-finetuning

1. 우측 상단의 파란색 [<> Code] 버튼을 클릭합니다.

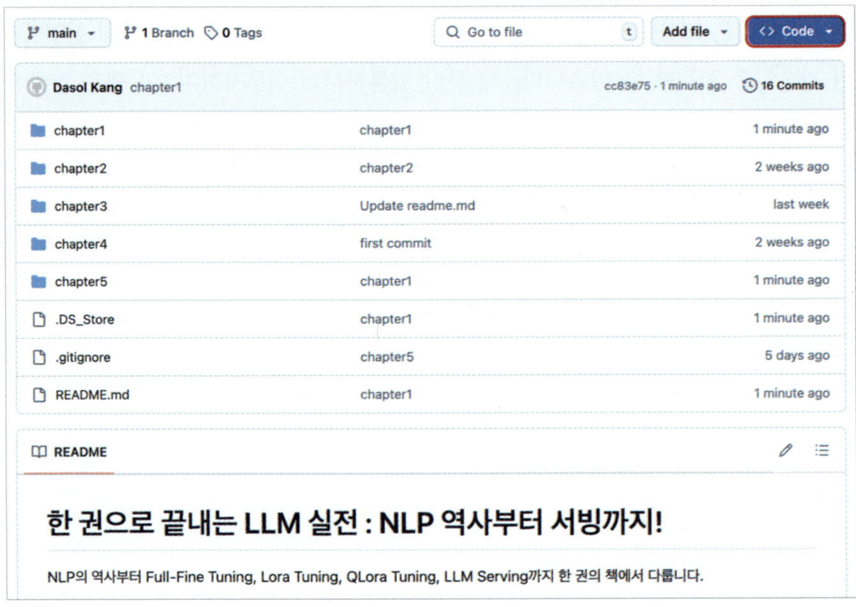

소스코드 다운로드 방법 (1)

2. [Download ZIP] 버튼을 클릭하면 소스 코드 전체가 다운로드됩니다.

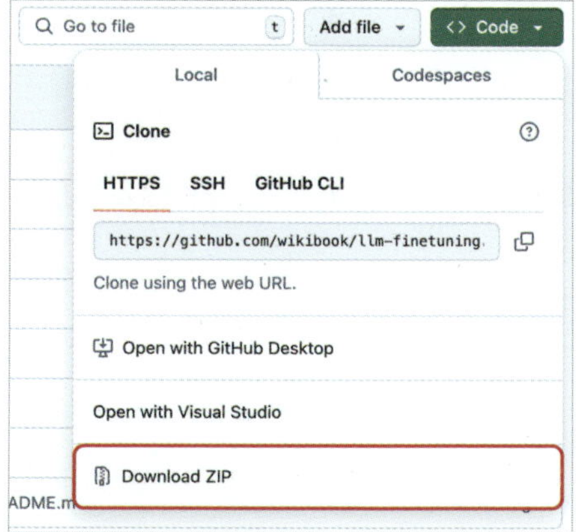

소스코드 다운로드 방법 (2)

3. 또한, 책을 읽다가 모르는 내용이 나오거나 인터넷으로 찾아봐도 해결되지 않을 때는 카카오톡 NLP & RAG 오픈채팅 방에서 질문하면 됩니다.

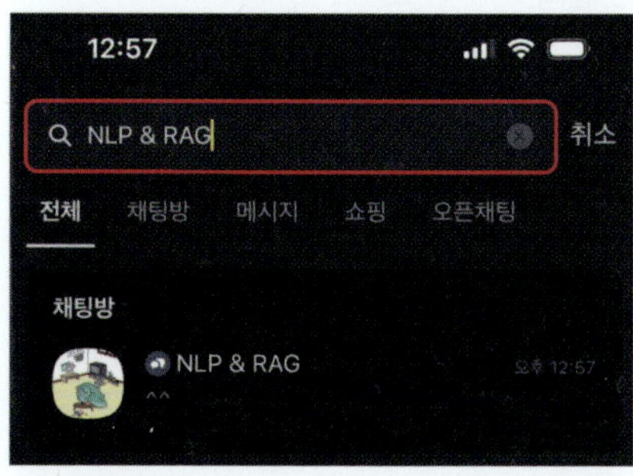

질문 단톡방

03 전체 파인튜닝

04 효율적인 파라미터 튜닝 기법(PEFT)

05 vLLM을 활용한 서빙

부록

01

NLP의 과거와 오늘

- 1.1 _ 자연어 처리 발전의 주요 이정표
- 1.2 _ 초기 기계 번역의 역사와 전환점
- 1.3 _ 인공지능의 시작
- 1.4 _ 인공지능은 어떻게 학습하는가?
- 1.5 _ 역전파 알고리즘: 학습의 혁명
- 1.6 _ 트랜스포머의 등장: NLP의 새로운 시대

인공지능과 자연어 처리 기술의 발전 과정을 이해하려면 몇 가지 핵심적인 질문을 살펴봐야 합니다. '어떻게 인간의 언어를 이해하는 것이 가능할까?', '어떻게 기계를 학습시킬 수 있을까?', '과연 기계는 생각할 수 있을까?' 등의 근본적인 질문은 지난 수십 년간 인공지능 연구자를 이끌어온 나침반이었습니다.

이번 장에서는 이러한 질문들을 중심으로, 자연어 처리(NLP: Natural Language Processing)와 인공지능의 발전 과정을 단계적으로 살펴봅니다. 처음에는 단순한 규칙으로 시작했던 자연어 처리가 어떻게 오늘날의 복잡한 언어 모델로 발전했는지, 또한 이 과정에서 컴퓨터가 인간의 언어를 이해하고 생성하는 능력을 어떻게 갖게 됐는지 이해할 수 있을 것입니다.

이러한 발전 과정을 이해하는 것은 단순한 역사적 흥미를 넘어, 현재 마주한 AI 기술의 가능성과 한계를 더 깊이 이해하는 데 필수적입니다. 과거의 도전과 혁신을 통해 미래의 AI 발전 방향을 더 명확히 예측할 수 있을 것입니다.

1.1 _ 자연어 처리 발전의 주요 이정표

인공지능과 자연어 처리 기술은 현재 우리 일상생활에 깊숙이 자리 잡았습니다. 이러한 기술의 영향력은 다방면에서 확인할 수 있습니다. 'OK Google', 'Siri', 'Alexa' 등의 음성 인식 기술을 활용한 디지털 서비스, 스마트폰의 자동 통화 녹음 및 요약 기능, 실시간 대화 번역 기능 등이 그 예입니다. 또한, 챗GPT(ChatGPT)와 같은 대화형 AI 모델은 영어 회화 학습이나 콘텐츠 제작에 활용되고 있습니다. 미드저니(Midjourney)와 같은 AI 이미지 생성 도구는 고품질의 맞춤형 이미지를 쉽게 만들 수 있게 해줍니다. 이처럼 AI와 NLP 기술은 우리의 일상 곳곳에서 편의성을 높이고 생산성을 향상하는 데 큰 역할을 합니다.

AI 기술이 급속도로 발전함에 따라 많은 사람이 이 분야에 깊은 관심을 보이고 있습니다. 인공지능에 대해 더 깊이 있게 학습하고자 하는 열망이 높아지고 있지만, 인공지능은 복잡하고 다층적인 특성을 가진 학문이어서 쉽게 접근하기 어려운 면이 있습니다. 이러한 어려움을 극복하고 인공지능을 제대로 이해하려면 인공지능의 발전 과정과 역사적 맥락을 파악하는 것이 중요합니다. 각각의 기술이 어떤 배경에서 탄생했고, 왜 필요했는지를 이해하면 현재 인공지능 기술의 핵심 원리와 한계, 그리고 미래의 발전 가능성을 더 깊이 있게 파악할 수 있습니다.

1장에서는 AI의 역사적 맥락에서 시작해, 각 기술의 등장 배경과 발전 과정을 다룹니다. 1930년대 논문에서 시작해, 지난 수십 년 동안의 이뤄진 연구와 실험을 통해 쌓인 중요한 이정표들을 역사적 순서에 따라 탐험합니다.

이 과정에서 인공지능 발전의 중요한 이정표가 된 논문 세 편을 함께 살펴봅니다.

- **앨런 튜링**Alan Turing

  〈Computing Machinery and Intelligence〉
- **프랭크 로젠블랫**Frank Rosenblatt

  〈The Perceptron: A Probabilistic Model for Information Storage and Organization in the Brain〉
- 데이비드 루멜하트David E. Rumelhart, 제프리 힌튼Geoffrey E. Hinton, 로널드 윌리엄스Ronald J. Williams

  〈Learning Representations by Back-Propagating Errors〉

단순히 기술을 배우는 것을 넘어서, 인공지능과 자연어 처리 기술이 시간의 흐름에 따라 어떻게 발전했는지 상세히 살펴봅니다. 이러한 역사적 맥락을 파악함으로써 현재 인공지능 기술의 기반을 더 명확히 이해하고 앞으로의 발전 방향을 예측하는 데 필요한 통찰력을 얻을 수 있습니다.

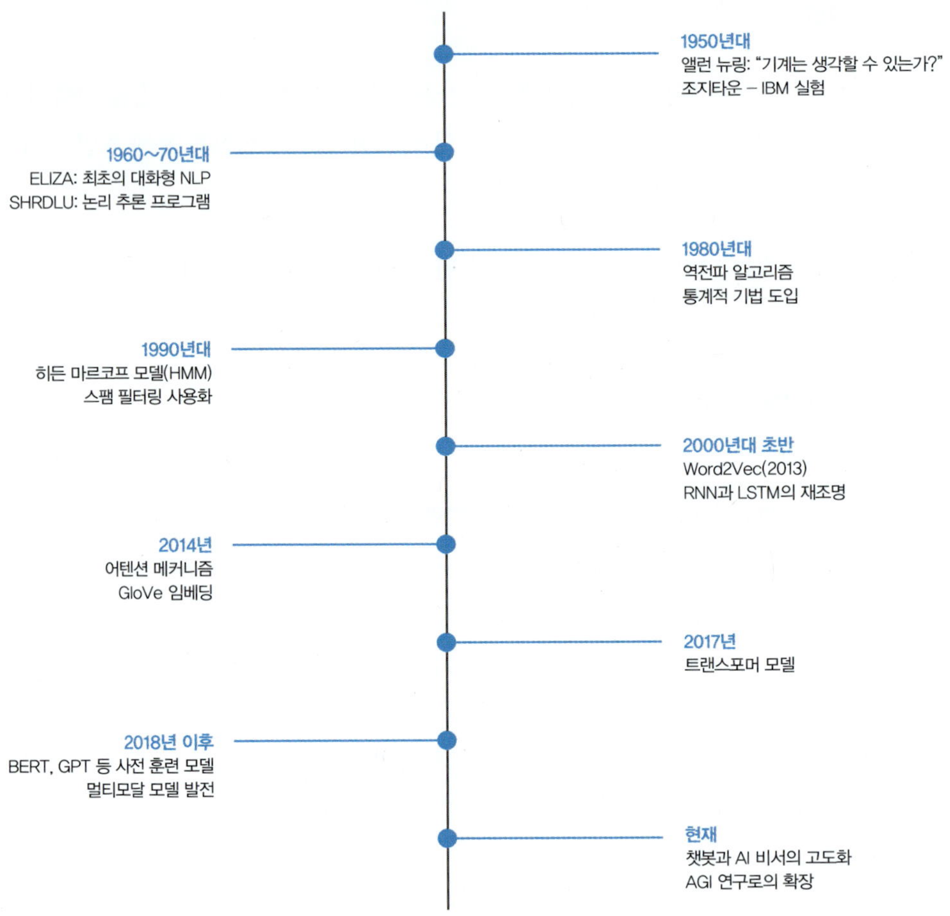

그림 1.1 자연어 처리와 인공지능의 발전 과정

1.2 _ 초기 기계 번역의 역사와 전환점

AI와 NLP의 역사는 1930년대부터 시작되어 2차 세계대전을 거치며 중요한 전환점을 맞이했습니다. 이 시기에는 디지털 컴퓨터가 아직 등장하지 않았음에도 불구하고 기계 번역과 암호 해독 기술이 크게 발전했습니다. 특히 앨런 튜링과 같은 연구자들은 디지털 컴퓨터 없이도 기계가 언어를 처리할 수 있다는 가능성을 제시했습니다.

1.2.1 아르츠루니와 트로얀스키의 연구

전쟁 중 암호 해독의 중요성이 크게 부각되면서 언어 간 자동 번역에 대한 관심도 자연스럽게 높아졌습니다. 이런 관점에서 조지 아르츠루니(Georges Artsrouni)와 피터 트로얀스키(Petr Troyanskii)라는 두 연구자가 혁신적인 아이디어를 제시합니다. 이들은 현대적인 디지털 컴퓨터가 등장하기 이전에 이미 기계를 이용한 자동 번역의 개념을 제안했습니다. 이는 당시로서는 매우 앞선 생각이었으며, 현대 기계 번역 기술의 초석을 다진 중요한 업적이라고 할 수 있습니다. 지금부터 그들이 어떤 연구를 했는지 자세히 살펴보겠습니다.

조지 아르츠루니는 1933년에 획기적인 발명품을 선보입니다. 그가 만든 기계적 두뇌(그림 1.2)는 최초의 기계 번역 시스템으로 특허를 받았습니다. 이 혁신적인 장치는 단순한 기계가 아닌, 자동화된 다국어 사전의 역할을 수행했습니다.

그림 1.2 아르츠루니의 기계[1]

아르츠루니의 발명에서 주목해야 할 점은 그가 만든 기기가 종이테이프를 주요 매체로 활용했다는 것입니다. 이 장치는 종이테이프에 단어들을 저장하고, 필요할 때마다 이를 검색하는 방식으로 작동했습니다. 이러한 방식은 현대의 디지털 저장 장치와 검색 시스템의 초기 형태라고 볼 수 있습니다. 당시로서는 매우 혁신적인 아이디어였으며, 현대 컴퓨터의 데이터 저장 및 검색 시스템의 원형을 보여주는 중요한 발명이었습니다.

1 https://aclanthology.org/www.mt-archive.info/IJT-2004-Hutchins.pdf

그러나 아르츠루니의 발명에는 한계점도 존재했습니다. 이 장치는 초기 언어 번역을 위한 기계적 수단으로서 중요한 의미를 가졌지만, 실제 번역 과정에서는 단순히 단어를 치환하는 방식에 그쳤습니다. 이로 인해 문법이나 문맥을 충분히 고려하지 못하는 한계가 있었습니다. 이는 언어의 복잡성과 문맥의 중요성을 고려할 때 완전한 자동 번역을 위해서는 더 많은 발전이 필요함을 보여주는 부분이라고 할 수 있습니다.

이후 1935년에 피터 트로얀스키는 기계 번역에 대한 더욱 정교한 접근 방식을 제안합니다. 그가 설계한 기계는 한 언어에서 다른 언어로, 또는 여러 언어로 동시에 번역할 수 있는 혁신적인 시스템이었습니다. 이 기계는 타자기, 옛날 필름 카메라, 그리고 네 가지 언어로 작성된 카드를 결합해 사용했습니다.

트로얀스키의 기계는 각 문장에서 단어를 순서대로 선택합니다. 선택된 각 단어에 대해 해당 언어의 카드를 찾아 카메라로 그 카드의 사진을 찍습니다. 그다음, 타자기로 해당 단어의 문법적 특징(예: 명사, 복수형, 소유격 등)을 입력합니다. 타자기의 각 키는 특정 문법적 특성을 나타내며, 카메라의 필름과 타자기의 테이프가 동시에 작동해 단어와 그 문법적 정보를 담은 프레임을 생성하는 방식입니다.

하지만 이 기계에도 한계가 있었습니다. 각 단어를 순차적으로 처리하기 때문에 문장의 전체 구조나 문맥을 파악하는 능력이 부족했습니다. 따라서 자연스러운 번역을 위해서는 여전히 사람의 추가적인 검토와 문맥 파악이 필요했습니다. 이러한 한계에도 불구하고, 트로얀스키의 발명은 기계 번역의 가능성을 크게 넓힌 획기적인 발전이었다고 평가받습니다.

1.2.2 위버의 제안과 조지타운-IBM 실험

1947년, 미국의 수학자 워렌 위버(Warren Weaver)가 기계 번역 연구를 제안하면서 본격적인 연구의 기틀이 마련됐습니다. 위버는 1949년 메모에서 언어 번역 문제를 정보 이론의 관점에서 접근할 것을 제안했고, 이는 기계 번역 연구의 중요한 이정표가 됐습니다. 그의 아이디어는 컴퓨터가 인간의 언어를 이해하고 번역할 수 있는 가능성을 크게 확장했습니다.

1951년 MIT에서 기계 번역 연구가 본격화됐고, 1954년의 조지타운-IBM 실험 또한 중요한 이정표가 됐습니다. 이 실험에서는 60개 이상의 러시아어 문장을 영어로 완전 자동 번역하는 데 성공했으며, 이는 기계 번역 기술의 가능성을 실험적으로 입증한 초기 사례였습니다. 이 실험의 성공은 후속 연구의 방향성을 제시하며, 다양한 기계 번역 접근 방식의 기초가 됐습니다.

1.2.3 초기 기계 번역의 한계와 새로운 전환

기계 번역 기술은 점차 발전했지만, 초기 단계에서는 당시 컴퓨팅 기술의 한계로 인해 여러 어려움을 겪었습니다. 초기 컴퓨터들은 처리 능력과 메모리 용량이 매우 제한적이어서 언어 처리에 필요한 복잡한 알고리즘을 실행하는 데 큰 제약이 있었습니다. 예를 들어, 대규모 언어 데이터를 저장하고 처리하는 것이 현실적으로 불가능했고, 문맥을 고려한 정교한 번역 작업을 수행하기에는 컴퓨터의 성능이 턱없이 부족했습니다. 이로 인해 초기 기계 번역 시스템은 대부분 단순한 단어 대 단어 번역이나 기본적인 문법 규칙에 의존한 번역에 그쳤습니다. 이러한 기술적 한계는 기계 번역의 품질과 실용성에 직접적인 영향을 미쳤고, 연구자들은 이를 극복하기 위해 지속적으로 노력해야 했습니다.

한편, 당시 주된 연구 흐름이 기계 번역이었음에도 불구하고 튜링은 〈Computing Machinery and Intelligence〉 논문에서 '기계가 생각할 수 있을까?'라는 혁신적인 질문을 제기했습니다. 이는 기계가 인간과 유사한 지능을 가질 수 있는지에 대한 근본적인 문제 제기였습니다. 튜링의 질문은 인공지능의 본질과 가능성에 대한 새로운 사고의 틀을 제공하며, 철학, 종교학, 공학 등 다양한 학문 분야에서 큰 반향을 일으켰습니다.

튜링이 주장한 '기계'의 개념은 현대 인공지능과 직접적으로 연결되므로 그의 주장을 살펴보는 것은 현재 인공지능의 발전을 이해하는 데 매우 중요합니다. 앨런 튜링을 비롯한 연구자들의 고민과 업적을 이해하는 것은 AI와 NLP의 발전 과정을 파악하는 데 큰 도움이 됩니다.

이러한 학습 과정을 통해 AI에 관한 이해의 폭을 넓힐 수 있을 것입니다. 이제 튜링의 논문을 자세히 살펴보면서 그의 생각이 어떻게 현대 인공지능의 기초를 마련했는지 알아보겠습니다.

1.3 _ 인공지능의 시작

인공지능의 시작은 '기계가 생각할 수 있는가?'라는 흥미로운 질문에서 비롯됩니다. 이 질문은 수학자이자 컴퓨터 과학자인 앨런 튜링이 이 질문을 담은 논문[2]에서 처음 제기됐습니다. 튜링의 질문은 단순한 호기심이 아닌 기계와 인간의 사고 능력에 대한 깊은 철학적 고찰을 담고 있습니다. 이 논문은 24,710번이나 인용될 정도로 인공지능 분야에 큰 영향을 미쳤고, 인공지능 연구의 시작점이 됩니다. 이를 계기로 많은 과학자들과 연구자들이 기계의 사고 능력과 인공지능의 가능성에 대해 본격적으로 탐구하기 시작합니다. 이 질문은 인공지능의 본질을 이해하는 데 핵심적인 역할을 하며, 현대 인공지능 기술의 발전 방향을 결정짓는 중요한 출발점이 됩니다. 이제 이 질문의 의미와 그것이 인공지능 분야에 미친 영향에 대해 더 자세히 살펴보겠습니다.

1.3.1 튜링의 질문: 기계는 생각할 수 있는가?

'기계가 생각할 수 있는가?'라는 튜링의 질문이 당시에 큰 논란이 된 이유를 이해하려면 1950년대 사람들의 기계에 대한 인식을 살펴볼 필요가 있습니다. 당시 많은 사람은 기계를 주로 공장과 산업에서 사용되는 대형 설비나 대량 생산을 위한 도구로 여겼습니다. 그러나 튜링은 기계를 다르게 정의했습니다. 그는 기계를 모든 공학 기술을 사용하고, 내부 작동 원리를 몰라도 기계로 간주할 수 있으며, 사람은 제외하고, 저장, 실행, 제어 기능을 갖춘 것으로 정의했습니다. 즉, 튜링은 기계를 단순한 물리적 장치가 아닌, 입력을 받아 결과를 출력하는, 생각하는 시스템으로 제안했습니다.

이러한 튜링의 혁신적인 제안은 당시의 철학, 과학, 종교 분야에서 큰 반향을 일으켰습니다. 그 이유는 튜링은 사고(thinking)의 개념에 대해 철학적 논의보다는 실용적인 접근을 선호했기 때문입니다. 즉, 그는 지능이나 사고를 명확히 정의하려는 시도보다는 기계가 인간과 유사한 방식으로 행동할 수 있는지를 평가하는 것이 더 중요하다고 봤습니다.

튜링은 생각하는 능력을 기계의 행동으로 평가할 수 있다고 주장했습니다. **기계가 인간과 구별되지 않는 방식으로 행동할 수 있다면, '그 기계는 생각하고 있다'고 볼 수 있다고 주장했습니다.** 이러한 주장을 바탕으로 설계한 실험이 바로 유명한 **튜링 테스트**입니다.

2 〈Computing machinery and intelligence〉

튜링 테스트는 모방 게임(Imitation Game)이라고도 알려져 있습니다. 이 게임은 질문자, 응답자, 기계 응답자로 구성됩니다. 질문자의 목표는 두 응답자에게 질문하며 누가 인간이고 누가 기계인지를 식별하는 것입니다. 모든 질문과 응답은 서면으로 주고받으며 실험이 진행됩니다. 일정 시간 동안 질문과 답변이 이뤄진 후, 질문자는 누가 기계인지 선택합니다. 만약 질문자가 기계를 인간으로 착각하게 할 정도로 기계가 충분히 인간과 유사하게 응답할 수 있다면, 그 기계가 튜링 테스트를 통과했다고 간주합니다.

하지만 이러한 테스트를 통과했다고 해서 기계가 실제로 생각하는 능력이 있다고 판단하는 것이 무리가 있지 않느냐는 의견도 있습니다. 이는 튜링 테스트가 기계의 외면적인 응답 능력만을 평가하기 때문입니다. 기계가 인간처럼 응답할 수 있다는 것과 실제로 이해하고 생각할 수 있다는 것은 다른 문제일 수 있습니다.

1.3.2 튜링 테스트의 한계

튜링 테스트는 인공지능의 생각하는 능력을 평가하는 새로운 방법을 제시했지만, 동시에 많은 논쟁과 비판의 대상이 됐습니다. 이 테스트는 인간의 지능을 모방하는 능력에 초점을 맞추고 있어, 진정한 이해나 의식의 존재 여부를 판단하기에는 한계가 있다는 지적을 받았습니다. 또한, 언어적 상호작용만으로 지능을 평가하는 것이 충분한지에 대한 의문도 제기됐습니다. 이는 감정, 창의성, 감각 지각 등 지능의 다른 중요한 요소들을 고려하지 않았다는 비판이었습니다.

이러한 한계점들은 인공지능의 본질적인 능력을 평가하는 새로운 방법의 필요성을 제기했습니다. 특히 기계가 단순히 규칙을 따르는 것이 아니라 실제로 이해하고 학습할 수 있는지에 대한 근본적인 질문이 중요해졌습니다.

TIP 튜링 테스트와 AGI

OpenAI GPT-4, Claude, Grok, Gemini-pro와 같은 최근의 언어 모델은 튜링 테스트와 유사한 상황에서 상당히 인간과 유사한 대화를 할 수 있습니다. 그러나 이러한 모델들도 여전히 튜링 테스트의 한계와 비판에서 자유롭지 않습니다. 현재의 인공지능 발전 방향은 1950년대 튜링이 제시한 '기계적 사고'라는 개념의 틀에서 크게 벗어나지 못했다고 볼 수 있습니다. 이는 언어적 상호작용을 넘어선 진정한 이해와 학습 능력에 대한 근본적인 질문을 여전히 남기고 있습니다.

그럼에도 불구하고 튜링의 '기계도 생각할 수 있는가?'라는 질문은 초기 인공지능 연구 방향에 중요한 이정표 역할을 했다는 점에서 큰 의의가 있습니다. 이러한 한계와 비판은 인공지능 연구의 새로운 방향을 제시하며, 더욱 복잡하고 다양한 형태의 인공지능 개발로 이어지고 있습니다. 이러한 맥락에서 구글이 AGI의 개념을 재정립한 것도 이해할 수 있습니다. AGI는 특정 작업에 국한되지 않고 인간과 같은 일반적인 지능을 갖춘 인공지능을 의미합니다. 구글은 AGI가 어떻게 점진적으로 인간의 지능에 근접하고 궁극적으로는 초월할 수 있는지를 다음 5단계로 제시했습니다[3].

1. **유망한**(Emergent) AGI: 챗GPT와 같이 특정 작업에서 인간 수준의 성능을 보이기 시작하는 AI
2. **능숙한**(Competent) AGI: 아직 달성되지 않았지만, 다양한 작업에서 숙련된 인간 수준의 성능을 보이는 AI
3. **전문가**(Expert) AGI: 고도의 전문 지식과 기술을 요구하는 작업에서 인간 전문가 수준의 성능을 보이는 AI
4. **거장**(Virtuoso) AGI: 특정 영역에서 거의 모든 인간을 능가하는 성능을 보이는 AI
5. **초인**(Superhuman) AGI 또는 **초지능**(ASI: Artificial Superintelligence): 모든 영역에서 인간을 초월하는 성능을 보이는 AI

AGI의 개념과 단계들은 튜링이 제안한 '기계가 생각할 수 있는가?'라는 기본 질문에서 한 걸음 더 나아가려는 시도입니다. AGI는 한 가지 일만 잘하는 인공지능이 아니라, 사람처럼 여러 상황에 맞춰 배우고 적응할 수 있는 폭넓은 지능을 목표로 합니다.

이는 튜링이 말한 '생각하는 기계'의 개념을 확장해 스스로 판단하고 유연하게 대처할 수 있는 인공지능을 만들려는 큰 도전입니다. 이러한 접근은 우리가 지능과 의식에 대해 갖고 있던 기존 생각을 재고하게 만들고 인공지능의 미래에 대해 새로운 가능성을 제시합니다.

우리가 이해해야 할 근본적인 질문은 바로 '인공지능은 어떻게 학습하는가?'입니다. 초창기에 인공지능을 어떻게 학습시켰는지, 또 인공지능의 학습에 대한 영감을 어디서 얻었는지 살펴볼 필요가 있습니다. 다음 절에서 인공지능의 학습 메커니즘의 발전 과정을 자세히 살펴보겠습니다.

3 https://deepmind.google/research/publications/66938/

1.4 _ 인공지능은 어떻게 학습하는가?

인공지능의 학습 메커니즘은 인간의 뇌를 모방하려는 노력에서 시작해 끊임없이 발전했습니다. 이번에는 인공지능 학습의 역사적 발전 과정을 살펴보며, 현대 인공지능의 기초가 어떻게 만들어졌는지 알아봅니다. 특히 로젠블랫의 퍼셉트론에 주목해 이 연구가 인공지능 발전에 미친 영향과 로젠블랫이 스스로 인식한 한계점들을 통해 인공지능 연구의 과거와 현재를 살펴봅니다.

1.4.1 인공지능의 학습 메커니즘 발전 과정

인공지능의 학습 메커니즘을 이해하려면 기계가 정보를 처리하고 학습하는 방식의 발전 과정을 살펴볼 필요가 있습니다. 인공지능의 학습 능력은 단순한 수학적 모델에서 시작해 점점 더 복잡하고 효과적인 방법으로 발전했습니다.

1943년, 워런 맥컬록(Warren McCulloch)과 월터 피츠(Walter Pitts)는 수학과 임계 논리를 기반으로 신경망 모델을 제안합니다. 여기서 임계 논리란 특정 조건이 충족되면 반응을 하고, 그렇지 않으면 반응하지 않는 단순한 결정 방식을 말합니다.

이 모델에서 뉴런은 마치 전기 스위치처럼 작동합니다. 여러 입력 신호의 합이 정해진 기준값(임곗값)을 넘으면 뉴런이 켜지고(활성화), 그렇지 않으면 꺼진(비활성화) 상태를 유지합니다. 활성화된 뉴런은 1, 비활성화된 뉴런은 0이라는 단순한 신호를 출력합니다. 이러한 단순하지만 혁신적인 개념은 실제 뇌의 신경 세포가 어떻게 정보를 처리하는지에 대한 이해를 돕고, 이후 인공 신경망 연구의 기초를 마련하는 중요한 역할을 합니다.

1949년 도널드 헤브(Donald Hebb)는 헤비안 학습이라는 새로운 이론을 제안합니다. 이 이론의 핵심은 '함께 활동하는 뉴런들은 서로 더 강하게 연결된다'라는 원리입니다. 이는 마치 우리가 반복해서 함께 하는 활동을 통해 그 활동을 더 잘하게 되는 것과 비슷합니다.

헤브의 이론에 따르면, 뇌의 뉴런들이 동시에 활성화될 때 그들 사이의 연결이 강해집니다. 이를 신경 가소성이라고 부르는데, 이는 뇌가 경험에 따라 변화하고 적응하는 능력을 의미합니다.

이 이론의 특별한 점은 외부의 지시나 보상 없이도 뉴런들이 상호작용하면서 스스로 학습할 수 있다는 것입니다. 이를 자율학습이라고 합니다. 예를 들어, 우리가 특정 행동을 반복하면 그 행동이 습관이 되는 것과 유사합니다.

더 나아가, 뉴런들이 지속적으로 함께 활성화되면 그들 사이의 연결이 장기적으로 강화됩니다. 이는 우리가 반복해서 공부하면 그 내용을 오래 기억하게 되는 것과 비슷한 원리입니다. 이러한 과정을 통해 학습과 기억이 형성되며, 이를 장기 강화 학습이라고 부릅니다. 이렇게 헤브의 이론은 뇌가 어떻게 학습하고 기억하는지에 대한 이해를 크게 높였으며, 현대 인공지능 학습 방법의 기초가 됩니다.

1954년, 팔리(Farley)와 웨슬리 클라크(Wesley A. Clark)는 MIT에서 실험을 수행합니다. 이들은 헤브의 이론을 실제로 테스트하려고 최초로 컴퓨터를 활용한 계산 모델을 만듭니다. 이 실험은 마치 과학자들이 실험실에서 생물학적 현상을 재현하는 것처럼, 컴퓨터 안에서 인공적인 신경망을 만들어 그 작동 방식을 관찰하는 것입니다.

팔리와 클라크는 헤브가 제안한 학습 원리를 컴퓨터 프로그램으로 구현해 가상의 뉴런들이 어떻게 서로 연결되고 학습하는지를 시뮬레이션합니다. 이러한 컴퓨터 시뮬레이션을 통해 그들은 실제 뇌에서 일어나는 복잡한 학습 과정을 단순화해 관찰할 수 있었습니다. 이는 마치 복잡한 자연 현상을 실험실에서 재현해 자세히 들여다보는 것과 같습니다. 이 연구는 신경망의 학습 과정을 더 깊이 이해할 수 있게 해주었고, 이후 인공지능 분야에서 컴퓨터를 이용한 시뮬레이션이 중요한 연구 방법으로 자리 잡는 데 기여합니다.

1957년, 프랭크 로젠블랫은 현재 인공신경망의 핵심이 되는 퍼셉트론을 개발합니다. 그는 코넬 항공 연구소에서 인간의 뇌세포인 뉴런을 모방한 간단한 인공 신경망 모델(Mark I Perceptron)을 만들어냅니다. 이는 퍼셉트론 개념을 실제 하드웨어로 구현한 최초의 기계입니다. 마치 최초의 컴퓨터가 등장한 것처럼, 이는 인공지능 역사에서 중요한 순간이었습니다.

이 혁신적인 프로젝트는 미국 정부의 관심을 받아 미 해군 연구소의 정보 시스템 부서와 미 공군과 해군으로부터 자금 지원을 받습니다. 이는 인공지능 연구가 단순한 이론을 넘어 실제 응용 가능성을 인정받기 시작했다는 것을 의미합니다.

1958년, 로젠블랫은 〈The Perceptron: a probabilistic model for information storage and organization in the brain〉이라는 제목의 논문을 발표합니다. 이 논문에서 그는 퍼셉트론의 개발 과정과 작동 원리를 자세히 설명합니다. 로젠블랫의 퍼셉트론은 현대 인공신경망과 딥러닝의 기초가 되어 오늘날 사용하는 많은 인공지능의 기반이 됐습니다. 이에, 로젠블랫의 논문도 함께 자세히 살펴보겠습니다.

1.4.2 퍼셉트론: 인공지능 학습의 첫걸음

로젠블랫은 본격적인 연구에 앞서 정보의 저장 방식과 저장된 정보가 인식과 행동에 미치는 영향에 초점을 맞춥니다. 그는 선행 연구들의 보완점을 구체적으로 언급하며 논문을 시작하는데, 특히 기존의 정보 저장 모델이 지나치게 단순하고 정적이라는 점을 지적합니다.

이러한 문제의식을 바탕으로 로젠블랫은 시각 신경계(눈)를 자세히 연구하며 이를 기반으로 그림 1.3과 같은 퍼셉트론을 구현했습니다. 퍼셉트론은 연결주의 접근법[4]을 따릅니다. 이 접근법에 따르면, 정보는 고정된 형태로 저장되어 필요할 때마다 동일한 방식으로 인출되는 코드화된 기억 방식이 아니라, 활성화된 뉴런들 사이의 새로운 연결 또는 경로를 통해 저장되며, 이는 뉴런 간의 연결 강도로 표현됩니다.

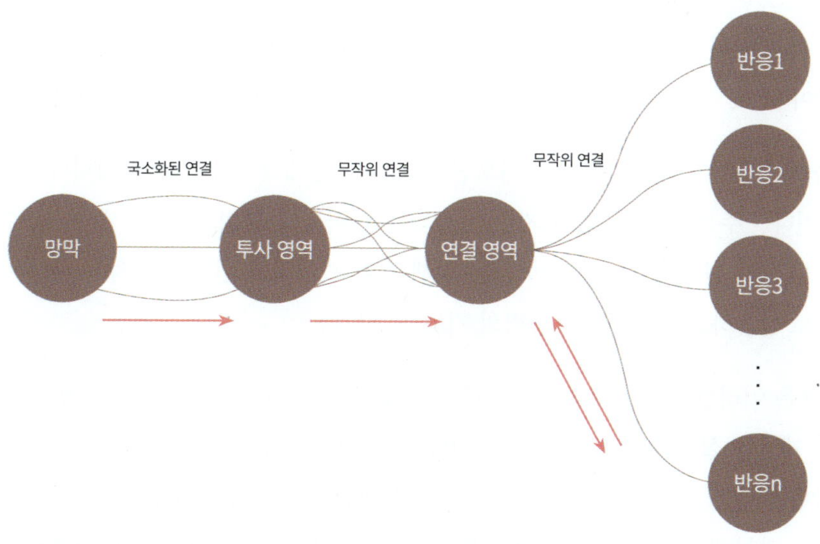

그림 1.3 퍼셉트론의 구성

4 논문에서는 전통적인 경험주의(empiricist tradition theorists) 방법론이라고 표현했습니다.

연결주의 접근법의 특징은 특정 자극과 반응 사이의 확률적 관계를 학습한다는 점입니다. 또한, 신경망의 연결이 정적이지 않고 경험에 따라 변한다는 점도 중요한 특징입니다. 이러한 접근법은 인간의 뇌가 정보를 처리하고 학습하는 방식과 유사하며, 이를 통해 로젠블랫은 보다 유연하고 적응력 있는 인공 신경망 모델을 개발하고자 했습니다.

경험에 따라 변화하는 신경망을 구축하기 위해 기호 논리학(기존의 논리적인 추론을 기호와 수학적인 기법을 사용해 표현하고 분석하는 기법)과 불 대수와 같은 방식(논리적인 추론을 체계적으로 분석하고 표현하는 수학적 기법)이 적합하지 않다고 판단했고, 이러한 연결을 찾고자 통계적인 방법을 활용했습니다.

이러한 통계적 접근 방식은 신경망의 확률적인 특성을 고려한 것으로, 무작위로 연결된 신경망이 어떻게 신뢰성 있게 작동하는지를 설명합니다. 로젠블랫은 이러한 통계적 개념을 바탕으로 시각 신경망을 연구했고 역치 이상의 자극이 왔을 때 활성화되는 현상을 관찰했으며 이 원리를 퍼셉트론에 적용했습니다.

또한, 퍼셉트론은 입력 신호의 가중합이 임곗값을 넘을 경우 뉴런이 활성화되는 방식으로 구현됐습니다. 이 메커니즘은 신경망의 효율을 높이고 자극들 간의 유사성을 처리하는 데 중요한 역할을 했습니다.

이러한 접근 방식은 퍼셉트론이 실제 신경망의 기능을 모방해 학습하고 적응하는 데 중요한 기반이 됐고, 결과적으로 퍼셉트론은 인공 신경망 발전의 핵심적인 초석이 됐습니다.

예를 들어, '밥을'이라는 입력이 들어오면 시스템은 통계적 패턴을 인식합니다. '짓다', '먹다', '시키다', '주문하다' 등 밥과 자주 사용되는 단어들이 활성화되고, '깨다', '부수다', '가다', '달리다' 등 관련성이 낮은 단어들은 억제됩니다. 이러한 선택적 활성화 과정은 시스템이 스스로 학습하고 조직화하는 능력의 기초가 됩니다.

로젠블랫은 이러한 현상을 '자발적 조직화(spontaneous organization)'라고 명명했습니다. 그는 이 개념을 실험적으로 증명하려고 퍼셉트론 시스템에 두 가지 서로 다른 유형의 자극을 무작위로 주는 실험을 했는데, 놀랍게도 퍼셉트론이 이 두 유형의 자극을 스스로 구분해 내는 것을 관찰했고 이를 통해 '**선형적 분리**'라는 중요한 개념을 발견하게 됩니다.

선형적 분리란 퍼셉트론이 두 종류의 입력을 구분할 수 있는 능력을 말합니다. 이를 좀 더 자세히 설명하면, 주어진 데이터를 직선이나 평면 등의 단순한 기하학적 형태로 명확하게 나눌 수 있는 경우를 의미합니다. 퍼셉트론이 각 자극에 대해 '맞음(1)' 또는 '틀림(0)'으로 반응했고, 시간이 지나면서 첫 번째 유형의 자극에는 항상 '1'로, 두 번째 유형의 자극에는 '0'으로 안정적으로 반응하게 됐습니다.

로젠블랫이 지적한 퍼셉트론의 한계

로젠블랫은 퍼셉트론 연구를 통해 인공지능의 기초를 마련하는 큰 업적을 남겼습니다. 그러나 그는 자신의 연구가 가진 한계를 명확하게 인식하고 있었습니다.

특히 그의 논문에서는 퍼셉트론의 다섯 가지 주요 한계점을 명확히 제시했는데, 로젠블랫이 지적한 이러한 한계점들은 인공지능 분야의 발전 방향을 제시하는 중요한 역할을 했습니다. 이제 로젠블랫이 제시한 이 다섯 가지 한계점을 자세히 살펴보겠습니다.

첫째, 로젠블랫은 인공지능의 발전을 위해 완전히 새로운 접근 방식이 필요하다고 주장했습니다. 그는 기존 원칙의 단순한 개선으로는 충분하지 않으며, 근본적으로 다른 원칙이 필요하다고 봤습니다.

둘째, 로젠블랫은 퍼셉트론 모델이 시간적 요소를 고려하지 않았다는 점을 한계로 지적했습니다. 이는 퍼셉트론이 시간에 따른 패턴 인식과 같은 복잡한 자극에 대응하는 능력이 부족함을 의미합니다. 인간의 인지 과정에서 시간적 패턴 인식이 중요한 역할을 하는데, 이를 고려하지 않은 퍼셉트론 모델은 한계가 있을 수밖에 없다고 봤습니다.

셋째, 로젠블랫은 퍼셉트론이 상대적 판단과 관계의 추상화에서 한계를 보인다고 설명했습니다. 그는 퍼셉트론이 단순한 패턴 인식과 분류는 할 수 있지만, 두 자극 간의 관계를 인식하는 데 어려움이 있다고 봤습니다.

넷째, 퍼셉트론이 선형적으로만 분리 가능한 문제들만 해결할 수 있다는 한계를 지적했습니다. 이는 XOR 문제와 같은 비선형적 분류 문제를 해결하지 못한다는 것을 의미합니다.

마지막으로, 로젠블랫은 "현재의 이론은 물론 아직 인간 학습 이론의 경쟁자로 간주되기에는 너무 원시적이다"라고 말하며, 이론이 초기 단계임을 시사했습니다. 이는 퍼셉트론이 머신러닝의 중요한 기초를 제공하지만, 인간의 복잡한 학습 메커니즘을 완전히 설명하거나 모방하기에는 아직 부족하다는 점을 나타낸 것입니다.

TIP 현대적 관점에서 본 퍼셉트론의 한계와 발전

로젠블랫이 지적한 한계점들은 이후 인공지능 발전의 중요한 이정표가 됐습니다. 현대 인공지능은 이러한 한계들을 상당 부분 극복했지만, 여전히 해결해야 할 과제가 남아 있습니다.

로젠블랫이 주장한 '근본적으로 다른 원칙'의 필요성은 아직도 유효합니다. 2017년에 등장한 트랜스포머 모델은 인공지능 분야에 큰 혁신을 가져왔지만, 이 역시 기존 원리의 개선에 기반합니다. GPT, BERT 등의 모델들이 놀라운 성과를 보여주고 있지만, 아직 로젠블랫이 제시한 '근본적으로 다른 원칙'을 찾지 못했습니다.

시간적 요소에 대한 한계는 순환 신경망(RNN)과 장단기 메모리(LSTM) 모델의 등장으로 많은 진전을 이루었습니다. 이러한 모델들은 시간에 따른 데이터 처리와 더 긴 시간 간격의 의존성을 학습할 수 있게 만들었습니다. 그러나 이러한 발전에도 불구하고, 인간의 복잡한 시간 인식과 처리 능력을 완전히 모방하는 것은 여전히 큰 과제로 남아있습니다.

상대적 판단과 관계의 추상화 문제는 현대 인공지능에서 상당한 진보를 이뤘습니다. ResNet이나 VGGNet 같은 모델들이 복잡한 이미지의 특징을 정확히 추출해 내는 능력을 보여주었고, YOLO와 같은 객체 탐지 모델은 이미지 내의 다양한 객체를 빠르고 정확하게 찾아내고 있습니다. 최근에는 GPT-4, Claude 등의 대규모 언어 모델들이 등장해 텍스트뿐만 아니라 이미지도 함께 처리할 수 있는 멀티모달 추론 능력을 보여주고 있습니다.

퍼셉트론의 선형적 한계는 다층 퍼셉트론(MLP)과 역전파 알고리즘의 등장으로 크게 개선됐습니다. XOR 문제와 같은 비선형 분류 문제를 해결할 수 있게 되었고, 심층 신경망은 복잡한 비선형 패턴을 학습할 수 있게 되었습니다. 특히 ReLU와 같은 활성화 함수의 발전은 이러한 비선형성 문제를 더욱 효과적으로 다룰 수 있게 만들었습니다.

그러나 여전히 인공지능은 인간의 복잡한 학습 과정과 창의성, 추상적 사고 능력 등을 완벽히 구현하지 못하고 있습니다. 이러한 한계를 인식하고 계속해서 개선하려는 노력이 인공지능 분야가 끊임없이 발전하고 혁신을 추구하는 원동력이 되고 있습니다.

1.5 _ 역전파 알고리즘: 학습의 혁명

퍼셉트론이 자발적 조직화를 통해 두 개의 자극을 구분할 수 있다는 발견은 인공지능 분야에 큰 흥분을 불러일으켰습니다. 이로 인해 다양한 곳에서 인공지능 연구에 대한 투자가 활발히 이뤄졌습니다. 하지만 이러한 열광적인 분위기에 제동을 거는 문제가 등장했습니다.

바로 그림 1.4와 같은 비선형 문제입니다. 이 그림은 단순해 보이지만 매우 중요한 문제입니다. 그림에는 노란색 점 두 개와 보라색 점 두 개가 있습니다. 퍼셉트론이 두 개의 자극을 구분할 수 있다고 했으니, 이 네 개의 점도 색깔에 따라 선형적 분리가 가능해야 합니다. 그러나 실제로는 이 점들을 선형적으로 구분할 수 있는 방법이 없습니다.

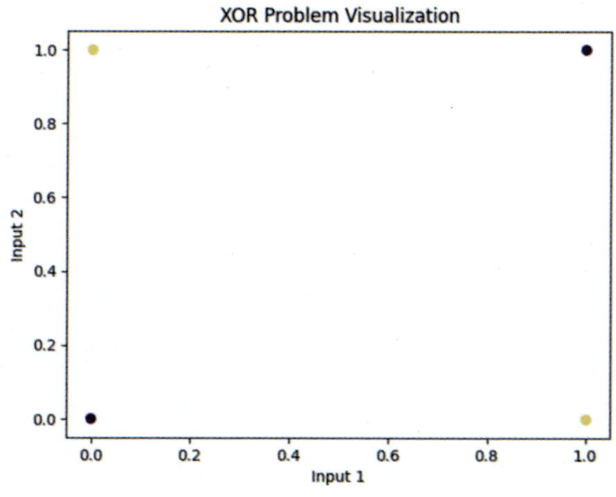

그림 1.4 비선형 문제

이 간단해 보이는 그림은 퍼셉트론의 중요한 한계를 명확히 보여줍니다. 이러한 문제를 비선형 문제라고 합니다. 퍼셉트론은 선형적으로 구분 가능한 문제는 잘 해결할 수 있지만, 비선형적인 문제에는 적용할 수 없다는 사실을 이를 통해 알 수 있습니다.

이러한 퍼셉트론의 한계는 그림 1.5의 《Perceptrons》(MIT Press, 1987)라는 책에서 수학적, 기하학적으로 퍼셉트론이 비선형 문제를 해결할 수 없다는 것을 증명하면서 인공지능 연구에 큰 충격을 주었습니다. 이는 단순히 한 모델의 한계를 넘어서, 당시 인공지능 연구의 근본적인 방향성에 의문을 제기했습니다. 이로 인해 인공지능 연구는 일시적으로 침체기를 겪게 되는데, 이를 인공지능의 '암흑기'라고 부릅니다.

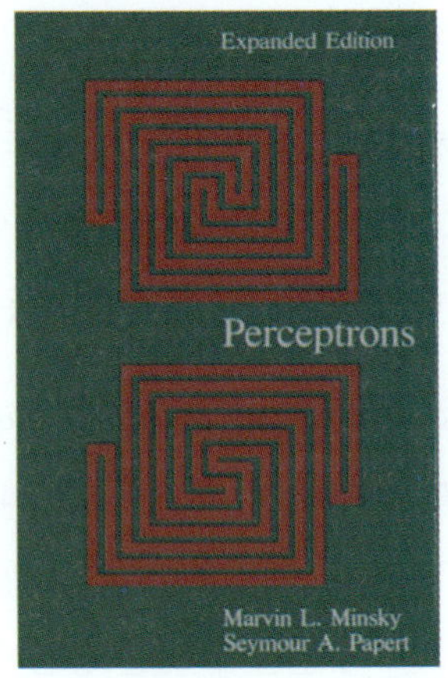

그림 1.5 《Perceptrons》 책

연구자들은 이러한 도전에도 불구하고 끊임없이 연구를 계속했습니다. 그 결과 〈Learning representations by back-propagating errors〉라는 제목의 논문이 발표됐습니다. 이 논문은 비선형 문제를 해결할 수 있는 방법을 제시했고, 이로써 인공지능 암흑기를 돌파하게 됩니다.

비선형성이라는 개념은 인공지능 분야에서 매우 중요합니다. 이는 실제 세계의 많은 문제가 단순한 선형 관계로 설명되기 어렵기 때문입니다. 비선형 문제를 해결할 수 있다는 것은 인공지능이 더 복잡하고 현실적인 문제들을 다룰 수 있게 됐다는 것을 의미합니다. 이 논문의 내용을 자세히 살펴보기 전에 비선형성이라는 개념에 대해 먼저 이해할 필요가 있습니다. 비선형성이 무엇인지 잠시 짚고 넘어가겠습니다.

1.5.1 비선형성: 더 똑똑한 인공지능을 만드는 열쇠

인공지능에서 선형과 비선형의 차이는 단순히 직선과 곡선의 형태 문제가 아닙니다. 이는 모델의 학습 능력과 표현력에 큰 영향을 미칩니다. 특히 비선형성은 인공지능 모델이 복잡한 패턴을 학습하고 다양한 문제를 해결할 수 있게 해주는 핵심 요소입니다.

비선형성은 입력과 출력 사이의 관계가 단순한 비례 관계를 벗어나는 특성을 말합니다. 이는 작은 입력 변화가 큰 출력 변화를 일으키거나 그 반대의 경우도 있을 수 있다는 뜻입니다. 이러한 특성이 왜 중요한지 이해하려면 인공신경망의 학습 과정을 살펴볼 필요가 있습니다.

단일 퍼셉트론의 한계가 드러난 후, 연구자들은 이를 해결하기 위해 여러 층의 퍼셉트론을 쌓는 다층 퍼셉트론(MLP: Multi-Layer Perceptron) 구조를 제안했습니다.

또한, 초기 인공신경망 연구에서는 주로 순방향으로만 학습을 진행했습니다. 하지만 연구자들은 가중치를 더 효과적으로 업데이트하려면 역방향으로도 조정해야 한다는 점을 깨달았습니다. 그러나 역방향 전파를 과정을 연구하면서 새로운 문제점이 드러났습니다.

예를 들어 선형 함수 $f(x)=ax+b$를 x에 대해 미분하면 첫 번째 미분은 상수이고, 이를 다시 미분하면 0이 됩니다. 이후 첫번째 미분 결과인 상수를 다시 역방향 전파 과정을 거치면 상수는 결국 0이 됩니다. 연구자들은 순수하게 선형적인 활성화 함수만을 사용한 다층 퍼셉트론에서는 아무리 많은 층을 쌓아도 결국 하나의 단순한 선형 변환으로 축소되거나 0이 되어 학습이 되지 않는 문제점을 발견했습니다. 이는 깊은 신경망의 장점을 살릴 수 없다는 큰 문제점이었습니다.

연구자들은 이러한 문제를 해결하기 위해 비선형 함수를 도입했습니다. 비선형 활성화 함수는 작은 입력 변화가 큰 출력 변화를 일으키거나 그 반대의 경우도 가능하게 합니다. 이로 인해 역방향 학습에서 미분을 해도 0이 되지 않고 다양한 값으로 전파되면서 가중치가 효과적으로 업데이트됩니다.

이러한 특성 덕분에 신경망은 복잡성과 유연성을 가지게 되며, 현실 세계의 다양하고 복잡한 문제를 다룰 수 있게 됩니다. 각 층의 뉴런들은 이전 층의 출력을 새로운 방식으로 변환해 더 의미 있는 정보로 요약하고 정리합니다. 이 과정에서 각 뉴런의 활성화 함수는 입력 데이터의 특정 특징에 반응해 중요한 패턴을 학습하게 됩니다.

비선형성은 '직선이 아니다' 또는 '비례 관계가 아니다'라는 단순한 의미를 넘어서는 중요한 개념입니다. 이는 인공신경망의 학습 능력을 크게 향상시키는 핵심 요소로 작용합니다. 비선형성을 통해 인공신경망은 단순한 선형 모델로는 불가능한 복잡한 데이터 패턴을 학습하고 표현할 수 있게 됐습니다. 이러한 특성은 현대 인공지능과 머신러닝 분야에서 매우 중요한 역할을 합니다. 비선형성은 인공신경망이 실제 세계의 복잡한 문제를 해결하는 데 필수적인 요소가 됐으며, 이를 통해 인공지능 기술은 더욱 다양하고 정교한 응용 분야로 확장될 수 있었습니다.

지금까지 비선형성에 대해 살펴봤습니다. 이제 다시 인공지능 연구의 암흑기를 종식시킨 〈Learning Representations by Back–Propagating Errors〉 논문으로 돌아가 보겠습니다.

1.5.2 역전파 알고리즘

1986년 데이비드 루멜하트, 제프리 힌튼, 로널드 윌리엄스가 발표한 〈Learning Representations by Back–Propagating Errors〉 논문은 퍼셉트론의 한계를 극복하고 비선형 문제를 해결할 수 있는 새로운 방법을 제시했습니다.

이 논문의 핵심은 역전파(Backpropagation) 알고리즘입니다. 이 알고리즘은 다층 신경망에서 각 층의 가중치를 효과적으로 조정할 수 있게 해줍니다. 특히 비선형 활성화 함수를 사용해 복잡한 패턴을 학습할 수 있게 해주는데, 이는 신경망의 학습 능력을 크게 향상시켰습니다.

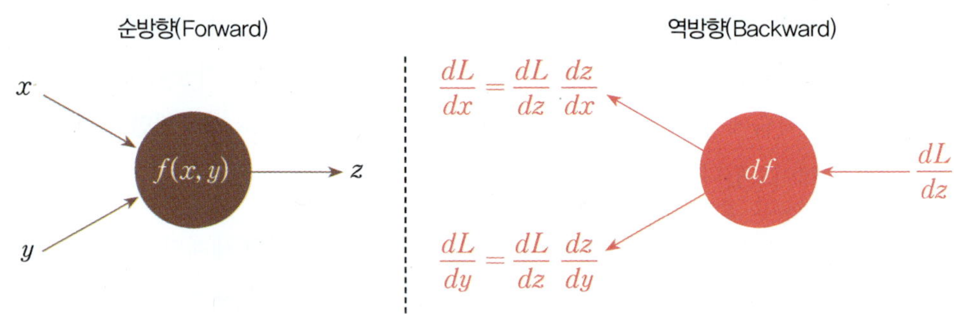

그림 1.6 순방향 학습과 역방향(역전파) 학습

역전파 알고리즘의 작동 방식은 아이에게 그림 그리는 법을 가르치는 것과 비슷합니다. 먼저 신경망은 입력을 받아 예측합니다. 그다음, 이 예측과 실제 정답 사이의 차이(오차)를 계산합니다. 이 오차를 출력층에서 시작해 입력층 방향으로 거꾸로 전파하면서 각 층의 가중치를 조정합니다. 이는 마치 아이의 그림에 대해 구체적인 피드백을 주는 것과 같습니다.

이 과정에서 비선형 활성화 함수가 중요한 역할을 합니다. 그림 1.6에서 볼 수 있듯이, 순방향(Forward) 과정에서는 입력 x와 y가 함수 f를 통과해 출력 z를 생성합니다. 이때 f는 비선형 활성화 함수로, 논문에서는 시그모이드 함수($y_j=1/(1+\exp(-x_j))$)를 예로 들고 있습니다.

역방향(Backward) 과정에서는 출력 z에 대한 손실의 변화율(dL/dz)이 계산됩니다. 이 값은 다시 비선형 함수 f를 통과해 입력 x와 y에 대한 손실의 변화율(dL/dx, dL/dy)로 전파됩니다. 이 과정에서 연쇄 법칙이 적용되어 $dL/dx=(dL/dz)\times(dz/dx)$와 같은 형태로 계산됩니다.

비선형 활성화 함수의 미분값(df)이 이 과정에서 핵심적인 역할을 합니다. 시그모이드 함수와 같은 비선형 함수는 항상 0이 아닌 미분값을 가지므로 이 값을 통해 오차가 네트워크의 깊은 층까지 효과적으로 역전파될 수 있습니다. 이는 네트워크가 복잡한 패턴을 학습할 수 있게 하는 중요한 요소입니다.

이 알고리즘의 도입으로 인공신경망은 더 복잡한 패턴을 학습할 수 있게 됐고, 이는 현대 딥러닝의 기초가 됐습니다. 역전파 알고리즘은 오늘날 대부분의 신경망 학습에 사용되는 핵심 기술이 됐습니다.

논문은 역전파 알고리즘의 효과를 보여주기 위해 흥미로운 예제(대칭 감지 문제)를 제시했습니다. 이는 컴퓨터가 주어진 입력이 대칭인지 아닌지를 판단하는 문제입니다. 예를 들어, 101101이라는 이진 문자열이 주어졌을 때, 이것이 중앙을 기준으로 대칭인지 판단하는 것입니다.

대칭 감지 문제는 겉보기에 단순해 보이지만, 실제로는 선형적인 방법으로 해결할 수 없는 비선형 문제입니다. 논문의 저자들은 이 복잡한 문제를 단 두 개의 은닉 뉴런을 가진 신경망으로 해결했습니다. 매우 간단한 구조의 신경망으로 복잡한 비선형 문제를 해결할 수 있다는 것은 역전파 알고리즘이 효과적으로 작동하며, 단순한 구조에서도 복잡한 패턴을 학습할 수 있는 능력이 있음을 증명합니다.

역전파는 인공신경망의 가중치를 조정하는 핵심 알고리즘으로, 네트워크의 출력과 원하는 출력 사이의 오차를 최소화하는 데 사용됩니다. 이 과정은 복잡한 수학적 개념을 포함하고 있어 이해하기 어려울 수 있습니다.

인공지능 학습에 필수적인 역전파의 수학적 원리와 계산 과정을 부록에서 자세히 설명합니다. 예제 코드와 함께 인공신경망의 학습 과정을 살펴보니 참고하기 바랍니다.

1.6 _ 트랜스포머의 등장: NLP의 새로운 시대

1986년 역전파 알고리즘의 소개 이후, 인공지능과 머신러닝 분야는 급속도로 발전하기 시작했습니다. 이 발전 과정에서 여러 중요한 이정표가 있었는데, 이들을 간단히 짚어보는 것으로 전체적인 발전 흐름을 살펴보겠습니다.

1990년대와 2000년대 초반에는 '차원의 저주'라고 불리는 문제가 큰 관심사였습니다. 이는 데이터의 차원이 증가할수록 알고리즘의 성능이 급격히 저하되는 현상을 말합니다. 이 문제를 해결하기 위해 다양한 차원 축소 기법들이 개발됐는데, 주성분 분석(PCA)이나 t-SNE와 같은 방법이 대표적입니다.

2000년대 중반부터는 기계가 인간의 언어를 어떻게 더 잘 이해할 수 있을지에 대한 연구가 활발히 진행됐습니다. 이 시기에 자연어 처리(NLP) 분야가 크게 발전하기 시작했습니다. 초기에는 규칙 기반 시스템이 주를 이뤘지만, 점차 통계적 방법론으로 전환됐습니다.

2013년, Word2Vec이라는 혁신적인 단어 임베딩 기술이 등장했습니다. 이 기술은 단어의 의미를 저차원 벡터 공간에 매핑함으로써 컴퓨터가 단어 간의 의미적 관계를 파악할 수 있게 해주었습니다. 예를 들어, '왕 - 남자 + 여자 = 여왕'과 같은 단어 간의 관계를 벡터 연산으로 표현할 수 있게 됐습니다.

2014년에는 GloVe(Global Vectors for Word Representation)가 소개됐습니다. GloVe는 Word2Vec의 아이디어를 확장해 전체 말뭉치의 통계 정보를 활용해 더 풍부한 단어 표현을 만들어냈습니다.

같은 시기에 순환 신경망(RNN)이 자연어 처리 분야에서 큰 주목을 받기 시작했습니다. RNN은 시퀀스 데이터를 처리하는 데 특화된 신경망 구조로, 문장이나 문단과 같은 연속적인 텍스트 데이터를 다루는 데 매우 효과적이었습니다.

그러나 RNN은 긴 시퀀스를 처리할 때 정보를 오랫동안 기억하지 못하는 한계가 있었습니다. 이를 해결하기 위해 1997년에 제안된 LSTM 네트워크가 2014년 이후 널리 사용되기 시작했습니다. LSTM은 긴 시퀀스에서도 중요한 정보를 오랫동안 기억할 수 있는 구조를 가지고 있어 기계 번역이나 음성 인식 등의 분야에서 뛰어난 성능을 보였습니다.

2015년에는 어텐션(Attention) 메커니즘이 소개됐습니다. 이는 신경망이 입력 시퀀스의 특정 부분에 더 집중할 수 있게 해주는 기술로, 특히 기계 번역 분야에서 큰 성과를 거두었습니다. 어텐션 메커니즘은 이후 2017년 트랜스포머(Transformer) 모델의 핵심 아이디어가 됐습니다.

이러한 발전들은 2018년 BERT, GPT와 같은 사전 훈련된 언어 모델의 등장으로 이어졌습니다. 이 모델들은 대량의 텍스트 데이터로 사전 학습된 후, 특정 작업에 맞게 파인튜닝(Fine-Tuning)되어 사용됩니다.

이렇게 역전파 알고리즘 이후 약 30년간의 연구를 통해 인공지능은 인간의 언어를 이해하고 처리하는 능력을 크게 향상시켰습니다. 이는 기계 번역, 챗봇, 질의응답 시스템 등 다양한 응용 분야의 발전으로 이어졌습니다.

다음 장에서는 GPT(Generative Pre-trained Transformer)에 대해 자세히 살펴볼 예정입니다. 이를 통해 GPT가 정확히 무엇이고 어떻게 작동하는지, GPT의 구조와 학습 방법은 무엇인지를 깊이 이해하게 될 것입니다.

한 권으로 끝내는

실전 LLM 파인튜닝

02

GPT

2장에서는 언어 모델의 작동 원리와 언어 데이터에서 의미 있는 정보를 학습하고 생성하는 과정에 사용되는 핵심 기술들을 단계적으로 탐구합니다. 특히 마스크드 셀프 어텐션(Masked Self-Attention), 멀티헤드 어텐션(Multi-Head Attention), 레이어 정규화(Layer Normalization), 잔차 연결(Residual Connection) 등의 중요한 기법들을 자세히 살펴봅니다.

이번 장은 언어 모델링에 대한 사전 지식이 없는 독자도 기본 개념부터 차근차근 이해할 수 있도록 구성돼 있습니다. 마치 레고 블록을 조립하는 것처럼 가장 단순한 언어 모델에서 시작해 GPT(Generative Pre-trained Transformer) 구조까지 모델을 단계적으로 발전시키며 설명합니다. 이 과정에서 각 구성 요소가 모델의 성능에 어떤 영향을 미치는지, 그리고 복잡한 언어 패턴을 어떻게 학습할 수 있는지에 대해 깊이 있게 다룹니다.

이러한 접근 방식을 통해 독자는 단순히 기술을 사용하는 방법만 배우는 것이 아니라, 언어 모델이 실제로 어떻게 '언어를 학습'하는지에 대한 깊은 이해를 얻을 수 있습니다. 또한, 각 단계마다 언어 모델의 학습 결과를 살펴보며, 각 기법이 모델에 미치는 영향을 직접 확인할 수 있습니다. 이는 독자들이 언어 모델링의 기초부터 최신 기술까지 체계적으로 이해하는 데 큰 도움이 됩니다.

2.1 _ 런팟 소개와 사용법

본격적으로 시작하기에 앞서 실습에서 활용할 플랫폼인 런팟(runpod)을 소개합니다. 런팟은 클라우드 기반의 GPU 컴퓨팅 플랫폼으로, 딥러닝 모델 학습이나 AI 프로젝트 실행에 필요한 고성능 컴퓨팅 자원을 제공합니다.

이 책을 읽는 독자라면 일반적으로 코랩에 익숙할 것입니다. 하지만 이 책에서 실습을 진행하다 보면 Multi-GPU를 사용하는 실습이 있습니다. 이러한 이유로 여기서는 Multi-GPU를 사용할 수 있는 런팟 플랫폼을 선택해 사용합니다. 런팟은 다수의 GPU를 동시에 활용할 수 있는 환경을 제공해 복잡한 인공지능 모델 학습이나 대규모 데이터 처리에 적합합니다. 이 플랫폼을 통해 더 효율적이고 빠른 실습 환경을 구축할 수 있으며, 실제 산업 현장에서 사용되는 고성능 컴퓨팅 환경을 경험할 수 있습니다. 런팟의 사용법에 대해 자세히 알아보겠습니다.

2.1.1 런팟 회원 가입

인터넷 창에 runpod.io를 입력하면 그림 2.1과 같은 화면을 볼 수 있습니다. 오른쪽 상단의 [Sign Up]을 클릭해 회원으로 가입하고 로그인합니다.

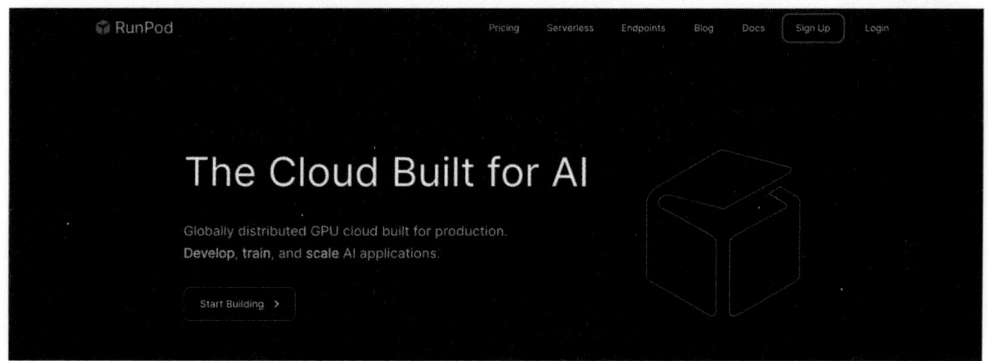

그림 2.1 런팟 회원 가입

로그인을 완료하면 그림 2.2와 같은 화면이 나타납니다. 화면 왼쪽을 보면 다양한 서비스가 나열돼 있고, 가운데에는 일자별 사용량과 요금이 표시됩니다.

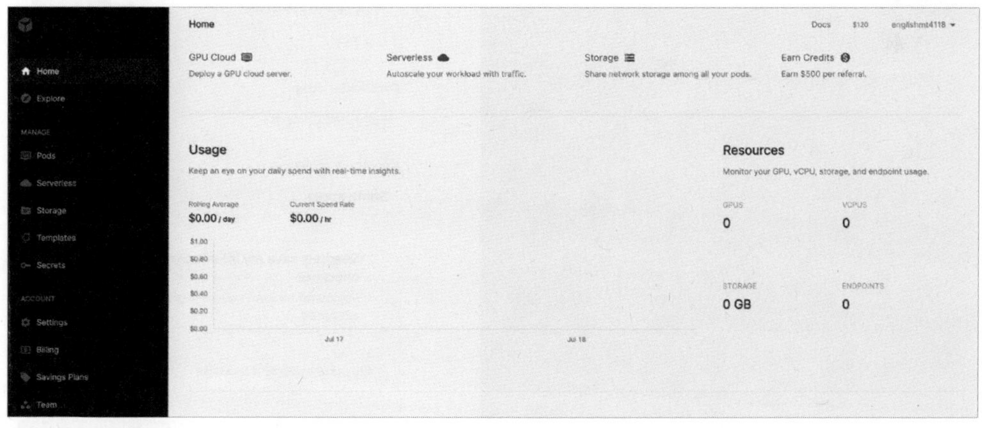

그림 2.2 런팟 첫 화면

2.1.2 크레딧 구매

먼저 런팟을 사용하는 데 필요한 크레딧을 구매하겠습니다. 왼쪽 메뉴바에서 [Billing] 메뉴를 클릭하면 그림 2.3과 같은 화면이 보입니다.

그림 2.3 크레딧 구매

$50을 클릭하고, [Pay with Card] 버튼을 클릭하면 그림 2.4와 같은 화면이 보입니다. 필요한 정보를 기입하고 [Pay] 버튼을 클릭해 결제를 진행합니다.

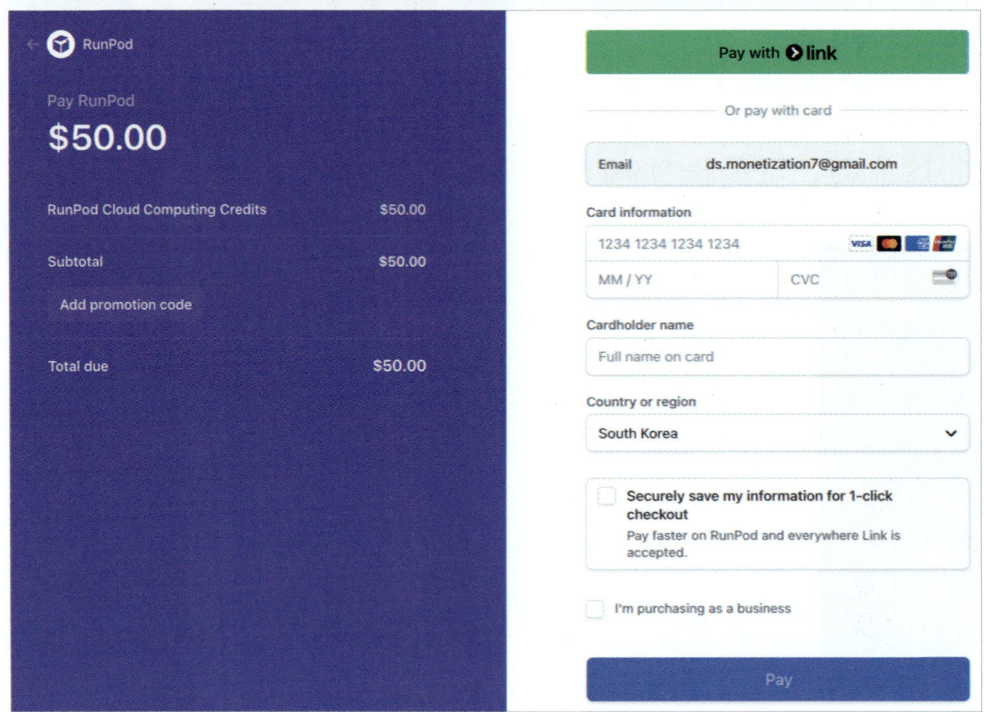

그림 2.4 카드 결제 화면

결제가 완료되면 그림 2.5와 같은 화면 보입니다. 여기서 [Deploy a Pod] 버튼을 클릭합니다.

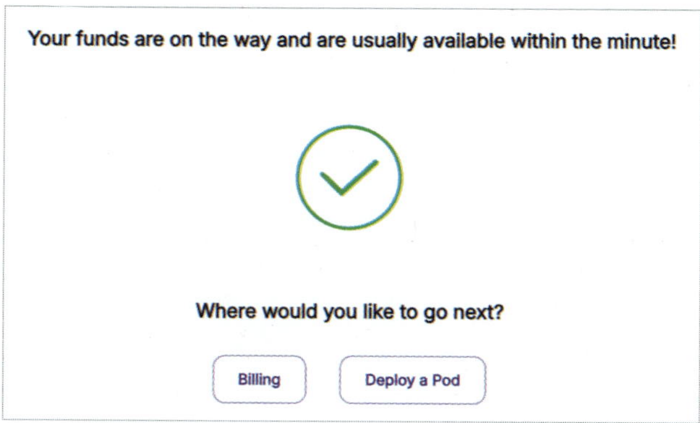

그림 2.5 결제 완료된 화면

2.1.3 포드 구성

그림 2.6과 같이 [Pods] 화면이 보일 것입니다. [+Deploy] 버튼을 클릭합니다.

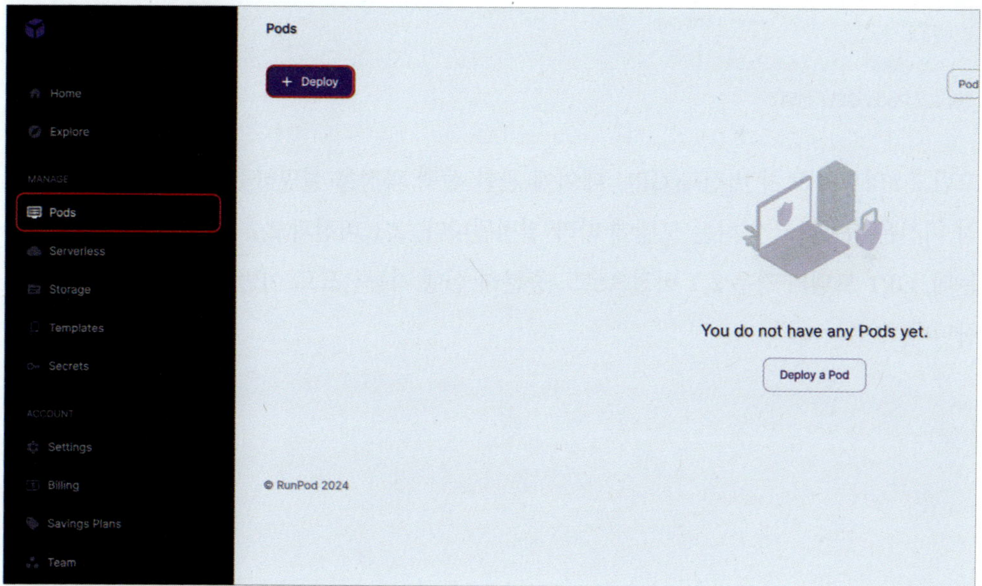

그림 2.6 Pods 화면

그러면 그림 2.7처럼 다양한 GPU 옵션과 사용 시간에 따른 요금 정보가 표시됩니다. 이번 실습에는 VRAM이 40GB가량 필요합니다. 따라서 GPU L40 이상으로 충분히 실습할 수 있으므로, 사용 가능한 GPU 중 가장 저렴한 L40을 사용하는 것을 추천합니다.

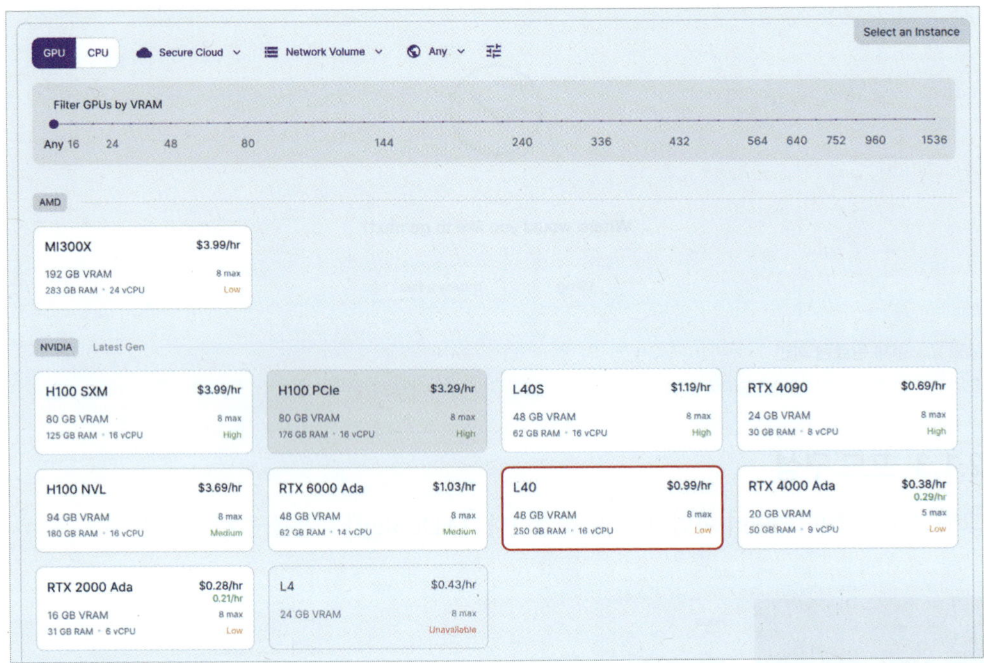

그림 2.7 Pods GPU 선택

그림 2.8의 파이토치 버전과 GPU 대여에 관한 선택 과정을 설명하겠습니다. 우선 파이토치 버전은 사용하고자 하는 모델에 따라 결정됩니다. 2.1 버전과 2.2 버전 중 선택할 수 있는데, GPT 모델의 경우 2.1 버전으로도 충분히 실행 가능하므로 이번에는 2.1 버전을 선택합니다.

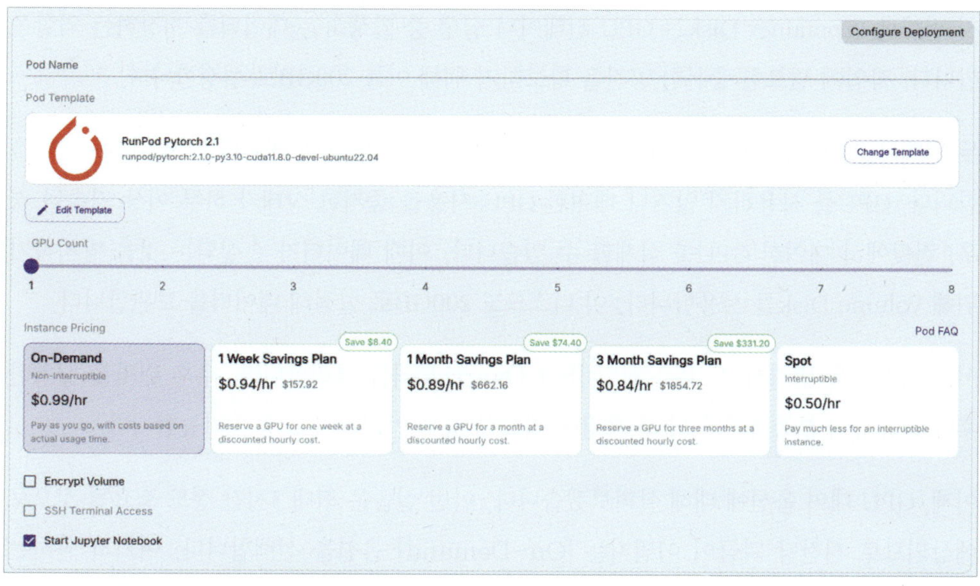

그림 2.8 파이토치 버전과 GPU 대여 옵션 선택

파이토치 아이콘 밑에 [Edit Template] 버튼을 클릭하면, 그림 2.9와 같은 화면이 보일 것입니다. 이곳에서 대여할 디스크 용량을 조절할 수 있습니다. 디스크 용량이 너무 작으면 여러 가지 문제가 발생할 수 있습니다. 모델을 다운로드하거나 데이터를 처리할 때 저장 공간이 부족해질 수 있고, 10번 이상의 학습 주기(epoch) 동안 학습한 모델을 저장할 공간이 부족할 수도 있습니다. 이러한 문제를 방지하려면 두 가지 종류의 디스크 용량을 조정할 필요가 있습니다.

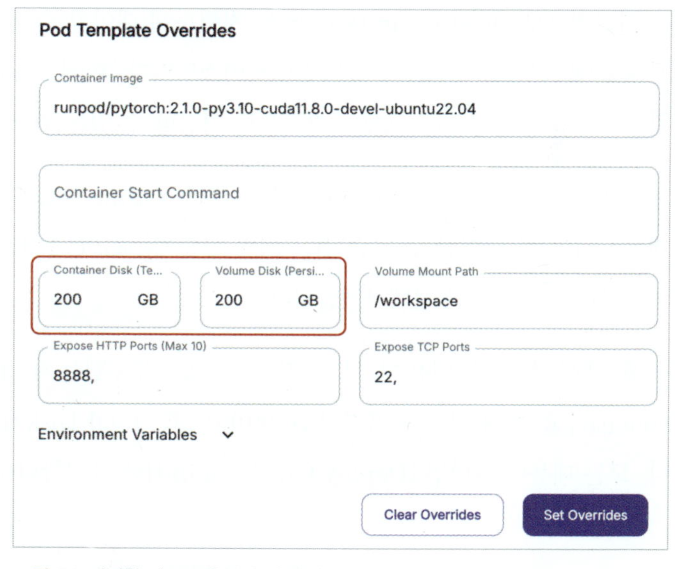

그림 2.9 대여할 디스크 용량 수정 단계

첫 번째로, Container Disk는 GPU 컨테이너 실행 중 발생하는 데이터를 저장하는 역할을 합니다. 작업에 필요한 충분한 공간을 확보하기 위해 이를 200GB로 설정합니다.

두 번째로, Volume Disk는 GPU 컨테이너를 사용하지 않을 때 데이터를 저장하는 역할을 합니다. GPU를 사용하지 않거나 대여한 GPU 사용을 중지한 상태가 하루 이상 지속될 경우, 런팟에서 대여한 GPU를 삭제할 수 있습니다. 이때 데이터가 손실되는 것을 방지하기 위해 Volume Disk를 사용합니다. 이 디스크도 200GB로 설정해 데이터를 보관합니다.

이렇게 설정을 변경하고, 우측 하단 [Set Overrides]를 클릭합니다. 추후 런팟을 실행한 후에도 용량이 부족하거나 더 큰 용량이 필요한 경우 언제든지 조정이 가능합니다.

이제, GPU 대여 옵션에 대해 살펴보겠습니다. 이번 실습은 최대 3시간 정도 소요될 것으로 예상되므로 시간당 과금이 이뤄지는 [On-Demand] 옵션을 선택합니다. 여기서 말하는 On-Demand는 서비스가 중간에 중단되지 않고 운영되는 옵션을 의미하며, 사용자가 정해진 가격을 지불하면 계속 안정적으로 서버를 대여할 수 있는 방식입니다. Saving Plan은 선불로 결제하고 할인을 받을 수 있는 방법으로 장기간 서버를 대여할 때 유용합니다. 한 달 이상의 장기 대여가 필요한 경우라면 '1 Month Savings Plan' 또는 '3 Month Savings Plan' 같은 옵션을 고려해 볼 수 있습니다. 마지막으로 Spot이라는 옵션이 있습니다. Spot은 일반적으로 On-Demand보다 훨씬 저렴하게 대여할 수 있으나, On-Demand와 다르게 중간에 중단 될 수 있는 서버 대여 서비스입니다. 이에, Spot은 API와 같은 상태 비저장 워크로드 또는 볼륨 디스크에 주기적으로 저장할 수 있는 워크로드에 적합합니다.

대여할 GPU 수량도 선택이 가능합니다. GPU Count 설정을 변경하면 되는데, 1개에서 8개까지 GPU를 대여할 수 있습니다. 이번 실습에는 GPU 1개만 있어도 충분한 VRAM을 확보할 수 있기에 1개만 선택하겠습니다.

이제 앞서 설정한 내용이 모두 정상적으로 적용됐는지, Pricing Summary와 Pod Summary를 통해 서버의 가격이 $0.99/hr이고, Total Disk가 400GB가 맞는지 확인합니다. 모든 내용이 맞다면 [Deploy On-Demand]를 클릭합니다.

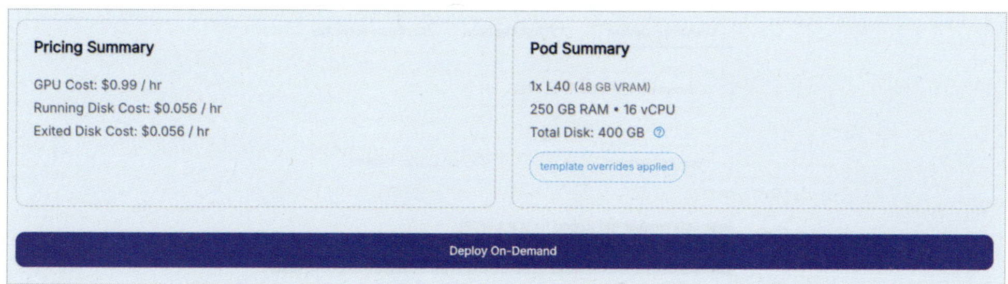

그림 2.10 런팟 설정 최종 확인하기

그림 2.11처럼 화면의 오른쪽 부분을 주시하면서 Running이라는 녹색 표시가 나타날 때까지 기다립니다. Running 표시가 보이면 그때 좌측 하단에 [Connect] 버튼을 클릭합니다.

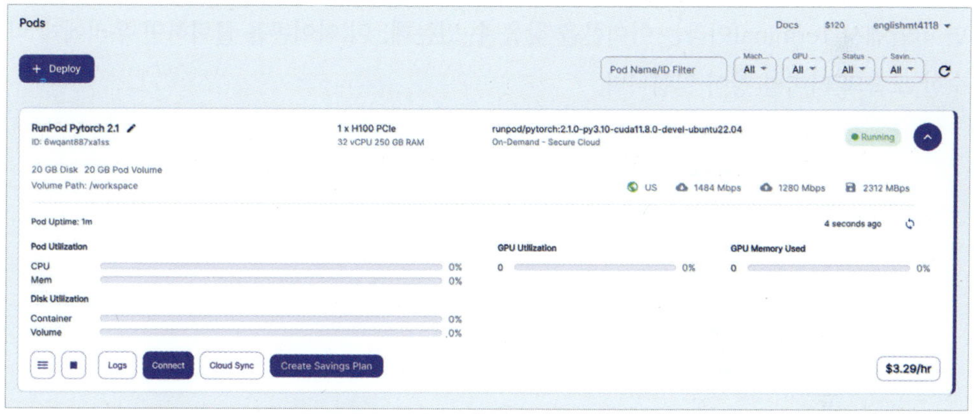

그림 2.11 서버 준비 단계

2.1.4 주피터 랩

주피터 랩(Jupyter Lab)은 웹브라우저에서 사용할 수 있는 개발 환경입니다. 많은 분이 이미 코랩(Colab)이나 주피터 노트북(Jupyter Notebook)을 사용해 봤을 텐데, 주피터 랩은 이와 매우 유사한 환경입니다. 코랩이나 주피터 노트북에 익숙하다면 주피터 랩도 쉽게 사용할 수 있습니다.

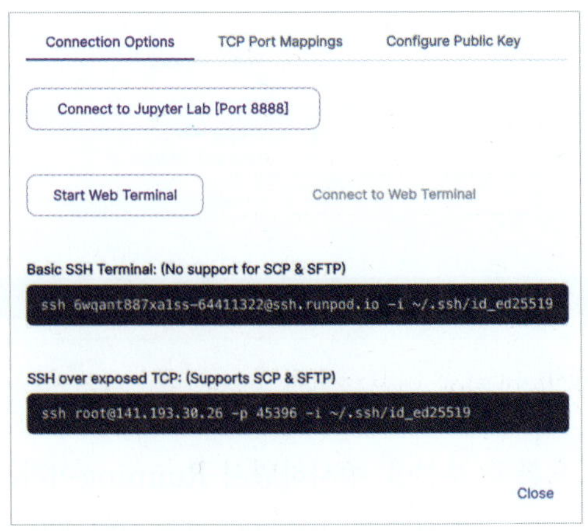

그림 2.12 Jupyter Lab으로 이동 안내

Connect to Jupyter Lab[Port 8888]을 클릭하면 그림 2.13과 같은 화면이 보입니다. 화면 하단에서 Terminal이라는 아이콘을 찾을 수 있는데, 이 아이콘을 클릭하면 우리에게 익숙한 모습의 터미널 창이 열립니다.

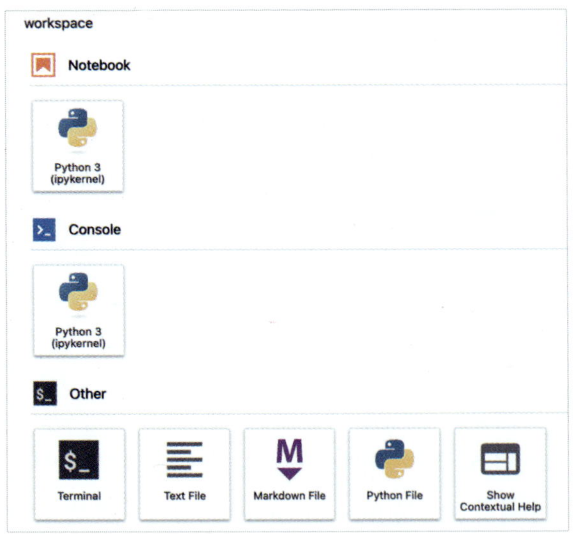

그림 2.13 Jupyter Lab App Launcher

런팟을 대여하는 모든 과정이 끝났습니다. 이제 코드를 다운로드하고 한 줄 한 줄 같이 공부해 보겠습니다.

2.2 _ 데이터 준비와 모델 구성

앞서 런팟 환경을 설정했으니, 이제 본격적으로 언어 모델 구현을 위한 첫 단계를 시작해 보겠습니다.

압축 파일을 풀어 런팟에 업로드하는 방법('책 사용 설명서'를 참조)과 깃(Git) 저장소를 복제(clone)하는 방법 중 선택할 수 있습니다. 압축 파일을 푸는 방법은 다운로드한 파일을 직접 압축 해제한 후 런팟 환경에 업로드하는 과정으로, 특정 파일만 필요할 때 유용합니다. 반면 `git clone`을 사용하면 전체 저장소를 한 번에 가져올 수 있어 편리합니다. 개인의 선호나 상황에 따라 적절한 방법을 선택하면 됩니다.

`git clone` 방식으로 깃 저장소를 복제하려면 다음을 실행합니다.

```
git clone https://github.com/wikibook/llm-finetuning.git
```

git clone을 하면 왼쪽 사이드바에 `llm-finetuning`이라는 폴더가 생깁니다. 여기서 `chapter2` 폴더에 있는 `chatper2_GPT.ipynb` 파일을 엽니다.

이번 실습에서는 허깅페이스에서 제공하는 `datasets` 라이브러리를 사용하는데, 이 라이브러리는 다양한 데이터셋을 쉽게 불러오고 처리할 수 있게 해주는 도구입니다. 이 라이브러리는 다양한 형식의 데이터를 지원하며, 데이터셋의 로딩, 필터링, 변환 등 다양한 작업을 수행할 수 있습니다. pip를 활용해 datasets 라이브러리를 설치합니다.

```
%pip install -q datasets
```

여기서 `%` 기호는 주피터 노트북이나 주피터 랩과 같은 대화형 개발 환경에서 사용되는 매직 명령어(Magic Command)의 시작을 나타냅니다. 설치가 끝났으면 데이터셋을 다운로드하겠습니다. 혹시 코랩에서 실습한다면 커널을 재시작해야 합니다. 여기서 사용할 데이터는 `daekeun-ml`이라는 사용자가 수집한 네이버 뉴스 데이터셋입니다.

```
from datasets import load_dataset

dataset = load_dataset("daekeun-ml/naver-news-summarization-ko")
```

```
data = dataset
data
```

datasets 라이브러리에서 load_dataset 함수를 불러옵니다. 이 함수는 다양한 공개 데이터셋을 쉽게 다운로드할 수 있게 도와주는 도구입니다. 그다음, load_dataset 함수를 사용해 "daekeun-ml/naver-news-summarization-ko" 데이터셋을 불러옵니다. 다양한 실험을 하기 위해 dataset을 data 변수로 지정하고 출력해 보겠습니다.

```
DatasetDict({
    train: Dataset({
        features: ['date', 'category', 'press', 'title', 'document', 'link', 'summary'],
        num_rows: 22194
    })
    validation: Dataset({
        features: ['date', 'category', 'press', 'title', 'document', 'link', 'summary'],
        num_rows: 2466
    })
    test: Dataset({
        features: ['date', 'category', 'press', 'title', 'document', 'link', 'summary'],
        num_rows: 2740
    })
})
```

불러온 데이터셋은 DatasetDict로 구성돼 있으며, train, validation, test의 세 가지 세트로 나뉘어 있습니다. 각 세트는 동일한 특성(features)을 가지고 있으며, 이는 날짜(date), 카테고리(category), 언론사(press), 제목(title), 기사 본문(document), 링크(link), 그리고 요약(summary)으로 구성됩니다.

각 특성은 뉴스 기사와 관련된 다양한 정보를 제공합니다. 날짜는 기사의 발행 시점을, 카테고리는 기사의 주제 분류를, 언론사는 기사를 작성한 매체를 나타냅니다. 제목과 본문은 기사의 핵심 내용을 담고 있으며, 링크는 원본 기사에 대한 접근을 제공합니다. 요약은 기사의 주요 내용을 간략하게 정리한 것입니다.

train 세트는 22,194행을, validation 세트는 2,466행을, 그리고 test 세트는 2,740행을 포함하고 있습니다. 이러한 구조는 머신러닝 모델을 훈련하고 평가하는 데 적합한 형태입니다.

이렇게 구성된 데이터셋은 data 변수에 저장돼 있습니다. 저장된 데이터 중 document 1개만 확인해 보겠습니다.

```
data["train"]["document"][0]
```

【실행 결과】

```
앵커 정부가 올해 하반기 우리 경제의 버팀목인 수출 확대를 위해 총력을 기울이기로 했습니다. 특히 수출
중소기업의 물류난 해소를 위해 무역금융 규모를 40조 원 이상 확대하고 물류비 지원과 임시선박 투입 등을
추진하기로 했습니다. 류환홍 기자가 보도합니다. 기자 수출은 최고의 실적을 보였지만 수입액이 급증하면서 올해
상반기 우리나라 무역수지는 역대 최악인 103억 달러 적자를 기록했습니다. 정부가 수출확대에 총력을 기울이기로
한 것은 원자재 가격 상승 등 대외 리스크가 가중되는 상황에서 수출 증가세 지속이야말로 한국경제의 회복을
위한 열쇠라고 본 것입니다. 추경호 경제부총리 겸 기획재정부 장관 정부는 우리 경제의 성장엔진인 수출이 높은
증가세를 지속할 수 있도록 총력을 다하겠습니다. 우선 물류 부담 증가 원자재 가격 상승 등 가중되고 있는 대외
리스크에 대해 적극 대응하겠습니다. 특히 중소기업과 중견기업 수출 지원을 위해 무역금융 규모를 연초 목표보다
40조 원 늘린 301조 원까지 확대하고 물류비 부담을 줄이기 위한 대책도 마련했습니다. 이창양 산업통상자원부
장관 국제 해상운임이 안정될 때까지 월 4척 이상의 임시선박을 지속 투입하는 한편 중소기업 전용 선복 적재
용량 도 현재보다 주당 50TEU 늘려 공급하겠습니다. 하반기에 우리 기업들의 수출 기회를 늘리기 위해 2 500여 개
수출기업을 대상으로 해외 전시회 참가를 지원하는 등 마케팅 지원도 벌이기로 했습니다. 정부는 또 이달 중으로
반도체를 비롯한 첨단 산업 육성 전략을 마련해 수출 증가세를 뒷받침하고 에너지 소비를 줄이기 위한 효율화
방안을 마련해 무역수지 개선에 나서기로 했습니다. YTN 류환홍입니다.
```

GPT 모델을 만들려면 이러한 텍스트 데이터들이 필요합니다. 학습을 진행할 때는 document 칼럼만 이용해 진행하겠습니다. 학습한 데이터 형태로 만들어보겠습니다.

```
ko_text = "".join(data["train"]["document"])
ko_chars = sorted(list(set((ko_text))))
ko_vocab_size = len(ko_chars)
print("총 글자 수 :", ko_vocab_size)
```

【실행 결과】

```
총 글자 수 : 2701
```

data 딕셔너리의 train 키에서 document 값을 가져와 모든 문서를 하나의 문자열로 합칩니다. 이렇게 만들어진 전체 텍스트에서 중복을 제거하고 정렬된 고유한 문자 목록을 생성합니다. 이 과정을 통해 데이터셋에 존재하는 모든 고유한 한국어 문자를 파악할 수 있습니다.

그다음, 이 고유 문자 목록의 길이를 계산해 전체 어휘 크기를 구하고, 총 글자 수를 출력해 데이터셋의 어휘 다양성을 확인합니다. 총 2,701개의 어휘가 있는 것을 확인할 수 있습니다.

```
character_to_ids = {char:i for i, char in enumerate(ko_chars)}
ids_to_character = {i:char for i, char in enumerate(ko_chars)}
token_encode = lambda s:[character_to_ids[c] for c in s]
token_decode = lambda l: "".join([ids_to_character[i] for i in l])
print(token_encode("안녕하세요 함께 인공지능을 공부하게 되어 반가워요."))
print(token_decode(token_encode("안녕하세요 함께 인공지능을 공부하게 되어 반가워요.")))
```

【실행 결과】

```
[1909, 1169, 2546, 1770, 2008, 0, 2551, 1061, 0, 2064, 977, 2157, 1209, 2055, 0, 977, 1658,
 2546, 949, 0, 1283, 1942, 0, 1593, 908, 2024, 2008, 2]
안녕하세요 함께 인공지능을 공부하게 되어 반가워요.
```

다음으로, 문자와 인덱스를 매핑하는 딕셔너리를 생성합니다. character_to_ids 딕셔너리는 각 문자를 해당 인덱스로 매핑하고, ids_to_character 딕셔너리는 각 인덱스를 해당 문자로 매핑합니다. 이러한 매핑은 텍스트 데이터를 숫자로 변환하고 다시 텍스트로 복원하는 데 사용됩니다.

token_encode 함수는 문자열을 입력으로 받아 각 문자를 해당하는 숫자로 변환합니다. 이 과정에서 리스트 컴프리헨션(list comprehension)이라는 방법을 활용합니다. s는 인코딩할 문자열을 나타내며, character_to_ids는 각 문자를 해당하는 숫자(인덱스)로 매핑하는 사전입니다. [char_to_id[c] for c in s] 부분에서는 문자열 s의 각 문자 c를 순회하며, [character_to_ids[c] for c in s] 사전을 사용해 해당 문자를 숫자로 변환합니다. 이러한 과정을 거쳐 람다 함수는 최종적으로 문자열을 숫자 리스트로 변환합니다.

token_decode 함수는 숫자 리스트를 입력으로 받아 각 숫자를 해당하는 문자로 변환하는 과정을 수행합니다. 이 과정에서 ids_to_character라는 사전을 이용하는데, 이 사전은 숫자(인덱스)를 해당하는 문자로 매핑합니다. "".join([ids_to_character[i] for i in l]) 코드는 리스트 l의 각 숫자 i를 순회하며 ids_to_character 사전을 활용해 해당 숫자를 문자로 변환합니다. 그 후 join 메서드를 사용해 이 문자들을 하나의 문자열로 합칩니다. 결과적으로 이 함수는 숫자 리스트를 의미 있는 문자열로 재구성합니다. 이 과정을 통해 모델이 출력한 숫자 형태의 결과를 사람이 읽을 수 있는 텍스트로 변환할 수 있습니다.

마지막으로, ko_text를 token_encode 함수를 사용해 숫자 리스트로 변환하고, 이를 다시 token_decode 함수를 사용해 원래 문장으로 복원할 수 있습니다. 이 과정을 통해 인코딩과 디코딩이 제대로 작동하는지 확인할 수 있습니다.

```
import torch

tokenized_data = torch.tensor(token_encode(ko_text), dtype=torch.long)
print(tokenized_data.shape, tokenized_data.dtype)
print(tokenized_data[:100])
```

[실행 결과]

```
torch.Size([22162967]) torch.int64
tensor([1928, 2315,    0, 2105, 1658,  908,    0, 1987, 2555,    0, 2546, 1593,
        1028,    0, 2015, 1485,    0,  965, 2107, 2060,    0, 1617, 2465, 1542,
        2064,    0, 1808, 2273,    0, 2603, 1236, 1477,    0, 2037, 2555,    0,
        2263, 1430, 2055,    0, 1028, 2019, 2062, 1028, 1441,    0, 2562, 1841,
        1213, 1221,    2,    0, 2451, 2650,    0, 1808, 2273,    0, 2142, 1787,
        1028, 1950, 2060,    0, 1558, 1468, 1119,    0, 2555, 1787, 1477,    0,
        2037, 2555,    0, 1553, 1967, 1024, 2051,    0, 1015, 1541, 1477,    0,
           7,    3, 2117,    0, 2026,    0, 2062, 1740,    0, 2603, 1236, 2546,
         968,    0, 1558, 1468])
```

이 코드는 다음과 같은 단계로 구성됩니다.

- **파이토치 라이브러리 임포트**: import torch는 파이토치(PyTorch) 라이브러리를 임포트합니다. 파이토치는 딥러닝 모델을 구축하고 훈련하는 데 사용하는 주요 라이브러리 중 하나입니다.

- **데이터를 텐서로 변환**: 데이터를 텐서로 변환하고 데이터 타입을 long으로 지정하는 과정은 딥러닝 모델의 효율적인 학습과 처리를 위해 중요합니다. 텐서는 딥러닝에서 데이터를 표현하는 기본 단위로, 다차원 배열 형태로 데이터를 저장하고 처리합니다. 문자열을 숫자로 인코딩하고 이를 텐서로 변환하는 과정은 모델이 텍스트 데이터를 이해하고 학습할 수 있도록 하는 필수적인 전처리 단계입니다.

  데이터 타입을 long으로 지정하는 이유는 주로 텍스트 데이터의 특성과 관련이 있습니다. 텍스트 데이터를 숫자로 인코딩할 때 각 단어나 토큰에 해당하는 정수 값이 큰 범위를 가질 수 있기 때문입니다. long 타입은 32비트 정수형보다 더 큰 범위의 정수를 표현할 수 있어 큰 어휘 사전을 다룰 때 유용합니다. 또한, 파이토치의 많은 함수들이 기본적으로 long 타입의 인덱스를 기대하기 때문에 이를 사용하면 추후 처리 과정에서의 호환성을 보장할 수 있습니다.

  이러한 텐서 변환과 데이터 타입 지정은 모델이 데이터를 효율적으로 처리하고 GPU를 통한 빠른 연산을 가능하게 함으로써 모델의 성능과 학습 속도에 직접적인 영향을 줍니다.

- **텐서의 속성 확인**: tokenized_data.shape과 tokenized_data.dtype을 출력해 텐서 형태와 데이터 타입을 확인합니다. shape는 텐서 차원과 크기를 나타내고, dtype는 텐서에 저장된 데이터 타입을 나타냅니다.

- **텐서 일부 데이터 출력**: tokenized_data[:100]을 통해 텐서의 처음 100개 요소를 출력합니다. 이는 데이터가 올바르게 텐서로 변환됐는지를 확인하는 데 도움이 됩니다.

데이터의 타입을 모두 변경한 후, 다음 단계로 train_dataset와 test_dataset를 나누는 작업을 수행합니다. 이 과정은 머신러닝 모델의 학습과 평가를 위해 매우 중요합니다. 데이터를 훈련용과 검증용으로 분리함으로써 모델의 성능을 객관적으로 평가하고 과적합을 방지할 수 있습니다. 훈련 데이터는 모델을 학습시키는 데 사용되며, 검증 데이터는 학습된 모델의 성능을 테스트하는 데 활용됩니다. 이러한 분리 작업을 통해 모델이 새로운, 보지 못한 데이터에 대해 얼마나 잘 일반화되는지 확인할 수 있습니다. 데이터 분할 비율은 일반적으로 프로젝트의 특성과 데이터의 양에 따라 결정되지만, 보통 8:2 또는 9:1등의 비율로 훈련 데이터와 검증 데이터를 나누기도 합니다.

```
n = int(0.9 * len(tokenized_data))
train_dataset = tokenized_data[:n]
test_dataset = tokenized_data[n:]
```

데이터의 90%를 훈련용으로, 10%는 검증용으로 활용합니다. tokenized_data[:n]로 데이터를 분리할 때 데이터를 처음부터 마지막까지 순차적으로 훈련한다고 생각할 수 있지만, 실제 학습 과정은 그렇지 않습니다. 훈련 데이터는 block_size에 설정된 크기만큼의 청크(chunk) 단위로 무작위 샘플링해 학습을 진행합니다. 데이터를 블록(block) 단위로 나누는 것은 GPT와 같은 트랜스포머(transformer) 기반 모델을 학습할 때 자주 사용하는 방법입니다. 여기서 block_size는 한 번에 모델이 처리할 수 있는 글자의 수를 정의합니다. 예를 들어 block_size를 8로 설정하면 모델은 데이터의 연속된 8개 글자를 하나의 학습 단위로 이용합니다. 이러한 방식으로 데이터를 처리함으로써 모델은 다양한 문맥에서 언어를 이해하고 생성하는 능력을 키울 수 있습니다. 또한 무작위 샘플링을 통해 모델이 데이터의 특정 부분에 과적합되는 것을 방지하고, 전체 데이터셋에 대해 고르게 학습할 수 있도록 합니다.

block_size를 8로 설정하고 데이터가 하나씩 언어 모델의 입력으로 어떻게 전달되는지 살펴보겠습니다. block_size는 흔히 컨텍스트 길이(context length)라고 부릅니다. 즉, 모델이 한 번에 처리할 수 있는 토큰의 최대 길이를 의미하며, 이는 모델의 성능과 효율성에 큰 영향을 미칩니다. 이 값을 적절히 설정하는 것은 모델의 학습과 추론 과정에서 매우 중요합니다. 큰 block_size는 모델이 더 긴 문맥을 이해할 수 있게 해주지만, 동시에 더 많은 계산 자원을 필요로 합니다. 반면 작은 block_size는 계산 효율성은 높일 수 있지만, 모델의 문맥 이해 능력을 제한할 수 있습니다. 따라서 주어진 작업과 사용 가능한 자원을 고려해 적절한 block_size를 선택하는 것이 중요합니다.

train_dataset[:block_size]는 훈련 데이터셋의 처음 8개 글자를 텐서 형태로 보여줍니다. 이 텐서는 숫자 배열이며 각 숫자는 특정 글자를 나타냅니다. 학습 과정에 이런 블록은 트랜스포머 모델이 각 글자 뒤에 나타날 글자를 예측하도록 돕습니다. 모델은 각 위치에서 글자를 예측하며, 이 과정을 통해 문장 구조와 언어 패턴을 학습합니다. 예를 들어 모델에 1928이라고 인코딩된 텍스트 정보를 입력했다고 가정하겠습니다. 모델은 1928이라는 숫자로 인코딩된 텍스트를 봤다면 다음 글자 2315를 예측할 때 1928을 사용하고, 그다음 글자인 0을 예측할 때는 1928과 2315를 함께 사용해 예측하도록 훈련합니다.

```
x = train_dataset[:block_size]
y = train_dataset[1:block_size+1]
```

```
for time in range(block_size):
    context = x[:time+1]
    target = y[time]

    print(f"입력 텐서 : {context}")
    print(f"타깃 글자 : {target}")
```

【실행 결과】

```
입력 텐서 : tensor([1928])
타깃 글자 : 2315
입력 텐서 : tensor([1928, 2315])
타깃 글자 : 0
입력 텐서 : tensor([1928, 2315,    0])
타깃 글자 : 2105
입력 텐서 : tensor([1928, 2315,    0, 2105])
타깃 글자 : 1658
입력 텐서 : tensor([1928, 2315,    0, 2105, 1658])
타깃 글자 : 908
입력 텐서 : tensor([1928, 2315,    0, 2105, 1658,  908])
타깃 글자 : 0
입력 텐서 : tensor([1928, 2315,    0, 2105, 1658,  908,    0])
타깃 글자 : 1987
입력 텐서 : tensor([1928, 2315,    0, 2105, 1658,  908,    0, 1987])
타깃 글자 : 2555
```

실제 인공지능 모델 훈련 시에는 위 예시에서 본 것처럼 단일 글자 텐서만 입력으로 주어지지 않습니다. 여러 개의 텐서가 함께 묶여 입력으로 제공됩니다. 이를 '배치(batch)'라고 합니다.

이제 block_size와 batch_size를 활용해 데이터가 어떻게 입력되는지 자세히 살펴보겠습니다. 배치 처리는 모델의 학습 효율을 높이는 중요한 기법으로, 여러 데이터 샘플을 동시에 처리함으로써 계산 속도를 향상시키고 모델의 일반화 능력을 개선합니다.

block_size는 각 텐서의 길이를 결정하고, batch_size는 한 번에 처리할 텐서의 개수를 설정합니다. 이 두 매개변수를 적절히 조절하면 모델의 학습 속도와 성능을 최적화할 수 있습니다. 이러한 배치 처리 방식은 대규모 데이터셋을 효율적으로 다루는 데 필수적이며, 현대 딥러닝 모델 훈련의 핵심 요소 중 하나입니다. 코드로 함께 살펴보겠습니다.

```
torch.manual_seed(1234)

batch_size = 4
block_size = 8

def batch_function(mode):
    dataset = train_dataset if mode == "train" else test_dataset
    idx = torch.randint(len(dataset) - block_size, (batch_size,))
    x = torch.stack([dataset[index:index+block_size] for index in idx])
    y = torch.stack([dataset[index+1:index+block_size+1] for index in idx])
    return x, y

example_x, example_y = batch_function("train")
print("inputs : ", example_x.shape)
print("")
print("example_x의 실제 값")
print(example_x)
print("-----------------------")
print("targets : ", example_y.shape)
print("")
print("example_y의 실제 값")
print(example_y)
print("-----------------------")

for size in range(batch_size):
    for t in range(block_size):
        context = example_x[size, :t+1]
        target = example_y[size, t]
        print(f"input : {context}, target : {target}")
    print("-----------------------")
    print("-----------------------")
```

【실행 결과】

```
inputs :  torch.Size([4, 8])

example_x의 실제 값
tensor([[1764, 2555,    0, 1236, 2248,    0, 2017, 1976],
        [   0, 1966, 2157,    0, 1951, 2062,    0, 2548],
        [   0, 1304, 1485, 1586,    0, 1907, 2450,    0],
        [   3,    2,    6,    5,    1,    0,    5,    3]])
----------------------
targets :  torch.Size([4, 8])

example_y의 실제 값
tensor([[2555,    0, 1236, 2248,    0, 2017, 1976, 2546],
        [1966, 2157,    0, 1951, 2062,    0, 2548, 2289],
        [1304, 1485, 1586,    0, 1907, 2450,    0, 2480],
        [   2,    6,    5,    1,    0,    5,    3,    5]])
----------------------
input : tensor([1764]), target : 2555
input : tensor([1764, 2555]), target : 0
input : tensor([1764, 2555,    0]), target : 1236
input : tensor([1764, 2555,    0, 1236]), target : 2248
input : tensor([1764, 2555,    0, 1236, 2248]), target : 0
input : tensor([1764, 2555,    0, 1236, 2248,    0]), target : 2017
input : tensor([1764, 2555,    0, 1236, 2248,    0, 2017]), target : 1976
input : tensor([1764, 2555,    0, 1236, 2248,    0, 2017, 1976]), target : 2546
----------------------
----------------------
input : tensor([0]), target : 1966
input : tensor([   0, 1966]), target : 2157
input : tensor([   0, 1966, 2157]), target : 0
input : tensor([   0, 1966, 2157,    0]), target : 1951
input : tensor([   0, 1966, 2157,    0, 1951]), target : 2062
input : tensor([   0, 1966, 2157,    0, 1951, 2062]), target : 0
input : tensor([   0, 1966, 2157,    0, 1951, 2062,    0]), target : 2548
input : tensor([   0, 1966, 2157,    0, 1951, 2062,    0, 2548]), target : 2289
----------------------
----------------------
```

```
input : tensor([0]), target : 1304
input : tensor([   0, 1304]), target : 1485
input : tensor([   0, 1304, 1485]), target : 1586
input : tensor([   0, 1304, 1485, 1586]), target : 0
input : tensor([   0, 1304, 1485, 1586,    0]), target : 1907
input : tensor([   0, 1304, 1485, 1586,    0, 1907]), target : 2450
input : tensor([   0, 1304, 1485, 1586,    0, 1907, 2450]), target : 0
input : tensor([   0, 1304, 1485, 1586,    0, 1907, 2450,    0]), target : 2480
----------------------
----------------------
input : tensor([3]), target : 2
input : tensor([3, 2]), target : 6
input : tensor([3, 2, 6]), target : 5
input : tensor([3, 2, 6, 5]), target : 1
input : tensor([3, 2, 6, 5, 1]), target : 0
input : tensor([3, 2, 6, 5, 1, 0]), target : 5
input : tensor([3, 2, 6, 5, 1, 0, 5]), target : 3
input : tensor([3, 2, 6, 5, 1, 0, 5, 3]), target : 5
----------------------
----------------------
```

torch.manual_seed(1234)로 난수 생성을 고정하고, batch_size와 block_size를 각각 4와 8로 설정합니다. batch_function을 설정해 훈련 또는 검증 데이터에서 무작위로 배치를 생성하고, 이 함수는 입력 텐서 x와 목표 텐서 y를 반환합니다.

함수 실행 결과로 example_x와 example_y의 shape와 실제 값을 출력해 배치 구조를 확인합니다. 각 배치와 시간 단계에 대한 입력 컨텍스트와 목표 값을 출력해 데이터 구조를 자세히 살펴볼 수 있습니다.

이 과정에서 각 배치와 블록에 대한 입력(컨텍스트)과 해당 타깃(목표 글자)이 출력됩니다. 모델은 이를 통해 주어진 컨텍스트를 바탕으로 다음 글자를 예측하는 방식으로 학습합니다. 코드 실행 결과는 모델이 각 배치 시퀀스를 처리하며 텍스트 구조와 언어 패턴을 학습하는 과정을 보여줍니다.

batch_size는 한 번에 모델이 처리할 데이터의 양을 설정합니다. 여기서는 4로 설정되어, 모델이 한 번에 4개의 예제를 병렬로 처리할 수 있음을 의미합니다. block_size는 모델이 한 번에 볼 수 있는 글자의 수를 설정합니다. 여기서는 8로 설정되어 모델이 8개의 글자를 하나의 시퀀스로 보고 학습을 수행합니다.

batch_function 함수는 모드에 따라 적절한 데이터셋에서 미니 배치를 만듭니다. 이 함수는 데이터셋 선택, 랜덤 인덱스 생성, 입력 시퀀스와 목표 시퀀스 생성 등의 단계를 거칩니다. example_x와 example_y는 각각 입력 데이터와 타깃 데이터를 나타내며, 둘 다 (batch_size, block_size) 형태를 띱니다.

실제로 example_y는 example_x 내부의 모든 단일 위치에 대한 정답을 제공합니다. 이를 통해 입력된 데이터를 기반으로 example_y를 예측하게 됩니다.

지금까지 데이터가 모델에 어떤 방식으로 전달되는지 살펴봤습니다. 이제 간단한 언어 모델을 직접 만들고 실험하면서 인공지능이 어떻게 언어를 학습하는지 단계별로 살펴볼 것입니다. 마치 레고를 조립하듯이 인공지능 기능을 순차적으로 추가하고 훈련하면서 각 모델의 성능이 어떻게 개선되는지 관찰할 예정입니다.

이 과정을 통해 언어 모델의 기본 구조를 이해하고, 각 구성 요소가 모델의 성능에 어떤 영향을 미치는지 직접 확인할 수 있습니다. 먼저 가장 기본적인 형태의 언어 모델을 설정하고, 점진적으로 복잡한 기능을 추가하면서 그 변화를 관찰합니다. 이러한 단계별 접근 방식은 복잡한 인공지능 시스템의 작동 원리를 더 쉽게 이해할 수 있게 해줍니다. 각 단계에서 모델의 성능을 평가하고 분석해, 언어 모델의 발전 과정과 각 요소의 중요성을 깊이 있게 파악할 수 있습니다.

2.3 _ 언어 모델 만들기

semiGPT 클래스를 만드는 과정은 객체 지향 프로그래밍의 기본 원칙을 따릅니다. 이 클래스는 주로 두 가지 메서드로 구성됩니다.

- 첫 번째는 __init__ 메서드로, 클래스의 초기화를 담당합니다.
- 두 번째는 forward 메서드로, 모델의 실제 연산을 수행합니다. __init__ 메서드에서는 모델의 구조와 초기 파라미터를 설정하고, forward 메서드에서는 입력 데이터를 받아 모델을 통과시켜 출력을 생성합니다.

이러한 구조는 파이토치와 같은 딥러닝 프레임워크에서 일반적으로 사용되는 방식으로, 모델의 구조를 명확하게 정의하고 사용하기 쉽게 만듭니다. 이렇게 설계된 **semiGPT** 클래스는 다양한 언어 모델링 작업에 활용될 수 있으며, 필요에 따라 쉽게 확장하거나 수정할 수 있습니다.

```
import torch
import torch.nn as nn
from torch.nn import functional as F

class semiGPT(nn.Module):
    def __init__(self, vocab_length):
        super().__init__()
        self.embedding_token_table = nn.Embedding(vocab_length, vocab_length)

    def forward(self, inputs, targets):
        logits = self.embedding_token_table(inputs)

        return logits

model = semiGPT(ko_vocab_size)
output = model(example_x, example_y)
print(output.shape)
```

[실행 결과]

```
torch.Size([4, 8, 2701])
```

먼저, 큰 흐름을 살펴보고 그다음 자세하게 코드를 살펴보겠습니다.

semiGPT는 __init__ 함수에서 vocab_length를 (매개)변수로 받아 토큰 임베딩(embedding) 테이블을 만듭니다. 여기서 vocab_length는 모델이 다룰 수 있는 단어의 총 개수이므로 2701이 됩니다.

임베딩 테이블은 각 단어를 고유한 숫자 벡터로 변환하는 역할을 합니다. 이를 코드로 구현한 부분이 바로 `self.token_embedding_table = nn.Embedding(vocab_length, vocab_length)`입니다.

이 코드를 더 자세히 살펴보면 `nn.Embedding`은 파이토치에서 제공하는 기능으로, 단어를 벡터로 변환하는 테이블을 만듭니다. 첫 번째 `vocab_length`는 총 단어의 수를 의미하고, 두 번째 `vocab_length`는 각 단어를 표현할 벡터의 크기를 나타냅니다.

예를 들어, 전체 단어가 1,000개이고 각 단어를 100차원의 벡터로 표현하고 싶다면 `nn.Embedding(1000, 100)`과 같이 설정합니다. 이렇게 하면 각 단어마다 100개의 숫자로 이뤄진 고유한 벡터가 할당됩니다. 실습 코드에서는 `vocab_length`의 단어 2,701을 2,701 차원으로 표현해 보겠습니다. 이후 실습 과정에서 임베딩 차원은 감소됩니다.

이 임베딩 테이블을 통해 텍스트 데이터를 컴퓨터가 이해하고 처리할 수 있는 숫자 형태로 변환할 수 있습니다. 이러한 과정을 거쳐 컴퓨터는 텍스트 데이터를 효과적으로 분석하고 처리할 수 있게 됩니다.

이러한 임베딩 과정이 중요한 이유는 다음과 같습니다.

첫째, 컴퓨터는 원래 숫자만을 이해하고 처리할 수 있어 임베딩을 통해 단어를 숫자 벡터로 변환하면 컴퓨터가 이해할 수 있는 형태가 됩니다.

둘째, 벡터 표현은 단어 간의 의미적 관계를 수학적으로 표현할 수 있게 해 컴퓨터가 단어 간의 유사성을 계산하고 이해할 수 있게 합니다.

셋째, 이러한 벡터 표현은 다양한 수학적 연산을 가능하게 해 복잡한 언어 모델링과 자연어 처리 작업에 유용합니다.

넷째, 고차원 벡터로의 변환은 단어의 다양한 특성을 표현할 수 있어 단어의 복잡한 의미와 뉘앙스를 더 정확히 나타낼 수 있습니다.

모델의 `forward` 메서드는 실제로 데이터가 모델을 통과하는 과정입니다. 이 메서드에서는 입력 토큰에 대한 임베딩을 조회합니다. 그 결과로 로짓(logit)을 반환하는데, 로짓은 확률로 변환되기 전의 원시 점수 값입니다. 이 로짓은 각 가능한 출력 클래스에 대한 상대적인 점수를 나타내며, 일반적으로 소프트맥스 함수를 통해 확률로 변환됩니다.

이 로짓은 모델의 최종 출력으로, 이를 바탕으로 언어 모델에서는 로짓이 각 단어가 다음에 올 확률을 나타내는 점수가 되며, 이 중 가장 높은 점수를 가진 단어가 다음 단어로 예측됩니다.

전반적인 흐름을 살펴봤으니 이제 코드를 한 줄씩 살펴보겠습니다.

2.3.1 라이브러리 설명

이 책에서 사용하는 라이브러리들을 처음 접하는 분도 있으실 테니 자세히 설명하겠습니다. 각 라이브러리의 역할과 기능을 상세히 살펴보면서 이들이 프로젝트에서 어떻게 활용되는지 이해하기 쉽게 풀어서 설명하겠습니다.

- **`Torch`와 `torch.nn`**: 파이토치의 핵심 라이브러리인 `torch`는 텐서 연산과 자동 미분 기능 등을 제공해 딥러닝 모델 구현에 필수적인 기능을 제공합니다. 신경망 구축에 필요한 다양한 레이어와 매개변수 관리 기능은 `torch.nn` 모듈에서 제공합니다. 이를 통해 모델 아키텍처를 정의하고 매개변수를 초기화하며, 순전파(forward pass)를 구현할 수 있습니다.
- **`torch.nn.functional`**: `torch.nn.functional` 모듈은 주로 상태가 없는(stateless) 함수들을 제공합니다. 여기에는 활성화 함수(ReLU, Sigmoid 등)와 손실 함수(Cross Entropy Loss 등)가 포함됩니다. 이 모듈은 함수적 인터페이스를 통해 레이어의 작동을 구현할 때 활용합니다.

2.3.2 __init__ 함수

`__init__` 메서드는 클래스 인스턴스가 생성될 때(예를 들어, `model = semiGPT(ko_vocab_size)` 선언할 때) 자동으로 호출되는 특별한 메서드입니다. 이를 파이썬 생성자(constructor)라고 부르는데, 쉽게 말해 이 메서드는 새로운 물건을 만들 때 기본 설정을 하는 것과 같습니다. 신경망 모델에서는 이 메서드에서 모델의 구조와 필요한 초기 설정을 정의합니다.

예를 들어, model = semiGPT(ko_vocab_size)와 model1 = semiGPT(ko_vocab_size)를 만들었다고 가정해 보겠습니다. 이때 __init__ 메서드가 자동으로 실행되어 model의 기본 설정을 하고, model1을 만들 때도 설정해줘야 model과 model1이 서로 독립적으로 작동할 수 있을 것입니다. __init__이 바로 그런 역할을 해줍니다.

만약 이해가 잘 안된다면, semiGPT를 쿠키를 찍는 틀이라고 생각해 보겠습니다. 한 번 쿠키를 찍고 잘 닦아야 다음 쿠키를 찍을 때 모양이 잘 나오겠죠? __init__은 여기서 쿠키 틀을 깨끗이 닦아주는 역할을 한다고 생각하면 됩니다. 즉, 이렇게 인스턴스란 클래스로부터 생성된 실제 객체를 의미하며, 각 인스턴스는 독립적인 속성과 기능을 가집니다. 이렇게 각각 초기화해 model을 만들고, 그다음 model1을 만들 때 model의 상태가 영향을 주지 않도록 합니다.

다음으로는 super()에 대해 알아보겠습니다.

super().__init__() 부분은 부모 클래스의 __init__ 메서드를 호출하는 것입니다. 파이썬에서 클래스 상속을 사용할 때 자식 클래스는 부모 클래스의 속성과 메서드를 물려받습니다. super()는 이렇게 물려받은 부모 클래스의 메서드에 접근할 수 있게 해줍니다.

위 코드에서 super().__init__() 호출은 nn.Module의 생성자를 호출합니다. 이는 semiGPT 클래스가 nn.Module의 모든 기능과 속성을 제대로 초기화하고 사용할 수 있게 하는 중요한 단계입니다. 만약 super()를 사용하지 않고 부모 클래스의 생성자를 호출하지 않으면 자식 클래스가 제대로 초기화되지 않아 중요한 기능들이 작동하지 않을 수 있습니다.

super() 함수를 사용하는 주된 이유는 여러 클래스를 동시에 상속받을 때 생길 수 있는 복잡한 상황을 관리하고, 코드를 더 명확하고 관리하기 쉽게 만들기 위함입니다. 파이썬은 클래스 상속 시 메서드를 호출하는 순서를 미리 정해 놓았는데, 이를 MRO(Method Resolution Order)라고 합니다. 예를 들어, A, B, C 클래스가 있고 C가 A와 B를 동시에 상속받을 때 파이썬은 C → B → A 순서로 메서드를 찾습니다. super()는 이 순서를 따라 자동으로 적절한 부모 클래스의 메서드를 호출합니다.

nn.Embedding 레이어를 사용할 때 흔히 하는 실수에 대해 설명하고 forward 함수로 넘어가겠습니다. 파이토치 공식 문서에서 nn.Embedding 레이어를 검색해 보면[5], 다음과 같은 주요 매개변수를 갖습니다.

```
nn.Emdedding(num_embeddings, embedding_dim)
```

num_embeddings는 임베딩을 할 단어의 총 수입니다. 이는 임베딩 테이블에 있는 고유한 토큰들의 총 수를 나타냅니다. 즉, 임베딩을 수행할 수 있는 최대 인덱스 값입니다. 인덱스는 0부터 num_embeddings - 1까지의 값을 가질 수 있습니다. 따라서 임베딩 레이어에 전달되는 모든 인덱스 값들은 이 범위에 있어야 합니다.

예를 들어 nn.Embedding(4,4)를 만들고 입력으로 10이 들어오면 "index out of range in self"라는 오류가 발생합니다. 이는 설정한 임베딩의 최대 인덱스 범위인 0부터 3까지의 값을 벗어난 10이라는 숫자가 입력됐기 때문입니다. 이러한 오류는 다음과 같은 코드를 실행할 때 확인할 수 있습니다. 먼저 4개의 토큰을 4차원의 벡터로 표현하는 임베딩을 생성하고, 이후 0, 1, 2, 10이라는 값을 텐서 형태로 입력하면 범위를 벗어난 10으로 인해 오류가 발생합니다.

```
# 에러가 발생되도록 설정한 코드
embedding = nn.Embedding(4, 4)
embedding(torch.tensor([[0, 1, 2, 10]]))
```

【실행 결과】

```
IndexError: index out of range in self
```

embedding_dim은 각 단어를 표현할 벡터의 차원입니다. 각 토큰의 임베딩 벡터 차원을 나타냅니다. 각 토큰은 설정한 차원 수만큼의 요소를 가진 벡터로 표현됩니다. 예를 들어 어휘 크기가 1000이고 임베딩 차원을 300으로 설정하면 nn.Embedding 레이어는 1000개의 다른 단어 각각에 대해 300차원의 벡터를 만듭니다. 많이 헷갈릴 수 있는 부분이니 꼭 잘 이해하고 넘어가기 바랍니다.

5 https://pytorch.org/docs/stable/generated/torch.nn.Embedding.html

2.3.3 forward 메서드

forward 메서드는 모델에 데이터가 전달될 때 호출되어 실제 계산 과정을 담당합니다. 이 메서드는 __init__에서 설정한 레이어와 연산을 사용해 입력 데이터를 출력 데이터로 변환합니다. forward는 모델의 실행 부분을 정의하며, 모델 객체가 함수처럼 호출될 때 자동으로 실행됩니다. 이를 통해 모델이 입력 데이터를 어떻게 처리하고 결과를 반환할지를 설정합니다.

모델 초기화 및 실행은 다음과 같습니다.

- model = semiGPT(ko_vocab_size)로 영어 어휘 크기를 사용해 semiGPT의 인스턴스를 만듭니다.
- output = model(example_x, example_y)로 모델에 입력 데이터 example_x와 타깃 데이터 example_y를 전달합니다.

출력 결과를 보면 torch.Size([4, 8, 2701])의 shape를 가진 텐서가 생성됐음을 알 수 있습니다. 이는 배치 크기가 4, 시퀀스 길이가 8, 그리고 어휘 크기가 2701임을 의미합니다. 각 차원은 다음과 같은 의미를 가집니다. 4는 배치 크기로, 한 번에 처리되는 데이터 샘플의 수입니다. 8은 각 샘플의 시퀀스 길이로, 각 입력 문장의 토큰 수입니다. 2701은 어휘 크기로, 모델이 예측할 수 있는 가능한 토큰의 수입니다.

위 코드로는 모델이 학습될 수 없습니다. 중요한 요소가 하나 빠졌는데, 바로 손실 계산입니다. 이제 손실을 구하는 코드를 추가해 보겠습니다.

Loss를 사용할 때 2가지 중요한 가정이 있습니다.

가정1: 전체 손실은 개별 샘플 손실의 합과 같다.

가정2: 각 샘플의 손실을 계산할 때 신경망의 최종 출력값과 입력값만 사용한다.

사용할 손실 함수는 이러한 가정을 충족하는 파이토치의 크로스 엔트로피(cross_entropy)입니다. 크로스 엔트로피 함수는 분류 문제에서 모델 성능을 측정하는 데 자주 사용됩니다. 이 함수는 모델이 예측한 확률 분포(임베딩)와 실제 레이블(target) 분포 간의 차이를 계산합니다.

손실이 낮을수록 모델의 예측이 실제 레이블에 더 가깝다는 것을 의미합니다. 이러한 손실 계산은 모델이 학습 과정에서 자신의 성능을 평가하고 개선할 수 있게 해주는 중요한 지표가 됩니다. 손실 함수를 통해 모델은 자신의 예측과 실제 정답 사이의 오차를 인식하고, 이를 최소화하는 방향으로 파라미터를 조정할 수 있습니다.

이렇게 크로스엔트로피 손실 함수를 설정하고 다시 한번 코드를 실행해 보겠습니다.

```
# 에러가 발생되도록 세팅된 코드
import torch
import torch.nn as nn
from torch.nn import functional as F

class semiGPT(nn.Module):
    def __init__(self, vocab_length):
        super().__init__()
        self.embedding_token_table = nn.Embedding(vocab_length, vocab_length)

    def forward(self, inputs, targets):
        logits = self.embedding_token_table(inputs)

        loss = F.cross_entropy(logits, targets)
        return logits, loss

model = semiGPT(ko_vocab_size)
output, loss = model(example_x, example_y)
print(output)
```

코드를 실행하면 에러가 발생하는 것이 정상입니다. 이는 shape가 맞지 않기 때문에 발생하는 문제입니다.

이 또한 다양한 연구를 하다 보면 자주 만나는 오류여서 예제로 가져와 봤습니다.

```
RuntimeError: Expected target size [4, 2701], got [4, 8]
```

오류가 발생하는 이유를 다시 살펴보겠습니다. 오류 메시지에서 볼 수 있듯이, 모델은 target size [4, 2701]을 기대하지만, 실제 targets shape으로는 [4, 8]을 받았다는 에러입니다. 이는 vocab_length가 2701임을 나타냅니다.

example_x와 example_y는 각각 [4, 8] 크기이므로 모델에서 크로스엔트로피 손실 함수가 올바르게 작동하려면 예측한 것(logits)과 실제 값(targets)의 차이를 계산하기 전에 shape을 조정해야 합니다.

- logits의 shape을 [4, 8, 2701]에서 [32, 2701]로 변경합니다. (4 * 8 = 32)
- targets의 shape을 [4, 8]에서 [32]로 변경합니다.

이렇게 shape을 변경함으로써 각 토큰에 대한 예측과 실제 값을 일대일로 비교할 수 있게 됩니다. 파이토치 공식 문서의 크로스엔트로피 함수 설명[6]을 참고하면 이러한 shape 요구사항에 관해 더 자세히 알 수 있습니다.

찾은 대로 코드를 수정해 보겠습니다.

```
import torch
import torch.nn as nn
from torch.nn import functional as F

class semiGPT(nn.Module):
    def __init__(self, vocab_length):
        super().__init__()
        self.embedding_token_table = nn.Embedding(vocab_length, vocab_length)

    def forward(self, inputs, targets):
        logits = self.embedding_token_table(inputs)
        batch, seq_length, vocab_length = logits.shape
        logits = logits.view(batch * seq_length, vocab_length)
        targets = targets.view(batch*seq_length)
        loss = F.cross_entropy(logits, targets)
```

6 https://pytorch.org/docs/stable/generated/torch.nn.functional.cross_entropy.html#torch.nn.functional.cross_entropy

```
        print("logits의 shape는 : ", logits.shape, "입니다.")
        print("targets의 shape는 : ", targets.shape, "입니다.")

        return logits, loss

model = semiGPT(ko_vocab_size)
logits, loss = model(example_x, example_y)
print(loss)
```

【실행 결과】

```
logits의 shape는 : torch.Size([32, 2701]) 입니다.
targets의 shape는 : torch.Size([32]) 입니다.
tensor(8.2693, grad_fn=<NllLossBackward0>)
```

첫 번째로 logits의 shape를 변경했습니다.

```
        logits = logits.view(batch * seq_length, vocab_length)
```

이 코드는 원래 [4, 8, 2701] 형태의 logits를 [32, 2701] 형태로 변경합니다. 여기서 32는 4(batch) * 8(seq_length)입니다. view 함수는 텐서의 모양을 변경하는 파이토치 메서드로 이는 마치 같은 데이터를 다른 방식으로 보는 것처럼 만드는 효과가 있습니다.

두 번째로 targets의 shape를 변경해 logits와 연산될 수 있도록 만듭니다.

```
        targets = targets.view(batch*seq_length)
```

이 코드는 원래 [4, 8] 형태의 targets를 [32] 형태로 변경합니다.

이러한 shape 변경을 통해 각 토큰에 대한 예측(logits)과 실제 값(targets)을 일대일로 비교할 수 있게 됩니다. 코드에서는 변경된 shape을 출력해 확인할 수 있도록 print 문을 추가했습니다. 이를 통해 logits와 targets의 shape가 각각 [32, 2701]과 [32]로 변경됐음을 확인할 수 있습니다.

이러한 수정으로 인해 이전에 발생했던 shape 불일치 에러가 해결되고, 모델이 정상적으로 손실을 계산할 수 있게 됐습니다.

TIP 정보 이론으로 바라본 손실값의 의미

한 가지 궁금한 점은 손실값이 8.2693으로 나온 이유입니다. 이를 이해하려면 먼저 정보 이론에 대한 기본적인 이해가 필요합니다. 정보 이론은 1948년 클로드 섀넌이 제안한 데이터의 양적 측정, 저장, 통신에 관한 수학적 이론입니다. 이 이론은 현대 디지털 통신과 데이터 압축의 기초가 됐으며, 머신러닝과 인공지능 분야에서도 중요한 역할을 합니다. 정보 이론의 핵심 개념 중 하나는 정보 엔트로피로, 이는 메시지에 포함된 정보의 양을 측정합니다.

이러한 정보 이론에 따르면, 이벤트의 정보량은 해당 이벤트 확률의 음의 로그값으로 정의되고, 이는 이벤트가 발생 가능성이 낮을수록 더 많은 정보를 담고 있다는 개념을 반영합니다. 이번 실험의 경우, 2701개의 가능한 어휘 요소 중 하나를 정확히 예측해야 하는 상황에서 각 예측의 확률은 1/2701입니다.

따라서 $-\ln(1/2701) = 7.901$이라는 값은 완벽한 예측을 위해 필요한 최소 정보량을 나타냅니다. 실제 손실값 8.2693이 이 이론적 최솟값보다 높다는 것은 모델이 완벽하지 않으며, 일부 잘못된 예측을 한다는 것을 의미합니다. 이 차이는 모델의 현재 성능과 이상적인 성능 사이의 격차를 보여주며, 추가적인 훈련이나 조정을 통해 성능을 개선할 여지가 있음을 알려줍니다.

이처럼 정보 이론의 개념을 적용하면 모델이 정보를 학습하고 예측 효과를 수학적으로 분석할 수 있습니다. 그러나 정보 이론에 근거해 학습을 수행하더라도 원하는 성능이 나오지 않을 수 있습니다. 이는 인공지능이 단순히 정보 처리의 문제만이 아니라 복잡한 요소들이 상호작용하는 다층적 학문이기 때문입니다.

2.3.4 generate 메서드

다음으로 학습한 모델이 예측한 글자를 생성하기 위해 generate 메서드를 추가합니다. 이 메서드는 모델이 학습한 패턴을 바탕으로 새로운 텍스트를 생성합니다. generate 메서드는 입력된 시작 문자열에 기반해 연속으로 다음 글자를 예측하고 텍스트를 생성합니다.

```
import torch
import torch.nn as nn
from torch.nn import functional as F

class semiGPT(nn.Module):
    def __init__(self, vocab_length):
```

```
        ...(기존과 동일)...

    def forward(self, inputs, targets=None):
        ...(기존과 동일)...

    def generate(self, inputs, max_new_tokens):
        for _ in range(max_new_tokens):
            logits, loss = self.forward(inputs)
            logits = logits[:, -1, :]
            print(logits.shape)
            probs = F.softmax(logits, dim=-1)
            next_inputs = torch.multinomial(probs, num_samples=1)
            inputs = torch.cat((inputs, next_inputs), dim=1)
        return inputs

model = semiGPT(ko_vocab_size)
logits, loss = model(example_x, example_y)
print(loss)

token_decode(model.generate(torch.zeros((1,1),
                            dtype=torch.long),
                            max_new_tokens=10)[0].tolist())
```

【실행 결과】

```
tensor(8.5209, grad_fn=<NllLossBackward0>)
 엿입拓빤쌩슝찮찡펭屬
```

먼저, max_new_tokens 횟수만큼 반복문을 실행합니다. 각 반복에서 현재의 inputs를 forward를 통과시켜 logits와 loss를 얻습니다. logits[:, -1, :]을 통해 가장 최근에 생성된 토큰에 대한 로짓만을 선택합니다. 이 코드의 이해를 돕기 위해 예시를 가져왔습니다.

```
import torch

logits = torch.tensor(
    [
```

```
        [
            [0.1, 0.2, 0.3, 0.4],
            [0.2, 0.3, 0.4, 0.1],
            [0.3, 0.4, 0.1, 0.2]
        ]
    ]
)

result = logits[:,-1,:]
print("선택되는 값       : ", result)
print("결과에 대한 size 값 : ", result.size())
```

【실행 결과】

```
선택되는 값       : tensor([[0.3000, 0.4000, 0.1000, 0.2000]])
결과에 대한 size 값 : torch.Size([1, 4])
```

이 텐서의 차원은 (1, 3, 4)입니다.

- 1: 배치 크기
- 3: 시퀀스 길이 (또는 토큰 수)
- 4: 각 토큰에 대한 로짓 값의 수

`logits[:,-1,:]` 연산을 수행할 때,

- **: (첫 번째 차원)**: 모든 배치를 선택합니다(여기서는 1개).
- **-1 (두 번째 차원)**: 각 배치의 마지막 시퀀스/토큰을 선택합니다.
- **: (세 번째 차원)**: 선택된 토큰의 모든 로짓 값을 가져옵니다.

이 연산으로 인해 두 번째 차원(시퀀스 차원)이 제거됩니다. 왜냐하면 -1로 인해 이 차원에서 단 하나의 요소만 선택되기 때문입니다.

결과적으로,

- 첫 번째 차원은 그대로 유지됩니다(여전히 1개의 배치).
- 두 번째 차원은 사라집니다(단일 시퀀스/토큰 선택으로 인해).
- 세 번째 차원은 그대로 유지됩니다(4개의 로짓 값).

따라서 결과 텐서의 형태는 (1, 4)가 되며, 이는 2차원 텐서입니다.

다시 본래 코드로 돌아와서 `logits`는 `logits[:, -1, :]` 코드로 인해 `[1, 2701]` 형태로 shape를 변경합니다. 선택된 로짓은 `F.softmax` 함수를 통해 확률 분포로 변환됩니다. 그 다음 `torch.multinomial` 함수를 사용해 이 확률 분포를 기반으로 새로운 토큰을 무작위로 샘플링합니다. 이렇게 샘플링된 새 토큰은 `torch.cat` 함수를 이용해 현재의 `inputs` 텐서에 추가됩니다.

이 과정은 지정된 `max_new_tokens` 수만큼 반복되며, 최종적으로 확장된 토큰 시퀀스가 출력됩니다. 이 메서드는 주어진 시작 시퀀스에 이어지는 새로운 텍스트를 만드는 데 활용할 수 있으며, 각 단계에서 모델의 예측을 기반으로 다음 토큰을 생성합니다.

몰론 생성된 결과에는 한자, 특수 문자 등이 섞여 있지만, 모델을 조립하면서 결과가 점점 좋아지는 것을 관찰할 수 있습니다.

2.4 _ Optimizer 추가하기

모델 훈련 시 손실 함수를 이용해 모델의 예측 값과 실제 정답 데이터 사이의 차이(손실)를 계산하고, 이 손실을 최소화하기 위해 모델의 매개변수를 적절하게 조정합니다. 옵티마이저는 이 매개변수 조정 과정을 담당해 모델이 더 정확한 예측을 할 수 있도록 내부 구조를 지속적으로 개선합니다. 이러한 과정을 통해 모델은 주어진 데이터에 대해 더 나은 성능을 보이게 됩니다.

```
learning_rate = 1e-2
model = semiGPT(ko_vocab_size)
optimizer = torch.optim.AdamW(model.parameters(), lr=learning_rate)
```

코드를 살펴보면, 모델의 학습을 위해 학습률은 `1e-2`로 정하고, 옵티마이저로는 AdamW를 사용합니다. AdamW는 Adam이라는 기존 옵티마이저를 개선한 버전입니다. 이 옵티마이저의 주요 특징은 가중치 감쇠라는 기법을 더 효과적으로 사용한다는 점입니다. 가중치 감쇠는 모델이 훈련 데이터에 과도하게 맞춰지는 것을 방지하고, 일반화 능력을 향상시키는 데 도움을 줍니다. 즉, AdamW는 모델이 새로운 데이터에 대해서도 잘 작동할 수 있도록 학습을 조절하는 역할을 합니다.

`torch.optim.AdamW(model.parameters(), lr=learning_rate)` 코드는 파이토치에서 AdamW 옵티마이저를 생성하는 부분입니다.

- `torch.optim`은 파이토치의 최적화 알고리즘 모듈입니다. 이 모듈에는 다양한 옵티마이저가 포함돼 있습니다.
- AdamW는 Adam 옵티마이저의 변형으로, 가중치 감쇠(weight decay)를 더 효과적으로 처리합니다. Adam은 적응형 학습률을 사용하는 최적화 알고리즘입니다.
- `model.parameters()`는 최적화할 모델의 매개변수를 지정합니다. 이 메서드는 모델의 모든 학습 가능한 매개변수를 반환합니다.
- `lr=learning_rate`는 학습률을 설정합니다. 학습률은 각 반복에서 매개변수를 얼마나 크게 업데이트할지 결정하는 중요한 하이퍼파라미터입니다.

이 코드를 실행하면 AdamW 옵티마이저 인스턴스가 생성됩니다. 이 옵티마이저는 지정된 학습률로 모델의 매개변수를 최적화합니다. 학습 과정에서 이 옵티마이저를 사용해 모델의 가중치를 업데이트하고 손실을 최소화하는 방향으로 학습을 진행합니다.

그 밖에도 다양한 옵티마이저를 파이토치 공식 문서[7]에서 확인할 수 있습니다.

옵티마이저를 추가하고 10,000스텝 학습시켜 보겠습니다.

```
from tqdm.auto import tqdm

batch_size = 32
```

---

7 https://pytorch.org/docs/stable/optim.html

```python
for steps in tqdm(range(10000)):
    example_x, example_y = batch_function("train")
    logits, loss = model(example_x, example_y)
    # 옵티마이저 초기화
    optimizer.zero_grad(set_to_none=True)
    # 역전파 계산
    loss.backward()
    # 가중치 업데이트
    optimizer.step()

print(loss.item())
```

【실행 결과】

```
3.477691411972046
```

먼저 배치 크기를 32로 설정합니다. 그다음 각 반복마다 학습 데이터에서 배치를 가져와 모델에 입력합니다. 모델은 이 입력을 처리해 예측값(logits)과 손실값(loss)을 계산합니다.

옵티마이저가 정해지면 가중치를 업데이트하기 위해 세 가지 중요한 단계를 거칩니다.

- **옵티마이저 초기화**: optimizer.zero_grad(set_to_none=True)를 사용해 옵티마이저의 그레이디언트 버퍼를 초기화합니다. 이는 새로운 배치 처리 전 이전 그레이디언트의 영향을 제거하기 위함입니다. set_to_none=True 옵션은 메모리 사용을 최적화하고 약간의 성능 향상을 가져옵니다.
- **역전파 계산**: loss.backward()를 통해 손실 함수의 그레이디언트를 계산합니다. 이 과정에서 모델의 각 가중치에 대한 손실 함수의 변화율을 구합니다.
- **가중치 업데이트**: optimizer.step()을 사용해 계산된 그레이디언트를 바탕으로 모델의 가중치를 실제로 업데이트합니다.

마지막으로, 현재 반복에서의 손실값을 출력합니다. 이 과정을 통해 모델은 점진적으로 학습 데이터에 맞춰 개선되며, 특정 작업이나 도메인에 더욱 적합한 성능을 보이게 됩니다.

옵티마이저를 추가하기 전후 10글자만 생성 결과를 비교해 보겠습니다.

【옵티마이저 추가 전 생성 결과】

```
엿입拓빤쌩슝찮찡펭屬
```

【옵티마이저 추가 후 생성 결과】

```
협력에 오를 것이
```

옵티마이저를 추가하기 전 생성된 결과는 "엿입拓빤쌩슝찮찡펭屬"이라는 의미 없는 글자들의 나열로, 실제 언어와는 거리가 멉니다. 반면 옵티마이저를 추가한 후 생성된 결과는 "협력에 오를 것이"라는 한국어 문장의 일부분이 생성됐습니다. 이는 옵티마이저가 모델의 학습 과정을 효과적으로 개선해 더 자연스러운 텍스트를 생성할 수 있게 만들었음을 보여줍니다.

2.4.1 데이터를 GPU로 전달하기

지금까지는 CPU로 학습했는데, 이제 GPU를 이용해 학습해 보겠습니다. GPU를 이용해 학습하려면 데이터와 모델을 반드시 GPU로 전송해야 합니다. 이를 위해 파이토치에서는 `to` 메서드를 제공합니다. `to(device)` 명령어를 사용하면 데이터와 모델을 간편하게 GPU로 전송해 GPU 연산을 수행할 수 있습니다. 먼저 다음은 `device` 변수를 설정하고, 이를 통해 데이터와 모델을 GPU로 이동하는 과정입니다.

```
device = "cuda" if torch.cuda.is_available() else "cpu"
```

`torch.cuda.is_available()` 함수를 사용해 현재 실행 환경에서 CUDA 사용 가능 여부를 확인합니다. CUDA는 엔비디아(NVIDIA)의 GPU를 활용해 딥러닝 연산을 가속화하는 툴킷(toolkit)입니다. 이 기능을 통해 GPU의 강력한 병렬 처리 능력을 활용해 딥러닝 모델의 학습 속도를 크게 향상할 수 있습니다. GPU를 사용하면 CPU만으로 학습할 때보다 훨씬 빠른 속도로 복잡한 딥러닝 모델을 훈련할 수 있습니다. 특히 대규모 데이터셋이나 복잡한 신경망 구조를 다룰 때 GPU의 성능이 두드러집니다. `torch.cuda.is_available()` 함수는 `True` 또는 `False` 값을 반환해 CUDA 사용 가능 여부를 알려주므로, 이를 통해 GPU 사용 여부를 쉽게 결정할 수 있습니다.

```python
def batch_function(mode):
    dataset = train_dataset if mode == "train" else test_dataset
    idx = torch.randint(len(dataset) - block_size, (batch_size,))
    x = torch.stack([dataset[index:index+block_size] for index in idx])
    y = torch.stack([dataset[index+1:index+block_size+1] for index in idx])
    x, y = x.to(device), y.to(device)
    return x, y
```

앞서 준비한 batch_function 함수에 CUDA를 사용할 수 있는 환경에서 GPU를 활용해 연산을 수행하도록 수정합니다. 이를 위해 입력 데이터(x)와 목표 데이터(y)를 동시에 device로 이동합니다. CUDA 환경이 준비돼 있다면 이러한 방식으로 데이터를 GPU로 전송해 처리 속도를 크게 향상할 수 있습니다.

2.4.2 Loss 함수 만들기

다음은 calculate_loss 함수입니다. 모델이 제대로 학습하고 있는지 확인하기 위해 이 함수를 만들어 중간중간 평가해 보겠습니다.

```python
@torch.no_grad()
def compute_loss_metrics():
    out = {}
    model.eval()
    for mode in ["train", "eval"]:
        losses = torch.zeros(eval_iteration)
        for k in range(eval_iteration):
            inputs, targets = batch_function(mode)
            logits, loss = model(inputs, targets)
            losses[k] = loss.item()
        out[mode] = losses.mean()
    model.train()
    return out
```

@torch.no_grad() 데코레이터는 파이토치에서 중요한 기능을 수행합니다. 이 데코레이터를 함수 위에 붙이면 해당 함수 내에서 이뤄지는 모든 연산에 대해 그레이디언트 계산을 자동으로 비활성화합니다.

일반적으로 딥러닝 모델을 학습할 때는 역전파(backpropagation)를 통해 그레이디언트를 계산하고, 이를 바탕으로 모델의 가중치를 업데이트합니다. 하지만 모델을 평가하는 단계에서는 이러한 그레이디언트 계산과 가중치 업데이트가 필요하지 않습니다.

그레이디언트 계산을 비활성화하면,

첫째, 그레이디언트 정보를 저장할 필요가 없어 메모리 사용량이 줄어듭니다.

둘째, 그레이디언트 계산 과정이 생략되므로 전체적으로 계산 속도가 빨라집니다.

그다음 `model.eval()` 명령은 신경망 모델을 평가 모드로 전환하는 중요한 단계입니다. 이 설정은 모델의 특정 레이어들이 학습 과정과 평가 과정에서 다르게 작동해야 할 때 필수적입니다.

예를 들어, 드롭아웃(Dropout) 레이어는 학습 중에는 무작위로 일부 뉴런을 비활성화해 과적합을 방지합니다. 하지만 평가 시에는 모든 뉴런을 사용해야 더 안정적인 예측이 가능합니다. `eval()` 모드에서는 드롭아웃이 자동으로 비활성화됩니다.

또한, `model.eval()`은 배치 정규화(Batch Normalization) 레이어도 학습과 평가 시 다르게 작동하게 합니다. 학습 중에는 현재 배치의 통계를 사용하지만, 평가 시에는 전체 데이터셋에서 계산된 누적 통계를 사용합니다. `eval()` 모드는 이러한 전환을 자동으로 처리합니다.

그다음, `train`과 `eval` 두 가지 모드에 대해 반복합니다. 각 모드에서 `eval_iteration` 횟수만큼 반복하며 손실을 계산합니다. `batch_function(mode)` 함수로 데이터 배치를 가져오고, `model(inputs, targets)`로 로짓과 손실을 계산합니다. 계산된 손실은 `losses` 텐서에 저장합니다. 각 모드에서 계산된 손실들의 평균을 구해 `out` 딕셔너리에 저장합니다. 이 평균 손실은 각 모드에서의 모델 성능을 나타내는 지표로 사용됩니다.

학습 중간중간 실행되는 `comput_loss_metrics` 함수의 실행이 끝나면 `model.train()`으로 모델을 다시 훈련 모드로 전환해 이후 모델을 계속 훈련할 수 있도록 설정합니다. 마지막으로, `train`과 `eval` 모드의 평균 손실값을 포함한 `out` 딕셔너리를 반환합니다. 이 딕셔너리는 모델의 현재 학습 상태를 평가하는 데 사용되며, 훈련과 평가 데이터 모두에 대한 모델의 성능을 한눈에 볼 수 있게 해줍니다.

2.4.3 전체 코드 복습

지금까지 만든 모든 함수와 클래스를 실행해 보겠습니다.

```
for step in range(max_iteration):
    if step % eval_interval == 0 :
        losses = compute_loss_metrics()
        print(f'step : {step}, train loss : {losses["train"]:.4f}, val loss : 
{losses["eval"]:.4f}')

    example_x, example_y = batch_function("train")
    logits, loss = model(example_x, example_y)
    optimizer.zero_grad(set_to_none=True)
    loss.backward()
    optimizer.step()

inputs = torch.zeros((1,1), dtype=torch.long, device=device)
print(token_decode(model.generate(inputs, max_new_tokens=100)[0].tolist()))
```

【실행 결과】

```
step : 49500, train loss : 3.3963, val loss : 3.4179
step : 49800, train loss : 3.3909, val loss : 3.4089
등 온 차등 일부회사업이다.9%로나 첫 국인 서 백 교섭5월말했던 카카페이다리
```

위 코드를 실행하면 모델이 일정 간격으로 학습 손실과 검증 손실을 계산하고 출력하는 과정을 반복합니다. max_iteration은 모델이 수행할 최대 반복 횟수를 의미하며, eval_interval은 평가를 수행할 간격을 나타냅니다.

- max_iteration만큼 반복을 수행하는 for 루프를 통해 모델 학습을 진행합니다.
- 각 반복에서 step 변수는 현재 반복의 번호를 나타냅니다. step % eval_interval == 0 조건문은 현재 반복 번호가 eval_interval로 정확히 나눠떨어질 때, 즉 지정된 평가 간격마다 참이 됩니다. 이때

compute_loss_metrics() 함수를 호출해 현재 모델의 학습 손실과 검증 손실을 계산합니다. 이 함수는 학습 데이터와 검증 데이터에 대해 모델을 평가하고 각 평균 손실값을 계산해 반환합니다.

- losses 딕셔너리에는 train과 eval 키를 통해 접근할 수 있는 학습 손실과 검증 손실 값을 저장합니다. 이후 print 함수로 현재 단계(step), 학습 손실(losses["train"]), 그리고 검증 손실(losses["eval"])을 출력합니다. 이를 통해 학습 과정 진행 상황을 모니터링하고 모델이 학습 데이터와 검증 데이터에 대해 얼마나 잘 작동하는지 평가할 수 있습니다.
- batch_function 함수를 사용해 학습 데이터에서 미니배치를 추출합니다. 모델에 입력 데이터(example_x)와 정답 데이터(example_y)를 전달해 예측값과 손실값을 계산합니다. 그다음 역전파를 수행하고 옵티마이저를 사용해 모델의 파라미터를 업데이트합니다.
- 학습이 완료된 후, 모델을 사용해 새로운 텍스트를 생성합니다. 입력으로 0으로 채워진 텐서를 사용하고, 모델의 generate 메서드를 호출해 최대 100개의 새로운 토큰을 생성합니다. 생성된 토큰은 token_decode 함수를 사용해 텍스트로 변환되어 출력됩니다.
- 이 코드를 모두 종합해 optimizer를 적용한 전체 코드입니다. 오류가 발생하거나 중간에 문제가 생겼을 때는 세션을 초기화하고 코드를 다시 실행하면 일괄적으로 작동하도록 구성했습니다.

이 실습 결과에서도 드러나듯, 초창기 언어 모델은 문맥 이해와 의미 있는 단어 생성에 어려움을 겪었습니다. 연구자들은 이러한 문제를 해결하려고 단어 간 연관성을 학습하는 순환 신경망(RNN), 게이트 순환 유닛(GRU), 장기 단기 기억(LSTM) 등 다양한 신경망 구조를 연구했습니다.

구글 개발자들은 RNN과 LSTM이 가진 장기 의존성 문제, 순차적 처리로 인한 병렬 처리의 어려움, 그리고 긴 시퀀스를 처리할 때 발생하는 그레이디언트 소실 또는 폭발 문제로 인한 연산 비용 증가와 같은 기존 순차 처리 방식의 한계를 극복하고자, 어텐션 메커니즘을 중심으로 한 새로운 모델 아키텍처인 트랜스포머를 제안했습니다.

트랜스포머는 이러한 문제를 해결하기 위해 오직 어텐션 메커니즘만을 사용해 모델을 구성합니다. 〈Attention Is All You Need〉 논문에 소개된 이 아이디어는 크로스 어텐션, 마스크드 셀프 어텐션, 셀프 어텐션 메커니즘을 핵심으로 합니다. 이 메커니즘은 입력 시퀀스의 각 요소가 다른 모든 요소와 어떻게 관련되는지를 병렬로 계산합니다. 따라서 입력 시퀀스 내 모든 위치 간의 관계를 효율적으로 모델링할 수 있게 됩니다. 이를 통해 트랜스포머는 데이터의 긴 범위 의존성을 더 효과적으로 학습하고, 병렬 처리로 인해 빠른 학습과 추론 속도를 달성합니다.

결과적으로 트랜스포머는 자연어 처리(NLP) 분야에서 혁신적인 발전으로 인정받으며, BERT(Bidirectional Encoder Representations from Transformers), GPT(Generative Pre-trained Transformer) 등 다양한 변형 모델의 기반이 됩니다. 또한 텍스트 이해와 생성 작업에서 뛰어난 성능을 보여 지금도 널리 사용됩니다.

GPT 모델에는 여러 가지 중요한 기술이 적용됩니다. 마스크드 셀프 어텐션, 멀티 헤드 어텐션, 포지셔널 인코딩(Positional Encoding), 잔차 연결, 레이어 정규화, 드롭아웃 등이 있습니다. 이제 이러한 기법들을 모델에 단계적으로 적용하며 학습에 어떤 영향을 주는지 자세히 살펴보겠습니다.

2.5 _ 셀프 어텐션 추가하기

어텐션 메커니즘은 간단히 말해 문자나 단어 사이의 관계를 파악하고, 특정 정보의 중요성을 인식하는 메커니즘입니다. 이 메커니즘을 이해하려면 두 가지 핵심 질문을 고민해야 합니다.

첫째, 어떻게 단어 사이의 관계를 파악할 수 있을까?

둘째, 어떻게 특정 정보의 중요성을 모델에 전달할 수 있을까?

이러한 고민을 실제 코드로 구현해 보면 어텐션 메커니즘의 작동 원리를 더 깊이 이해할 수 있습니다. 코드를 통해 이론적 개념을 실제로 적용해 보면서 어텐션 메커니즘이 어떻게 작동하는지 더 명확하게 파악할 수 있습니다. 먼저 문자들 간의 정보를 주고받는 방법을 생각해 보겠습니다.

2.5.1 문자들 간에 정보를 주고받는 방식(평균 방식)

간단한 숫자 데이터를 가지고, 문자들 간에 정보를 주고받는 방법을 살펴보겠습니다.

배치(batch) 크기가 2이고, 시퀀스(sequence) 길이가 4, 그리고 임베딩(embedding) 차원이 6인 데이터를 생성합니다. 데이터의 내용은 중요하지 않기 때문에 `torch.randn` 함수를 사용해 랜덤한 값으로 데이터를 만듭니다. 이렇게 생성된 4개의 시퀀스는 서로 연관성이 없는 랜덤한 숫자들로 구성됩니다.

```
import torch
torch.manual_seed(1441)
num_batches, sequence_length, embedding_dim = 2, 4, 6
embeddings_tensor = torch.randn(num_batches,
                                sequence_length,
                                embedding_dim)
embeddings_tensor.shape
```

【실행 결과】

```
torch.Size([2, 4, 6])
```

이 코드의 목표는 더 나은 예측을 위해 시퀀스들이 서로 어떻게 정보를 주고받을 수 있는지를 알아보는 것입니다. 여기서 주목할 점은 4개의 시퀀스가 순차적으로 입력된다는 것입니다. 시퀀스들끼리 정보를 주고받는 방법은 코사인 유사도 등 다양하지만, 여기서는 가장 쉬운 방법인 평균을 구하는 방식으로 설명하겠습니다.

다음으로, embeddings_tensor를 활용해 averaged_embeddings라는 변수를 생성합니다. 이 변수는 다음 시퀀스로 넘어갈 때마다 평균값을 사용하도록 설계됩니다.

```
# 이전 임베딩의 평균을 저장할 텐서 초기화
averaged_embeddings = torch.zeros((num_batches, sequence_length, embedding_dim))

# 각 배치에 대해 반복
for batch_index in range(num_batches):
    # 각 시퀀스 위치에 대해 반복
    for sequence_position in range(sequence_length):
        # 현재 시퀀스 위치까지의 이전 임베딩을 슬라이스
        previous_embeddings = embeddings_tensor[batch_index, :sequence_position + 1]
        # 현재 위치까지의 임베딩의 평균을 계산
        averaged_embeddings[batch_index, sequence_position] = torch.mean(
            previous_embeddings,
            dim=0
        )
```

이 과정에서 각 시퀀스의 정보를 압축해 다음 시퀀스로 전달할 수 있습니다. 임베딩의 중요성이 여기서 드러납니다. 임베딩은 단어나 문자를 숫자 벡터로 표현하는 방법입니다. 대표적인 예로, '왕 + 여자 = 여왕'을 들 수 있습니다. 이는 왕을 나타내는 임베딩과 여자를 나타내는 임베딩을 더하면 여왕의 임베딩이 나오는 것을 의미합니다. 이러한 임베딩 벡터들의 평균을 사용하면 이전 정보의 특성을 효과적으로 요약할 수 있습니다. 시퀀스 내 각 시점에서 이전의 모든 문자의 정보를 모아 평균을 계산함으로써 정보를 집계하고 문맥을 반영합니다.

예를 들어, "나는 학교에 간다"라는 문장에서 '간다'를 해석할 때 이전 단어들의 임베딩 벡터의 평균은 '나', '는', '학교', '에'의 의미를 포함한 새로운 벡터가 됩니다. 이 평균 벡터는 문장의 전반적인 문맥을 나타내며, 모델이 '간다'와 같은 다음 단어를 더 정확하게 예측하거나 이해하는 데 도움을 줍니다.

이 방법은 간단하지만 시퀀스 내에서 이전 정보를 현재에 효과적으로 전달하는 방법으로 사용됩니다.

이렇게 계산한 embedding_tensor[1]과 averaged_embeddings[1]을 출력해 비교하겠습니다. embedding_tensor[0]은 원본 데이터의 첫 번째 배치에 해당하는 시퀀스이며, averaged_embeddings[0]에도 누적 평균이 담겨 있습니다.

```
print(embeddings_tensor[0])
print(averaged_embeddings[0])
```

【실행 결과 – embedding_tensor[0]】

```
tensor([[-1.1437, -1.2611, -0.1634, -0.5255, -1.0879,  0.3712],
        [ 2.2335,  0.3099, -1.3975,  1.1141, -0.3373,  0.6924],
        [ 0.2644,  1.1567, -0.5040, -0.7986,  2.6778,  1.4161],
        [ 1.3159, -0.5231,  1.2933, -0.8819,  0.7118,  0.4209]])
```

【출력 결과 – averaged_embeddings[0]】

```
tensor([[-1.1437, -1.2611, -0.1634, -0.5255, -1.0879,  0.3712],
        [ 0.5449, -0.4756, -0.7804,  0.2943, -0.7126,  0.5318],
        [ 0.4514,  0.0685, -0.6883, -0.0700,  0.4175,  0.8266],
        [ 0.6675, -0.0794, -0.1929, -0.2730,  0.4911,  0.7252]])
```

averaged_embeddings[0]의 값은 시퀀스가 증가함에 따라 변화합니다. 하지만 for 문을 사용하는 방식은 시간복잡도 문제로 인해 효율적이지 않습니다. 대신 행렬곱을 활용해 이 과정을 더욱 간단하고 효율적으로 수행할 수 있습니다.

2.5.2 행렬곱 연산으로 더 빠르게 정보를 주고받기

먼저, 행렬곱을 모르는 분들을 위해 행렬곱의 간단한 예제를 가져왔습니다.

- torch.ones(3,3)을 사용해 모든 요소가 1인 3x3 크기의 행렬 A를 생성합니다.
- torch.randint(0, 10, (3,2))를 사용해 0에서 9 사이의 정수로 구성된 3x2 크기의 행렬을 만들고, float() 메서드를 통해 이를 부동소수점 텐서로 변환해 B를 생성합니다.
- 행렬곱 연산은 @ 연산자를 사용해 수행합니다.
- AB = A @ B 형태로 표현하며, 이는 두 행렬의 행렬 곱을 계산합니다. 행렬곱 과정에서는 첫 번째 행렬의 각 행과 두 번째 행렬의 각 열 간의 점곱을 계산해 새로운 행렬의 해당 요소에 할당합니다.
- 행렬곱을 수행하려면 첫 번째 행렬의 열 수와 두 번째 행렬의 행 수가 일치해야 합니다. 이 경우 A는 3x3 행렬이고 B는 3x2 행렬이므로 이 조건을 만족합니다.

```
# 행렬곱 연산 예시

A = torch.ones(3,3)
B = torch.randint(0, 10, (3,2)).float()
AB = A @ B

print(" A 행렬 ")
print(A)
print("==============")
print("==============")
print(" B 행렬 ")
print(B)
print("==============")
print("==============")
print(" AB 행렬 ")
print(AB)
```

【실행 결과】

```
 A 행렬
tensor([[1., 1., 1.],
        [1., 1., 1.],
        [1., 1., 1.]])
==============
==============
 B 행렬
tensor([[7., 2.],
        [0., 5.],
        [2., 2.]])
==============
==============
 AB 행렬
tensor([[9., 9.],
        [9., 9.],
        [9., 9.]])
```

행렬곱 연산을 수행한 후, 결과를 출력합니다. print(AB)를 사용해 행렬곱 연산 결과인 AB 행렬을 화면에 출력합니다. 결과 행렬은 첫 번째 행렬의 행의 수와 두 번째 행렬의 열의 수를 갖게 되므로, AB는 3×2 크기의 행렬이 됩니다.

이제 행렬곱의 개념을 이해했을 것입니다. A 값만 약간 수정하면 앞서 살펴본 각 행별 평균을 쉽게 계산할 수 있습니다. 이제 그 과정을 살펴보겠습니다.

```
weight = torch.tril(torch.ones(sequence_length, sequence_length))
print(weight)
weight = weight / weight.sum(1, keepdim=True)
print(weight)
```

【실행 결과】

```
tensor([[1., 0., 0., 0.],
        [1., 1., 0., 0.],
        [1., 1., 1., 0.],
        [1., 1., 1., 1.]])
```

```
tensor([[1.0000, 0.0000, 0.0000, 0.0000],
        [0.5000, 0.5000, 0.0000, 0.0000],
        [0.3333, 0.3333, 0.3333, 0.0000],
        [0.2500, 0.2500, 0.2500, 0.2500]])
```

torch.tril 함수는 sequence_length × sequence_length 크기의 하위 삼각 행렬을 생성합니다. torch.ones()로 모든 원소가 1인 행렬을 만든 후, torch.tril()로 상위 삼각 부분을 0으로 만듭니다. 이렇게 생성된 행렬은 각 위치에서 현재와 과거 정보만을 참조할 수 있도록 하는 마스크 역할을 합니다.

또한, weight / weight.sum(1, keepdim=True) 연산은 각 행을 해당 행의 합으로 나누어 정규화합니다. weight.sum(1, keepdim=True)는 각 행의 합을 계산하며, keepdim=True 옵션으로 결과의 차원을 유지합니다. 이렇게 나누면 각 행의 합이 1이 되어, 각 위치에서 이전 정보들의 평균을 계산할 수 있습니다. 이렇게 행렬을 이용해 앞서 for 문으로 만든 행별 평균과 마스크를 씌울 수 있습니다. 앞서 계산한 값과 같은 값이 나오는지 확인해 보겠습니다.

```
matrix_averaged_embeddings = weight @ embeddings_tensor
torch.allclose(averaged_embeddings, matrix_averaged_embeddings)
```

[실행 결과]

```
True
```

이 코드는 행렬 연산을 사용해 평균 임베딩을 계산하고, 이전에 계산한 결과와 비교합니다. weight @ embeddings_tensor 연산은 가중치 행렬과 임베딩 텐서의 행렬곱을 수행합니다. 이는 각 토큰의 임베딩을 해당 위치까지의 평균으로 변환합니다. torch.allclose() 함수는 두 텐서가 거의 동일한지 확인합니다. 이를 통해 for 루프를 사용한 방법과 행렬 연산을 사용한 방법이 동일한 결과를 생성하는지 검증합니다. 행렬 연산은 일반적으로 for 루프보다 더 효율적이며, 특히 대규모 데이터셋에서 성능 향상을 제공합니다.

마지막으로 파이토치에서 제공하는 mask_fill을 사용해 코드를 더 효율적으로 만들 수 있습니다. mask_fill 함수는 특정 조건을 만족하는 텐서 요소를 지정된 값으로 채우는 파이토치의 유용한 연산입니다. mask_fill 함수를 사용해 앞서 제작한 코드를 수정해 보겠습니다.

```
weight = torch.tril(torch.ones(sequence_length, sequence_length))
weight = weight.masked_fill(weight == 0, float('-inf'))  # 0 값을 -inf로 마스킹
print(weight)
weight = F.softmax(weight, dim=-1)
print(weight)
```

【실행 결과】

```
tensor([[1., -inf, -inf, -inf],
        [1., 1., -inf, -inf],
        [1., 1., 1., -inf],
        [1., 1., 1., 1.]])
tensor([[1.0000, 0.0000, 0.0000, 0.0000],
        [0.5000, 0.5000, 0.0000, 0.0000],
        [0.3333, 0.3333, 0.3333, 0.0000],
        [0.2500, 0.2500, 0.2500, 0.2500]])
```

mask_fill 함수는 주로 어텐션 메커니즘 구현 시 마스킹 작업에 사용되며, 특정 조건하에 일부 데이터를 연산에서 제외하기 위해 널리 활용됩니다. 음의 무한대(-inf)로 값을 변경하는 것은 소프트맥스 같은 연산을 수행할 때 특정 요소들이 연산에 기여하지 않도록 하기 위한 일반적인 방법입니다.

소프트맥스 함수는 입력값들을 확률 분포로 변환합니다. 이 과정에서 -inf 값이 입력으로 주어지면 특별한 처리가 이뤄집니다. 수학적으로 소프트맥스 함수는 각 입력값에 대해 지수함수(e^x)를 취한 후, 그 결과들의 합으로 나누는 방식으로 작동합니다. -inf에 대한 지수함수 값은 0에 매우 가까운 극솟값이 됩니다. 이 극솟값을 다른 유한한 값들의 지수함수 결과와 함께 계산하면 전체 합에 미치는 영향이 사실상 무시될 정도로 작아집니다.

따라서 소프트맥스 연산 결과에서 -inf에 해당하는 위치의 값은 0에 매우 가까운 값이 되어 실질적으로 0으로 취급됩니다. 이러한 특성을 이용하면 특정 입력값들을 효과적으로 무시하거나 제외할 수 있습니다. 결과적으로 -inf 값을 가진 위치는 소프트맥스 출력에서 0

에 가까운 확률을 가지게 되어, 모델의 의사결정 과정에서 해당 요소의 영향력을 제거하는 효과를 얻을 수 있습니다.

이러한 방식으로 관련 없는 요소들에 `-inf` 값을 적용해 소프트맥스 연산 시 이들의 영향력을 제거함으로써 모델이 중요한 정보에만 집중하도록 할 수 있습니다.

이번에도 `masked_fill`이라는 함수를 이용해서 만든 결과가 앞서 for 문으로 만든 행별 평균 계산한 값과 같은 값이 나오는지 확인해 보겠습니다.

```
weight_tril_embeddings = weight @ embeddings_tensor
torch.allclose(averaged_embeddings, weight_tril_embeddings)
```

【실행 결과】

```
True
```

2.5.3 셀프 어텐션이란?

셀프 어텐션을 이해하기 위한 모든 준비가 끝났습니다. 앞서 살펴본 내용을 정리하면, 시퀀스가 증가하면서 의미 정보를 어떻게 전달할 수 있는지 알아봤고 마스크를 사용해 모델이 중요한 정보에 집중할 수 있게 하는 과정을 살펴봤습니다.

이제 본격적으로 셀프 어텐션에 대해 알아보겠습니다. 셀프 어텐션은 입력 시퀀스(문장) 내 모든 단어 간의 관계를 직접 분석하고 처리합니다.

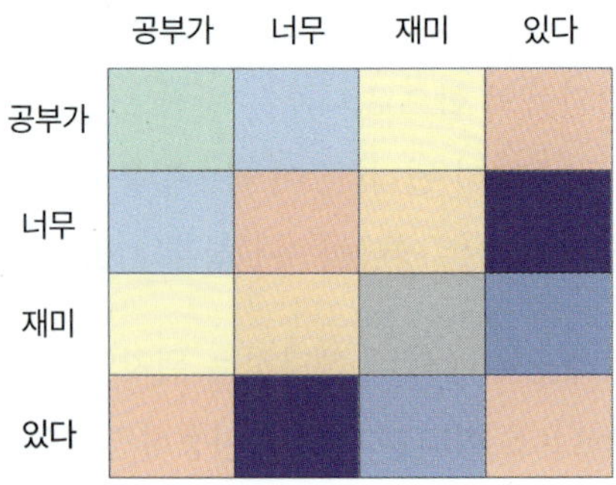

그림 2.14 셀프 어텐션 예시

이 과정에서 각 단어가 다른 모든 단어와 어떻게 상호작용하는지 계산하며, 단어들 간의 유사도를 측정해 연관성이 높은 단어 쌍을 파악합니다. 이를 통해 문장 내 단어들 사이의 복잡한 연관성을 포착하고 이해합니다.

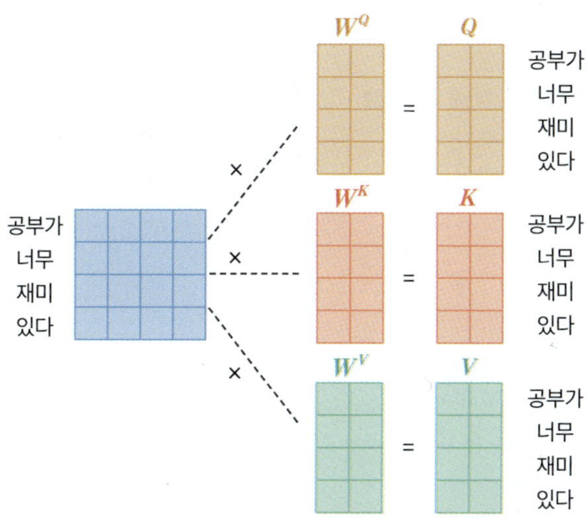

그림 2.15 입력 시퀀스(문장)를 쿼리(Query, Q), 키(Key, K), 밸류(Value, V) 세 개로 복사

입력 시퀀스(문장)를 쿼리(Query, Q), 키(Key, K), 밸류(Value, V) 세 개로 복사합니다. Query는 질문하는 역할을 하는 문장으로 생각하면 됩니다.

- Key는 Query가 한 질문에 답변하는 역할을 하는 문장입니다. Value는 실제로 전달되는 정보를 나타냅니다.
- Query의 질문이 행렬로 들어오므로 Key는 행렬 연산을 위해 전치(Transpose)되고 행렬 연산이 진행됩니다. 이 과정에서 Query와 Key의 관련성을 계산합니다. 행렬 연산으로 tensor의 크기가 변경되는데, 이를 다시 복원하기 위해 Value와 연산을 진행합니다.
- 또한, Value는 Query와 Key의 관련성에 따라 가중치가 부여되어 최종 출력을 생성하는 데 사용됩니다.

결과적으로 각 단어의 새로운 표현은 시퀀스 내 모든 단어와의 관계를 반영합니다. 이러한 과정은 셀프 어텐션 메커니즘의 핵심 작동 원리입니다. 이를 통해 입력 시퀀스 내의 각 요소가 다른 모든 요소와 어떻게 관련되는지 파악하고 문맥을 고려한 더 풍부한 표현을 생성합니다. 이제 코드로 살펴보겠습니다.

```python
import torch
import torch.nn as nn
import torch.nn.functional as F

# 고정된 난수 시드 설정
torch.manual_seed(1111)

# 배치 크기, 시퀀스 길이, 채널 수 설정
batch_size, seq_length, num_channels = 2, 4, 4
input_tensor = torch.randn(batch_size, seq_length, num_channels)

# 각 헤드의 크기
head_size = 16

# Key, Query, Value 변환을 위한 선형 레이어
key_transform = nn.Linear(num_channels, head_size, bias=False)
query_transform = nn.Linear(num_channels, head_size, bias=False)
value_transform = nn.Linear(num_channels, head_size, bias=False)

# Key, Query, Value 변환 수행
keys = key_transform(input_tensor)
queries = query_transform(input_tensor)
values = value_transform(input_tensor)

# Attention 스코어 계산
attention_scores = queries @ keys.transpose(-2, -1)

# 하삼각행렬 생성 및 마스킹
mask_lower_triangle = torch.tril(torch.ones(seq_length, seq_length))
attention_scores = attention_scores.masked_fill(mask_lower_triangle == 0, float('-inf'))

# 소프트맥스 함수를 사용해 확률 정규화
normalized_scores = F.softmax(attention_scores, dim=-1)

# 최종 출력 계산
output_tensor = normalized_scores @ values

output_tensor
```

【실행 결과】

```
tensor([[[-0.4755, -0.5409, -0.1864,  0.2951, -1.0717, -0.6172, -0.0176,
           0.1793, -0.1113,  0.6589, -0.4507, -0.1181, -0.9728, -0.8870,
           0.2349, -0.0431],
         [-0.4675, -0.5344, -0.1847,  0.2859, -1.0581, -0.6044, -0.0154,
           0.1778, -0.1141,  0.6524, -0.4473, -0.1211, -0.9561, -0.8733,
           0.2352, -0.0451],
         [-0.0760, -0.1545, -0.0268, -0.0634, -0.2490, -0.0492,  0.0418,
           0.0039, -0.1387,  0.1754, -0.1870, -0.1300, -0.1049, -0.1437,
           0.0797, -0.0811],
         [ 1.0050,  0.6488,  0.1280, -1.3952,  1.4225,  1.7320,  0.3957,
          -0.0998, -0.6179, -0.5368,  0.1755, -0.6712,  2.0809,  1.6208,
           0.2876, -0.4129]],

        [[-0.1629, -0.3577,  0.2200, -0.0743, -0.4798, -0.1531,  0.1460,
          -0.3159, -0.3507,  0.2564, -0.4777,  0.0395, -0.2861, -0.3503,
          -0.0974, -0.1463],
         [-0.1699, -0.3586,  0.1711, -0.0815, -0.4939, -0.1562,  0.1316,
          -0.2638, -0.3395,  0.2754, -0.4681, -0.0214, -0.2750, -0.3448,
          -0.0584, -0.1524],
         [-0.1682, -0.3577,  0.1768, -0.0822, -0.4899, -0.1543,  0.1332,
          -0.2703, -0.3411,  0.2717, -0.4688, -0.0157, -0.2728, -0.3428,
          -0.0634, -0.1522],
         [ 0.0280, -0.0921, -0.1259, -0.3949,  0.0444,  0.1625, -0.0038,
          -0.0079, -0.2269, -0.0048, -0.1877, -0.6115,  0.5634,  0.3170,
           0.0513, -0.2436]]], grad_fn=<UnsafeViewBackward0>)
```

먼저 torch.manual_seed(1111)을 설정해 결과의 재현성을 보장합니다. batch_size 2, seq_length 4, 그리고 num_channels 4인 임의의 input_tensor를 생성합니다. 셀프 어텐션 메커니즘을 구현하기 위해 세 개의 선형 변환 key_transform, query_transform, value_transform을 정의합니다. 각각에 대해 nn.Linear를 활용해 입력 차원을 head_size로 변환하는데, 여기서 head_size는 16으로 설정합니다.

이 선형 변환을 input_tensor에 적용해 각각 keys, queries, values 표현을 얻습니다. queries와 keys 표현의 내적을 통해 attention_scores를 계산합니다. 이 scores는 미

래의 시퀀스 정보를 차단하기 위해 하위 삼각 행렬 mask_lower_triangle로 마스킹 처리합니다. 마스킹 처리한 scores는 float('-inf')로 설정한 미래의 위치를 포함하며, 이는 소프트맥스 적용 시 해당 위치의 가중치를 0으로 만듭니다.

F.softmax 함수를 사용해 정규화된 attention_scores인 normalized_scores를 계산합니다. 이렇게 정규화된 어텐션 가중치를 최종적으로 values에 적용해 셀프 어텐션의 결과인 output_tensor를 얻습니다. output_tensor는 각 시퀀스 위치에 과거와 현재의 정보만을 고려해 얻은 새로운 표현을 나타내며, 이 과정은 모델이 시퀀스 내의 각 위치에 관련 정보를 동적으로 집약하는 데 도움을 줍니다.

이런 방식으로 셀프 어텐션 메커니즘은 시퀀스 데이터를 처리할 때 각 요소가 서로 어떻게 상호 작용하는지를 학습할 수 있게 하며, 특히 시퀀스 내에서 정보 흐름을 효과적으로 관리할 수 있게 합니다.

앞서 설명한 셀프 어텐션 구현에서 한 가지 중요한 단계를 생략했습니다. 이 단계는 '스케일링'이라고 불리는 과정으로, 계산된 attention_scores를 특정 값($\sqrt{d_k}$)으로 나누는 것입니다. 여기서 d_k는 어텐션 메커니즘에서 사용되는 key 벡터의 차원 크기를 나타냅니다.

이 과정을 처음에 설명하지 않은 이유는 셀프 어텐션의 기본 원리를 이해하는 데 집중하기 위해서입니다. 하지만 이 스케일링 과정은 실제 구현에서 매우 중요합니다.

이제부터 이 스케일링 과정이 왜 필요한지, 그리고 어떻게 적용해야 하는지에 대해 자세히 알아보겠습니다.

2.5.4 왜 $\sqrt{d_k}$로 나눠야 하는가?

d_k가 필요한 이유는 바로 소프트맥스 함수 때문입니다. 소프트맥스 함수는 언어 모델이 다음에 올 단어를 선택하는 과정에서 중요한 역할을 합니다. 이 함수는 모델이 각 단어 후보 사이의 관련성을 계산하고 가장 적절한 다음 단어를 결정하는 데 사용됩니다.

구체적으로, 소프트맥스 함수는 모델이 고려 중인 모든 가능한 다음 단어들에 대해 확률을 계산합니다. 이 확률은 각 단어가 현재 문맥에 얼마나 잘 맞는지를 나타냅니다. 결과적으로 가장 높은 확률을 가진 단어가 다음 단어로 선택됩니다. 이러한 과정을 통해 모델은 문맥에 가장 적합하고 자연스러운 다음 단어를 예측하고 생성합니다.

하지만 이 과정에서 어텐션 점수가 극단적으로 커지거나 작아질 수 있습니다. 이로 인해 소프트맥스 함수 적용 시 한 노드의 점수가 다른 노드들에 비해 지나치게 높아지거나 낮아질 수 있습니다. 결과적으로 한 노드가 다른 모든 노드보다 과도하게 중요하다고 판단되는 상황이 발생할 수 있습니다.

간단한 예시를 살펴보며, 어텐션 연산에서 $\sqrt{d_k}$로 나눠주는 이유를 실행 결과와 함께 자세히 설명하겠습니다. 코드는 어텐션 연산의 핵심 부분인 q(쿼리)와 k(키)의 내적 연산을 수행하고, 그 결과의 분산을 확인하는 과정입니다.

첫 번째 코드에서는 q(쿼리)와 k(키)를 내적한 후 분산을 확인했을 때 4.7005라는 큰 값이 나왔습니다. 이는 내적 연산으로 인해 값들이 매우 커졌다는 것을 의미합니다. 너무 큰 값이 소프트맥스 함수에 들어가면 특정 위치의 값만 1에 가까워지고 나머지는 0에 가까워지는 현상이 발생합니다. 마치 여러 선택지 중에서 하나의 선택지만 극단적으로 선택되는 것과 같습니다.

```
batch_size, sequence_length, embedding_dim = 2, 4, 4

k = torch.randn(batch_size, sequence_length, embedding_dim)
q = torch.randn(batch_size, sequence_length, embedding_dim)
wei = q @ k.transpose(-2, -1)
wei.var()
```

【실행 결과】

```
tensor(4.7005)
```

두 번째 코드에서는 내적 연산 후에 임베딩 차원의 제곱근($\sqrt{d_k}$)으로 나눴습니다. 그 결과 분산이 0.6440으로 크게 감소했습니다. 이렇게 값을 적절한 범위로 조절해 주면, 소프트맥스 함수가 여러 위치의 정보를 골고루 반영할 수 있게 됩니다.

```
k = torch.randn(batch_size, sequence_length, embedding_dim)
q = torch.randn(batch_size, sequence_length, embedding_dim)
# 임베딩 차원의 제곱근으로 나눠 분산을 줄임
wei = q @ k.transpose(-2, -1) * (embedding_dim ** -0.5)
wei.var()
```

【실행 결과】

```
tensor(0.6440)
```

만약 $\sqrt{d_k}$로 나눠주지 않으면 학습 과정에서 문제가 발생합니다. 여기서 d_k는 모델의 쿼리 벡터의 차원 크기입니다. 신경망은 오차 역전파라는 방식으로 학습을 하는데, 이때 각 층을 거치면서 변화량(그레이디언트)이 점점 작아져서 결국 제대로 된 학습이 이뤄지지 않게 됩니다. 이는 마치 긴 거리를 거치면서 전달되는 메시지가 점점 약해지다가 결국 아예 전달되지 않는 것과 비슷합니다.

따라서 $\sqrt{d_k}$로 나눠주는 스케일링(Scaling) 과정은 트랜스포머 모델의 안정적인 학습을 위해 매우 중요한 단계입니다. 이는 마치 여러 의견을 균형 있게 듣고 결정을 내리는 것과 같은 원리로, 더 효과적인 학습을 가능하게 합니다. 이제 조금 더 복잡한 코드로 $\sqrt{d_k}$로 나누는 것이 텐서 값에 미치는 영향을 확인하고, Query, Key, Value에 적용해 보겠습니다.

```
import torch
import torch.nn as nn
import torch.nn.functional as F

# 고정된 난수 시드 설정
torch.manual_seed(1111)

# 배치 크기, 시퀀스 길이, 채널 수 설정
batch_size, sequence_length, channel_size = 2, 4, 4
input_tensor = torch.randn(batch_size, sequence_length, channel_size)

# 헤드 사이즈 설정
head_dimension = 16
```

```
# Key, Query, Value 변환을 위한 선형 레이어
key_layer = nn.Linear(channel_size, head_dimension, bias=False)
query_layer = nn.Linear(channel_size, head_dimension, bias=False)
value_layer = nn.Linear(channel_size, head_dimension, bias=False)

# Key, Query, Value 변환 수행
key_matrix = key_layer(input_tensor)
query_matrix = query_layer(input_tensor)

# 스케일링 계수를 적용한 Attention 스코어 계산
scaling_factor = channel_size ** -0.5
attention_scores = query_matrix @ key_matrix.transpose(-2, -1) * scaling_factor

# 하삼각 행렬로 마스킹, 무한대로 채움
mask = torch.tril(torch.ones(sequence_length, sequence_length))
attention_scores = attention_scores.masked_fill(mask == 0, float('-inf'))

# 소프트맥스를 적용해 Attention 확률 정규화
normalized_attention = F.softmax(attention_scores, dim=-1)

# Value 변환 적용
value_matrix = value_layer(input_tensor)

# 최종 출력 계산
output_tensor = normalized_attention @ value_matrix

output_tensor
```

먼저 필요한 라이브러리를 임포트하고 난수 시드를 설정합니다. 배치 크기, 시퀀스 길이, 채널 수를 정의하고 입력 텐서를 생성합니다. 각 헤드의 크기를 16으로 설정합니다.

Key, Query, Value 변환을 위한 선형 레이어를 정의하고, 이를 사용해 입력 텐서를 변환합니다.

어텐션 스코어를 계산하기 위해 Query와 Key의 행렬곱을 수행합니다. 그 후 하삼각행렬을 생성해 마스킹을 적용합니다. 이는 각 토큰이 자신과 이전 토큰들만 참조할 수 있게 합니다.

소프트맥스 함수를 사용해 어텐션 스코어를 확률로 정규화합니다. 마지막으로, 정규화된 스코어와 Value의 행렬곱을 통해 최종 출력 텐서를 계산할 수 있습니다. 이 과정을 통해 $\sqrt{d_k}$가 적용되며, 이로써 셀프 어텐션 메커니즘의 전체 흐름을 구현해 봤습니다.

2.5.5 셀프 어텐션 적용하기

드디어 앞서 공부한 마스크드 셀프 어텐션을 Head라는 클래스에 넣어 추가해 보겠습니다.

```
class Head(nn.Module):
    def __init__(self, head_size):
        super().__init__()
        self.key = nn.Linear(n_embed, head_size, bias=False)
        self.query = nn.Linear(n_embed, head_size, bias=False)
        self.value = nn.Linear(n_embed, head_size, bias=False)
        self.register_buffer("tril", torch.tril(torch.ones(block_size, block_size)))

    def forward(self, inputs):
        batch_size, sequence_length, embedding_dim = inputs.shape
        keys = self.key(inputs)
        queries = self.query(inputs)
        weights = queries @ keys.transpose(-2, -1) * (embedding_dim ** -0.5)
        weights = weights.masked_fill(
            self.tril[:sequence_length, :sequence_length] == 0, float("-inf")
        )
        weights = F.softmax(weights, dim=-1)
        values = self.value(inputs)
        output = weights @ values
        return output
```

Head 클래스는 마스크드 셀프 어텐션 메커니즘을 파이토치로 구현한 것입니다. 이 클래스는 트랜스포머 아키텍처에서 사용할 수 있는 어텐션 헤드 하나를 정의합니다. 마스크드 셀프 어텐션은 주로 트랜스포머 모델의 디코더 부분에서 사용되어 현재 시점 이후의 입력 토큰들로부터 정보 흐름을 차단합니다. 이를 통해 모델이 미래의 정보를 참조하지 않고 예측을 수행하도록 합니다.

더 자세히 코드를 살펴보면, 클래스의 `__init__` 메서드에서는 `head_size`를 인자로 받아 Key, Query, Value에 대한 선형 변환을 정의합니다. 이 선형 변환은 입력의 임베딩 차원을 `head_size` 차원의 벡터로 매핑합니다. 여기서 `bias`는 `False`로 설정합니다. 이는 `nn.Linear` 레이어가 편향을 더하지 않도록 합니다. 일반적인 선형 변환 공식은 $y = xW^T + b$인데, `bias=False`로 설정하면 b 항이 제거되어 $y = xW^T$가 됩니다. 이는 입력 x에 가중치 행렬 W를 곱하는 단순한 형태의 변환입니다. 이렇게 하면 모델의 파라미터 수가 줄어들어 계산이 조금 더 빨라지고 메모리 사용량도 줄어듭니다. 하지만 편향이 없어 모델이 데이터의 전체적인 이동(shift)을 학습하는 능력은 약간 제한될 수 있습니다.

`forward` 메서드에서는 입력에 대한 처리 과정을 정의합니다. 먼저 입력 텐서의 차원을 구조화해 Key, Query, Value 벡터를 계산합니다. 그 후, Query와 Key의 전치 행렬과의 내적을 통해 어텐션 스코어를 계산합니다. 계산된 스코어는 `embedding_dim`의 제곱근의 역수($1/\sqrt{d_k}$)로 스케일링되어 값의 범위를 조정합니다.

`weights`에 `masked_fill` 메서드를 사용해 마스킹을 적용하고, `torch.tril` 함수를 사용해 하삼각행렬을 만듭니다. 이는 현재 및 이전 위치의 토큰만 고려하고, 미래 위치의 토큰 정보는 `-inf`로 설정해 소프트맥스 계산 시 무시되도록 합니다. 소프트맥스 함수를 적용해 마스킹된 스코어에 확률 분포를 얻습니다. 이 분포는 다음에 Value 벡터와의 가중합을 계산하는 데 사용합니다.

마지막으로, 정규화된 어텐션 스코어와 Value 벡터의 내적을 통해 최종 출력을 계산합니다. 이 출력은 어텐션 메커니즘을 통해 얻은 정보가 집약된 벡터로, 입력 시퀀스 내 각 위치에 대한 새로운 표현을 제공합니다.

이러한 구조를 통해 **Head** 클래스는 입력 시퀀스에 대해 마스크드 셀프 어텐션 연산을 수행하며, 모델이 미래 데이터를 참조하지 않고 현재 및 과거 데이터만을 기반으로 각 위치의 토큰에 대해 관련성 높은 정보를 선별적으로 활용하고, 문맥을 고려한 새로운 표현을 생성합니다.

`Head`를 추가했으므로 `semiGPT` 클래스도 추가로 수정이 필요합니다. `semiGPT` 클래스에 `Head`를 통합하고 필요한 변경을 적용합니다.

```
class semiGPT(nn.Module):
    def __init__(self, vocab_length):
        super().__init__()
        self.token_embedding_table = nn.Embedding(vocab_length, n_embed)
        self.position_embedding_table = nn.Embedding(block_size, n_embed)
        self.attention_head = Head(n_embed)
        self.lm_head = nn.Linear(n_embed, vocab_length)

    def forward(self, inputs, targets=None):
        batch, sequence = inputs.shape

        token_embed = self.token_embedding_table(inputs)
        pos_embed = self.position_embedding_table(
            torch.arange(sequence, device=device)
            )
        x = token_embed + pos_embed
        x = self.attention_head(x)
        logits = self.lm_head(x)

        if targets is None:
            loss = None
        else:
            batch, sequence, embed_size = logits.shape
            logits = logits.view(batch * sequence, embed_size)
            targets = targets.view(batch * sequence)
            loss = F.cross_entropy(logits, targets)
        return logits, loss

    def generate(self, inputs, max_new_tokens):
        for _ in range(max_new_tokens):
            inputs_cond = inputs[:, -block_size:]
            logits, loss = self(inputs_cond)
            logits = logits[:, -1, :]
            probs = F.softmax(logits, dim=-1)
            next_inputs = torch.multinomial(probs, num_samples=1)
            inputs = torch.cat((inputs, next_inputs), dim=1)
        return inputs
```

첫 번째로, `__init__` 메서드에 `self.attention_head = Head(n_embed)`을, `forward` 메서드에 `self.attention_head(x)`을 추가합니다.

- **self.attention_head = Head(n_embed)**
  이 코드는 Head 클래스의 인스턴스를 만들어 모델의 속성으로 설정합니다. n_embed 파라미터는 어텐션 헤드 내에 사용될 Key, Query, Value 벡터의 차원을 결정합니다. 이는 모델이 입력 데이터를 처리할 때 각 토큰의 특징을 얼마나 많은 차원으로 표현할지를 정하는 값입니다.

- **self.attention_head(x)**
  forward 메서드 내에서 입력 데이터 x를 attention_head에 전달해 어텐션 연산을 수행합니다. 이 과정에서 입력 데이터는 먼저 Key, Query, Value 벡터로 변환되고, 이 벡터들로 각 토큰 간의 관계를 계산합니다. 계산된 가중치는 이후 Value 벡터와 결합돼 입력 데이터에 대한 새로운 표현을 생성합니다. 이렇게 생성된 새로운 표현은 시퀀스 내 각 토큰의 중요도를 반영합니다.

이 변경을 통해 모델은 입력 시퀀스 내의 토큰 간 복잡한 관계를 파악하고, 이를 바탕으로 더 정확한 예측을 수행할 수 있게 됩니다. 어텐션 메커니즘은 모델이 중요한 정보에 집중하고 불필요한 정보를 무시할 수 있게 도와줍니다.

두 번째로, `nn.Embedding(vocab_length, vocab_length)`를 `nn.Embedding(vocab_length, n_embed)`로 변경해야 합니다. 이는 모델의 임베딩 레이어에서 각 토큰을 표현하는 벡터의 차원을 조정하는 과정입니다. 처음 설정은 각 토큰을 `vocab_length` 차원의 벡터로 표현해 one-hot 벡터처럼 작동하게 만듭니다. 이 방식은 각 단어(토큰)를 다른 모든 단어와 완전히 다른 것으로 취급합니다. 즉, '강아지'와 '개'로 단어가 의미상 매우 비슷함에도 불구하고, 이 모델에서는 이 두 단어를 전혀 관련 없는 것처럼 다룹니다. 이로 인해 단어들 사이의 의미적인 관계나 유사성을 표현하기가 어렵습니다. 결과적으로 모델이 단어들 간의 의미적 연관성을 학습하고 활용하는 데 한계가 있습니다.

`nn.Embedding(vocab_length, n_embed)`로 변경하면 각 토큰은 `n_embed` 차원 벡터로 표현됩니다. 이로 인해 임베딩 차원을 크게 줄일 수 있어 계산 효율성이 높아지고 메모리 사용량이 감소합니다. 또한 차원 축소를 통해 토큰 간 관계를 더 효율적으로 나타낼 수 있게 되어 중요한 토큰의 의미적 관계를 더 잘 포착할 수 있는 조밀한 벡터 표현을 학습하게 합니다.

임베딩 차원을 변경하면 한 가지 문제가 생깁니다. 모델의 최종 출력 크기는 여전히 전체 어휘 크기(vocab_length)와 같아야 합니다. 이는 모델이 각 단어가 다음에 올 확률을 예측해야 하기 때문입니다. 즉, 모델이 예측하는 확률 분포의 크기는 선택 가능한 모든 단어의 수와 일치해야 합니다.

즉, 모델이 문장 생성 시 선택할 수 있는 모든 단어의 수는 전체 어휘의 수와 동일해야 합니다. 이를 통해 모델은 주어진 문장이나 문장의 일부를 기반으로 다음에 올 단어를 예측할 수 있습니다. 이 문제를 해결하려면 n_embed 차원 벡터를 다시 vocab_length 차원으로 변환하는 nn.Linear(n_embed, vocab_length) 레이어가 필요합니다. 이 레이어를 흔히 lm_head(language model head)라고 부릅니다. lm_head는 임베딩된 토큰 벡터를 어휘 크기에 해당하는 공간으로 다시 매핑해 각 토큰의 예측 확률을 계산할 수 있는 형태로 만듭니다.

코드로 변화를 살펴보면 다음과 같습니다.

```
# 수정 전
self.token_embedding_table = nn.Embedding(vocab_length, vocab_length)

# 수정 후
self.token_embedding_table = nn.Embedding(vocab_length, n_embed)
```

forward 함수 내에서 실행되는 이유는 모델이 입력 데이터를 받아 최종 출력까지의 전체 계산 과정을 정의하기 때문입니다. 입력 토큰은 먼저 임베딩 레이어를 통과해 n_embed 차원 벡터로 변환되고, 이후 필요한 다른 연산(예: 위치 임베딩의 추가, 어텐션 메커니즘 등)을 거친 후 nn.Linear(n_embed, vocab_length) 레이어를 통해 최종적으로 각 토큰의 예측 확률을 계산하는 vocab_length 차원 벡터로 변환됩니다. 이 과정을 통해 모델은 입력 시퀀스에 대한 토큰별 확률 분포를 출력할 수 있게 됩니다.

세 번째로 수정할 함수는 generate입니다. 이전에는 모든 inputs를 사용해 생성했지만, 이제는 inputs_cond = inputs[:, -block_size:]로 코드를 수정해서 각 반복마다 inputs의 마지막 block_size만큼의 토큰만을 모델에 전달해 예측하게 합니다.

코드를 살펴보겠습니다.

```
# 수정 전
def generate(self, inputs, max_new_tokens):
    for _ in range(max_new_tokens):
        logits, loss = self(inputs)
        logits = logits[:, -1, :]
        probs = F.softmax(logits, dim=-1)
        next_inputs = torch.multinomial(probs, num_samples=1)
        inputs = torch.cat((inputs, next_inputs), dim=1)
    return inputs

# 수정 후
def generate(self, inputs, max_new_tokens):
    for _ in range(max_new_tokens):

        inputs_cond = inputs[:, -block_size:]  # 수정된 부분
        logits, loss = self(inputs_cond)  # 수정된 부분

        logits = logits[:, -1, :]
        probs = F.softmax(logits, dim=-1)
        next_inputs = torch.multinomial(probs, num_samples=1)
        inputs = torch.cat((inputs, next_inputs), dim=1)
    return inputs
```

이렇게 수정하는 이유는 다음과 같습니다.

- 메모리 사용량과 계산 시간을 크게 줄입니다. 특히 긴 시퀀스를 처리할 때 유용합니다.
- 모델이 최근 정보에 더 집중할 수 있게 합니다.
- 모델이 입력 데이터의 특정 부분에 과적합되는 것을 방지합니다.

네 번째로 할 일은 `position_embedding`을 추가하는 것입니다. RNN, LSTM, GRU 같은 순환 신경망 모델들이 연구되고 발전한 주된 이유 중 하나는 시퀀스 데이터의 시간적 또는 공간적 위치 개념을 모델에 효과적으로 전달하기 위해서입니다. 이런 모델들은 이전 상태의 정보를 순차적으로 전달함으로써 시퀀스 내 각 요소의 위치를 고려할 수 있도록 설계됐

습니다. 그러나 이런 순환 신경망들은 앞서 설명했듯이 긴 시퀀스를 처리할 때 일부 한계를 보여줬습니다. 기본적인 어텐션 메커니즘만으로는 각 요소가 시퀀스 내에서 차지하는 고유한 위치 또는 순서 정보를 명시적으로 모델링하지 않습니다. 이는 어텐션 메커니즘의 한계 중 하나로 꼽히며, 시퀀스 내 각 요소의 위치 정보가 중요한 많은 언어 처리 작업에는 이러한 정보가 필수적입니다.

이 문제를 해결하고자 위치 인코딩(Position Encoding)이 도입됐습니다. 위치 인코딩은 시퀀스 내 각 요소의 고유한 위치 정보를 나타내는 추가적인 정보를 제공함으로써 어텐션 메커니즘에 위치 정보를 통합할 수 있게 해줍니다. 이를 통해 모델은 시퀀스 내에 각 요소의 위치를 인식하고 이 정보를 기반으로 보다 정확한 예측을 수행할 수 있게 됩니다.

semiGPT의 __init__에 추가되는 코드는 다음과 같습니다.

```
# semiGPT의 __init__에 추가되는 코드
self.position_embedding_table = nn.Embedding(block_size, n_embed)

# semiGPT의 forward에 추가되는 코드
pos_embed = self.position_embedding_table(torch.arange(sequence, device=device))
x = token_embed + pos_embed
```

semiGPT의 __init__에는 self.position_embedding_table = nn.Embedding(block_size, n_embed)를 추가하고, forward에는 pos_embed = self.position_embedding_table(torch.arange(sequence, device=device)), x = token_embed + pos_embed를 추가해야 합니다. 결론적으로, 위치 인코딩 도입은 어텐션 기반 모델이 시퀀스 데이터의 공간적 또는 시간적 구조를 더 잘 이해하고 이를 기반으로 더 정확한 예측을 수행할 수 있게 해줍니다.

앞서 단순한 언어 모델로 학습한 결과("鋪좆異e+곳比끄족公")와 Optimizer를 추가하고 학습한 결과("메이용봐야 열린 수 식을 가 돌로")보다는 조금 더 알아볼 수 있는 형태의 문장("전안오 구성상대 늘었다")이 생성되는 것을 관찰할 수 있습니다. 위치 임베딩(Position Embedding) 등 다양한 옵션을 추가함으로써 모델이 언어를 학습하고 있다는 사실을 정성적으로 파악할 수 있습니다. 이러한 개선은 생성된 텍스트의 질을 높이며, 더 읽기 쉽고 이해하기 쉬운 문장을 만들어냅니다. 몇 가지 더 개선할 부분을 다음 절에서 살펴보겠습니다.

2.6 _ 멀티헤드 어텐션과 피드포워드

앞서 단일 헤드 어텐션과 마스크드 셀프 어텐션에 대해 학습한 내용을 바탕으로, 이제 트랜스포머 모델의 더 발전된 구성 요소인 멀티헤드 어텐션과 피드포워드(Feedforward) 네트워크에 대해 자세히 살펴보겠습니다. 이 두 요소는 단일 헤드 어텐션의 한계를 극복하고 모델의 성능을 크게 향상시키는 핵심 구조입니다. 멀티헤드 어텐션이 어떻게 단일 헤드의 개념을 확장해 더 풍부한 특징 추출을 가능하게 하는지, 그리고 피드포워드 네트워크가 어떻게 이를 보완해 모델의 표현력을 높이는지 상세히 설명하겠습니다.

2.6.1 멀티헤드 어텐션 만들기

트랜스포머 모델에서 소개된 어텐션 메커니즘의 핵심 아이디어는 모델이 입력 데이터의 중요한 부분에 집중할 수 있게 하는 것입니다. 멀티헤드 어텐션은 여러 개의 어텐션 메커니즘을 병렬로 사용해 다양한 관점에서 정보를 동시에 처리(병렬 처리)할 수 있도록 합니다. 여기서 병렬 처리란 하나의 데이터를 여러 관점에서 동시에 처리하는 것을 의미합니다. 각 헤드는 독립적으로 단일 데이터를 여러 개의 다른 헤드를 통해 동시에 처리합니다.

각 헤드는 입력 데이터의 다른 측면을 포착하고 처리할 수 있어 모델이 데이터에 내재한 다양한 패턴과 관계를 더욱 정교하게 학습할 수 있게 됩니다. 헤드 수가 많을수록 언어의 더 다양한 특징을 파악할 수 있습니다. 코드를 살펴보겠습니다.

```
class MultiHeadAttention(nn.Module):
    def __init__(self, num_heads, head_size):
        super().__init__()
        self.heads = nn.ModuleList([Head(head_size) for _ in range(num_heads)])

    def forward(self,inputs):
        return torch.cat([head(inputs) for head in self.heads], dim=-1)
```

`__init__` 메서드에서는 어텐션 헤드의 수(num_heads)와 각 헤드의 크기(head_size)를 입력받습니다. 여기서 헤드의 수는 입력 데이터를 동시에 처리할 방식의 수를 결정합니다. `nn.ModuleList`를 사용해 지정된 수만큼의 `Head` 인스턴스를 생성하고 저장합니다. 각 `Head` 인스턴스는 독립적으로 셀프 어텐션 연산을 수행합니다.

forward 메서드는 실제 연산을 수행합니다. 입력 데이터 텐서를 받아 각 Head에 순차적으로 적용합니다. 이 과정에서 모든 Head가 입력 데이터에 대해 독립적으로 어텐션 연산을 수행합니다. 각 Head의 출력 결과를 리스트에 저장한 후, torch.cat 함수를 사용해 이 결과들을 마지막 차원을 기준으로 연결합니다.

연결된 결과 텐서는 각 Head의 특성 벡터들이 하나의 큰 벡터로 결합된 형태를 가집니다. 이는 입력 데이터에 대한 더 풍부한 표현을 제공합니다. 최종적으로 이 연결된 텐서를 반환합니다. 반환된 텐서는 [batch_size, sequence_length, num_heads * head_size] 형태를 띠며, 원래 입력보다 더 높은 차원의 데이터 표현을 포함합니다.

이러한 구조를 통해 MultiHeadAttention 클래스는 입력 데이터에 대해 여러 개의 독립적인 어텐션 연산을 수행하고, 이를 통해 얻은 다양한 데이터 표현을 결합해 더 풍부한 정보를 얻을 수 있습니다.

2.6.2 피드포워드 만들기

어텐션 메커니즘은 입력 시퀀스의 각 요소와 전체 시퀀스 간의 관계를 계산합니다. 이 과정은 주로 입력 데이터의 전체적인 맥락을 파악하는 데 중점을 둡니다. 하지만 어텐션 메커니즘만으로는 데이터의 복잡한 패턴이나 비선형적 관계를 충분히 학습하기 어렵습니다.

이때 피드포워드 네트워크가 중요한 역할을 합니다. 어텐션 메커니즘을 통해 얻은 정보를 추가로 처리하고 변환하기 위해 각 어텐션 블록 뒤에 피드포워드 네트워크를 배치합니다. 이 네트워크는 각 시퀀스 위치마다 독립적으로 적용되며, 비선형 활성화 함수를 포함해 모델의 표현력을 높입니다. 피드포워드 네트워크는 어텐션 메커니즘으로부터 얻은 표현을 더욱 풍부하게 만들어 모델이 더 복잡한 데이터 패턴을 학습할 수 있게 돕는 과정입니다.

코드로 한번 만들어 보겠습니다.

```
class FeedForward(nn.Module):
    def __init__(self, n_embed):
        super().__init__()
        self.layer = nn.Sequential(
```

```python
            nn.Linear(n_embed, 4 * n_embed),
            nn.ReLU(),
            nn.Linear(4 * n_embed, n_embed),
            nn.Dropout(dropout),
        )

    def forward(self, input_tensor):
        return self.layer(input_tensor)
```

__init__ 메서드는 FeedForward 클래스의 생성자로, 객체 생성 시 초기화 작업을 수행합니다. n_embed 파라미터는 입력 벡터와 출력 벡터의 차원을 나타내며, 트랜스포머 모델에서 임베딩 차원의 크기와 일치합니다. self.layer는 nn.Sequential을 사용해 세 개의 레이어를 순차적으로 연결한 신경망을 정의합니다.

첫 번째 레이어는 입력 차원 n_embed에서 중간 차원 4 * n_embed로 차원을 확장하는 선형 변환입니다. 4를 곱하는 것은 모델의 표현력을 증가시키기 위해서입니다. 차원 확장은 모델이 학습할 수 있는 정보의 양과 복잡성을 증가시키지만, 파라미터 수와 계산 비용이 증가한다는 단점이 있어 신중하게 고려해야 합니다.

두 번째 레이어는 비선형 활성화 함수인 **ReLU**입니다. 이 함수는 음수 입력을 0으로 만들고 양수 입력은 그대로 통과시켜 비선형성을 도입합니다.

세 번째 레이어는 중간 차원 4 * n_embed에서 다시 원래의 차원 n_embed로 차원을 축소하는 선형 변환입니다. 이 레이어는 확장된 차원을 원래 크기로 되돌리며, 이전 레이어에서 학습된 특징들을 원래의 임베딩 공간으로 투영합니다.

forward 메서드는 모델에 데이터를 전달할 때 호출되며, 입력 데이터 input_tensor를 self.layer 신경망을 통과시켜 출력을 생성합니다. 입력 텐서는 [batch_size, sequence_length, n_embed] 형태로 가정됩니다. self.layer(input_tensor) 호출을 통해 입력 데이터는 차원이 확장되고, **ReLU** 활성화 함수를 거친 후 다시 원래 차원으로 축소됩니다. 이 과정은 입력 데이터에 비선형 변환을 적용해 모델이 복잡한 패턴과 관계를 학습할 수 있게 합니다.

비선형 변환 이후의 과적합을 방지하기 위해 마지막 선형 변환 다음에 `nn.Dropout` 층을 배치했습니다. 이 위치에 드롭아웃을 적용함으로써 모델이 특정 패턴에 과도하게 의존하는 것을 막을 수 있습니다.

결과적으로 `FeedForward` 클래스는 트랜스포머 모델의 각 어텐션 블록 뒤에 위치해 어텐션 메커니즘으로부터 얻은 정보를 추가로 처리합니다. 이를 통해 모델은 입력 데이터에 대한 더 풍부하고 복잡한 표현을 학습할 수 있으며, 최종적인 예측 성능을 높입니다.

2.7 _ Blocks 만들기

GPT와 같은 복잡한 신경망 모델에서 블록(Block)은 모델의 설계와 구현에 중요한 구조적 단위입니다. 그림 2.16에 Block의 상세한 구조가 나타나 있습니다.

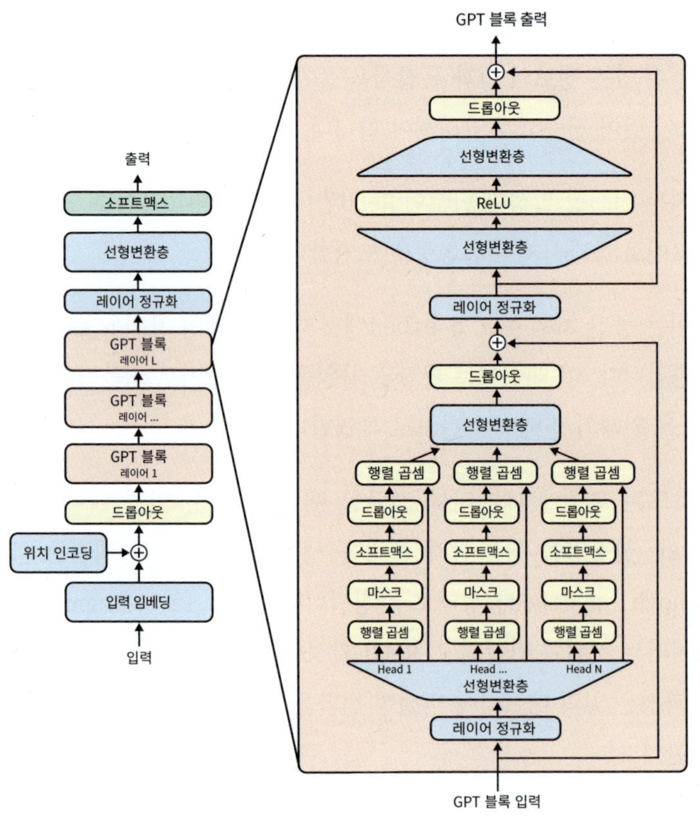

그림 2.16 GPT 구조

블록 구조는 모델 내 다양한 계층과 구성 요소를 하나로 묶어 모듈화, 재사용성, 확장성을 크게 향상합니다. 각 블록 내에서는 주로 어텐션 메커니즘과 피드포워드 네트워크가 수행되어 입력 데이터로부터 점진적으로 더 복잡하고 추상적인 특징을 추출합니다. 이 구조를 통해 모델의 깊이와 복잡성을 쉽게 조절할 수 있으며, 필요에 따라 블록을 추가하거나 구성을 변경해 성능을 최적화할 수 있습니다.

이제 Block 클래스의 코드를 살펴보겠습니다.

```
class Block(nn.Module):
    def __init__(self, n_embed, n_heads):
        super().__init__()
        head_size = n_embed // n_heads
        self.attention = MultiHeadAttention(n_heads, head_size)
        self.feed_forward = FeedForward(n_embed)
        self.layer_norm1 = nn.LayerNorm(n_embed)
        self.layer_norm2 = nn.LayerNorm(n_embed)

    def forward(self, input_tensor):
        input_tensor = input_tensor + self.attention(self.layer_norm1(input_tensor))
        input_tensor = input_tensor + self.feed_forward(self.layer_norm2(input_tensor))
        return input_tensor
```

첫 번째로 살펴볼 부분은 멀티헤드 어텐션과 피드포워드입니다.

__init__ 메서드에서 n_embed는 임베딩 차원의 크기를 나타냅니다.

- n_head는 MultiHeadAttention에서 사용될 헤드의 수입니다.
- head_size는 각 어텐션 헤드에서 이용할 차원의 크기로, n_embed를 n_head로 나눈 값으로 계산됩니다. self.attention은 MultiHeadAttention 클래스의 인스턴스를 생성합니다.
- self.feed_forward는 피드포워드 클래스의 인스턴스를 만듭니다.

forward 메서드에서 입력 데이터는 일반적으로 [batch_size, sequence_length, n_embed] 형태의 텐서로 표현됩니다.

- `self.attention(x)`는 `MultiHeadAttention` 구성 요소를 통과한 후의 데이터입니다.
- `self.feed_forward(x)`는 어텐션 메커니즘을 통해 얻은 정보를 피드포워드 네트워크를 통해 추가로 처리합니다. 최종적으로 처리된 데이터를 반환합니다.

두 번째로 살펴볼 부분은 잔차 연결입니다. 잔차 연결은 2015년 카이밍 허(Kaiming He) 등이 발표한 〈Deep Residual Learning for Image Recognition〉 논문에 처음 소개됐습니다. 이는 컴퓨터 비전 분야에서 깊은 신경망의 학습을 효과적으로 가능하게 하는 중요한 기법 중 하나입니다.

깊은 신경망은 이론적으로 매우 복잡한 함수를 모델링할 수 있지만, 실제로는 네트워크가 깊어질수록 학습이 어려워지는 문제에 직면합니다. 이는 소실되는 그레이디언트 문제로, 네트워크의 깊이가 증가함에 따라 그레이디언트가 사라지거나 폭발해 가중치의 업데이트가 제대로 이뤄지지 않아 성능이 개선되지 않는 현상입니다. 함께 제작한 언어 모델도 이러한 이슈로 인해 학습이 잘 되지 않았습니다.

잔차 연결은 이러한 문제를 해결하기 위해 제안된 기법으로, 각 레이어 입력을 그 레이어 출력에 직접 더해주는 구조입니다. 레이어 출력이 F(x)일 때 잔차 연결을 통해 최종 출력은 F(x)+x가 됩니다. 여기서 x는 레이어의 입력이며, F(x)는 레이어가 학습해야 할 '잔차'를 의미합니다. 이 구조를 통해 신경망은 입력과 출력 사이의 잔차 함수를 학습하게 되며, 이는 학습을 용이하게 만듭니다.

세 번째로는 레이어 정규화(LayerNorm)입니다. 레이어 정규화는 2016년 지미 레이 바(Jimmy Lei Ba), 제이미 라이언 키로스(Jamie Ryan Kiros), 그리고 제프리 E. 힌튼(Geoffrey E. Hinton)이 발표한 〈Layer Normalization〉 논문에 소개된 기법입니다. 딥러닝 모델, 특히 순환 신경망(RNN)과 같은 동적 네트워크의 학습을 안정화하고 가속화하기 위해 개발됐습니다. 기존의 정규화 기법들은 주로 미니배치의 통계를 기반으로 작동하는데, 이는 동적인 길이의 시퀀스나 다양한 구조를 가진 데이터 처리 시 문제가 될 수 있었습니다.

LayerNorm은 각 층 내의 활성화 함수를 통과하는 모든 특성에 대해 정규화를 적용합니다. 이를 통해 훈련 과정이 안정화되고, 학습 속도가 빨라지며, 특히 RNN에서 긴 시퀀스 데이터 처리의 성능이 개선됩니다. LayerNorm의 주요 장점은 입력 데이터의 배치 크기에 의존하지 않고 각 샘플 내에서 독립적으로 작동한다는 점입니다. 이로 인해 동적 시퀀스 길이나 다양한 구조의 데이터 처리에 유용하게 활용됩니다.

이렇게 학습을 진행하면 언어 모델이 생성하는 문장이 더욱 자연스럽고 매끄러워지는 것을 확인할 수 있습니다. 지금은 학습의 원리를 이해하기 위해 작은 크기의 데이터셋으로 짧은 시간 동안만 학습을 진행했기 때문에 챗지피티(ChatGPT)나 제미나이(Gemini)와 같은 실제 상용화된 언어 모델의 성능에는 미치지 못합니다. 하지만 이러한 과정을 통해 언어 모델의 학습 원리와 작동 방식을 이해할 수 있습니다.

지금까지 GPT 모델의 주요 구성 요소와 학습 과정에 대해 상세히 알아봤습니다. 책 사용법부터 시작해 런팟 소개, 데이터 준비, 언어 모델 구현, 최적화 기법, 셀프 어텐션 메커니즘, 그리고 멀티헤드 어텐션과 피드포워드 네트워크 등 GPT 모델의 핵심 개념들을 차례로 살펴봤습니다. 이러한 내용은 현대 언어 모델의 기본 구조와 작동 원리를 이해하는 데 중요한 기반이 됩니다.

다음 장에서는 다양한 모델을 활용해서 파인튜닝에 대한 전반적인 내용을 다루게 됩니다. 이를 통해 여러 종류의 언어 모델들의 특성을 비교하고, 각 모델의 장단점을 실제로 경험할 수 있을 것입니다. 다양한 모델들에 대한 파인튜닝 과정을 학습함으로써 각 모델의 성능을 특정 작업이나 도메인에 최적화하는 방법을 익히고, 실제 문제 해결에 적용하는 능력을 기를 수 있을 것입니다.

다음 장으로 넘어가기에 앞서 토크나이저에 대해서 한번 살펴보고 넘어가겠습니다. 현재 사용 중인 토크나이저는 매우 기본적인 수준입니다. 각 문자를 고유한 정수 ID로 매핑하는 단순한 방식을 사용합니다

```
character_to_ids = {char:i for i, char in enumerate(ko_chars)}
ids_to_character = {i:char for i, char in enumerate(ko_chars)}
token_encode = lambda s:[character_to_ids[c] for c in s]
token_decode = lambda l: "".join([ids_to_character[i] for i in l])
```

따라서 더 효과적인 토크나이저를 만들기 위해 허깅페이스의 tokenizer train 기능을 활용해 새로운 토크나이저를 학습시키고 직접 구현해 보겠습니다. 이 과정을 통해 더 정교하고 효율적인 텍스트 토큰화가 가능해집니다.

2.8 _ 토크나이저 만들기

2.8.1 vocab_size 변화에 따른 토큰화 비교

토크나이저의 성능과 효율성은 어휘 크기(vocab_size)에 따라 크게 달라질 수 있습니다. 어휘 크기는 토크나이저가 인식하고 처리할 수 있는 고유한 토큰의 수를 의미합니다. 이 실험에서는 어휘 크기를 10000, 20000, 30000으로 변화시켜 가며 토크나이저가 어떻게 작동하는지 살펴보겠습니다.

이러한 비교는 특정 언어나 도메인에 최적화된 토크나이저를 개발할 때 중요한 과정입니다. 어휘 크기가 작으면 메모리 사용량이 줄어들고 처리 속도가 빨라질 수 있지만, 복잡한 단어나 구문을 제대로 포착하지 못할 수 있습니다. 반대로 어휘 크기가 크면 더 정교한 토큰화가 가능하지만, 계산 비용이 증가할 수 있습니다.

다음은 세 가지 다른 어휘 크기로 설정된 토크나이저를 사용해 동일한 문장들을 처리한 결과입니다. 이를 통해 어휘 크기가 토크나이저의 작동에 미치는 영향을 살펴볼 수 있습니다.

【VOCAB_SIZE가 10000일 때】

```
Vocabulary size: 10000
Original: 안녕하세요
Encoded: [1912, 1172, 2549, 9020]
Decoded: 안 녕 하 세요
Tokens: ['안', '녕', '하', '세요']

Original: 자연어 처리는 매우 흥미로운 분야입니다
Encoded: [4466, 1945, 2242, 2982, 4637, 2648, 1580, 3063, 2931, 2949]
Decoded: 자연 어 처 리는 매우 흥 미 로운 분야 입니다
Tokens: ['자연', '어', '처', '리는', '매우', '흥', '미', '로운', '분야', '입니다']
```

```
Original: 인공지능과 기계학습의 발전이 놀랍습니다
Encoded: [3765, 982, 5093, 5017, 2063, 3100, 2065, 1177, 1394, 2727]
Decoded: 인공지능 과 기계 학습 의 발전 이 놀 랍 습니다
Tokens: ['인공지능', '과', '기계', '학습', '의', '발전', '이', '놀', '랍', '습니다']
```

"안녕하세요"라는 문장을 살펴보면, 인코딩 결과는 [1912, 1172, 2549, 9020]입니다. 디코딩하면 "안 녕 하 세요"로 각 글자가 개별 토큰으로 인식됩니다.

"자연어 처리는 매우 흥미로운 분야입니다"라는 문장의 경우, 인코딩 결과는 [4466, 1945, 2242, 2982, 4637, 2648, 1580, 3063, 2931, 2949]입니다. 디코딩하면 "자연 어 처 리는 매우 흥 미 로운 분야 입니다"로 나타납니다. 여기서 '자연'과 '어'가 분리되고, '흥미'도 '흥'과 '미'로 분리되는 것을 볼 수 있습니다.

"인공지능과 기계학습의 발전이 놀랍습니다"라는 문장은 인코딩 결과가 [3765, 982, 5093, 5017, 2063, 3100, 2065, 1177, 1394, 2727]입니다. 디코딩하면 "인공지능 과 기계 학습 의 발전 이 놀 랍 습니다"로 나타납니다. '인공지능'은 하나의 토큰으로 인식되지만, '놀랍습니다'는 '놀', '랍', '습니다'로 분리됩니다.

이러한 결과를 종합해 보면, 현재 설정된 토큰화 방식은 대체로 각 글자를 개별 토큰으로 인식하는 경향을 보입니다. 일부 단어('자연', '인공지능' 등)는 하나의 토큰으로 인식되지만, 대부분의 경우 한글 글자 단위로 토큰화가 이뤄집니다. 이는 한국어의 특성을 완전히 반영하지 못하는 토큰화 방식으로, 더 효과적인 한국어 처리를 위해서는 개선이 필요할 수 있습니다.

【VOCAB_SIZE가 20000일 때】

```
Vocabulary size: 20000
Original: 안녕하세요
Encoded: [1912, 1172, 17975]
Decoded: 안 녕 하세요
Tokens: ['안', '녕', '하세요']

Original: 자연어 처리는 매우 흥미로운 분야입니다
Encoded: [4466, 1945, 2242, 2982, 4637, 16319, 3063, 2931, 2949]
```

```
Decoded: 자연 어 처 리는 매우 흥미 로운 분야 입니다
Tokens: ['자연', '어', '처', '리는', '매우', '흥미', '로운', '분야', '입니다']

Original: 인공지능과 기계학습의 발전이 놀랍습니다
Encoded: [3765, 982, 5093, 5017, 2063, 3100, 2065, 1177, 1394, 2727]
Decoded: 인공지능 과 기계 학습 의 발전 이 놀 랍 습니다
Tokens: ['인공지능', '과', '기계', '학습', '의', '발전', '이', '놀', '랍', '습니다']
```

vocab_size가 20000일 때의 토큰화 결과를 살펴보겠습니다.

어휘 크기(Vocabulary size)는 20000입니다. 이는 모델이 인식할 수 있는 고유한 토큰의 수를 의미합니다.

첫 번째 예시 문장 "안녕하세요"는 [1912, 1172, 17975]로 인코딩됩니다. 디코딩 결과는 "안 녕 하세요"이며, 토큰은 ['안', '녕', '하세요']로 나뉩니다.

두 번째 예시 문장 "자연어 처리는 매우 흥미로운 분야입니다"는 [4466, 1945, 2242, 2982, 4637, 16319, 3063, 2931, 2949]로 인코딩됩니다. 디코딩 결과는 "자연 어 처 리는 매우 흥미 로운 분야 입니다"이며, 토큰은 ['자연', '어', '처', '리는', '매우', '흥미', '로운', '분야', '입니다']로 나뉩니다.

세 번째 예시 문장 "인공지능과 기계학습의 발전이 놀랍습니다"는 [3765, 982, 5093, 5017, 2063, 3100, 2065, 1177, 1394, 2727]로 인코딩됩니다. 디코딩 결과는 "인공지능 과 기계 학습 의 발전 이 놀 랍 습니다"이며, 토큰은 ['인공지능', '과', '기계', '학습', '의', '발전', '이', '놀', '랍', '습니다']로 나뉩니다.

이 결과를 분석해 보면, '자연'과 같은 일부 단어는 하나의 토큰으로 인식되지만, 대부분의 단어는 개별 토큰으로 나뉘어 인식됨을 알 수 있습니다. 이는 모델이 단어를 더 작은 의미 단위로 분리해 처리함을 보여줍니다. 이러한 토큰화 방식은 모델이 다양한 단어와 문장 구조를 효과적으로 학습하고 처리할 수 있게 합니다.

【VOCAB_SIZE가 30000일 때】

```
Vocabulary size: 30000
Original: 안녕하세요
```

```
Encoded: [29138]
Decoded: 안녕하세요
Tokens: ['안녕하세요']

Original: 자연어 처리는 매우 흥미로운 분야입니다
Encoded: [22456, 2242, 2982, 4637, 16319, 3063, 2931, 2949]
Decoded: 자연어 처 리는 매우 흥미 로운 분야 입니다
Tokens: ['자연어', '처', '리는', '매우', '흥미', '로운', '분야', '입니다']

Original: 인공지능과 기계학습의 발전이 놀랍습니다
Encoded: [3765, 982, 5093, 5017, 2063, 22177, 1177, 1394, 2727]
Decoded: 인공지능 과 기계 학습 의 발전이 놀 랍 습니다
Tokens: ['인공지능', '과', '기계', '학습', '의', '발전이', '놀', '랍', '습니다']
```

vocab_size가 30000일 때의 토큰화 결과를 살펴보겠습니다.

먼저 "안녕하세요"라는 문장은 하나의 토큰 [29138]로 인코딩됩니다. 디코딩 시 원래 문장 그대로 복원되며, 토큰으로는 ['안녕하세요'] 하나만 사용됩니다.

"자연어 처리는 매우 흥미로운 분야입니다"라는 문장은 8개의 토큰으로 인코딩됩니다. 디코딩 결과를 보면 '처'와 '리는'이 분리돼 있고, '흥미'와 '로운'도 별도의 토큰으로 취급됩니다. 이는 vocab_size의 제한으로 인해 일부 단어가 분리되어 토큰화되는 현상입니다.

"인공지능과 기계학습의 발전이 놀랍습니다"라는 문장은 9개의 토큰으로 인코딩됩니다. '인공지능'은 하나의 토큰으로 처리되지만, '기계'와 '학습'은 별도의 토큰으로 분리됩니다. '놀랍습니다'는 '놀', '랍', '습니다' 세 개의 토큰으로 나뉘어 처리됩니다.

이러한 결과를 통해 vocab_size가 30000일 때 일부 복합어나 긴 단어들이 여러 개의 부분 토큰으로 나뉘어 처리되는 것을 확인할 수 있습니다. 이는 제한된 어휘 크기로 인해 모든 단어를 개별 토큰으로 처리할 수 없기 때문입니다. 따라서 토큰화 과정에서 일부 의미 단위가 분리될 수 있으며, 이는 모델의 성능에 영향을 줄 수 있습니다. 또한, vocab_size의 크기가 점차 증가할수록 토큰화 과정에서의 효율성이 전반적으로 향상되는 것을 확인할 수 있습니다.

vocab_size에 따른 토큰화 과정을 살펴봤습니다. 이제 이러한 토크나이저를 만드는 방법을 자세히 알아보겠습니다. 토크나이저 생성 과정은 텍스트를 효과적으로 처리하기 위한 중요한 단계입니다. 다양한 vocab_size를 사용해 토크나이저를 만들면 텍스트 데이터를 다루는 방식이 어떻게 달라지는지 이해할 수 있습니다. 이는 자연어 처리 모델의 성능을 최적화하는 데 도움이 됩니다. 토크나이저 생성 과정을 단계별로 설명하고, 각 단계에서 고려해야 할 중요한 요소를 살펴보겠습니다.

2.8.2 토크나이저 만들기

토크나이저 만들기는 자연어 처리에서 매우 중요한 과정입니다. 이 과정을 통해 원시 텍스트 데이터를 모델이 이해할 수 있는 형태로 변환합니다. 효과적인 토크나이저는 텍스트의 의미를 잘 보존하면서도 데이터를 효율적으로 처리할 수 있게 합니다. 여기서는 토크나이저를 만드는 구체적인 방법과 각 단계에서 고려해야 할 중요한 사항들을 자세히 살펴보겠습니다. 이를 통해 다양한 자연어 처리 작업에 적합한 토크나이저를 설계하고 구현하는 방법을 이해할 수 있습니다.

```
import os
from tokenizers import Tokenizer
from tokenizers.models import BPE
from tokenizers.trainers import BpeTrainer
from tokenizers.pre_tokenizers import Whitespace
from datasets import load_dataset
from transformers import PreTrainedTokenizerFast

# 저장할 경로 설정
SAVE_DIR = "/content"

# 디렉터리가 없으면 생성
os.makedirs(SAVE_DIR, exist_ok=True)

# 원하는 어휘 크기 설정
VOCAB_SIZE = 10000

# 토크나이저 초기화
tokenizer = Tokenizer(BPE(unk_token="<unk>"))
tokenizer.pre_tokenizer = Whitespace()
```

- 필요한 라이브러리를 임포트합니다. tokenizers, datasets, transformers 라이브러리의 특정 모듈들을 가져옵니다. VOCAB_SIZE를 10000으로 설정합니다. 이는 토크나이저가 학습할 단어 사전의 크기입니다.
- Tokenizer 객체를 초기화합니다. BPE(Byte Pair Encoding) 모델을 사용하며, 알 수 없는 토큰을 "<unk>"로 지정합니다. 토크나이저의 사전 토큰화 방식을 Whitespace로 설정합니다. 이는 텍스트를 공백을 기준으로 먼저 나누는 것을 의미합니다.

```
# 트레이너 준비 (vocab_size 지정)
trainer = BpeTrainer(
    special_tokens=["<unk>", "<s>", "</s>", "<pad>"],
    vocab_size=VOCAB_SIZE
)

# 토크나이저 학습
def batch_iterator(batch_size=1000):
    for i in range(0, len(dataset["train"]), batch_size):
        yield dataset["train"][i : i + batch_size]["document"]

tokenizer.train_from_iterator(batch_iterator(), trainer=trainer)
```

- BpeTrainer를 설정합니다. 특수 토큰들을 지정하고 어휘 크기를 설정합니다. batch_iterator 함수를 정의합니다. 이 함수는 데이터셋을 작은 배치로 나누어 제공합니다. tokenizer.train_from_iterator 메서드로 토크나이저를 학습시킵니다.

```
# 토크나이저를 JSON 파일로 저장
tokenizer_path = os.path.join(SAVE_DIR, "tokenizer.json")
tokenizer.save(tokenizer_path)

# 토크나이저를 Hugging Face 형식으로 변환
huggingface_tokenizer = PreTrainedTokenizerFast(
    tokenizer_object=tokenizer,
    unk_token="<unk>",
    bos_token="<s>",
    eos_token="</s>",
    pad_token="<pad>"
)

# Hugging Face 형식의 토크나이저 저장
huggingface_path = os.path.join(SAVE_DIR, "huggingface_tokenizer")
huggingface_tokenizer.save_pretrained(huggingface_path)
```

- 학습된 토크나이저를 JSON 파일로 저장합니다. 학습된 토크나이저를 허깅페이스 형식으로 변환합니다. 이는 허깅페이스의 다른 도구들과 호환성을 위해 필요합니다. 허깅페이스 형식의 토크나이저를 저장합니다.

```
# Hugging Face 형식의 토크나이저 로드
from transformers import AutoTokenizer
tokenizer = AutoTokenizer.from_pretrained(huggingface_path)

# 어휘 크기 확인
print(f"Vocabulary size: {len(tokenizer.get_vocab())}")

# 테스트
test_texts = ["안녕하세요", "자연어 처리는 매우 흥미로운 분야입니다", "인공지능과 
기계학습의 발전이 놀랍습니다"]
for text in test_texts:
    encoded = tokenizer.encode(text)
    print(f"Original: {text}")
    print(f"Encoded: {encoded}")
    print(f"Decoded: {tokenizer.decode(encoded)}")
    print(f"Tokens: {tokenizer.convert_ids_to_tokens(encoded)}")
    print()
```

- 저장된 토크나이저를 다시 불러옵니다. 토크나이저의 어휘 크기를 확인하고 출력합니다.
- 테스트 문장들을 준비하고 각 문장에 대해 다음 작업을 수행합니다.

  문장을 인코딩합니다(텍스트를 토큰 ID로 변환). → 원본 문장을 출력합니다. → 인코딩된 결과를 출력합니다. → 인코딩된 결과를 다시 디코딩해 출력합니다. → 각 토큰 ID를 해당하는 토큰(단어 조각)으로 변환해 출력합니다.

이 과정을 통해 사용자 정의 토크나이저를 만들고, 학습시키고, 저장하고, 다시 불러와 테스트하는 전체 흐름을 볼 수 있습니다. 이렇게 만든 토크나이저는 특정 데이터셋에 최적화되어 더 효율적인 텍스트 처리가 가능해집니다. 새로운 토크나이저로 학습한 코드를 실습 파일에 함께 올려두었습니다. 파라미터를 다양하게 바꿔가며 실습해 보는 것이 좋습니다.

지금까지 GPT 모델의 구조와 구현에 대해 폭넓게 살펴봤습니다. 런팟 활용, 데이터 준비와 전처리 과정을 배웠습니다. 언어 모델의 핵심 구성 요소인 라이브러리 설정, `__init__` 함

수, `forward` 메서드 등을 통해 모델 구현 방법을 익혔습니다. 또한 Optimizer 설정, GPU 활용, Loss 함수 구현 등 모델 최적화 기법도 다뤘습니다.

셀프 어텐션 메커니즘의 개념과 구현 방법, 그리고 멀티헤드 어텐션과 피드포워드 네트워크의 구조에 대해 상세히 학습했습니다. 마지막으로 토크나이저 구현과 `vocab_size` 변화에 따른 성능 비교를 통해 실제 모델 훈련에 필요한 실용적인 지식을 얻었습니다. 이를 통해 GPT 모델의 전체적인 아키텍처와 작동 원리를 종합적으로 이해할 수 있게 됐습니다.

다음 장에서는 다양한 언어 모델을 가지고 실습을 진행합니다.

한 권으로 끝내는
실전 LLM 파인튜닝

03

전체 파인튜닝

이 장에서는 LLM을 특정 작업에 맞게 조정하는 파인튜닝(Fine-tuning) 기법에 관해 알아보겠습니다. 파인튜닝의 개념부터 시작해 실제로 어떻게 적용하는지, 그리고 이를 통해 모델의 성능을 어떻게 높일 수 있는지 차근차근 알아볼 것입니다. 실습을 통해 여러분은 실제 프로젝트에서 파인튜닝을 효과적으로 적용할 수 있게 될 것입니다.

3.1 _ 전체 파인튜닝 데이터 준비

이 절에서는 파인튜닝을 위한 데이터 준비 과정을 살펴보겠습니다. 파인튜닝에 필요한 데이터의 종류는 무엇이고, 어떻게 수집하고 처리하는지 자세히 알아볼 것입니다. 이를 통해 독자 여러분은 파인튜닝에 필요한 데이터를 효과적으로 준비할 수 있는 능력을 키우게 될 것입니다.

3.1.1 전체 파인튜닝의 원리와 종류

파인튜닝의 기본 개념부터 시작해 필요한 이유와 다양한 종류에 대해 알아보겠습니다.

파인튜닝이란?

파인튜닝이란 이미 학습되어 공개된 언어 모델(Pre-trained Language Model, 사전 훈련된 언어 모델)을 특정 작업에 맞게 추가로 학습하는 것을 말합니다.

일반적으로 이미 학습되어 공개된 거대한 크기를 가진 LLM은 방대한 지식을 이미 학습했기에 다양한 문제를 풀 수 있는 능력을 가지고 있습니다. 현재 공개된 챗지피티(ChatGPT)나 구글의 제미나이(Gemini)가 이러한 예라고 볼 수 있습니다.

하지만 LLM은 때때로 실제 사실과 다르거나 존재하지 않는 정보를 마치 사실인 것처럼 생성하는 환각(Hallucination)을 일으키곤 합니다. 또한 LLM이 세상의 모든 지식을 다 학습할 수는 없으므로, 특히 전문적이거나 특수한 분야에서 이런 현상이 두드러집니다.

성능을 높이고자 하는 분야나 풀고자 하는 문제의 데이터로 추가 학습을 하면, 모델이 해당 분야에서 더 정확하고 신뢰할 수 있는 응답을 생성할 수 있게 됩니다.

파인튜닝을 하는 이유

파인튜닝의 효과를 이해하기 위해 실제 모델의 출력 결과를 비교해 보는 것이 도움이 됩니다. 파인튜닝 전후의 모델 생성 결과를 비교해 보겠습니다.

【파인튜닝 전 모델 생성 결과】

```
model
* 부산의 한 왕복 2차선 도로에서 역주행 사고로 배달 오토바이 운전자인 고등학생이 숨지는 사고가 발생했다.
* 유족은 '가해자가 사고 후 곧바로 신고하지 않고 늑장 대응해 피해를 키웠다'고 주장하고 있다.
* A씨는 교통사고처리법상 12대 중과실에 해당되는 '중앙선 침범'으로 역주행 교통사고를 일으킨 혐의를 받는다.
* 사고 당일 수술을 받았으나 얼마 후 2차 뇌출혈로 뇌사 판정이 내려졌고, 사고 발생 약 한 달 만인 지난달 16일 끝내 사망했다.
```

이번 장에서 다룰 파인튜닝을 한 모델은 다음과 같이 생성하게 됩니다.

【파인튜닝 후 모델 생성 결과】

```
model
- 부산의 한 왕복 2차선 도로에서 역주행 사고
- 배달 오토바이 운전자
- 고등학생
- 유족
- 늑장 대응
```

실습에서 다룰 내용을 미리 살펴보겠습니다. 같은 입력 데이터를 사용하되, "다음 텍스트를 한국어로 간단히 요약 및 관련 키워드를 추출하세요"라는 요청을 할 때 파인튜닝 전에는 키워드와 관련된 5개의 문장을 생성했지만, 파인튜닝 후에는 한국어 요약과 5개의 키워드를 생성했습니다.

이처럼 파인튜닝은 이미 광범위한 지식을 갖춘 언어 모델을 특정 목적에 맞게 추가로 학습시키는 방법입니다. 이 방식은 처음부터 새로운 언어 모델을 개발하는 것보다 훨씬 더 경제적이고 편리합니다. 예를 들어, Llama 3 모델 개발에는 약 7700만 시간과 7억 2천만 달러 이상의 비용이 들었다고 합니다.

일반 기업이나 개인이 이런 규모의 모델을 직접 만들고 계속 업데이트하기는 현실적으로 불가능합니다. 그래서 많은 IT 기업들은 기존의 언어 모델을 가져와 특정 작업에 맞게 추가 학습시키는 파인튜닝 방법을 선호합니다. 이 방식을 통해 효율적으로 모델의 성능을 개선할 수 있습니다.

"왜 모델을 처음부터 원하는 데이터로 학습시키지 않고 파인튜닝을 하나요?"라는 질문을 종종 받습니다. 대규모 언어 모델(LLM)은 엄청난 양의 데이터로 학습됩니다. 이는 수백만 권의 책에 해당하는 양으로, 수조 개의 단어 또는 수 테라바이트의 텍스트 데이터를 사용합니다. 이렇게 방대한 데이터로 학습하기 때문에 LLM은 대부분의 주제에 대해 이해하고 대화할 수 있는 능력을 갖게 됩니다.

반면, 우리가 가진 특정 분야의 데이터는 이에 비해 매우 적습니다. 대부분 10기가바이트를 넘기기 어려울 정도로 작습니다. 이렇게 작은 데이터로 대규모 모델을 처음부터 훈련하면 두 가지 주요 문제가 발생합니다.

첫째는 **과적합**입니다. 모델이 학습 데이터는 잘 예측하지만, 조금이라도 다른 상황에서는 제대로 대응하지 못하는 현상입니다. 이는 모델이 실제 세계의 다양한 상황에 적응하기 어렵게 만듭니다.

둘째는 **자연스러운 언어 생성 능력 부족**입니다. 앞서 설명했듯이 언어 모델의 뛰어난 언어 능력은 엄청난 양의 다양한 데이터에서 나옵니다. 제한된 데이터로는 이런 능력을 충분히 가르치기가 어렵습니다. 결과적으로 모델이 특정 정보는 알아도 그것을 자연스럽게 표현하지는 못할 수 있습니다.

이러한 이유로, 이미 풍부한 지식과 우수한 언어 능력을 가진 언어 모델을 기반으로 우리의 특화된 데이터로 추가 학습(파인튜닝)하는 학습 방법을 선택합니다. 이렇게 하면 모델의 기본적인 언어 능력은 유지하면서도 우리가 원하는 특정 분야에 대해 더 정확하고 깊이 있는 지식을 가진 '전문 AI'를 만들 수 있습니다.

파인튜닝의 종류

파인튜닝의 기본적인 방법 중 하나는 '모든 파라미터의 값을 업데이트하는 튜닝(Full Fine-Tuning, 전체 파인튜닝)'입니다. 이 방법은 모델의 모든 파라미터를 새로운 데이터에 맞게 다시 학습시키는 것을 말합니다. 하지만 이 방법에는 주의해야 할 점이 있습니다. 모델이 이전에 학습한 내용을 완전히 잊어버릴 수 있기 때문입니다. 그래서 전체 파인튜닝을 할 때는 천천히 조금씩 학습을 진행합니다. 이렇게 하면 모델이 기존 지식을 유지하면서도 새로운 정보를 습득할 수 있습니다. 또한, 파라미터 수가 많은 큰 모델을 전체 파인튜닝할 경우에는 시간과 비용이 많이 소요됩니다. 따라서 전체 파인튜닝이 정말 필요한지 신중히 검토해 보는 것이 중요합니다. 이러한 방식으로 파인튜닝을 진행하면 모델의 성능을 효과적으로 향상할 수 있습니다.

이러한 문제를 해결하기 위해 '매개변수 효율적 파인튜닝(Parameter-Efficient Fine-Tuning, PEFT)'이라는 새로운 방법이 개발됐습니다. PEFT는 모델의 파라미터 전체가 아닌 일부분만을 새로 학습시키는 방식을 말합니다. 이 방법을 사용하면 전체 모델을 학습시키는 것보다 시간과 비용을 크게 줄이면서도 더 나은 결과를 얻을 수 있다는 장점이 있습니다.

PEFT(Parameter-Efficient Fine-Tuning)는 여러 가지 방법이 있는데, 대표적인 방법 세 가지를 살펴보겠습니다.

먼저 어댑터 튜닝(Adapter Tuning)은 기존의 거대한 언어 모델에 작은 규모의 신경망을 새롭게 추가하는 방식입니다. 이렇게 추가된 작은 신경망을 통해 모델은 새로운 작업을 수행할 수 있게 됩니다. 이 방법은 전체 모델을 재학습하는 것보다 효율적으로 모델의 능력을 확장할 수 있습니다.

다음으로 프롬프트 튜닝(Prompt Tuning)은 모델에 입력되는 텍스트에 특별한 지시사항을 추가하는 방식입니다. 이러한 지시사항을 통해 모델의 작동을 원하는 방향으로 조절할 수 있습니다. 프롬프트 튜닝은 모델 자체를 변경하지 않고도 원하는 결과를 얻을 수 있는 유연한 방법입니다.

마지막으로 LoRA(Low-Rank Adaptation)는 작은 크기의 두 행렬을 곱한 결과를 원래 행렬에 더하는 방식을로 모델을 효율적으로 조정하는 기술입니다. 이 방법은 모델의 파라미터 수를 크게 늘리지 않으면서도 효과적으로 모델의 성능을 향상할 수 있습니다. LoRA는 특히 대규모 모델을 파인튜닝 할 때 계산 자원과 시간을 절약할 수 있는 효율적인 방법입니다.

이러한 PEFT 기술들은 각기 다른 장단점이 있으므로, 해결하려는 문제의 특성이나 사용 가능한 자원에 따라 적절한 방법을 선택할 수 있습니다. 이렇게 상황에 맞는 PEFT 기술을 활용하면 최소한의 자원으로 모델의 성능을 크게 향상할 수 있습니다.

이제 파인튜닝에 관한 몇 가지 추가적인 이론을 함께 살펴볼 예정입니다. 이론적 배경을 더 깊이 이해한 후에는 실습으로 넘어갈 것입니다. 우리가 실습할 방법들은 앞서 설명한 전체 파인튜닝과 함께 매개변수 효율적 파인튜닝(PEFT)의 대표적인 기법 중 하나인 LoRA입니다. 이 두 가지 방법을 직접 실습해 보면서 각 기법의 특징과 장단점을 자세히 살펴볼 것입니다. 이러한 과정을 통해 이론과 실제를 연결하고, 파인튜닝 기법들이 실제로 어떻게 작동하는지, 그리고 어떤 상황에서 어떤 방법이 더 효과적인지를 깊이 있게 이해할 수 있습니다. 이는 우리가 앞으로 다양한 상황에서 적절한 파인튜닝 방법을 선택하고 적용할 수 있는 능력을 기르는 데 큰 도움이 될 것입니다.

파인튜닝을 할 때 주의할 점

파인튜닝은 사전 훈련된 언어 모델을 특정 작업에 맞게 조정하는 유용한 기술이지만, 몇 가지 주의해야 할 점이 있습니다.

첫 번째로 고려할 문제는 과적합(Overfitting)의 위험입니다. 특히 규모가 작은 데이터셋을 사용해 파인튜닝을 진행할 때 모델이 해당 데이터에 지나치게 최적화되어 새로운 데이터에 대한 일반화 능력이 떨어질 수 있습니다. 이는 모델이 학습 데이터의 특징을 너무 세밀하게 학습해 실제 상황에서 마주칠 수 있는 다양한 경우에 대처하지 못하는 상황을 초래할 수 있습니다.

두 번째로 주목해야 할 문제는 재앙적 망각 현상(Catastrophic Forgetting)입니다. 이는 파인튜닝 과정에서 모델이 이전에 학습한 일반적인 지식을 잃어버리는 현상을 말합니다. 이 현상이 발생하는 주된 이유는 모델이 새로운 작업을 학습하는 과정에서 신경망의 가중치가 변화하기 때문입니다. 파인튜닝 중에 모델은 새로운 정보에 맞춰 기존 가중치를 지속적으로 조정합니다. 이 과정에서 가중치 값이 업데이트되면서 이전에 학습한 정보를 표현하던 가중치 패턴이 크게 변경될 수 있습니다. 파인튜닝 후 새로운 작업에 대한 성능은 향상되지만, 기존 가중치에 저장돼 있던 이전 지식이나 능력이 손실될 수 있습니다. 이러한 가중치의 변화로 모델이 이전에 잘 수행하던 작업에 대한 능력을 잃어버리는 현상이 발생합니다.

세 번째로 사이즈가 7B 이상 되는 언어 모델의 전체 파인튜닝은 막대한 연산 자원과 시간이 필요합니다. 모델의 가중치를 업데이트해야 하므로 모델 크기에 비례해 계산 복잡도가 증가합니다. 이는 고성능 하드웨어 요구와 긴 처리 시간으로 이어져 많은 기업과 연구자들에게 실질적인 제약이 됩니다.

네 번째로 파인튜닝의 성공은 사용되는 데이터의 품질과 양에 크게 좌우됩니다. 인공지능 분야에는 'Garbage In, Garbage Out'(입력이 쓰레기면 출력도 쓰레기)이라는 유명한 격언이 있는데, 이는 파인튜닝 과정에도 매우 적절하게 적용됩니다. 즉, 파인튜닝에 사용되는 데이터가 부적절하거나 양이 충분하지 않으면 모델의 성능 향상을 기대하기 어려워집니다. 따라서 고품질의 관련 데이터를 충분히 확보하는 것이 매우 중요합니다. 하지만 실제로는 이러한 적절한 데이터를 구하기가 쉽지 않은 경우가 많습니다. 특히 특정 분야나 전문적인 주제에 대한 데이터일수록 수집이 어려울 수 있습니다.

마지막으로 파인튜닝에 사용되는 데이터에 편향이 있다면 이는 모델의 출력에 그대로 반영되어 심각한 윤리적 문제를 일으킬 수 있습니다. 예를 들어, 성별이나 인종에 대한 편견이 담긴 데이터로 모델을 파인튜닝하면 그 모델은 편견을 가진 응답을 생성할 가능성이 높아집니다. 따라서 데이터를 선별하고 준비하는 과정에서 이러한 편향성을 최소화하기 위한 노력이 필수적입니다. 이는 단순히 모델의 성능 향상뿐만 아니라, 인공지능 기술의 사회적 책임과 윤리적 사용을 위해서도 매우 중요한 고려 사항입니다.

3.1.2 다양한 태스크와 데이터셋

대규모 언어 모델(LLM)과 생성형 AI의 성능을 높이기 위해서는 다양한 태스크, 적절한 데이터셋, 그리고 효과적인 전처리 전략이 중요합니다. 이러한 요소들은 AI 모델이 학습하는 과정에서 핵심적인 역할을 하며, 모델의 최종 성능에 직접적인 영향을 미칩니다. 하지만 이를 위한 데이터셋을 만드는 일은 생각보다 복잡하고 어려운 작업입니다.

이렇게 복잡한 작업을 어디서부터 시작해야 할지, 그리고 어떤 방식으로 접근해야 할지 결정하는 것이 첫 번째 과제입니다. 이를 위해 우리가 사용하고자 하는 AI 모델의 특성과 목표로 하는 작업의 요구사항을 정확히 파악하는 것이 매우 중요합니다.

이러한 요구사항을 파악한 후에는 적절한 데이터셋을 찾는 것이 다음 단계입니다. 만약 기존에 적합한 데이터셋을 찾지 못한다면 직접 데이터를 수집하고 정리하는 작업을 수행해야 할 수도 있습니다. 심지어 완전히 새로운 데이터셋을 처음부터 구축해야 하는 경우도 있습니다. 그런 후 전처리 전략을 수립합니다. 이러한 준비 과정을 통해 우리는 AI 모델의 성능 향상에 가장 적합한 방법을 찾을 수 있습니다.

이제 언어 모델이 일반적으로 학습하는 태스크의 종류와 사용 가능한 데이터셋에 대해 함께 알아보겠습니다. 먼저 언어 모델이 주로 학습하는 큰 범주의 태스크들을 개론적으로 살펴보겠습니다.

다음 토큰 생성 / 텍스트 생성

입력된 텍스트 다음에 이어질 단어나 문장을 예측하는 태스크(next token prediction)를 수행하려면 다양한 주제와 문체를 포함한 대량의 텍스트 데이터가 필요하고, 다양한 출처에서 텍스트를 수집해야 합니다. 그다음, 부적절한 내용이나 개인정보가 포함된 텍스트는 제거해야 합니다. 최근에는 이 태스크의 범위가 더욱 넓어져 다양한 종류의 텍스트 생성(text-generation) 작업이 포함되고 있습니다. 예를 들어, 시 쓰기, 대본 작성, 시나리오 구성, 블로그 포스팅, 제품 설명 작성, 전문 지식 설명 등이 있습니다. 이처럼 텍스트 생성 태스크는 단순한 문장 완성을 넘어 다양한 형태의 창의적인 글쓰기 작업으로 확장되고 있습니다.

- 영어 데이터: Common Crawl[8], OpenWebText[9] 등
- 한국어 데이터: Korean Common Crawl[10] 등

대화형 태스크

대화형 태스크(conversational task)는 인공지능이 사람과 자연스럽게 대화를 나눌 수 있도록 하는 작업입니다. 이를 위한 데이터 구축 방법에는 두 가지가 있습니다. 첫째는 앞서 수집한 다양한 종류의 데이터를 대화 형식으로 변환하는 것이고, 둘째는 실제 사람들 사이의 대화를 직접 수집하는 것입니다. 데이터셋을 만들 때는 일상적인 대화부터 전문적인 대화까지 다양한 상황과 주제의 대화를 포함해야 합니다.

이 과정에서 '페르소나(Persona)' 개념을 도입하는 것이 중요합니다. 페르소나는 대화 참여자의 가상 인격을 의미하며, 나이, 직업, 취미, 성격 특성 등을 포함합니다. 이를 통해 AI가 일관성 있고 개성 있는 대화를 할 수 있게 됩니다. 예를 들어, '20대 대학생으로 여행을 좋아하는' 페르소나를 설정하면 AI는 이 캐릭터의 특성에 맞는 대화를 할 수 있게 됩니다. 또한 대화가 이뤄지는 상황이나 맥락에 대한 정보도 함께 기록해야 AI가 상황에 맞는 적절한 대화를 할 수 있습니다.

이렇게 다양한 대화 데이터를 수집하고 체계적으로 정리함으로써 인공지능이 여러 상황에서 자연스럽고 일관성 있게 대화할 수 있도록 훈련할 수 있습니다.

- **영어 데이터**: MultiWOZ[11], ConvAI[12], DailyDialog[13], Persona-Chat[14] 등
- **한국어 데이터**: AI Hub[15]의 Korean Dialog, Korean Dialogue Dataset 등

---

8 https://commoncrawl.org/overview
9 https://skylion007.github.io/OpenWebTextCorpus/
10 https://huggingface.co/datasets/legacy-datasets/mc4
11 https://github.com/budzianowski/multiwoz
12 https://parl.ai/projects/convai2/
13 https://parl.ai/docs/tasks.html#daily-dialog
14 https://huggingface.co/datasets/AlekseyKorshuk/persona-chat
15 https://www.aihub.or.kr/

질의응답

질의응답(question answering)은 주어진 질문에 대해 정확한 답변을 제공하는 작업입니다. 최근에는 이 태스크가 대화형 태스크와 통합되는 경향이 있습니다. 이는 전통적인 질문 답변 방식의 단순한 답변이 실제 대화에서 활용하기 어렵기 때문입니다. 예를 들어, "사과는 무슨 색이야?"라는 질문에 "빨간색"이라고만 답하는 것보다는 "사과는 보통 빨간색입니다"와 같이 답하는 것이 더 자연스럽고 친근한 표현입니다. 이러한 이유로 질문 답변 태스크가 더 자연스러운 대화를 목표로 하는 대화형 태스크로 통합되고 있습니다.

그럼에도 불구하고 질문 답변 태스크의 기본 개념을 이해하는 것은 여전히 중요합니다. 이 태스크를 위한 데이터셋은 질문과 답변 쌍으로 구성됩니다. 데이터셋을 만들 때는 다양한 난이도와 주제의 질문을 수집하고, 각 질문에 대해 정확한 답변을 제공하며, 가능하다면 답변의 출처나 추가 설명도 함께 기록해야 합니다.

- **영어 데이터**: SQuAD [16], NaturalQuestions [17], TriviaQA [18] 등
- **한국어 데이터**: KoQuAD [19] 등

요약

요약(summarization)은 긴 글의 핵심 내용을 간단하게 추려내는 작업입니다. 이 태스크는 우리 일상생활과 꽤 밀접한 관련이 있습니다. 예를 들어, SK텔레콤의 에이닷 앱처럼 통화 내용을 요약하거나 긴 PDF 문서의 핵심만 빠르게 파악하는 데 활용할 수 있습니다. 이런 요약 작업을 AI가 잘 수행하도록 하려면 원본 텍스트와 그에 대한 요약문이 쌍으로 이뤄진 데이터셋이 필요합니다. 우선 다양한 길이와 주제의 텍스트를 골고루 모아야 하고 각 텍스트의 요약문을 만들어야 하는데, 이때 원문에서 중요한 문장을 뽑아내는 '추출적 요약'과 새로운 문장으로 내용을 정리하는 '추상적 요약' 두 가지 방식을 모두 포함하는 것이 좋습니다.

---

16 https://huggingface.co/datasets/rajpurkar/squad

17 https://huggingface.co/datasets/google-research-datasets/natural_questions

18 https://huggingface.co/datasets/mandarjoshi/trivia_qa

19 https://huggingface.co/datasets/lmqg/qg_koquad

- **영어 데이터**: CNN/Daily Mail[20], XSum[21] 등이 있습니다.
- **한국어 데이터**: AI hub의 문서 요약 텍스트, 논문자료 요약[22] 등

기계 번역

기계 번역(machine translation)이란 한 언어로 작성된 텍스트를 다른 언어로 자동으로 변환하는 작업을 말합니다. 이 태스크를 수행하려면 원본 언어의 문장과 그에 대응하는 번역된 문장이 쌍을 이뤄 병렬 코퍼스(Parallel Corpus)라고 불리는 특별한 데이터셋이 필요합니다. 이러한 데이터셋을 구성할 때는 다양한 주제와 문체를 포함하는 텍스트를 수집하는 것이 중요합니다. 또한, 전문 번역가가 번역한 고품질의 번역문을 활용하는 것이 좋습니다. 이렇게 구성된 데이터셋은 기계 번역 모델이 다양한 상황과 표현을 학습하는 데 도움을 주어 더 정확하고 자연스러운 번역 결과를 만들어낼 수 있게 합니다.

- **한국어-영어 번역 데이터**: AI Hub Korean-English Parallel Corpus[23] 등

바꿔 쓰기

바꿔 쓰기(paraphrasing)는 원래 문장의 의미를 유지하면서 다른 방식으로 표현하는 과정입니다. 번역과 유사한 점이 있지만, 같은 언어 안에서 수행된다는 차이가 있습니다. 이러한 작업을 수행하려면 원본 문장과 그것을 다르게 표현한 문장이 짝을 이루는 데이터가 필요합니다. 또한 각 문장에 대해 여러 가지 다른 표현들도 함께 수집해야 합니다.

- **영어 데이터**: PAWS[24], Quora Question Pairs[25] 등
- **한국어 데이터**: Korean Paraphrase Dataset[26] 등

---

20 https://huggingface.co/datasets/abisee/cnn_dailymail
21 https://huggingface.co/datasets/EdinburghNLP/xsum
22 https://aihub.or.kr로 이동해 [데이터 찾기] 클릭, [한국어] → [텍스트]를 선택한 후 '요약' 검색
23 https://ko-nlp.github.io/Korpora/en-docs/corpuslist/aihub_translation.html
24 https://huggingface.co/datasets/google-research-datasets/paws
25 https://huggingface.co/datasets/AlekseyKorshuk/quora-question-pairs
26 https://huggingface.co/datasets/ohgnues/korean-qa-paraphrase

코드 생성 및 이해

컴퓨터 프로그래밍 코드를 만들거나 이해하는 작업을 말합니다(code generation and comprehension). 이 분야에서 잘 알려진 예시로는 개발자들의 코딩을 도와주는 인공지능 도구인 깃허브 코파일럿이 있습니다. 이러한 태스크를 수행하려면 프로그래밍 코드와 그에 관한 설명이 짝을 이루는 데이터가 필요합니다. 데이터셋을 구성할 때는 파이썬, Rust, C++ 등 널리 사용되는 다양한 프로그래밍 언어의 코드를 균형 있게 포함시켜야 합니다. 또한 코드의 난이도도 초보자 수준부터 전문가 수준까지 폭넓게 수집해야 합니다. 각각의 코드에는 반드시 일반적인 언어로 된 설명을 함께 작성해야 합니다. 이 설명에는 해당 코드가 무엇을 목적으로 하는지, 어떻게 작동하는지, 어떤 주요 알고리즘을 사용하는지 등 다양한 측면의 내용이 포함돼야 합니다.

- **데이터**: CodeSearchNet[27] 등

검색 증강 생성

검색 증강 생성(RAG: retrieval-augmented generation)은 외부에서 정보를 찾아 이를 활용해 답변을 만드는 작업입니다. 이를 수행하려면 방대한 지식 저장소, 질문과 답변 쌍, 검색 결과 활용 사례 등의 자료가 필요합니다. 자료를 모을 때는 우선 대규모 문서 모음을 만들어야 합니다. 이 문서들을 효과적으로 사용하기 위해 작은 단위로 나누는데, 이를 '청크(Chunk)'라고 부릅니다. 청크는 보통 몇 문장에서 한 단락 정도의 크기로, 인공지능이 쉽게 처리하고 관련 정보를 빠르게 찾을 수 있는 크기입니다.

나눈 청크들은 벡터 데이터베이스(Vector DB)에 저장됩니다. 벡터 데이터베이스는 텍스트를 숫자 벡터로 변환하여 저장하는 특별한 데이터베이스로, 유사도 기반의 빠른 검색이 가능하다는 장점이 있습니다. 데이터베이스의 자료는 최신으로 유지하는 것이 중요합니다.

- **영어 데이터**: English Wikipedia[28], rag-dataset-12000[29] 등
- **한국어 데이터**: 한국어 위키피디아[30] 등

27 https://huggingface.co/datasets?sort=downloads&search=CodeSearchNet
28 https://huggingface.co/datasets/wikimedia/wikipedia/viewer/20231101.en
29 https://huggingface.co/datasets/neural-bridge/rag-dataset-12000
30 https://huggingface.co/datasets/wikimedia/wikipedia/viewer/20231101.ko

언어 모델은 다양한 종류의 과제와 데이터를 학습합니다. 우리가 앞서 살펴본 태스크들은 언어 모델이 수행할 수 있는 대표적인 작업의 일부에 불과합니다. 실제로 언어 모델은 이보다 훨씬 더 광범위하고 다양한 태스크를 학습하며, 특정 분야나 목적에 따라 언어 모델을 활용하고자 할 때는 그에 맞는 특별한 작업과 데이터를 추가로 수집하는 것이 필요합니다.

이 과정에서 몇 가지 중요한 원칙을 반드시 지켜야 합니다. 먼저, 개인정보 보호에 만전을 기해야 합니다. 또한 저작권법을 준수해야 하며, 편향된 내용을 최소화하도록 노력해야 합니다. 마지막으로, 데이터를 윤리적으로 올바르게 사용하는 것이 매우 중요합니다.

3.1.3 데이터 전처리

텍스트 전처리는 자연어 처리를 위해 원본 텍스트를 컴퓨터가 더 쉽게 분석할 수 있는 형태로 바꾸는 과정입니다. 이는 우리가 일상에서 사용하는 언어, 즉 자연어를 다루는 작업입니다. 텍스트 전처리는 데이터 클렌징(Data Cleansing)이라는 단계부터 시작합니다. 데이터 클렌징은 데이터에서 잘못되거나 불완전한 부분을 찾아 고치거나 없애는 과정입니다. 이렇게 하면 데이터의 품질이 좋아지고 분석 결과도 더 정확해집니다.

클렌징 과정에는 여러 가지 작업이 포함됩니다. 예를 들어, 같은 내용이 여러 번 반복되는 중복 데이터를 없애고 잘못 쓴 글자를 바로잡습니다. 또한, 빠진 정보를 채우고 전체 데이터와 너무 동떨어진 이상한 데이터를 처리합니다. 개인정보를 보호하기 위해 중요한 정보를 가리는 작업도 합니다. 그리고 데이터의 형태를 분석하기 좋은 형식으로 바꾸기도 합니다. 이런 기본적인 클렌징 작업을 마친 후에야 텍스트는 본격적인 전처리 단계로 넘어갑니다.

전처리의 첫 단계인 토큰화에서는 텍스트를 의미 있는 작은 단위로 나눕니다. 이어서 정규화 과정을 통해 인공지능 학습에 용이한 형태로 텍스트를 일관된 형식으로 만듭니다. 예전에는 단어의 기본 형태를 찾아내는 '어간 추출'과 '표제어 추출' 과정이 중요했습니다.

예를 들어, '뛰어가다', '뛰어갔다', '뛰어갈' 등의 단어에서 '뛰어가다'라는 기본 형태를 찾아내는 작업을 했습니다. 또한 '불용어 제거'라고 해서 '그', '이', '저' 같은 분석에 크게 영향을 미치지 않는 일반적인 단어들을 제거하기도 했습니다.

하지만 최근 인공지능 기술이 크게 발전하면서 이러한 전통적인 전처리 방식에도 변화가 생겼습니다. 예를 들어, 어간 추출이나 불용어 제거 같은 과정을 거치지 않아도 모델이 문맥을 이해하고 적절히 처리할 수 있게 된 것입니다.

더 나아가, 과거에 불용어라고 여겼던 단어들에 실제로 중요한 의미 정보가 담겨 있다는 사실이 밝혀졌습니다. 이는 언어의 미묘한 뉘앙스나 문맥적 정보가 때로는 이러한 작은 단어들에 담겨 있을 수 있다는 점을 보여줍니다. 이러한 발견으로 인해 현재는 불용어를 따로 제거하지 않는 추세입니다.

최근 자연어 처리 분야에서 허깅페이스(Hugging Face)의 토크나이저가 크게 주목받고 있습니다. 허깅페이스는 자연어 처리에 필수적인 오픈소스 라이브러리를 제공하는 회사로 잘 알려져 있습니다. 허깅페이스에서 제공하는 각 모델별 토크나이저는 텍스트를 효율적으로 처리할 수 있는 다양한 기능을 갖추고 있습니다.

주요 기능으로는 텍스트를 더 작은 단위로 나누는 것, 문장의 시작과 끝을 알리는 특별한 표시를 추가하는 것, 길이가 서로 다른 문장을 같은 길이로 맞추는 것, 단어를 숫자로 바꾸는 것, 잘못된 띄어쓰기를 자동으로 고치는 것, 그리고 긴 단어나 생소한 단어를 더 작은 의미 단위로 나누는 것 등이 있습니다. 이런 기능들은 여러 가지 언어 모델과 잘 어울리도록 만들어져서 연구자나 개발자들이 쉽게 사용할 수 있습니다.

허깅페이스에서 제공하는 토크나이저(Tokenizer)의 다양한 기능을 직접 체험해 볼 수 있는 실습도 함께 진행합니다. 이 실습을 통해 우리는 각각의 기능을 실제로 어떻게 사용하는지 상세히 알아보고, 이러한 기능들이 자연어 처리 작업에서 어떤 효과를 가져오는지 직접 확인할 수 있습니다. 함께 실습 단원으로 넘어가 볼까요?

3.2 _ Gemma와 Llama 3 모델 구조 분석

이 절에서는 구글의 Gemma와 메타의 Llama 3, 두 가지 주목받는 언어 모델의 구조를 자세히 분석합니다. 이 두 모델의 아키텍처와 학습 방법을 비교하며, 각 모델이 어떻게 기존의 한계를 극복하고 새로운 가능성을 제시하는지 살펴볼 것입니다. 이를 통해 최신 언어 모델의 동향을 이해할 수 있습니다.

3.2.1 Gemma 모델 구조 분석

Gemma 모델은 기존의 대규모 언어 모델들과는 다른 방식으로 접근했습니다. 지금까지 대부분의 모델들이 7B, 13B, 34B, 72B 등 매개변수의 수를 늘려 성능을 높이는 데 집중했다면, Gemma는 이와 반대로 모델의 크기를 크게 줄여서 고성능 컴퓨팅 자원이 부족한 환경에서도 언어 모델을 활용할 수 있게 하려는 혁신적인 시도를 했습니다.

놀랍게도 크기를 줄인 Gemma 모델들도 텍스트를 만들고 질문에 답하고 글을 요약하는 등 다양한 언어 관련 작업을 효과적으로 수행할 수 있는 능력을 보여줍니다. 이러한 결과는 모델의 크기를 줄이면서도 성능을 유지할 수 있는 효율적인 설계가 가능하다는 것을 보여줍니다. 즉, 모델의 크기가 작아져도 여전히 다양한 언어 작업을 잘 수행할 수 있으며, 이는 모델 설계의 효율성이 크게 향상됐음을 의미합니다.

이제 앞서 살펴본 기본적인 트랜스포머 디코더 구조에서 Gemma가 어떤 점을 개선했는지 비교하며 자세히 살펴보고, 그 후 Gemma와 Gemma 2의 주요 차이점을 비교해 이 모델 시리즈가 어떤 방향으로 발전하고 있는지 이해해 보겠습니다.

그림 3.1은 GPT와 Gemma 모델의 구조입니다. 다음 단계로 넘어가기 전에 그림의 (a)와 (b)를 비교해 보기를 권합니다. 어떤 차이점이 있는지 살펴본 후 뒤에 나오는 설명을 읽으면 내용을 더 쉽게 이해할 수 있습니다.

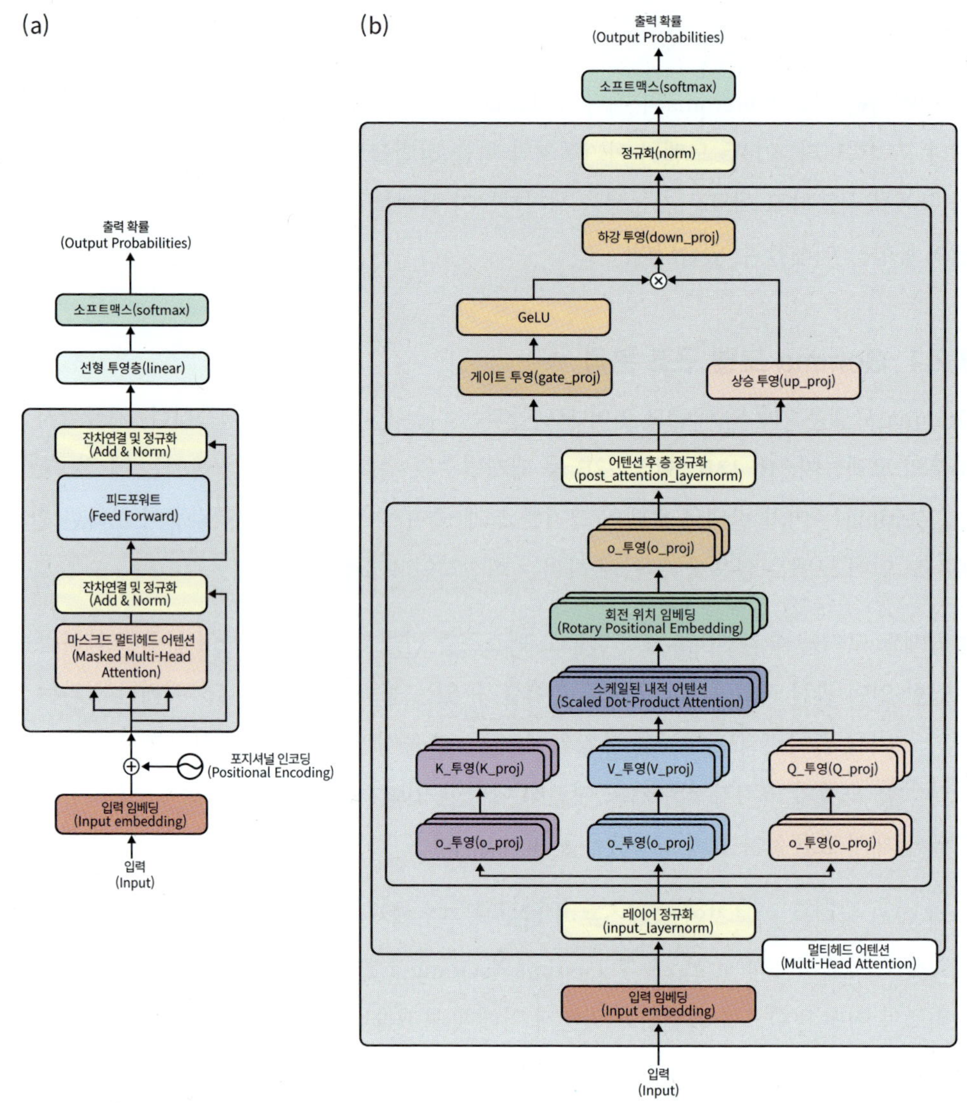

그림 3.1 GPT 모델 구조(a)와 Gemma 모델 구조(b)

그림 3.1은 GPT와 Gemma 모델의 구조를 보여줍니다. 두 모델의 구조를 비교했을 때 몇 가지 중요한 차이점이 있습니다.

Gemma 모델에서 가장 눈에 띄는 변화는 `input_layernorm`과 `post_attention_layernorm`이라는 두 가지 요소가 추가된 것입니다. 이는 학습 과정에서 발생할 수 있는 문제를 해결하기 위한 것입니다.

여기서 말하는 문제는 그레이디언트와 관련이 있습니다. 그레이디언트란 모델이 학습할 때 사용하는 일종의 방향 지시등이라고 생각하면 됩니다. 모델이 정답에 가까워지려면 어느 방향으로 얼마나 움직여야 하는지를 알려주는 값입니다. 그런데 이 그레이디언트 값이 너무 커지거나 작아지면 마치 내비게이션이 갑자기 이상한 방향을 가리키는 것처럼 학습에 문제가 생길 수 있습니다.

layernorm(RMSNorm)은 이런 문제를 해결하기 위한 방법입니다. 쉽게 말해, 그레이디언트라는 방향 지시등이 항상 적절한 크기를 유지하도록 조절해 주는 장치입니다. layernorm(RMSNorm)은 데이터의 각 부분에 대해 평균 크기를 계산하고, 이를 기준으로 데이터를 독립적으로 조정합니다. 이렇게 하면 그레이디언트가 너무 크거나 작아지지 않고 항상 적절한 크기를 유지하게 되어 모델이 더 안정적으로 학습하고 더 좋은 성능을 발휘할 수 있게 됩니다.

Gemma 모델의 두 번째 주목할 만한 변화는 Rotary Position Embedding(RoPE)의 도입입니다. RoPE는 위치 정보를 회전하는 원판처럼 표현하는 독특한 방식으로, 각 토큰의 위치를 상대적인 각도로 표현합니다. 예를 들어, 텍스트의 각 단어를 시계 위의 점으로 생각하면 그 단어의 위치가 특정 각도로 표현되는 것과 유사합니다. 이렇게 각도로 표현된 위치 정보는 모델의 여러 층을 거치면서도 그 의미가 변하지 않습니다. 마치 시계의 3시 위치가 시계를 어떻게 돌려도 항상 같은 각도를 유지하는 것과 비슷한 원리입니다. RoPE는 이러한 방식으로 텍스트의 구조를 모델의 처음(입력)부터 끝(출력)까지 일관되게 전달합니다. 이를 통해 Gemma 모델은 긴 문장이나 복잡한 구조의 텍스트를 더 정확하게 이해하고 처리할 수 있게 됩니다.

세 번째로 달라진 점은 활성화 함수입니다. GPT는 그림 3.2의 ReLU(Rectified linear unit)라는 활성화 함수를 사용했는데, 이는 0보다 작으면 0이고, 0 이상이면 그 값 그대로라는 규칙을 따릅니다. ReLU는 효과적이지만, 학습 과정에서 일부 뉴런이 항상 0을 출력하게 되어 더 이상 의미 있는 정보를 전달하지 못하는 죽은 뉴런 문제가 발생할 수 있습니다. 이런 경우 해당 뉴런은 학습에 전혀 기여하지 못하고, 마치 신경망에서 제외된 것처럼 작동하게 됩니다. 이는 전체 네트워크의 학습 능력과 표현력을 저하시킵니다.

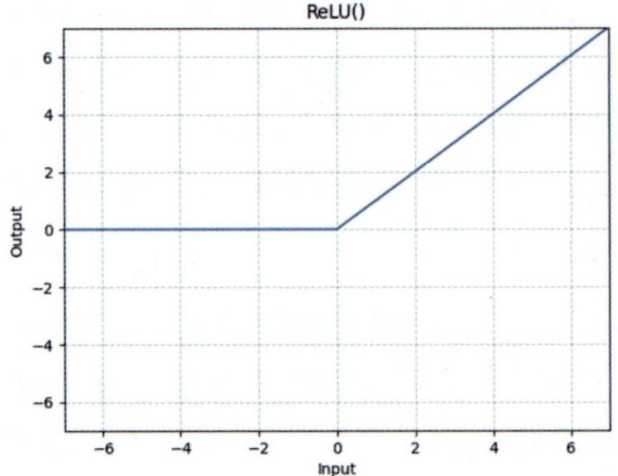

그림 3.2 ReLU 활성화 함수 그래프

Gemma는 ReLU의 한계를 극복하기 위해 GELU(Gaussian Error Linear Unit)와 게이트 메커니즘인 GLU(Gated Linear Unit)를 결합한 그림 3.3의 GeGLU(Gated GELU, 게이티드 글루)[31]라는 새로운 활성화 함수를 사용했습니다.

게이트는 이전에 입력받은 문장과 새롭게 들어온 텍스트 간의 요소별 곱셈을 통해 어떤 정보가 중요하고, 어떤 정보가 덜 중요한지를 파악해 중요한 정보만을 전달하는 문지기 역할을 합니다. 이렇게 변형된 GeGLU 함수는 입력값을 부드럽게 변형시켜 신경망이 더 복잡한 패턴을 학습할 수 있게 합니다.

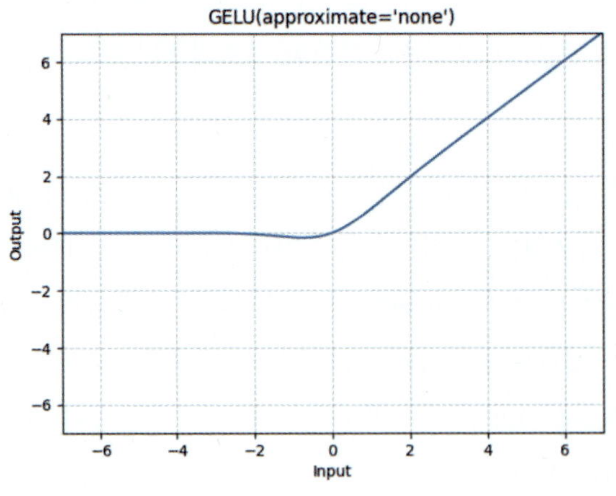

그림 3.3 GeGLU 그래프

31 https://arxiv.org/pdf/2002.05202v1

Gemma를 학습시킬 때 사용한 컴퓨팅 인프라, 학습 데이터, 그리고 구체적인 훈련 방법은 Gemma 논문[32]을 참고해 주세요.

3.2.2 Gemma와 Gemma 2 모델 비교

지금까지 Gemma에 대해 알아봤습니다. Gemma가 공개된 지 얼마 되지 않았는데, 2024년 6월 29일에 Gemma 2가 새롭게 공개됐습니다. 이제 Gemma를 기준으로 Gemma 2가 어떻게 발전했는지 비교한 표를 보며 개선된 점들을 알아볼 것입니다. 이를 통해 Gemma 2가 기존 Gemma 모델에서 어떤 부분이 변화됐고, 어떤 장점을 가지게 됐는지 이해할 수 있을 것입니다.

표 3.1 Gemma와 Gemma 2 비교

특징	Gemma	Gemma 2
어텐션 유형	멀티헤드 어텐션	로컬 슬라이딩 윈도 및 글로벌 어텐션 그룹 쿼리 어텐션
훈련 방식	다음 토큰 예측	지식 증류(2B, 9b), 다음 토큰 예측(27B)
정규화	RMSNorm	RMSNorm
로짓 제한	없음	어텐션 및 최종 레이어의 로짓 제한 적용
모델 크기	2B, 7B 모델	2B, 9B, 27B 모델

Gemma와 Gemma 2는 구글에서 개발한 언어 모델 시리즈로, Gemma 2에서 각 토큰을 중심으로 특정 구간 내의 다른 토큰들과의 관계를 집중적으로 계산하는 로컬 슬라이딩(Local Sliding)과 보다 넓은 구간 내의 모든 토큰 간의 관계를 고려하는 글로벌 어텐션(Global Attention)을 사용합니다.

이와 더불어, Gemma 2에서는 Head 수를 줄이기 위해 쿼리(Query)를 그룹화해 사용하는 그룹 쿼리 어텐션(Grouped-Query Attention)을 사용합니다. 이렇게 그룹화하면서 Keys와 Values의 수가 줄어듭니다. 그에 따라 메모리 사용량을 줄이고 연산 속도가 높아집니다. 그러나 여전히 여러 개의 쿼리가 있기에 다중 헤드 어텐션의 장점을 유지할 수 있습니다.

32 https://arxiv.org/pdf/2403.08295

그래서 그룹 쿼리(Grouped-Query)를 연산 효율성과 성능 사이의 균형을 잘 맞춘다고 평가합니다. 그림 3.4에 멀티헤드 어텐션과 그룹 쿼리 어텐션을 비교했습니다.

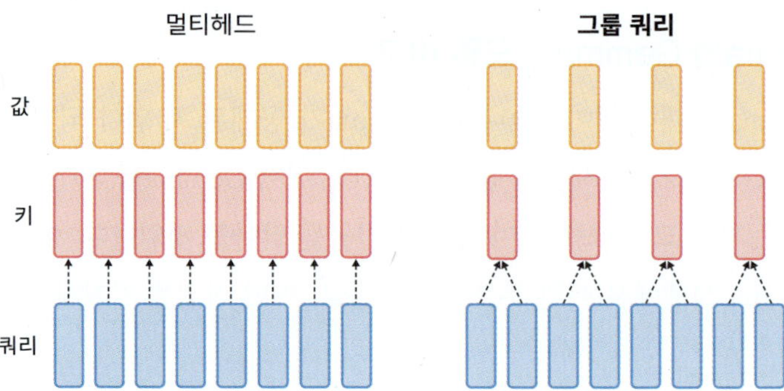

그림 3.4 멀티헤드 어텐션과 그룹 쿼리 어텐션 비교[33]

신경망이 최종 예측을 내리기 직전의 값을 로짓이라고 하는데, 이를 특정 범위로 제한하는 방법을 로짓 클리핑(logit clipping)이라고 합니다. Gemma 2 모델에서는 로짓 클리핑을 적용했는데, 이는 입력 데이터의 중요한 부분에 집중하는 신경망의 마지막 층과 최종 출력층 사이에서 이뤄지는 작업입니다. 예측값을 제한하는 이유는 예측값이 정해진 범위를 벗어나면 그 범위의 최댓값이나 최솟값으로 조정해 모델이 지나치게 극단적으로 예측하는 것을 막고 안전한 결과를 생성하기 위해서입니다.

Gemma 2는 모델 크기 측면에서 더욱 다양한 옵션을 제공합니다. 이전 버전인 Gemma가 2B와 7B 크기의 모델만을 제공했던 것에 비해, Gemma 2는 2B, 9B, 27B 크기의 모델을 선보입니다. 이러한 다양한 크기의 모델 제공으로 사용자들은 자신의 필요와 가용 자원에 맞는 모델을 선택할 수 있게 됐습니다.

지금까지 Gemma 모델의 구조와 특징, 그리고 Gemma 2에서 이뤄진 주요 개선 사항에 대해 자세히 알아봤습니다. Gemma 모델은 구글에서 개발한 대규모 언어 모델로, 기존의 언어 모델들과는 다른 독특한 구조와 특성을 가지고 있습니다. 이 모델은 다양한 자연어 처리 작업에서 뛰어난 성능을 보여주며, 특히 텍스트 생성과 이해 능력이 뛰어납니다. Gemma

33 https://arxiv.org/pdf/2305.13245v3

2는 이러한 Gemma의 기본 구조를 바탕으로 더욱 발전된 형태로 나타났습니다. Gemma 2에서는 모델의 규모를 키우고 학습 데이터의 양과 질을 개선했으며, 새로운 학습 기법을 도입해 더욱 정확하고 유연한 언어 처리 능력을 갖추게 됐습니다. 이러한 개선을 통해 Gemma 2는 더 복잡한 언어 작업을 수행할 수 있게 됐고, 다양한 분야에서의 활용 가능성이 크게 확대됐습니다. 다음으로는 Llama 3 구조를 깊이 있게 학습하고, GPT, Gemma, Llama의 차이점도 함께 살펴보겠습니다.

3.2.3 Llama 3 모델 구조 분석

Llama 모델은 Meta AI에서 만든 대규모 언어 모델입니다. 기존의 대기업들은 자신들이 개발한 거대 언어 모델을 공개하지 않는 경향이 있지만, Meta AI는 이와 다르게 Llama 모델을 누구나 사용할 수 있도록 오픈 소스로 공개했습니다. 오픈 소스는 소프트웨어의 소스 코드를 공개해 누구나 자유롭게 사용하고 수정하고 공유할 수 있는 형태를 말합니다. 이는 뛰어난 성능의 자연어 처리 기술을 더 많은 사람들이 쉽게 접근하고 활용할 수 있게 하려는 목적에서 나온 결정입니다. Meta AI는 이런 방식으로 최신 AI 기술을 누구나 사용할 수 있게 만들고, 다양한 개발자와 연구자들이 함께 협력해 기술을 발전시킬 수 있는 기회를 제공했습니다.

오픈 소스 AI 분야에 큰 영향을 준 Llama 모델 시리즈는 2023년 2월 24일에 Llama 1이 공개됐고, 2023년 7월 18일에 Llama 2가 공개됐으며, 2024년 4월 18일에 Llama 3, 2024년 7월 23일에 Llama 3.1이 공개됐습니다. 이번 절에서는 Llama 3에 대해 중점적으로 알아보고, 마지막에 Llama 3.1이 Llama 3와 어떻게 다른지 살펴보겠습니다.

앞서 살펴본 기본적인 GPT 구조에서 Llama 3가 어떤 점을 개선했는지 비교하며 자세히 살펴보고, 그 후 Llama 3와 Llama 3.1의 주요 차이점을 비교해 이 모델 시리즈가 어떤 방향으로 발전하고 있는지 이해해 보겠습니다. 그림 3.5는 GPT와 Llama 3 모델의 구조를 보여줍니다. 다음 단계로 넘어가기 전에 이 그림의 (a)와 (b)를 비교해 보기를 권합니다. 어떤 차이점이 있는지 살펴본 후 뒤에 나오는 설명을 읽으면 내용을 더 쉽게 이해할 수 있을 것입니다.

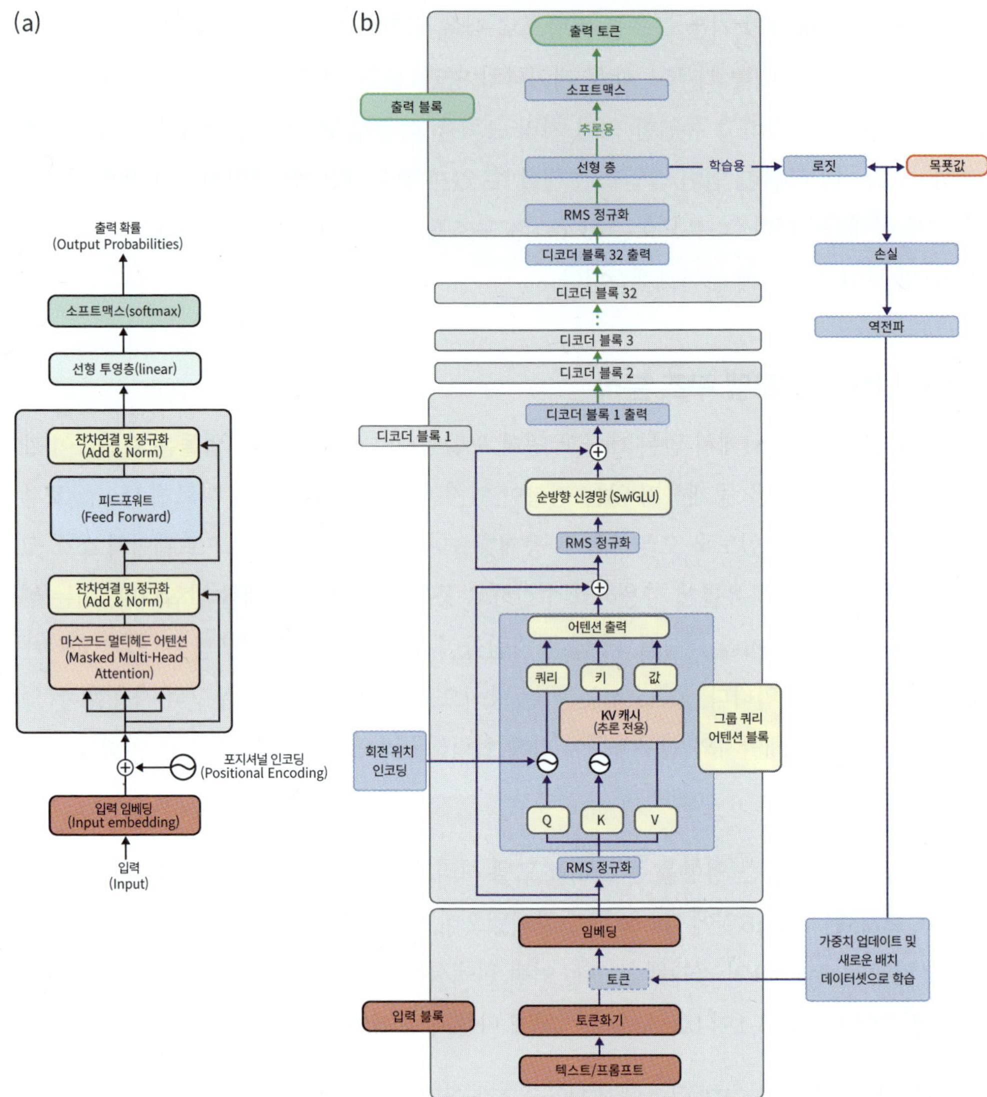

그림 3.5 GPT와 Llama 3 구조 비교

입력으로 들어온 임베딩 토큰은 앞서 Gemma 2에서 설명한 것과 같은 RoPE를 사용합니다. RoPE는 각 토큰의 위치를 상대적인 각도로 표현해 모델의 여러 층을 거치면서도 위치 정보가 일관되게 유지되는 장점이 있습니다. 이를 통해 Llama 3 역시 긴 문장이나 복잡한 구조의 텍스트를 효과적으로 처리할 수 있습니다.

RoPE를 적용한 입력 데이터는 이어서 정규화 과정을 진행합니다. Llama 3는 Gemma와 동일하게 RMSNorm(Root Mean Square Normalization)을 사용합니다. 앞서 설명한 것처럼 RMSNorm은 학습 과정에서 그레이디언트가 너무 커지거나 작아지는 문제를 해결해 모델이 더 안정적으로 학습할 수 있도록 돕습니다.

Llama 3는 어텐션 메커니즘으로 그룹 쿼리 어텐션(GQA)을 채택했습니다. 이는 구글의 Gemma 모델에서도 사용된 기술로, 다중 쿼리와 다중 헤드 어텐션의 장점을 효과적으로 결합한 방식입니다. 특히 이전 Llama 2에서는 34B와 70B 모델에만 GQA가 사용됐던 것에 비해, Llama 3에서는 8B 모델에서도 GQA를 도입했습니다. GQA는 다중 쿼리 어텐션의 속도와 다중 헤드 어텐션의 성능을 동시에 제공할 수 있습니다.

생성 모델은 일반적으로 이전에 생성한 내용의 핵심 정보를 저장해 두고 새로운 내용을 생성할 때 이를 참조합니다. 이는 계산 속도를 향상합니다. 그러나 다중 헤드 어텐션 모델에서는 처리할 내용이 길어지거나 배치 크기가 커질수록 이 저장된 정보가 차지하는 메모리가 급격히 증가하는 문제가 발생합니다.

다중 쿼리 어텐션(MQA)은 이 문제를 해결하기 위해 여러 질문에 대해 단일 키-값 쌍만을 사용합니다. 이 방식으로 메모리 사용량을 줄이고 모델의 처리 속도를 크게 개선합니다. Llama 3 모델은 이러한 메모리 문제를 더 개선하기 위해 GQA를 도입했습니다.

그다음으로 살펴볼 내용은 활성화 함수입니다. Llama 3에서는 SwiGLU 활성화 함수를 사용했는데, SwiGLU 활성화 함수는 기존의 GLU(게이트 선형 단위)를 개선한 것으로, 스위시(Swish)라는 비선형 함수와 특별한 수학적 연산을 결합해 사용합니다. SwiGLU는 두 부분으로 구성됩니다. 하나는 입력 신호를 변형하는 비선형 스위시 함수이고, 다른 하나는 그 변형된 신호를 조절하는 게이트입니다. 이 게이트는 입력 신호의 어떤 부분이 다음 뉴런으로 전달될지 결정합니다. 기존 활성화 함수와 SwiGLU가 어떻게 다른지 그림 3.6을 통해 살펴보겠습니다.

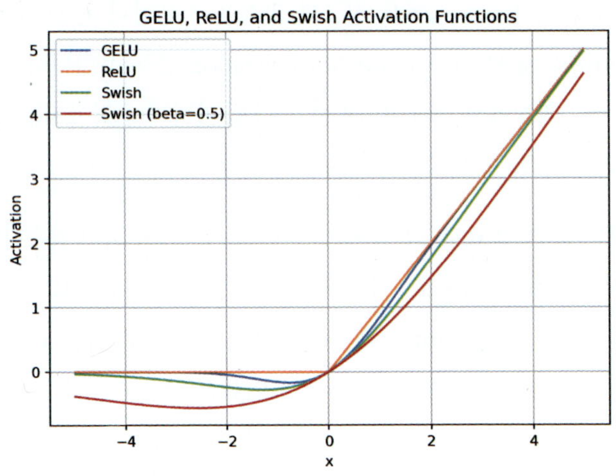

그림 3.6 GeLU, ReLU, Swish 활성화 함수 그래프

SwiGLU의 작동 방식은 다음과 같습니다. 우선 입력 신호 x는 비선형 스위시 함수($f(x) = x \cdot \text{sigmoid}(\beta x)$)를 통해 처리됩니다. 이때 β는 함수의 곡률을 조절하는 매개변수입니다. β가 스위시 함수에 미치는 영향은 그림 3.7에서 확인할 수 있습니다. 이 그림에서는 β 값에 따라 함수의 굴곡률이 어떻게 변화하는지 시각적으로 보여줍니다. 이를 통해 β가 함수의 형태를 결정하는 중요한 역할을 한다는 것을 알 수 있습니다.

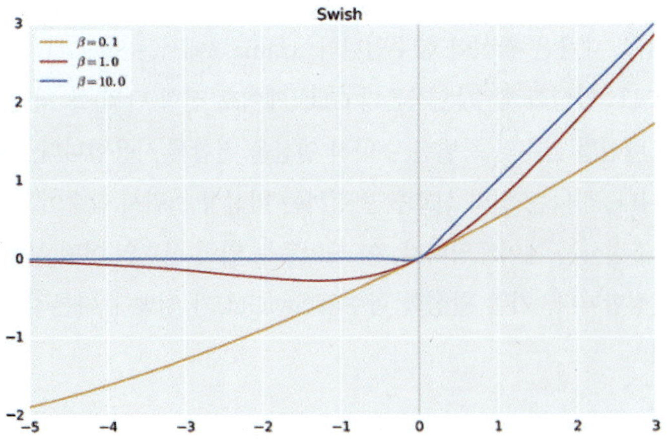

그림 3.7 β 값에 따른 Swish 그래프 기울기의 굴곡률 변화

SwiGLU는 입력 신호를 비선형적으로 변환하고 조절합니다. 이 과정에서 중요한 정보는 강조하고 불필요한 정보는 억제합니다. 반면 잔차 연결은 원래의 입력 신호를 그대로 출력에 더해줍니다. 이 두 구조가 결합되면 시너지 효과가 발생하는데, SwiGLU가 정보를 변환하고 걸러내는 동안 잔차 연결은 원본 정보를 보존합니다. 이로 인해 모델은 복잡한 패턴을 학습하면서도 중요한 원본 정보를 유지할 수 있습니다.

3.2.4 GPT, Gemma, Llama 비교

지금까지 Llama 3 모델의 구조를 자세히 알아봤습니다. 이제 이전에 학습한 GPT와 Gemma 모델의 특징을 Llama 3와 비교하며 새롭게 발견한 점들을 정리해 보겠습니다. 이 비교를 통해 각 모델의 고유한 특성과 장단점을 더 명확하게 이해할 수 있습니다. GPT, Gemma, Llama 3는 모두 대규모 언어 모델이지만, 각각의 구조와 학습 방식에서 차이점을 보입니다. 이러한 차이점들을 표로 정리하면 각 모델의 특성을 한눈에 파악할 수 있으며, 특정 작업이나 상황에 어떤 모델이 더 적합한지 판단하는 데 도움이 됩니다. 이 비교 분석을 통해 현재 언어 모델 기술의 다양성과 발전 방향을 더 잘 이해할 수 있게 됩니다.

표 3.2 언어 모델 비교

특징	GPT	Gemma	Gemma 2	Llama 3
아키텍처	Decoder	Decoder	Decoder	Decoder
위치 인코딩	Sinusoidal PE	RoPE	RoPE	RoPE
정규화	Layer Norm	RMS Norm	RMS Norm	RMS Norm
어텐션 메커니즘	Multi-Head Attention	Multi-Head Attention	Local Sliding Window and Global Attention Grouped-Query Attention	Grouped Multi-Query Attention
활성화	ReLU	GEGLU	GEGLU	SwiGLU
데이터 크기	4.5M+36M	~ 6T	~ 13T	15T

아키텍처 측면에서 모든 모델은 디코더 구조를 사용합니다. 포지셔널 인코딩에서는 GPT는 사인과 코사인을 이용한 Sinusoidal positional Encoding을 사용하고 나머지 모델들은 RoPE를 사용합니다.

정규화 방법으로는 GPT는 Layer Norm을 사용한 반면, 다른 모델들은 RMS Norm을 사용합니다.

주목할 만한 차이점은 어텐션 메커니즘이 연산량을 줄이는 방향으로 발전해 왔다는 점입니다. GPT는 멀티헤드 어텐션을, Gemma는 멀티헤드 어텐션을, Gemma 2는 로컬 슬라이딩 윈도 및 글로벌 어텐션, 그룹 쿼리 어텐션을, Llama 3는 그룹 멀티 쿼리 어텐션(Grouped Multi-Query Attention)을 사용합니다.

활성화 함수에서 GPT는 간단하고 계산 효율성이 높은 ReLU를 사용합니다. ReLU는 음수 입력에 대해 0을 출력하고 양수 입력에 대해서는 입력을 그대로 출력하지만, 일부 뉴런이 항상 0을 출력하게 되어 더 이상 의미 있는 정보를 전달하지 못하는 죽은 뉴런(Dying ReLU) 문제가 발생할 수 있다고 배웠습니다.

이를 해결하기 위해 Gemma와 Gemma 2는 GEGLU를 채택해 GELU 함수를 게이팅 메커니즘으로 사용함으로써 입력에 따라 출력의 스케일을 조정하고 비선형성을 유지합니다. Llama 3는 SwiGLU를 사용해 Swish 활성화 함수를 통해 더 부드러운 비선형성을 제공하고 입력값에 따라 자체적으로 조절됩니다.

Gemma의 학습 데이터는 7B 기준으로 6T이며, Gemma 2는 27B 기준으로 13T를 사용합니다. Llama 3는 15T를 사용했습니다.

Llama 3.1은 Llama 3의 개선된 버전으로 몇 가지 주요 변화가 있습니다. 먼저, 학습에 사용된 데이터의 양이 증가했습니다. 이는 모델의 지식 기반을 확장하고 다양한 주제에 대한 이해도를 높이는 데 도움이 됩니다.

또한, 이전 버전에서 문제가 됐던 `eos_token`(End of Sequence 토큰) 관련 이슈가 해결됐습니다[34]. 이로 인해 모델이 문장이나 텍스트의 끝을 더 정확하게 인식하고 처리할 수 있게 됐습니다.

34 https://github.com/unslothai/unsloth/issues/416

가장 주목할 만한 변화는 405B 파라미터를 가진 대형 언어 모델이 새롭게 출시된 점입니다. 이 거대한 모델은 더 복잡한 작업을 수행하고 더 정교한 언어 이해 및 생성 능력을 제공할 수 있습니다. 그러나 이러한 주요 개선사항들을 제외하면 Llama 3.1은 기본적인 구조와 기능 면에서 Llama 3와 큰 차이가 없습니다.

지금까지 최근 언어 모델들의 발전 과정을 살펴봤습니다. 이러한 이론적 배경을 토대로, 앞으로는 실제 모델을 활용해 보는 실습을 진행할 예정입니다. 구체적으로 3.4절에서는 구글에서 개발한 Gemma 모델을, 3.5절에서는 메타에서 개발한 Llama 3.1 모델을 다룰 것입니다.

실습으로 넘어가기 전에 GPU 병렬화 기법에 대해 이해할 필요가 있습니다. 3.5절에서 Llama 3.1 모델을 다룰 때 실제로 이 기법을 적용할 것이기 때문입니다. GPU 병렬화는 대규모 언어 모델을 효율적으로 운용하기 위한 중요한 기술입니다. 이 기법을 통해 우리는 거대한 모델을 여러 개의 GPU에 분산시켜 처리할 수 있어 더 빠르고 효율적인 학습과 추론이 가능합니다.

GPU 병렬화의 기본 개념과 이점을 이해하면 실제 모델을 다룰 때 왜 이러한 기술이 필요한지, 그리고 어떻게 적용되는지 더 잘 파악할 수 있을 것입니다. 이러한 이해를 바탕으로 실제 모델들을 활용하는 실습으로 넘어가 이론을 실제로 적용해 볼 것입니다.

3.3 _ GPU 병렬화 기법

병렬화 기술은 여러 컴퓨팅 자원을 동시에 활용해 대규모 작업을 효율적으로 처리하는 방법입니다. 특히 인공지능 분야에서는 거대한 모델을 학습시키거나 방대한 데이터를 처리할 때 이 기술이 필수적입니다. 병렬화를 통해 작업을 여러 부분으로 나누어 동시에 처리함으로써 전체 처리 시간을 크게 단축할 수 있습니다.

이러한 병렬화 기술의 발전 배경을 이해하려면 먼저 최신 GPU의 가격을 살펴볼 필요가 있습니다. 최신 GPU인 H100은 약 5,000만 원, A100은 약 2,500만 원으로 매우 고가의 장비입니다. 대기업들은 이러한 고성능 GPU를 수백, 때로는 수천 장씩 사용해 대규모 모델을 개발합니다. 이러한 상황에서 GPU를 최대한 효율적으로 활용해 방대한 양의 데이터를 빠르게 학습하는 것은 비용 절감에 큰 도움이 됩니다.

이러한 이유로 GPU를 가장 효과적으로 사용하기 위한 다양한 연구가 진행됐습니다. 그 결과로 현재 주로 사용되고 있는 데이터 병렬화(DP), 모델 병렬화(MP), 파이프라인 병렬화(PP), 텐서 병렬화(TP) 등이 있습니다. 이러한 병렬화 기법들은 각각 다른 방식으로 GPU 자원을 최적화해 학습 속도를 높이고 비용을 절감합니다.

이제 이러한 주요 병렬화 기법들의 원리에 대해 자세히 살펴보겠습니다. 각 기법의 특징과 장단점을 이해함으로써 주어진 상황에 가장 적합한 병렬화 전략을 선택할 수 있게 됩니다.

3.3.1 데이터 병렬 처리

데이터 병렬 처리(DP: Data Parallelism)는 딥러닝에서 대규모 데이터셋을 효과적으로 다루는 병렬화 기법입니다. 이 방법은 전체 데이터를 작은 덩어리 여러 개로 나눠 각각을 서로 다른 GPU와 같은 계산 장치에서 동시에 처리함으로써 전체 학습 과정의 속도를 높입니다.

이 과정은 먼저 데이터를 여러 미니배치로 나누는 것으로 시작합니다. 그다음, 모델의 동일한 복사본을 각 GPU에 복사합니다. 모든 GPU는 같은 모델 구조와 초깃값으로 시작해 각자의 데이터 배치에 대해 독립적으로 순전파와 역전파를 수행합니다. 이후 각 GPU에서 계산된 그레이디언트를 모아 모든 모델 복사본의 파라미터를 갱신하는 데 사용합니다. 마지막으로 모든 계산이 끝난 뒤에는 각 모델의 가중치를 맞춰 모든 GPU가 동일한 상태를 유지하도록 합니다. 이러한 과정은 보통 학습 주기나 특정 반복마다 이뤄집니다.

데이터 병렬 처리의 주요 장점은 여러 GPU로 데이터를 동시에 처리해 학습 시간을 크게 단축할 수 있고, 메모리 제약 없이 대규모 데이터셋을 효과적으로 다룰 수 있다는 점입니다. 하지만 이 방법에도 몇 가지 단점이 있습니다. GPU 간 그레이디언트 수집과 파라미터 동기화 과정에서 네트워크 통신 비용(오버헤드)이 발생할 수 있으며, 각 GPU마다 모델을 복제해야 해서 VRAM을 많이 사용합니다. 또한, 특정 GPU에 그레이디언트가 모여 계산되기 때문에 모든 GPU의 VRAM을 균등하게 활용하지 못한다는 문제도 존재합니다. 이러한 단점들을 해결하기 위해 모델 병렬화 기법이 등장했습니다.

3.3.2 모델 병렬화

모델 병렬화(MP: Model Parallelism)는 대규모 신경망 모델을 여러 GPU에 나누어 처리하는 방식입니다. 이 방법은 모델을 수직으로 분할해 각 부분을 서로 다른 GPU에서 실행합니다. 이는 비교적 간단한 방식으로 구현할 수 있습니다. 주로 `.to()` 메서드를 활용해 모델의 각 레이어를 특정 GPU에 직접 할당합니다. 데이터가 모델을 통과할 때 각 레이어에 해당하는 GPU로 데이터를 이동해 처리합니다. 이러한 방식으로 모델을 나누어 처리하는 것을 수직 모델 병렬화라고 부릅니다. 이 방법을 통해 단일 GPU로는 처리하기 어려운 대규모 모델을 효율적으로 학습하고 실행할 수 있습니다.

모델 병렬화의 예시를 통해 그 작동 방식을 살펴보겠습니다. 8개의 레이어로 구성된 모델이 있다고 가정합시다. 이 모델을 그림 3.8처럼 GPU 두 개에 나눠 배치할 수 있습니다. 첫 번째 GPU(GPU0)에는 레이어 0~3을, 두 번째 GPU(GPU1)에는 레이어 4~7을 할당합니다. 데이터는 이 레이어들을 순차적으로 통과하면서 처리됩니다. 대부분의 데이터 이동은 각 GPU 내에서 이뤄지지만, GPU0의 레이어 3에서 GPU1의 레이어 4로 넘어갈 때는 GPU 간 데이터 전송이 필요해 네트워크 통신 비용이 발생합니다.

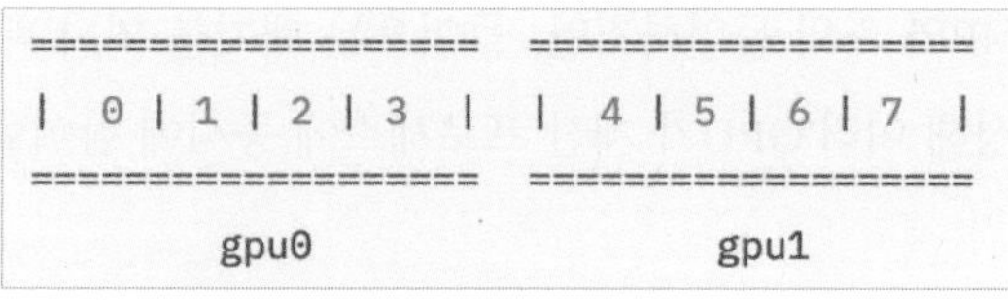

그림 3.8 8개의 GPU 모식도

이러한 데이터 복사 과정은 GPU가 동일한 컴퓨터 내에 있을 때는 비교적 빠르게 처리됩니다. 하지만 GPU가 서로 다른 물리적 기기에 위치한 경우, 통신 비용이 크게 증가할 수 있습니다. 데이터 처리가 완료된 후에는 역방향으로 데이터가 이동하며, 이 과정에서 손실을 계산하고 모델을 최적화합니다.

모델 병렬화의 가장 큰 문제점은 특정 시점에 대부분의 GPU가 놀고 있을 수 있다는 점입니다. 이는 하드웨어 자원을 비효율적으로 사용하는 결과를 초래합니다. 실질적으로는 단일 GPU의 메모리 용량을 늘리는 효과 외에는 추가적인 계산 성능 향상을 기대하기 어렵습니다. 더욱이 기기 간 데이터 복사로 인한 부담이 전체적인 학습 속도를 저하시킬 수 있습니다.

예를 들어, 각각 6GB 메모리를 가진 4개의 GPU를 사용한다면 이론상으로는 24GB 크기의 모델을 처리할 수 있습니다. 그러나 실제로는 GPU 간 데이터 전송으로 인해 24GB 단일 GPU만큼의 효율성을 기대하기 어렵습니다. 45GB 크기의 모델을 다뤄야 하는 경우, 이론적으로는 40GB 메모리를 가진 GPU 4개를 사용할 수 있지만, 실제로는 그레이디언트와 최적화 상태 관리가 복잡해질 수 있습니다.

이러한 문제점들을 해결하기 위해 더욱 발전된 병렬 처리 전략인 파이프라인 병렬화(Pipeline Parallelism)가 등장합니다. 이 방식은 앞서 언급한 모델 병렬화의 한계를 극복하고 보다 효율적인 대규모 모델 학습을 가능하게 합니다.

3.3.3 파이프라인 병렬화

파이프라인 병렬화(PP)는 모델을 여러 단계로 분할해 각 단계를 다른 계산 장치에서 동시에 실행함으로써 전체 모델의 실행 속도를 향상시키는 기법입니다. 파이프라인 병렬화는 MP와 거의 동일하지만, 들어오는 배치를 미니 배치로 나누고 인위적으로 파이프라인을 생성해 여러 GPU가 계산 프로세스에 동시에 참여할 수 있도록 합니다.

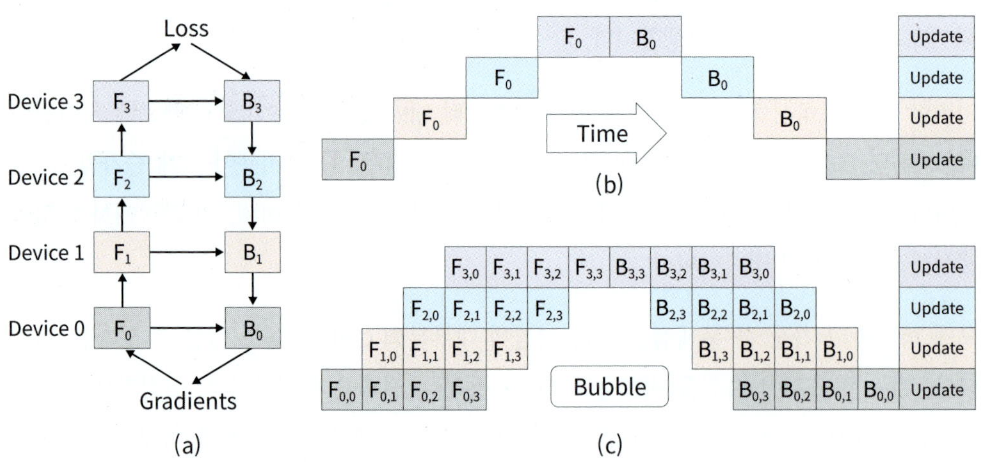

그림 3.9 파이프라인 병렬화(PP) 모식도[35]

35 GPipe: Easy Scaling with Micro-Batch Pipeline Parallelism, https://arxiv.org/pdf/1811.06965

그림 3.9는 모델을 여러 기기에 분산시켜 처리하는 파이프라인 병렬화 방식을 보여줍니다. 그림은 세 부분으로 나뉘어 있습니다.

왼쪽(a)은 파이프라인의 기본 구조를 보여줍니다. 여기서는 신경망의 각 층이 서로 다른 기기에 할당돼 있습니다. 각 기기는 순방향 연산(F)을 수행한 뒤 그 결과를 다음 기기로 전달하고, 역방향 연산(B)은 이전 결과를 바탕으로 계산됩니다. 최종적으로 모든 기기가 가중치 갱신에 필요한 정보를 받습니다.

그림의 오른쪽 위(b)는 단순 모델 병렬화의 문제점을 보여줍니다. 각 순방향과 역방향 연산 사이에 버블(Time)이라 불리는 대기 시간이 발생해 기기들이 다음 작업을 기다려야 하는 비효율이 생깁니다.

그림의 오른쪽 아래(c)는 파이프라인 병렬화를 통해 개선된 시간 분할을 보여줍니다. 이 방식에서는 여러 작은 배치의 데이터를 각 기기가 동시에 처리합니다. 버블이라 불리는 유휴 시간이 여전히 존재하지만, 단순 병렬화(b)에 비해 그 크기가 상당히 줄어들었습니다. 여러 마이크로배치($F_{0,0}$, $F_{1,0}$, $F_{2,0}$ 등)를 동시에 처리함으로써 전체적인 처리량이 증가하고, 각 디바이스가 연속적으로 다른 마이크로배치를 처리하므로 자원 활용도가 크게 향상됩니다. 결과적으로 전체 처리 시간이 줄어들고 각 기기의 유휴 시간이 최소화됩니다.

파이프라인 병렬화는 유휴 시간을 완전히 제거하지는 못하지만, 단순 병렬화에 비해 전체적인 효율성과 처리량을 크게 개선합니다. 이를 통해 모델의 효율을 높이고 전체 실행 시간을 단축시키며 각 기기의 자원을 최대한 활용할 수 있게 됩니다. 자세한 사용 방법은 https://github.com/pytorch/PiPPy에서 확인할 수 있습니다.

3.3.4 텐서 병렬 처리

텐서 병렬 처리(TP: Tensor Parallelism)는 대규모 딥러닝 모델의 주요 계산 부하를 분산하는 데 쓰이는 방법입니다. 이 방식은 모델의 큰 텐서, 예를 들어 가중치 행렬을 여러 GPU에 나눠 할당합니다. 각 GPU가 전체 텐서의 일부만 처리하므로 메모리 요구량이 줄고 계산 효율이 높아집니다. 이 기법의 구현은 각 텐서를 작은 부분 행렬로 나누고, 이를 각기 다른 GPU에 할당하는 과정으로 시작됩니다.

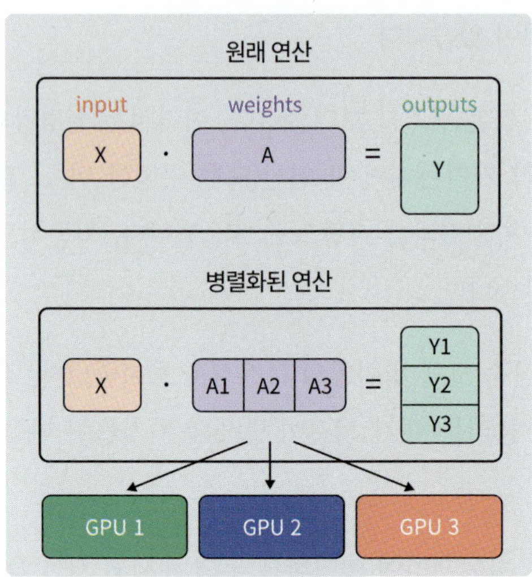

그림 3.10 텐서 병렬화

이러한 과정을 잘 보여주는 예시로, 행렬 곱셈을 통해 텐서 병렬화를 시각화한 이미지가 그림 3.10입니다. 이 이미지는 크게 세 부분으로 나뉘어 있는데, 위쪽은 원래 연산, 가운데는 병렬화된 연산, 아래쪽은 GPU 할당을 보여줍니다. 맨 위 원래 연산 부분에서는 일반적인 행렬 곱셈을 볼 수 있습니다. 왼쪽의 분홍색 행렬 X는 입력값, 가운데 보라색 행렬 A는 가중치, 오른쪽 초록색 행렬 Y는 결괏값을 나타냅니다. 이는 X와 A를 곱해서 Y를 얻는 과정을 보여주는 것입니다. 가운데 병렬화된 연산 부분은 텐서 병렬화가 적용된 모습을 나타냅니다. 입력값 X는 그대로지만, 가중치 A가 A1, A2, A3로 나뉘고, 결괏값 Y도 Y1, Y2, Y3로 나뉩니다. 이는 하나의 큰 계산을 여러 개의 작은 계산으로 쪼개는 과정을 보여줍니다. 아래쪽 GPU 할당 부분에서는 이렇게 나뉜 연산들이 서로 다른 색깔의 GPU로 할당되는 과정을 보여줍니다. 가운데 부분의 나뉜 연산들과 GPU들을 이어주는 화살표는 각각의 작은 계산이 별도의 GPU에서 동시에 처리됨을 나타냅니다. 이런 텐서 병렬 처리 방식의 장점은 메모리 사용의 효율성이 높아진다는 것입니다. 각 GPU가 전체 모델의 일부만 로드하기 때문에 개별 GPU의 메모리 제약을 더 잘 관리할 수 있습니다. 또한 계산 작업을 여러 장치에 분산시켜 전체적인 처리 시간을 단축할 수 있으며, 특히 행렬 연산과 같은 복잡한 계산에 유리합니다.

하지만 텐서 병렬 처리에도 몇 가지 단점이 있습니다. 가장 큰 문제 중 하나는 통신 오버헤드입니다. 계산 과정에서 GPU 간에 데이터를 주고받아야 하기 때문에 네트워크 대역폭과 지연 시간이 전체 성능에 큰 영향을 미칠 수 있습니다. 또한 텐서를 효과적으로 나누고 결과를 관리하는 로직을 구현하는 것이 기술적으로 복잡해 구현 난이도가 높습니다.

3.3.5 FSDP

FSDP(Fully Sharded Data Parallel)는 딥러닝에서 사용되는 고급 데이터 병렬 처리 기법 중 하나로, 특히 대규모 모델 학습에 효과적입니다. 이 방식은 각 GPU가 모델의 일부만을 메모리에 보유하도록 해 전체 모델의 메모리 요구 사항을 줄이는 것을 목표로 합니다. 모델을 샤드(shards)라고 하는 더 작은 조각으로 분할하고, 각 GPU에 샤드를 할당해 실행하는 방식으로 작동합니다.

FSDP의 작동 원리는 크게 네 가지로 나눌 수 있습니다. 첫째, 모델 샤딩입니다. 모델의 파라미터를 여러 개의 샤드로 나누고, 각 샤드를 별도의 GPU에 할당해 독립적으로 관리합니다. 이는 모든 GPU가 전체 모델의 파라미터를 갖고 있어야 하는 기존의 데이터 병렬 처리 방식과 대비됩니다. 둘째, 메모리 절약입니다. 각 GPU는 할당된 샤드의 파라미터만을 메모리에 로드해 GPU의 메모리 사용을 최적화하고, 큰 모델을 더 적은 수의 GPU로 학습할 수 있게 합니다. 셋째, 동적 샤드 로딩입니다. 학습 과정에서 필요에 따라 파라미터 샤드를 GPU 메모리에 로드하고, 사용이 끝나면 메모리에서 제거할 수 있어 메모리 리소스가 제한적인 환경에서 유용합니다. 마지막으로, 효율적인 그레이디언트 집계입니다. 각 GPU에서 계산된 그레이디언트는 중앙 집계 서버나 특정 GPU에서 수집되어 전체 모델의 파라미터를 업데이트하는 데 사용되며, FSDP는 이 과정에서 네트워크 통신 비용을 최소화합니다.

FSDP의 장점으로는 확장성, 메모리 효율성, 유연성을 들 수 있습니다. FSDP는 매우 큰 모델을 다수의 GPU에서 효과적으로 학습할 수 있게 해주어 메모리 요구량이 매우 높은 최신 딥러닝 모델에 필수적입니다. 또한 각 GPU가 필요한 파라미터만을 로드하므로 전체적인 메모리 효율성이 크게 향상됩니다. 그리고 GPU 간에 파라미터를 동적으로 이동할 수 있어 다양한 학습 시나리오와 하드웨어 설정에 적응할 수 있습니다.

하지만 FSDP에도 몇 가지 도전 과제가 있습니다. 우선 구현이 복잡하며, 올바른 샤딩 전략과 메모리 관리가 필요합니다. 또한 모델이 여러 GPU에 분산되어 디버깅과 오류 추적이 더 복잡해질 수 있습니다. 마지막으로 샤드 간의 데이터 동기화에는 여전히 통신 비용이 발생하며, 이는 전체 시스템의 성능에 영향을 줄 수 있습니다.

결론적으로 FSDP는 특히 대규모 AI 연구 및 상용 애플리케이션에서 모델의 학습 속도와 효율성을 크게 향상할 수 있는 강력한 도구입니다. 이 도구를 활용해 3.5절에서 직접 실습을 진행합니다.

3.4 _ 단일 GPU를 활용한 Gemma-2B-it 파인튜닝

3.2절에서 Gemma와 Gemma2 모델의 구조를 면밀히 비교하고 분석했습니다. 이를 통해 두 버전 사이의 주요 발전 사항을 상세히 살펴봤습니다. 이제 실제로 단일 GPU 환경에서 Gemma-2B-it 모델을 파인튜닝하는 실습을 진행합니다. 이 실습은 모델 파인튜닝의 전체 과정을 직접 체험할 수 있는 기회를 제공합니다. 모델을 어떻게 효과적으로 학습시키는지, 그리고 학습이 완료된 모델의 성능을 어떻게 정확하게 평가하는지에 대해 자세히 알아봅니다. 이 과정을 통해 여러분은 실제 AI 모델 개발 및 최적화 과정을 깊이 이해하고 실무에 적용할 수 있는 귀중한 경험을 얻게 됩니다.

3.4.1 런팟 환경 설정

이제 본격적으로 런팟에서 실습을 진행하겠습니다. 먼저 runpod.io 웹사이트에 접속해 로그인합니다. 아직 계정이 없는 경우에는 2.1절을 참조해 회원가입과 크레딧 구매를 하고 나서 실습합니다.

로그인을 완료하면 그림 3.11과 같은 화면이 나타납니다. 왼쪽 탭에는 다양한 서비스가 나열돼 있고, 가운데는 일자별 사용량과 요금이 표시됩니다.

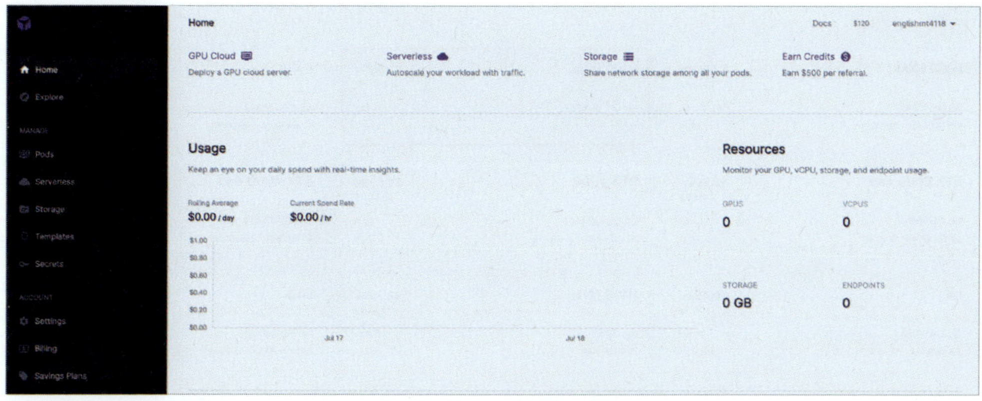

그림 3.11 Runpod 첫 화면

그림 3.12의 왼쪽 메뉴바에서 [Pods] 메뉴를 선택한 다음 [+Deploy]를 클릭합니다.

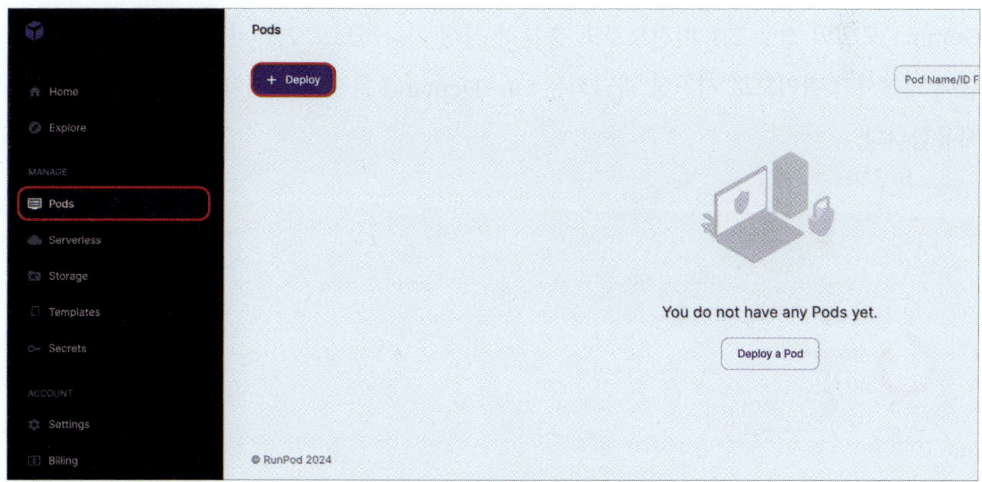

그림 3.12 Runpod Pods 클릭 화면

[+Deploy] 버튼을 클릭하면 그림 3.13처럼 다양한 GPU 옵션과 사용 시간에 따른 요금 정보가 표시됩니다. 이번 실습에서 필요한 VRAM은 약 6GB이므로 그 이상의 VRAM을 가진 GPU라면 어떤 종류든 사용 가능합니다. 하지만 배치 사이즈와 모델 최대 생성 길이를 자유롭게 조절하면서 실습하기 위해 H100 PCle를 추천합니다. SXM 버전의 경우에는 여러 개의 GPU를 동시에 사용하면서 GPU 사이에 정보를 주고받아야 하는 상황에 적합합니다.

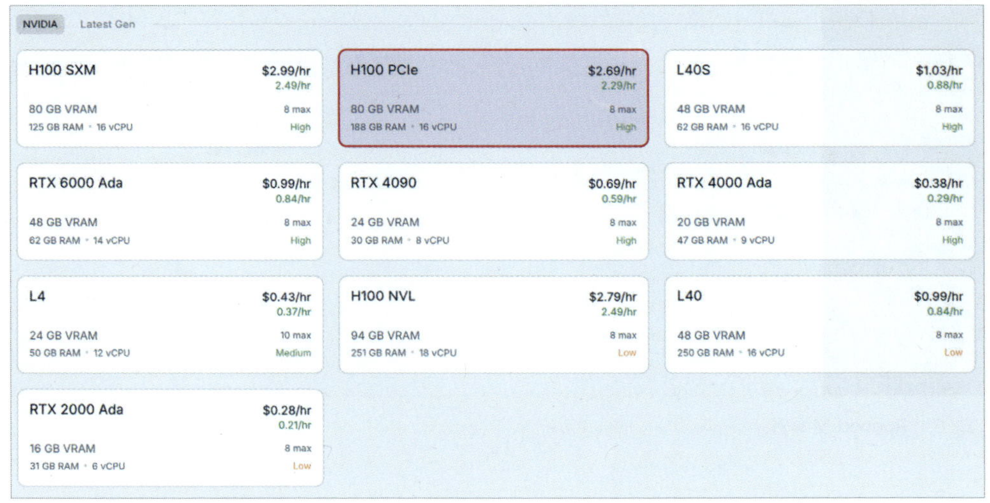

그림 3.13 Runpod Pods GPU 선택

Gemma 모델의 경우 2.1 버전으로도 충분히 실행 가능하므로 2.1 버전을 선택합니다. 실습이 약 3시간 걸리므로 시간당 과금되는 On-Demand 옵션을 선택합니다. GPU는 1개만 사용합니다.

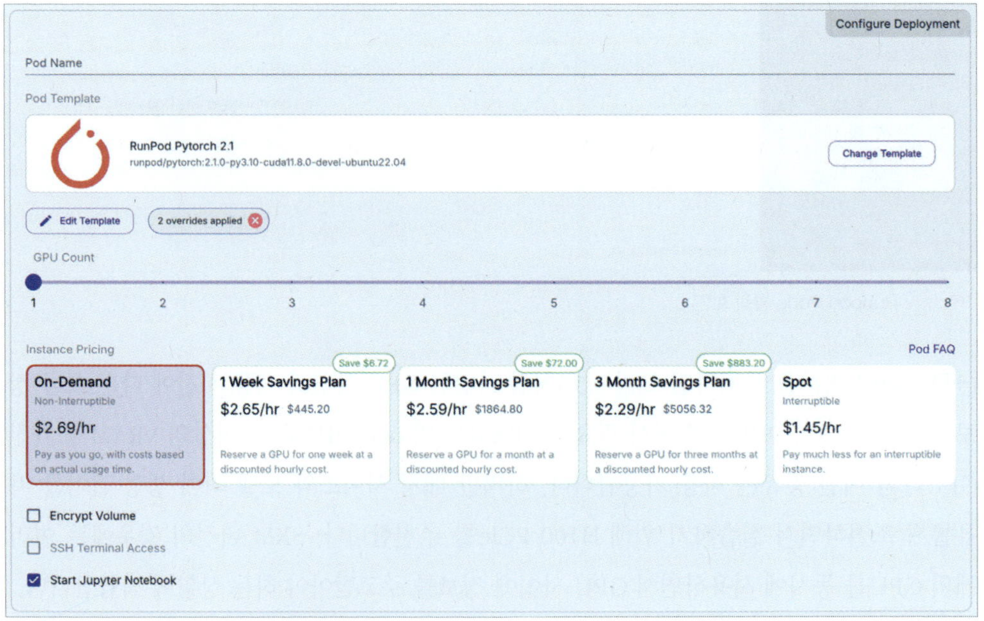

그림 3.14 파이토치 버전과 GPU 대여에 관한 선택 과정

그림 3.14의 파이토치 아이콘 밑에 [Edit Template] 버튼을 클릭해 Container Disk와 Volume Disk를 각각 200GB로 설정합니다. 필요시 용량은 나중에도 조정 가능합니다.

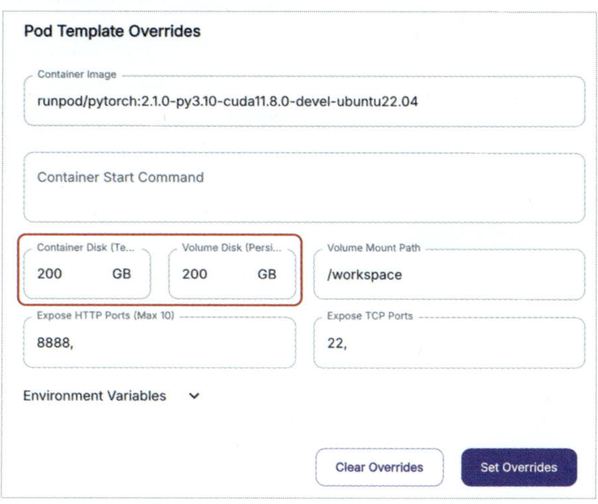

그림 3.15 대여할 디스크 용량 수정 단계

GPU 서버를 대여하기 전 최종적으로 확인합니다. 대여 가격, 수량, 용량 크기를 확인하고, 모두 맞다면 [Deploy On-Demand]를 클릭합니다.

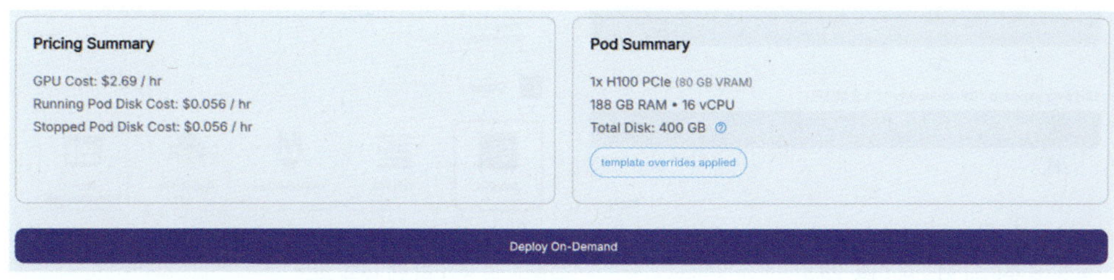

그림 3.16 서버 대여 검토

그림 3.17처럼 화면의 오른쪽에 Running이라는 녹색 표시가 나타날 때까지 기다린 후 왼쪽 하단의 [Connect] 버튼을 클릭합니다.

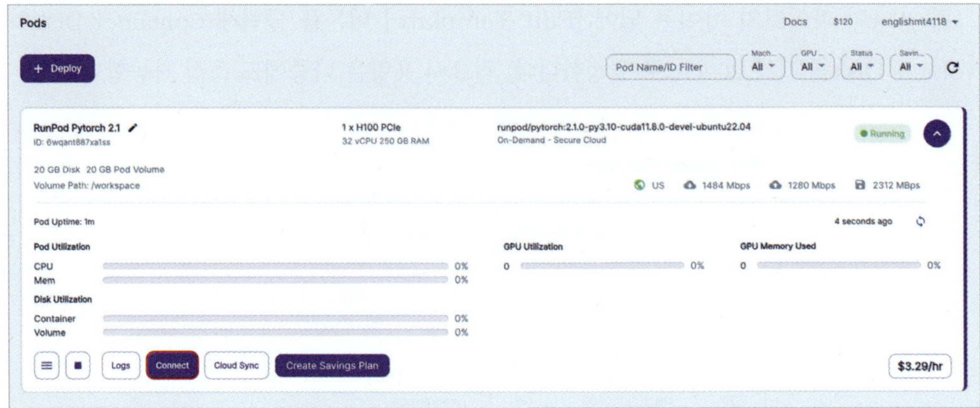

그림 3.17 서버 준비 단계

Connection to Jupyter Lab [Port 8888]을 클릭해 주피터 랩 환경에 접속합니다.

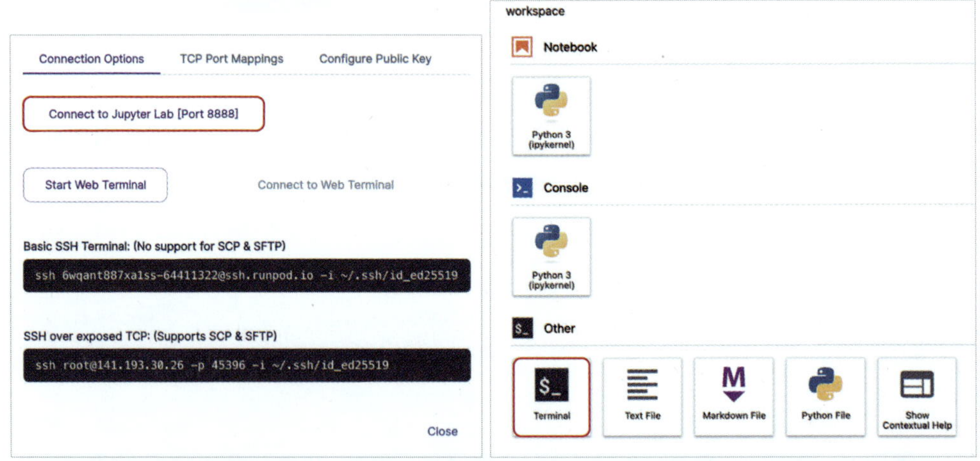

그림 3.18 주피터 랩으로 이동 안내

그림 3.19 주피터 랩 내의 화면

이제 깃허브에서 실습 코드를 다운로드하고 함께 공부해 보겠습니다. 터미널에서 다음 명령을 실행해 깃허브의 저장소를 런팟으로 복제합니다.

```
git clone https://github.com/wikibook/llm-finetuning
```

명령을 실행하면 그림 3.20처럼 왼쪽 탭에 chapter3라는 폴더가 생깁니다. 현재 디렉터리에 chapter3라는 새로운 폴더가 만들어지며, 이 폴더에 저장소의 모든 내용이 복사됩니다.

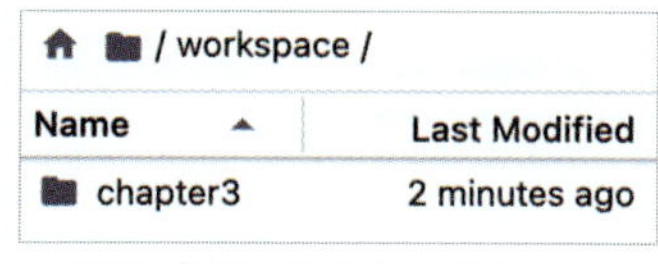

그림 3.20 주피터 랩의 Tab 화면

터미널에서 cd chapter3/3.4 명령을 실행해 해당 경로로 이동합니다. 그런 다음 pip install -r requirements.txt 명령을 실행하면 실습에 필요한 모든 라이브러리가 자동으로 설치됩니다.

```
cd chapter3/3.4
pip install -r requirements.txt
```

주피터 랩에서 Chapter3 폴더로 이동한 다음 3.4 폴더를 찾아 들어갑니다. 그곳에 Gemma_2B_it_Full_Finetning.ipynb라는 이름의 파일이 있습니다. 이 파일을 클릭하면 주피터 랩 환경에서 노트북이 열립니다(그림 3.21). 이 노트북에는 Gemma 2B 모델에 대한 전체 파인튜닝 과정이 단계별로 정리돼 있습니다.

그림 3.21 주피터 랩이 실행된 상태

3.4.2 Gemma 모델 준비

본격적으로 코드를 살펴보기 전에 허깅페이스에서 Gemma 모델을 처음 사용하는 경우에 대해 설명하겠습니다. Gemma 모델을 사용하려면 먼저 라이선스 동의 절차를 거쳐야 합니다. 이는 모델을 제작한 의도에 맞게 사용하겠다는 것을 확인하는 과정입니다. 이제 이 인증 절차를 어떻게 진행하는지 자세히 알아보겠습니다.

Gemma 모델 페이지[36]로 이동한 후 모델 사용을 위한 라이선스 동의 절차를 거쳐야 합니다. 이 과정은 모델을 적법하게 사용하기 위한 필수 단계입니다. 허깅페이스에 로그인하지 않고 모델 페이지에 접속하면 그림 3.22처럼 로그인이 필요하다는 메시지가 보입니다.

36 https://huggingface.co/google/gemma-2b-it

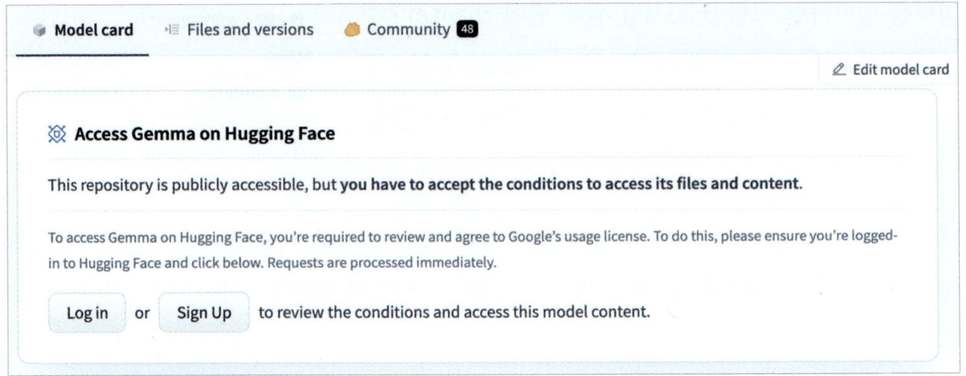

그림 3.22 허깅페이스 인증 화면

아직 허깅페이스 계정을 만들지 않았다면, [Sign Up] 버튼을 클릭해 회원 가입 신청을 합니다. 회원 가입 시 입력한 이메일 주소로 이메일이 발송됩니다.

수신한 이메일을 열어 보면 그림 3.23과 같이 이메일 주소 확인 링크가 있을 것입니다. 링크를 클릭해 허깅페이스 사용에 동의합니다.

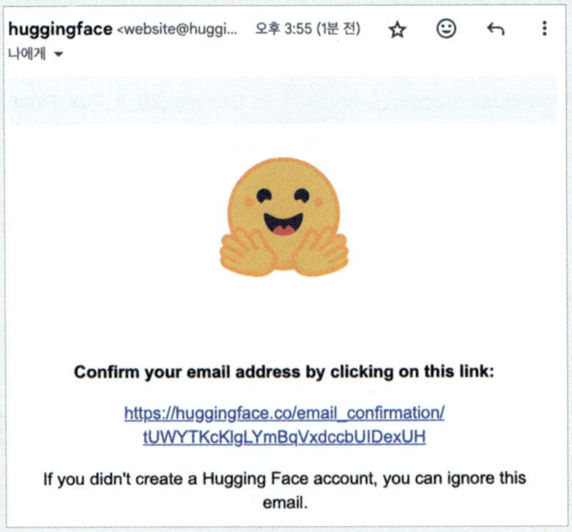

그림 3.23 허깅페이스 이메일 인증

인증에 성공하면 그림 3.24와 같은 메시지가 화면에 나타납니다.

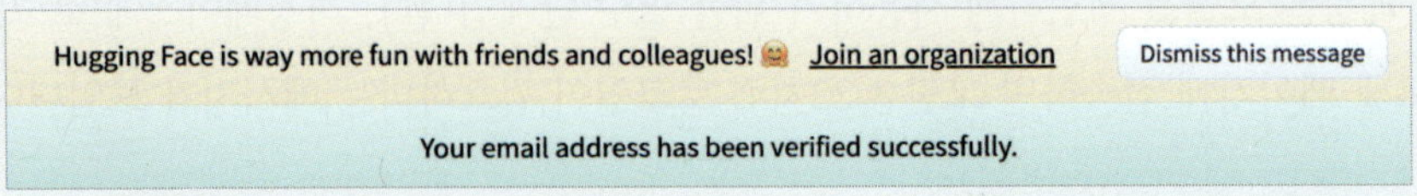

그림 3.24 인증 성공 화면

허깅페이스에 로그인하면 [Acknowledge license]라는 버튼이 있을 것입니다. 이는 모델을 제작한 목적과 라이선스에 맞게 사용하겠다고 동의하는 부분입니다. 라이선스 동의는 모델을 사용하기 위한 필수 절차이므로 반드시 클릭해야 합니다.

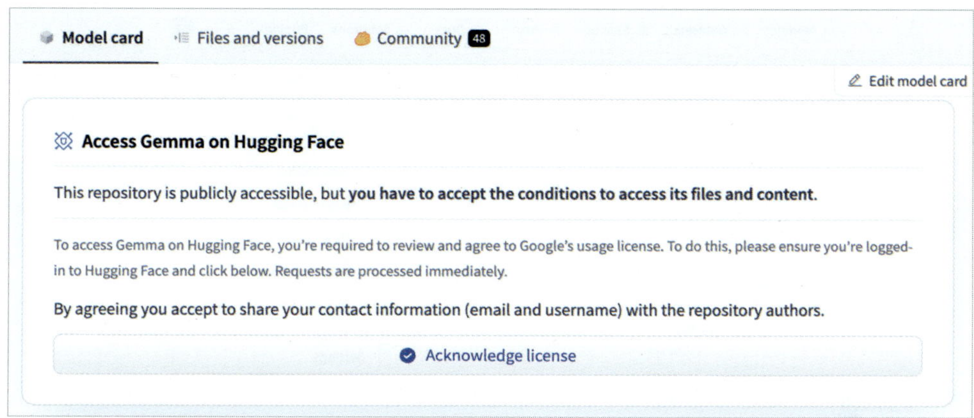

그림 3.25 모델 라이선스 동의

다음으로 캐글(Kaggle)과 허깅페이스를 연동하기 위한 권한 설정 화면이 나타납니다. [Authorize] 버튼을 클릭하면 두 플랫폼 간의 연결이 시작됩니다. 연동을 원하지 않는다면 [Deny] 버튼을 선택합니다.(그림 3.26)

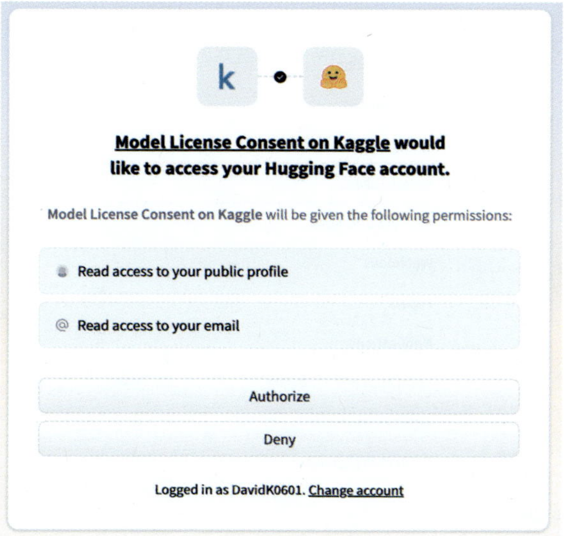

그림 3.26 캐글 연동 동의

허깅페이스 화면 오른쪽 윗부분을 보면 사용자의 계정을 나타내는 작은 아이콘이 있습니다. 이 아이콘을 마우스로 클릭하면 여러 옵션이 나타나는데, 그중에서 허깅페이스 토큰을 발급하기 위해 settings로 이동합니다.(그림 3.27)

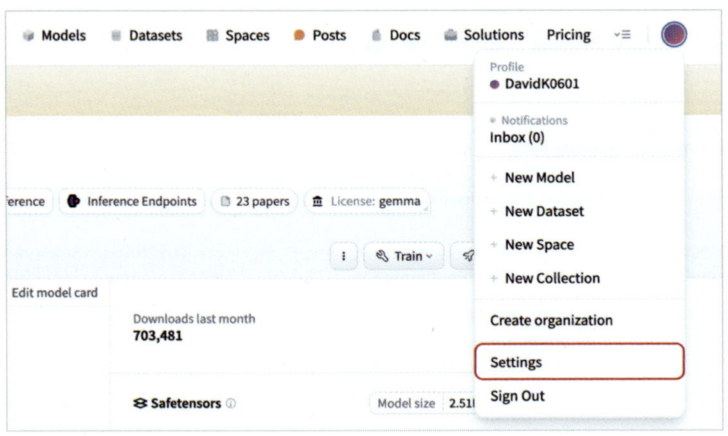

그림 3.27 허깅페이스 사용자 프로필 메뉴

화면에서 다양한 옵션을 볼 수 있습니다. 그중에서 Access Tokens라는 항목을 찾아 클릭합니다.

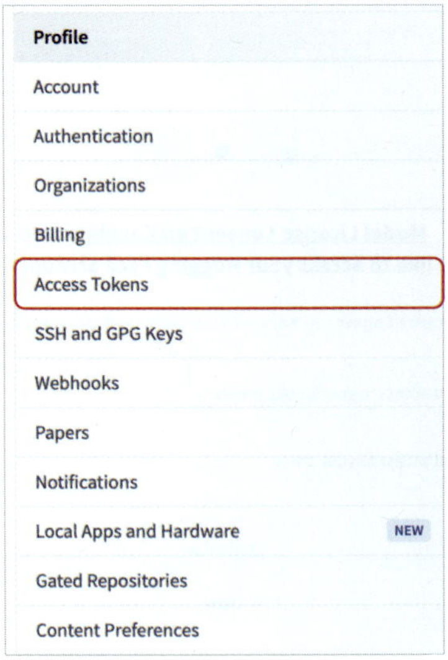

Profile
Account
Authentication
Organizations
Billing
Access Tokens
SSH and GPG Keys
Webhooks
Papers
Notifications
Local Apps and Hardware NEW
Gated Repositories
Content Preferences

그림 3.28 Assess Tokens 안내

클릭하면 새로운 화면으로 이동합니다.

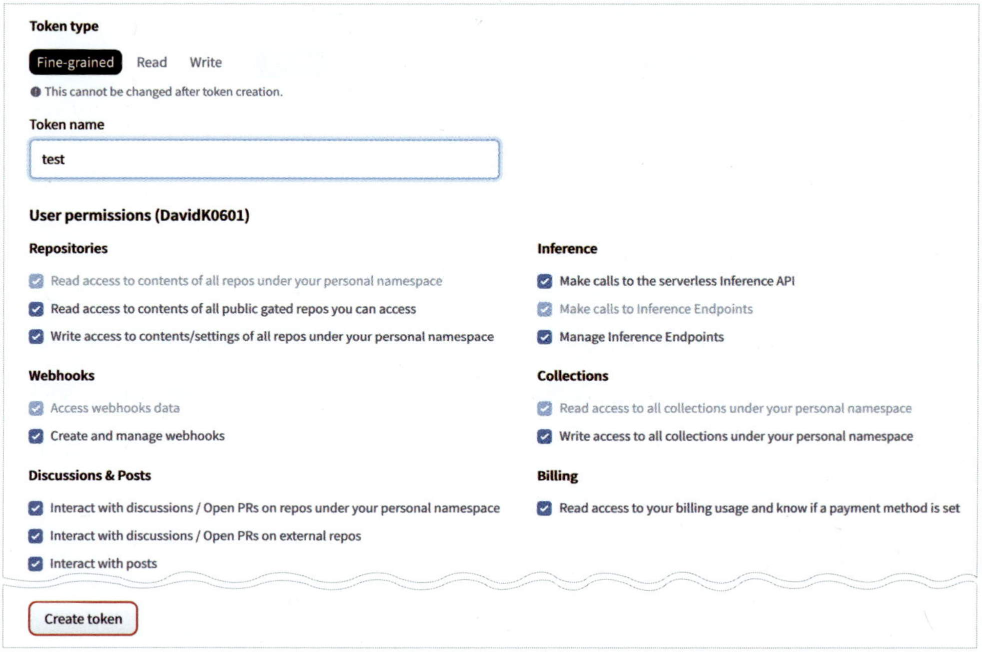

Token type

Fine-grained Read Write

This cannot be changed after token creation.

Token name

test

User permissions (DavidK0601)

Repositories

- Read access to contents of all repos under your personal namespace
- Read access to contents of all public gated repos you can access
- Write access to contents/settings of all repos under your personal namespace

Webhooks

- Access webhooks data
- Create and manage webhooks

Discussions & Posts

- Interact with discussions / Open PRs on repos under your personal namespace
- Interact with discussions / Open PRs on external repos
- Interact with posts

Inference

- Make calls to the serverless Inference API
- Make calls to Inference Endpoints
- Manage Inference Endpoints

Collections

- Read access to all collections under your personal namespace
- Write access to all collections under your personal namespace

Billing

- Read access to your billing usage and know if a payment method is set

Create token

그림 3.29 토큰 발급

원하는 토큰 이름(Token name)을 입력합니다. 그다음, 화면에 보이는 모든 옵션을 선택합니다.

- Repositories: 개인 저장소 접근 권한 부여 여부
- Webhooks: 웹훅 관련 권한 부여 여부
- Discussions & Posts: 토론 및 게시물 관련 권한 부여 여부
- Inference: 추론 API 관련 권한 부여 여부
- Collections: 컬렉션 읽기/쓰기 권한 부여 여부

모든 옵션을 선택하고 페이지의 맨 아래로 스크롤해서 [Create token] 버튼을 클릭합니다. 이렇게 하면 원하는 설정으로 새로운 토큰이 생성됩니다.

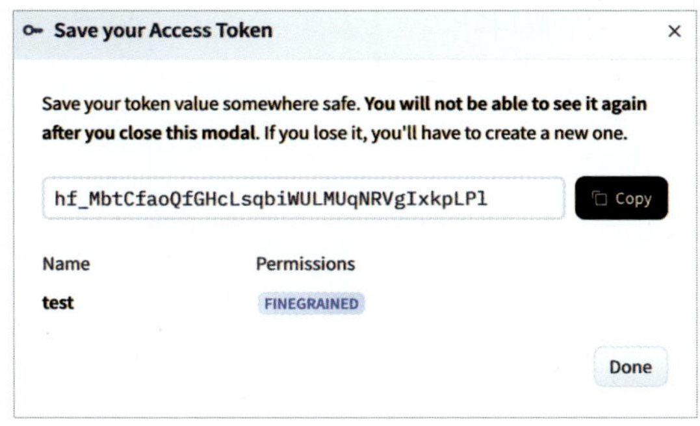

그림 3.30 프로필 아이콘 클릭 화면

이제 토큰이 생성됐습니다. 이 토큰은 여러분을 식별하는 중요한 정보이므로 안전하게 보관해야 합니다. 메모장 프로그램을 실행해 이 토큰을 기록해 두는 것이 좋습니다. 토큰을 메모장에 복사해 붙여 넣고, 파일을 안전한 위치에 저장합니다. 나중에 필요할 때 쉽게 찾을 수 있게 파일 이름을 짓는 것이 좋습니다.

이제 노트북을 살펴보겠습니다.

제일 먼저 살펴볼 코드는 노트북에서 허깅페이스에 로그인하는 코드입니다.

```
from huggingface_hub import login

# Hugging Face API 토큰을 입력합니다.
api_token = "Your_Huggingface_Token"
login(api_token)
```

허깅페이스 허브에 로그인해 Gemma 모델을 사용할 수 있는 권한이 있는 사용자임을 시스템에 알려줘야 합니다. 먼저 `huggingface_hub` 라이브러리에서 `login` 함수를 불러옵니다. 그다음 `Your_Huggingface_Token` 부분을 여러분이 이전에 발급받은 Hugging Face API 토큰으로 바꿉니다. 마지막 단계에서는 `login` 함수를 실행해 저장해 둔 API 토큰을 이용해 허깅페이스 허브에 로그인합니다.

Gemma-2b-it 모델과 토크나이저를 허깅페이스에서 다운로드하겠습니다.

```python
import torch
import wandb

from sklearn.model_selection import train_test_split

from transformers import (
    AutoModelForCausalLM,
    AutoTokenizer,
    TrainingArguments,
    pipeline,
    Trainer
)
from transformers.integrations import WandbCallback
from trl import DataCollatorForCompletionOnlyLM
import evaluate

# 모델과 토크나이저 불러오기
model_name = "google/gemma-2b-it"
model = AutoModelForCausalLM.from_pretrained(model_name,
    use_cache=False,
    device_map="auto",
    torch_dtype=torch.bfloat16,
    low_cpu_mem_usage=True,
    attn_implementation="eager",
)
tokenizer = AutoTokenizer.from_pretrained(model_name)
```

먼저 모델 사용에 필요한 핵심 라이브러리들을 임포트합니다. AutoModelForCausalLM은 모델을 다운로드하거나 저장된 모델을 불러올 때 사용하며, AutoTokenizer는 모델에 맞는 토크나이저를 다운로드하거나 불러올 때 사용합니다. 이러한 라이브러리들을 통해 model_name에 지정된 "google/gemma-2b-it" 모델을 임포트합니다.

model을 불러올 때 사용된 파라미터들의 의미는 다음과 같습니다.

- use_cache=False 옵션은 모델이 예측할 때 임시 저장소(캐시)를 사용하지 않도록 합니다. 이렇게 하면 메모리를 아낄 수 있지만, 속도가 조금 느려질 수 있습니다. 주로 메모리 관리가 중요한 상황에서 이 설정을 사용합니다. True로 변경했을 때 VRAM을 얼마나 소모하는 체크해 보면 좋습니다.

- device_map을 "auto"로 설정하면 모델이 어떤 장치에서 실행될지 자동으로 결정됩니다. 예를 들어 컴퓨터에 GPU가 있으면 GPU가 선택되고, 컴퓨터에 GPU가 없으면 CPU가 선택됩니다. 따라서 사용자가 직접 장치를 지정하지 않아도 가장 적합한 환경에서 모델을 실행할 수 있습니다.
- torch_dtype 옵션은 파이토치에서 사용할 데이터 형식을 정합니다. bfloat16과 float16은 둘 다 16비트를 사용하는 부동소수점 형식으로 메모리 사용량은 동일하지만, bfloat16은 더 넓은 범위의 수를 표현할 수 있고 수치 안정성이 더 뛰어나 딥러닝 학습에서 더 안정적인 성능을 보여줍니다.
- low_cpu_mem_usage=True 설정은 CPU 메모리 사용량을 최소화하면서 모델을 불러옵니다. 메모리가 부족한 환경에서 유용하며, 불필요한 메모리 낭비를 막아줍니다.
- attn_implementation="flash_attention_2" 옵션은 모델의 어텐션 메커니즘을 flash_attention_2로 설정합니다. 이는 대규모 언어 모델에서 자주 쓰이는 최적화된 어텐션 알고리즘으로, 빠른 속도와 적은 메모리 사용량을 보장합니다. 이 설정을 통해 모델의 성능을 크게 높이면서도 메모리 사용을 줄일 수 있습니다.

다음으로, AutoTokenizer 클래스를 활용해 해당 모델의 토크나이저를 불러옵니다. 이 과정은 모델과 호환되는 토크나이저를 자동으로 다운로드하고 사용 가능한 상태로 준비합니다. 토크나이저는 입력된 텍스트를 모델이 이해하고 처리할 수 있는 토큰이라는 작은 단위로 분할합니다. 이는 모델이 텍스트를 효과적으로 분석하고 처리하는 데 필수적인 단계입니다. AutoTokenizer 클래스를 사용하면 모델에 맞는 적절한 토크나이저를 쉽게 불러올 수 있어 텍스트 전처리 과정을 간소화하고 모델 성능을 최적화할 수 있습니다. 이렇게 불러온 토크나이저는 이후 텍스트 데이터를 모델의 입력으로 변환하는 데 사용됩니다.

3.4.3 데이터셋 준비

학습에 사용할 데이터셋을 준비하는 과정으로 넘어가겠습니다. 허깅페이스 허브에 jaehy12 사용자가 올린 news3라는 데이터셋으로 실습합니다. 어떤 구조로 되어 있고 어떤 데이터가 들어 있는지 살펴보겠습니다.

```
import datasets
dataset = datasets.load_dataset("jaehy12/news3")
element = dataset["train"][1]
element
```

【실행 결과】

```
{'original': ' "동선 봐도 도움이 안 되는 것 같아요 말했다.

(…중략…)

'summary': '물류센터 · 교회 발 코로나19 확산이

(…중략…)

권고사항을 발표했다.'}
```

허깅페이스의 `datasets` 라이브러리를 사용해 데이터셋을 다운로드하고 그 데이터를 1개만 출력해서 확인해 보겠습니다. 먼저 `import datasets` 명령어를 통해 `datasets` 라이브러리를 불러옵니다. 그다음 `datasets.load_dataset()` 함수를 사용해 `"jaehy12/news3"`라는 이름의 데이터셋을 다운로드합니다.

데이터셋의 구성을 살펴보면 `original` 항목에는 뉴스의 원문이 들어있고, `summary` 항목에는 이 뉴스를 한두 문장으로 요약한 내용이 들어있습니다. 이렇게 구성된 데이터셋을 통해 원문과 요약문을 한 쌍으로 묶어 학습에 활용할 수 있습니다.

3.4.4 Gemma 모델의 기능 확인하기

Gemma 모델은 방대한 양의 데이터를 통해 다양한 태스크를 학습했습니다. 키워드 추출, 문장 요약, 질의응답, 텍스트 분류와 같은 태스크들이 포함돼 있을 것으로 예상되지만, 구글이 공개한 정보만으로는 어떤 데이터로 어떻게 학습됐는지 정확히 알기 어렵습니다. 따라서 Gemma 모델이 특정 태스크를 수행할 수 있는지 확인하려면 실제로 모델을 실행해서 테스트해 봐야 합니다. 지금부터 Gemma 모델의 키워드 추출 능력과 문장 요약 능력을 직접 확인해 보겠습니다.

키워드 추출 기능 확인

이번에는 모델에 키워드를 추출하거나 요약하는 기능이 있는지 살펴보겠습니다. 네이버에서 한 기사를 복사해서 `input_text`로 준비합니다. 그리고 모델에 입력할 명령어를 모델이

이해할 수 있는 채팅 형식으로 변환하고 모델이 키워드를 실제로 추출할 수 있는지 확인합니다.

```
input_text = """다음 텍스트를 한국어로 간단히 요약해주세요:\n부산의 한 왕복 2차선 도로에서
역주행 사고로 배달 오토바이 운전자인 고등학생이 숨지는 사고가 발생했다. 유족은 '가해자가
사고 후 곧바로 신고하지 않고 늑장 대응해 피해를 키웠다'고 주장하고 있다. 11일 부산진경찰서는
교통사고처리특례법(교통사고처리법)상 업무상 과실치사 혐의로 지난 3일 A(59)씨를 검찰에 불구속
송치했다고 밝혔다. A씨는 교통사고처리법상 12대 중과실에 해당되는 '중앙선 침범'으로 역주행
교통사고를 일으킨 혐의를 받는다. 경찰에 따르면 스포츠유틸리티차량(SUV) 운전자 A씨는 5월 19일
밤 11시 50분쯤 부산진구 가야고가교 밑 도로에서 중앙선을 넘어 역주행으로 140m를 달려 반대편
차선의 오토바이 운전자 조모(16)군을 들이받았다. 조군은 원동기장치자전거 면허를 취득한 상태였고
헬멧도 쓰고 있었지만 크게 다쳤다.
사고 당일 수술을 받았으나 얼마 후 2차 뇌출혈로 뇌사 판정이 내려졌고, 사고 발생 약 한 달 만인
지난달 16일 끝내 사망했다. 사고를 낸 A씨는 술을 마시거나 약물을 복용한 상태에서 운전하지는
않은 것으로 조사됐다. 경찰 관계자는 'A씨가 자신이 정주행을 하고 오토바이가 역주행을 한 것으로
착각했다고 진술했다'고 설명했다."""

def change_inference_chat_format(input_text):
    return [
    {"role": "user", "content": f"{input_text}"},
    {"role": "assistant", "content": """부산의 한 왕복 2차선 도로에서 역주행 사고로 배달
오토바이 운전자인 고등학생이 숨지는 사고가 발생했다.
     유족은 '가해자가 사고 후 곧바로 신고하지 않고 늑장 대응해 피해를 키웠다'고 주장하고
있다."""},
    {"role": "user", "content": "중요한 키워드 5개를 뽑아주세요."},
    {"role": "assistant", "content": ""}
    ]
prompt = change_inference_chat_format(input_text)
# tokenizer 초기화 및 적용
inputs = tokenizer.apply_chat_template(prompt, tokenize=True,
add_generation_prompt=True, return_tensors="pt").to(model.device)
outputs = model.generate(input_ids=inputs.to(model.device), max_new_tokens=256)
print(tokenizer.decode(outputs[0], skip_special_tokens=True))
```

【실행 결과】

```
model
– 부산의 한 왕복 2차선 도로에서 역주행 사고
– 배달 오토바이 운전자
– 고등학생
– 유족
– 늑장 대응
```

실제로 한 줄씩 살펴보며 Gemma 모델의 키워드 추출 능력을 확인해 보겠습니다. Gemma 인공지능 모델에 주어진 텍스트에서 중요한 키워드 5개를 추출하라고 지시했습니다. Gemma 모델이 학습할 때 사용한 대화 형식(chat_template)을 적용하기 위해 `tokenizer.apply_chat_template` 기능을 사용합니다. 이를 통해 데이터를 대화 형식으로 바꿔 모델에 입력하면 모델이 5개의 중요한 키워드를 성공적으로 추출하는 것을 확인할 수 있습니다. 이러한 결과를 보면 Gemma 모델이 키워드를 추출하는 능력을 갖추고 있다고 판단할 수 있습니다.

요약 기능 확인

Gemma 모델이 텍스트를 요약하는 기능도 갖추고 있는지 살펴보겠습니다.

```
# Input_text : 위 정의된 기사와 동일

def change_inference_chat_format(input_text):
    return [
    {"role": "user", "content": f"{input_text}"},
    {"role": "assistant", "content": "한국어 요약:\n"}
    ]

# chat template 적용
prompt = change_inference_chat_format(input_text)

# 생성
inputs = tokenizer.apply_chat_template(prompt, tokenize=True,
add_generation_prompt=True, return_tensors="pt").to(model.device)
outputs = model.generate(inputs, max_new_tokens=256, use_cache=True)
print(tokenizer.decode(outputs[0], skip_special_tokens=True))
```

【실행 결과】

```
부산 한 왕복 2차선 도로에서 역주행 사고로 배달 오토바이 운전자인 고등학생이 숨지는 사고가 발생했다. 유족은 '가해자가 사고 후 곧바로 신고하지 않고 늑장 대응해 피해를 키웠다'고 주장하고 있다. 경찰은 교통사고처리법상 업무상 과실치사 혐의로 지난 3일 A(59)씨를 검찰에 불구속 송치했다.
```

프롬프트를 요약해 달라고 변경하고 다시 실행하면 부산에서 일어난 교통사고에 대한 요약문을 만들어냅니다. 모델이 생성한 요약 문장을 보면 입력된 기사를 간단하게 정리하고 있습니다. 이를 통해 Gemma 모델이 주어진 정보를 요약하는 능력을 갖추고 있다는 것을 알 수 있습니다. 이는 모델이 단순히 정보를 그대로 전달하는 것이 아니라, 중요한 내용을 뽑아내어 간결하게 정리할 수 있다는 것을 보여줍니다.

키워드 추출 및 요약 기능 확인

그렇다면 키워드를 추출하고 요약도 함께 할 수 있는지 확인해 보겠습니다.

```
# Input_text : 위 정의된 기사와 동일

def change_inference_chat_format(input_text):
    return [
    {"role": "user", "content": f"다음 텍스트를 한국어로 간단히 요약하고, 관련된 5개의 키워를 추출해주세요:\n{input_text}"},
    {"role": "assistant", "content": ""},
    ]
prompt = change_inference_chat_format(input_text)
# tokenizer 초기화 및 적용
inputs = tokenizer.apply_chat_template(prompt, tokenize=True, add_generation_prompt=True, return_tensors="pt").to(model.device)
outputs = model.generate(inputs, max_new_tokens=256, use_cache=True)
print(tokenizer.decode(outputs[0], skip_special_tokens=True))
```

【실행 결과】

```
model
* 부산의 한 왕복 2차선 도로에서 역주행 사고로 배달 오토바이 운전자인 고등학생이 숨지는 사고가 발생했다.

* 유족은 '가해자가 사고 후 곧바로 신고하지 않고 늑장 대응해 피해를 키웠다'고 주장하고 있다.
```

* A씨는 교통사고처리법상 12대 중과실에 해당되는 '중앙선 침범'으로 역주행 교통사고를 일으킨 혐의를 받는다.

* 사고 당일 수술을 받았으나 얼마 후 2차 뇌출혈로 뇌사 판정이 내려졌고, 사고 발생 약 한 달 만인 지난달 16일 끝내 사망했다.

Gemma 모델이 사용자의 의도를 제대로 이해하지 못하고 엉뚱한 결과를 생성합니다. 실제로 사용자가 원하는 것은 주어진 글의 핵심을 한 문장으로 간단히 요약하고, 기사에서 5개의 핵심 단어를 뽑아내는 것입니다. 모델이 이러한 기능을 정확히 수행하도록 전체 파인튜닝 방법을 사용해 학습시켜 보겠습니다.

3.4.5 키워드 데이터 생성

`jaehy12/news3` 데이터셋은 각 기사별 키워드 정보를 포함하지 않습니다. 따라서 Gemma 모델을 활용해 각 데이터마다 5개씩 키워드를 추출하겠습니다.

```
pipe = pipeline("text-generation", model=model, tokenizer=tokenizer, device_map="auto")
def key_word_prompt(input_text, summary_text):
    return [
    {"role": "user", "content": f"{input_text}"},
    {"role": "assistant", "content": f"{summary_text}"},
    {"role": "user", "content": "중요한 키워드 5개를 뽑아주세요."},
    {"role": "assistant", "content": ""}
    ]

def extract_keywords_batch(batch):
    prompts = [key_word_prompt(original, summary) for original, summary in
zip(batch["original"], batch["summary"])]

    generated_texts = pipe(prompts, max_new_tokens=150, return_full_text=False)
    keywords = [gen_text[0]["generated_text"] for gen_text in generated_texts]
    batch["keywords"] = keywords
    return batch
```

트랜스포머 라이브러리에서 텍스트를 쉽게 생성할 수 있도록 도와주는 파이프라인을 이용해 키워드를 생성하겠습니다. 파이프라인을 사용할 때는 첫 번째 인자로 수행할 작업을 지정해야 합니다. 텍스트 생성 작업이므로 "text-generation"을 사용합니다. 그 후 어떤 모델과 토크나이저를 사용할지 결정하면 됩니다. model과 tokenizer는 앞서 불러온 gemma 모델과 토크나이저입니다. 여기서도 어떤 장치에서 실행될지 자동으로 지정하는 device_map 옵션을 "auto"로 설정해 자동으로 GPU를 찾게 합니다.

batch는 원본과 요약이라는 두 가지 항목을 포함하는 데이터 묶음입니다. 각 항목은 여러 텍스트를 담은 목록 형태입니다. zip 함수로 원본 텍스트와 해당 요약 텍스트를 짝 지어 묶습니다. 그다음, key_word_prompt 함수를 사용해 이 짝지어진 텍스트들을 모델이 이해할 수 있는 질문-답변 형식의 지시문 목록으로 바꿉니다. 이렇게 해서 모델에 키워드 추출 작업을 수행하도록 준비된 입력 데이터를 만듭니다.

텍스트 생성 과정에서는 파이프라인이 최대 몇 토큰까지 생성할 것인지를 지정해 주는 max_new_token 옵션을 지정하고, 입력으로 넣어주는 문장은 생성 결과에 포함되지 않도록 return_full_text 옵션을 False로 지정한 후 만든 지시문 리스트를 pipe에 넣어 키워드를 생성합니다.

파이프라인으로 생성된 결과는 리스트에 담겨 있으며, 각 항목은 generated_text라는 키를 가진 딕셔너리 형태입니다. 필요한 생성 결과만 추출해 keyword라는 열에 저장합니다. 이 과정을 통해 원본 텍스트, 요약 텍스트, 그리고 키워드까지 포함된 완성된 데이터셋을 얻을 수 있습니다.

이제 만든 함수를 실제로 사용해서 데이터를 만들고 확인해 보겠습니다.

```
# dataset에 keyword 열 추가 (batch 단위로 처리)
sample_dataset = dataset["train"].shuffle(seed=42).select(range(1000))
sample_dataset = sample_dataset.map(extract_keywords_batch, batched=True, batch_size=20)
# 적절한 batch_size 선택

sample_dataset
```

【실행 결과】

```
Dataset({
    features: ['original', 'summary', 'keywords'],
    num_rows: 1000
})
```

extract_keywords_batch 함수를 이용해 여러 개의 데이터를 한 번에 처리해 키워드를 뽑아내고, 이를 데이터셋에 추가합니다.

우선 dataset 객체에서 학습에 쓸 데이터를 가져오고, 이를 무작위로 섞습니다. 이때 랜덤 시드를 42로 설정해 두면 언제든 똑같은 데이터셋을 불러올 수 있습니다.

그다음, 처음 1000개의 데이터만 골라 작업할 샘플 데이터셋을 만듭니다. 1000개만 고르는 이유는 모든 데이터로 작업하면 비용이 많이 들기 때문입니다. 이렇게 준비한 데이터셋에 map 방법을 써서 각 데이터에 extract_keywords_batch 함수를 적용합니다.

이 과정에서 batched=True 옵션으로 한 번에 여러 개를 처리하게 하고, batch_size=8로 설정해 한 번에 8개의 데이터를 처리하게 합니다. extract_keywords_batch 함수는 각 묶음 안의 원래 텍스트와 요약 텍스트를 바탕으로 중요한 키워드를 뽑아내고, 이를 keywords라는 새로운 항목으로 데이터셋에 더합니다.

마지막으로, 키워드가 추가된 sample_dataset으로 원래 텍스트, 요약 텍스트, 그리고 뽑아낸 키워드를 모두 담은 완성된 데이터셋을 얻게 됩니다. sample_dataset을 출력하면 keywords 칼럼이 추가된 것을 볼 수 있습니다.

약 1000개의 데이터를 만드는 데 20분 정도 걸립니다. 이 책에서는 독자를 위해 huggingface dataset에 daje/keyword_summary이라는 이름으로 미리 데이터셋을 만들어 올려두었습니다.

```
# 데이터를 직접 만드는 데 1시간 이상 소요되므로 미리 만들어 놓았습니다.
# 필요하신 분은 주석을 풀고 사용해 주세요.

# sample_dataset = datasets.load_dataset("daje/keyword_summary")
```

```
# print(sample_dataset["train"][0])
# tokenized_sample_dataset = sample_dataset.map(tokenize)
# tokenized_sample_dataset = tokenized_sample_dataset['train'].train_test_split(test_si
ze=0.1, seed=42)
# tokenized_sample_dataset
```

바로 모델 훈련을 하고 싶다면 미리 만들어둔 데이터를 다운로드해서 사용하면 됩니다.

3.4.6 데이터 전처리

이제 Gemma 모델이 쉽게 이해할 수 있도록 대화 형식으로 데이터를 전처리해 보겠습니다.

```
def chat_keyword_summary_format(example):

        return [
            {"role": "user", "content": f"다음 텍스트를 한국어로 간단히 요약 및 관련 키워드를
추출해주세요:\n{example['original']}"},
            {"role": "assistant", "content": f"한국어 요약:{example['summary']}\n
키워드:{example['keywords']}"}
        ]

formatted = tokenizer.apply_chat_template(
    chat_keyword_summary_format(sample_dataset[0]), tokenize=False
)
print(formatted)
```

【실행 결과】

```
<bos><start_of_turn>user
다음 텍스트를 한국어로 간단히 요약 및 관련 키워드를 추출해주세요:
전두환 정권을
(…중략…)
지적했다.<end_of_turn>
<start_of_turn>model
한국어 요약:전두환 정권을
(…중략…)
```

```
보내게됐다.
키워드:1. '큰 손' 장영자
2. 전두환 정권
3. 사기
4. 징역
5. 6억여원<end_of_turn>
```

chat_keyword_summary_format(example) 함수는 주어진 텍스트 데이터를 사용자와 모델 간의 대화 형식으로 바꾸는 역할을 합니다. 이 함수는 텍스트를 요약하고 관련 키워드를 뽑아내는 대화를 만듭니다.

사용자(user)는 주어진 원본 텍스트를 한국어로 요약하고 관련 키워드를 추출해 달라고 요청합니다. 이에 대해 인공지능(assistant)은 요청받은 내용을 대해 원본 텍스트를 요약한 한국어 텍스트와 관련 키워드 목록을 사용자에게 전달합니다. 이 두 가지 정보는 각각 example['summary']와 example['keywords']라는 항목에 저장됩니다. 이러한 방식으로 사용자의 요청에 따라 텍스트를 요약하고 핵심 키워드를 제공하는 대화가 이뤄집니다.

tokenizer.apply_chat_template() 함수는 사용자가 만든 대화 형식에 미리 정해둔 템플릿을 적용합니다. 이렇게 하면 대화 내용에 특별한 형식이 추가됩니다. sample_dataset의 첫 번째 데이터를 출력해 보면 우리가 직접 입력하지 않았던 특수한 토큰들(<bos>, <start_of_turn> 등)이 포함된 것을 확인할 수 있습니다.

- **<bos>**: Beginning of sequence의 약자로, 대화의 시작을 모델에 전달하는 토큰
- **<start_of_turn>**: 대화에서 사용자가 말을 시작하는 부분을 모델이 인식할 수 있도록 알려주는 토큰
- **<start_of_turn>**: 말을 시작하는 부분을 모델에 전달하는 토큰
- **<end_of_turn>**: 사용자 또는 모델의 말이 끝났음을 모델에 알려주는 토큰
- **<eos>**: End of sequence의 약자로, 대화가 끝을 모델에 알려주는 토큰

이런 특수 토큰들은 모델이 대화의 구조를 더 잘 이해하고 처리할 수 있게 도와주며, 이 과정을 통해 대화 데이터는 모델에 적합한 형태로 변환됩니다.

앞에서 설명한 apply_chat_template을 적용하고 토크나이저를 이용해 문자를 숫자로 변환하는 작업을 한 번에 적용하겠습니다.

```
EOS_TOKEN = tokenizer.eos_token
def tokenize(element):
    formatted = tokenizer.apply_chat_template(
        chat_keyword_summary_format(element), tokenize=False
    ) + EOS_TOKEN
    outputs = tokenizer(formatted)
    return {
        "input_ids": outputs["input_ids"],
        "attention_mask": outputs["attention_mask"],
    }

tokenized_sample_dataset = sample_dataset.map(tokenize)
```

tokenize 함수는 앞서 언급한 특수 토큰을 apply_chat_template을 사용해 특수 토큰을 추가하고, chat_keyword_summary_format 함수를 이용해 입력 데이터를 특정 대화 형식으로 변환합니다.

이 과정에서 대화 종료를 모델에 알려주는 eos 토큰이 아직 대화에 포함돼 있지 않기 때문에 tokenize=False 옵션을 설정해 문자가 한 번에 숫자로 바뀌는 것을 방지합니다. 그 후 eos 토큰을 추가하고, 준비된 대화 데이터를 토크나이저로 처리해 토큰화합니다. 토큰화된 결과에서 input_ids(토큰의 ID 배열)와 attention_mask(패딩 토큰을 구별하는 마스크 배열)를 추출해 딕셔너리 형태로 만듭니다.

마지막으로, sample_dataset.map(tokenize)을 사용해, 준비한 샘플 데이터셋의 모든 요소에 tokenize 함수를 적용합니다. 이러한 과정을 거쳐 원래의 샘플 데이터셋이 완전히 토큰화된 새로운 데이터셋인 tokenized_sample_dataset으로 변환됩니다.

3.4.7 데이터셋 분리 및 콜레이터 설정

학습용 데이터와 테스트용 데이터를 분리하고, 모델이 중점적으로 학습해야 할 부분을 알려주는 콜레이터(Collator)를 설정해 보겠습니다.

먼저, 학습용 데이터와 테스트용 데이터를 분리합니다.

```
tokenized_sample_dataset = tokenized_sample_dataset.train_test_split(
    test_size=0.1,
    seed=42
)
tokenized_sample_dataset
```

【실행 결과】

```
DatasetDict({
    train: Dataset({
        features: ['original', 'summary', 'keywords', 'input_ids', 'attention_mask'],
        num_rows: 900
    })
    test: Dataset({
        features: ['original', 'summary', 'keywords', 'input_ids', 'attention_mask'],
        num_rows: 100
    })
})
```

train_test_split 함수를 사용해 전체 데이터를 훈련용과 테스트용으로 나눕니다. 이때 **test_size=0.1** 옵션을 설정해 전체 데이터의 10%를 테스트 데이터로 사용하고, 자연스럽게 나머지 90%는 훈련 데이터가 됩니다. 훈련 데이터를 90%로 설정한 이유는 데이터양이 많지 않기 때문입니다.

또한 **seed=42**라는 옵션을 통해 난수 생성기의 시작점을 정합니다. 이렇게 시드값을 고정하면 코드를 여러 번 실행하더라도 항상 동일한 방식으로 데이터가 나뉘게 되어 실험 결과를 일관성 있게 재현할 수 있습니다.

이제 콜레이터설정입니다. 콜레이터는 데이터 처리 과정에서 다양한 역할을 수행합니다. 주요 기능으로는 데이터 배치화(데이터 묶음), 패딩(데이터의 길이 맞춤), 텐서 변환(데이터 타입 변환)이 있으며, 중요하게는 라벨링 작업도 담당합니다. 이번 실습에서는 특히 콜레이터를 라벨러 역할로 사용해 보겠습니다.

```
response_template_ids = tokenizer.encode(
    "<start_of_turn>model\n",
    add_special_tokens=False
    )
collator = DataCollatorForCompletionOnlyLM(
    response_template_ids, tokenizer=tokenizer
)
```

앞서 설명한 것처럼 이 코드는 모델이 학습할 부분을 라벨을 달아 정확히 어느 부분을 학습해야 하는지 지정해 주는 역할을 합니다. 우선 토크나이저를 사용해 "<start_of_turn>model\n" 문자열을 인코딩합니다.

이때 add_special_tokens=False 옵션을 통해 특수 토큰을 추가하지 않고 문자열 그대로를 인코딩하며, 그 결과를 response_template_ids 변수에 저장합니다.

다음으로 TRL 라이브러리에서 제공하는 DataCollatorForCompletionOnlyLM 클래스를 사용해 "<start_of_turn>model\n" 이후의 대화에 모델이 더 집중하도록 도와줍니다. 이 과정을 좀 더 쉽게 설명하자면, 마치 시험지에 형광펜으로 중요한 부분을 칠하는 것과 비슷합니다. "<start_of_turn>model\n" 이후의 텍스트를 형광펜으로 칠한 것처럼 표시해 주는 것입니다.

이렇게 표시해 주면 모델은 이 부분이 특별히 중요하다는 것을 알게 됩니다. 데이터 콜레이터는 이 형광펜 칠하기 작업을 자동으로 해 주는 도구라고 생각하면 됩니다. 학습 과정에서 이 도구는 입력된 대화 데이터에서 모델이 집중해야 할 부분을 자동으로 골라내고 표시해 줍니다.

결과적으로 모델은 이 표시된 부분부터 텍스트를 만들어내기 시작합니다. 마치 학생이 형광펜으로 칠해진 부분부터 공부하는 것처럼, 모델도 이 표시된 부분부터 텍스트를 생성하는 연습을 하게 됩니다. 이렇게 함으로써 모델은 대화의 맥락을 더 잘 이해하고, 더 자연스럽고 적절한 응답을 생성할 수 있게 됩니다.

3.4.8 학습 파라미터 설정

이제 학습에 사용되는 파라미터를 알아보겠습니다.

```
wandb.init(project="gemma-2B-it-Full-Fine-Tuning", entity="Your_ID")

training_args = TrainingArguments(
    output_dir="./keywords_gemma_results",
    # num_train_epochs=1, # 1epoch에 250step 정도 진행
    max_steps=800,
    per_device_train_batch_size=4,
    per_device_eval_batch_size=8,
    warmup_steps=0,
    weight_decay=0.01,
    learning_rate=2e-4,
    logging_dir="./logs",
    logging_steps=100,
    report_to="wandb",
    )
```

이 코드는 모델 학습에 사용되는 파라미터입니다. 먼저 Weights & Biases(wandb)를 설정해야 합니다. wandb란 머신러닝 실험을 추적하고 시각화하는 데 널리 쓰이는 플랫폼입니다. 이 도구를 활용하면 학습 과정을 실시간으로 지켜볼 수 있고 여러 실험 결과를 서로 비교할 수 있습니다. `wandb.init()` 함수를 사용해 W&B를 시작하는데, 이때 프로젝트 이름을 'gemma-2B-it-Full-Fine-Tuning'으로 정하고 `entity`에는 사용자 계정을 넣습니다.

다음으로 트랜스포머 라이브러리의 `TrainingArguments` 클래스를 사용해 학습에 필요한 다양한 매개변수를 설정할 수 있습니다.

- `output_dir`은 학습 중 만들어지는 모델 체크포인트를 저장할 폴더를 지정합니다. 학습이 중간에 종료되거나 나중에 이어서 학습할 때, 이 디렉터리에 저장된 체크포인트를 불러와 작업을 재개할 수 있습니다.
- `max_steps`는 몇 스텝을 학습할지 설정하는 옵션입니다. 전체 데이터셋을 한 번 학습하려 했으나, 이는 약 250스텝에 해당합니다. 그래서 더 오랫동안 학습하기 위해 800스텝으로 바꿔서 학습을 진행합니다. 이 옵션은 모델이 학습하는 총 스텝 수를 제어합니다.

- `per_device_train_batch_size`는 학습할 때 각 GPU나 CPU에서 한 번에 처리할 데이터 샘플의 수를 정합니다. 배치 크기가 크면 한 번에 더 많은 데이터를 처리하지만, 그만큼 메모리 사용량도 커집니다. 이는 학습 속도와 메모리 사용량 간의 균형을 맞추는 데 중요한 역할을 합니다.
- `per_device_eval_batch_size`는 평가할 때 GPU나 CPU에서 한 번에 처리할 데이터 샘플의 수를 정합니다. 이는 모델의 평가 성능을 측정할 때 사용되며, 학습과 평가를 위한 배치 크기를 각각 설정할 수 있습니다.
- `weight_decay`는 과적합을 막기 위해 모델 가중치를 조절하는 강도입니다. 모델이 학습할 때 가중치가 너무 커지지 않도록 규제하는 역할을 하며, 적절한 값을 설정하면 모델의 일반화 성능을 높일 수 있습니다.
- `logging_dir`은 로깅 도구가 사용할 로그 파일을 어디에 저장할지 정합니다. 학습 중 발생하는 로그 정보를 저장하는 디렉터리를 지정하며, 이를 통해 학습 과정을 모니터링할 수 있습니다.
- `logging_steps`는 100스텝마다 학습이 어떻게 진행되고 있는지 기록합니다. 일정한 주기마다 학습 상태, 손실값 등을 기록해 학습 과정을 추적할 수 있게 도와줍니다.
- `report_to`는 어떤 도구를 사용해 학습 현황을 관찰할지 정하는 곳입니다. 예를 들어, wandb(Weights and Biases)나 tensorboard와 같은 툴을 지정할 수 있으며, 이를 통해 시각적으로 학습 과정을 모니터링할 수 있습니다.

파라미터 설정을 완료했습니다. 이제 우리의 모델 성능을 측정하고 평가하는 방법에 대해 알아보겠습니다. 평가 메트릭은 모델의 성능을 객관적으로 측정할 수 있는 중요한 지표입니다. 이를 통해 우리는 모델이 얼마나 잘 작동하는지, 어떤 부분에서 개선이 필요한지를 파악할 수 있습니다. 평가 메트릭은 작업의 특성에 따라 다양하게 선택될 수 있으며, 예를 들어 분류 문제에서는 정확도(Accuracy), 정밀도(Precision), 재현율(Recall) 등을, 회귀 문제에서는 평균 제곱 오차(Mean Squared Error)나 R-squared 값 등을 사용합니다. 이러한 메트릭을 이해하고 적절히 활용함으로써 모델의 성능을 정확하게 평가하고 지속적으로 개선할 수 있습니다. 이제 학습한 모델에 맞는 적절한 평가 메트릭이 무엇인지 알아보겠습니다.

3.4.9 평가 메트릭 정의

평가 메트릭은 모델이 얼마나 잘 학습됐는지 측정하기 위한 지표입니다. 이번 실습에서는 주로 기계 번역 품질을 측정하는 BLEU 점수와 모델 예측 결과가 실제 정답과 얼마나 정확하게 일치하는지를 측정하는 정확도(ACC)를 평가 지표로 사용합니다. BLEU는 생성된 텍스트와 참조 텍스트 사이의 연속된 n개 단어(n-gram)의 일치도를 바탕으로 평가를 진행하기에 요약과 키워드 추출에도 응용해 사용할 수 있습니다. 이 과정에서 생성된 텍스트에서 사용된 n-gram이 참조 텍스트에도 얼마나 존재하는지를 나타내는 비율인 정밀도와 텍스트 길이의 간결성 패널티를 고려합니다. BLEU 점수는 최종적으로 0에서 1 사이의 값으로 나타냅니다. 이때 1에 가까울수록 생성된 텍스트가 참조 텍스트와 더 비슷하다는 것을 의미합니다. 이러한 평가 메트릭을 통해 모델의 성능을 객관적으로 측정하고 비교할 수 있습니다. 이제 코드를 살펴보겠습니다.

```
bleu = evaluate.load("bleu")
acc = evaluate.load("accuracy")

def preprocess_logits_for_metrics(logits, labels):
    if isinstance(logits, tuple):
        # 모델과 설정에 따라 logits에는 추가적인 텐서들이 포함될 수 있습니다.
        # 예를 들어, past_key_values 같은 것들이 있을 수 있지만 logits는 항상 첫 번째 
요소입니다.
        logits = logits[0]
    # 토큰 ID를 얻기 위해 argmax를 수행합니다.
    return logits.argmax(dim=-1)

def compute_metrics(eval_preds):
    preds, labels = eval_preds
    # preds는 labels와 같은 형태를 갖습니다.
    # preprocess_logits_for_metrics에서 argmax(-1)가 계산된 후입니다.
    # 하지만 우리는 labels를 한 칸 이동해야 합니다.
    labels = labels[:, 1:]
    preds = preds[:, :-1]

    # -100은 DataCollatorForCompletionOnlyLM에서 사용되는 ignore_index의 기본값입니다.
    mask = labels == -100
    # -100을 토크나이저가 디코드할 수 있는 값으로 대체합니다.
    labels[mask] = tokenizer.pad_token_id
    preds[mask] = tokenizer.pad_token_id

    # BLEU 점수는 텍스트를 입력으로 받기 때문에,
```

```python
    # 토큰 ID에서 텍스트로 변환해야 합니다.
    decoded_labels = tokenizer.batch_decode(labels, skip_special_tokens=True)
    decoded_preds = tokenizer.batch_decode(preds, skip_special_tokens=True)
    bleu_score = bleu.compute(predictions=decoded_preds, references=decoded_labels)

    # accuracy는 정수 리스트를 입력으로 받습니다.
    # 우리는 -100이 아닌 부분만 평가하고 싶으므로 마스크의 부정(~)을 사용합니다.
    accuracy = acc.compute(predictions=preds[~mask], references=labels[~mask])

    return {**bleu_score, **accuracy}
```

이 코드는 모델의 성능을 평가하기 위한 두 가지 주요 함수를 정의합니다. preprocess_logits_for_metrics 함수는 모델의 출력을 가장 높은 확률의 토큰 ID로 바꿉니다. compute_metrics 함수는 실제 평가를 수행하며, 예측값과 실제값을 비교합니다. 이 과정에서 패딩이나 무시해야 할 토큰을 나타내는 특별한 값(−100)을 제외하고 유효한 토큰만을 평가합니다. 토큰 ID를 텍스트로 바꾼 후, BLEU(Bilingual Evaluation Understudy) 점수를 계산합니다. BLEU는 생성된 텍스트가 참조 텍스트와 얼마나 비슷한지를 평가하는 데 사용합니다. 또한, 정확도도 계산하되 유효한 토큰에 대해서만 평가합니다. 이 두 가지 평가 지표를 통해 모델이 생성한 텍스트의 품질과 정확성을 종합적으로 평가할 수 있습니다.

3.4.10 모델 학습 및 평가

이제 앞서 준비한 모델, 토크나이저, 콜레이터, 데이터셋, 평가 지표를 모두 모아 학습을 도와주는 Trainer 클래스를 설정하고 실제 학습을 시작해 보겠습니다. Trainer 클래스는 이러한 요소들을 하나로 묶어 효율적인 학습 과정을 제공합니다. 이 클래스를 통해 모델 학습에 필요한 다양한 설정을 한 곳에서 관리하고, 학습 과정을 자동화할 수 있습니다. Trainer 클래스를 설정한 후에는 바로 모델 학습을 시작할 수 있으며, 이를 통해 우리가 원하는 목적에 맞게 모델의 성능을 향상할 수 있습니다. Trainer 설정을 코드로 살펴보겠습니다.

```python
trainer = Trainer(
    args=training_args,
    model=model,
```

```
    tokenizer=tokenizer,
    data_collator=collator,
    train_dataset=tokenized_sample_dataset["train"],
    eval_dataset=tokenized_sample_dataset["test"],
    preprocess_logits_for_metrics=preprocess_logits_for_metrics,
    compute_metrics=compute_metrics,
    callbacks=[WandbCallback()]
)
```

Trainer 클래스는 모델 학습에 필요한 다양한 요소들을 한 곳에 모아 관리합니다. 먼저 args=training_args를 통해 앞서 정의한 학습 설정을 적용합니다. 그리고 이전에 정의한 모델과 토크나이저를 불러옵니다. data_collator=collator는 여러 데이터 샘플을 하나의 배치로 묶고 라벨을 제공합니다.

train_dataset=tokenized_sample_dataset["train"]과 eval_dataset=tokenized_sample_dataset["test"]는 각각 학습과 평가에 사용할 전처리된 데이터를 지정합니다. preprocess_logits_for_metrics 함수는 모델의 출력을 평가하기에 적합한 형태로 가공합니다. compute_metrics 함수는 모델의 성능을 측정하는 방법을 정합니다.

마지막으로 callbacks=[WandbCallback()]을 통해 Weights & Biases에 학습 중간 결과를 자동으로 기록하도록 설정합니다. 이러한 과정을 통해 Trainer 클래스는 모델 학습에 필요한 모든 요소를 체계적으로 관리하고 실행합니다.

```
trainer.train()
```

trainer.train()은 이전에 설정한 Trainer 객체를 활용해 모델의 학습 과정을 시작합니다. 이 함수는 미리 정해진 스텝 수만큼 모델을 훈련하며, 설정된 배치 크기에 맞춰 데이터를 처리합니다. 학습이 진행되는 동안 손실값(loss)을 계산하고 역전파를 통해 모델의 가중치를 업데이트합니다. 더불어 정해진 간격마다 평가를 수행하고, 지정된 메트릭을 활용해 모델의 성능을 측정합니다. 이러한 방식으로 학습을 진행하면 대략 5~10분 정도면 충분히 학습이 완료됩니다.

```
trainer.evaluate()
```

trainer.evaluate()은 Trainer 객체를 사용해 모델의 성능을 평가합니다. 이 함수는 미리 정해둔 평가 데이터셋으로 모델의 예측을 만들고, compute_metrics 함수를 통해 정한 평가 지표(예: BLEU 점수, 정확도)를 계산합니다. 평가할 때는 학습과 달리 모델의 가중치를 바꾸지 않고 현재 모델의 성능만 측정합니다.

이 명령어를 실행한 결과, eval_loss는 0.93입니다. 이 값은 낮을수록 좋습니다. eval_bleu 점수는 0.557로, 이는 모델이 만든 텍스트의 질을 나타내며 1에 가까울수록 좋습니다. eval_accuracy는 0.869로, 이는 모델의 정확도를 보여주며 약 87%의 정확성을 의미합니다. 간단히 조정했는데도 꽤 좋은 성능을 보이는 것을 알 수 있습니다.

3.4.11 파인튜닝한 모델 테스트

이제 평가 지표로 모델의 성능을 확인해 봤으니, 실제로 모델을 사용해 텍스트를 생성해 보겠습니다. 이 과정을 통해 모델이 어떤 결과물을 만들어내는지 직접 확인할 수 있습니다.

```
input_text = "부산의 한 왕복 2차선 도로에서 역주행 사고로 배달 오토바이 운전자인 고등학생이
숨지는 사고가 발생했다. 유족은 '가해자가 사고 후 곧바로 신고하지 않고 늑장 대응해 피해를
키웠다'고 주장하고 있다.\n11일 부산진경찰서는 교통사고처리특례법(교통사고처리법)상 업무상
과실치사 혐의로 지난 3일 A(59)씨를 검찰에 불구속 송치했다고 밝혔다. A씨는 교통사고처리법상
12대 중과실에 해당되는 '중앙선 침범'으로 역주행 교통사고를 일으킨 혐의를 받는다.\n경찰에 따르면
스포츠유틸리티차량(SUV) 운전자 A씨는 5월 19일 밤 11시 50분쯤 부산진구 가야고가교 밑 도로에서
중앙선을 넘어 역주행으로 140m를 달려 반대편 차선의 오토바이 운전자 조모(16)군을 들이받았다.
조군은 원동기장치자전거 면허를 취득한 상태였고 헬멧도 쓰고 있었지만 크게 다쳤다. 사고 당일
수술을 받았으나 얼마 후 2차 뇌출혈로 뇌사 판정이 내려졌고, 사고 발생 약 한 달 만인 지난달 16일
끝내 사망했다. 사고를 낸 A씨는 술을 마시거나 약물을 복용한 상태에서 운전하지는 않은 것으로
조사됐다. 경찰 관계자는 'A씨가 자신이 정주행을 하고 오토바이가 역주행을 한 것으로 착각했다고
진술했다'고 설명했다."

def get_chat_format(input_text):

        return [
            {"role": "user", "content": f"다음 텍스트를 한국어로 간단히 요약 및 관련
키워드를 추출해주세요:\n{input_text}"},
            {"role": "assistant", "content": "한국어 요약:\n키워드:"}
        ]
```

```python
def change_inference_chat_format(input_text):
    return [
    {"role": "user", "content": f"{input_text}"},
    {"role": "assistant", "content": ""}
    ]
prompt = change_inference_chat_format(input_text)
# tokenizer 초기화 및 적용
inputs = tokenizer.apply_chat_template(prompt, tokenize=True,
add_generation_prompt=True, return_tensors="pt").to("cuda")
outputs = model.generate(inputs, max_new_tokens=512, use_cache=True)
print(tokenizer.decode(outputs[0], skip_special_tokens=True))
```

【실행 결과】

```
한국어 요약:유족은 '가해자가 사고 후 곧바로 신고하지 않고 늑장 대응해 피해를 키웠다'고 주장하고 있다. 11일
부산진경찰서는 교통사고처리특례법(교통사고처리법)상 업무상 과실치사 혐의로 지난 3일 A(59)씨를 검찰에
불구속 송치했다고 밝혔다.
키워드:1. 가해자가 사고 후 곧바로 신고하지 않고 늑장 대응해 피해를 키웠다
2. 고등학생
3. 유족
4. 2차선
5. 농장 대응
```

테스트를 위해 네이버에서 기사를 가져와 실험한 결과, 한국어 요약과 키워드가 추출되는 것을 확인할 수 있었습니다. 자세히 살펴보면 키워드의 1번이 문장으로 생성된 것을 확인할 수 있습니다. 이는 모델이 학습을 너무 짧게 해서 키워드의 정확한 의미를 아직 제대로 파악하지 못했기 때문에 발생하는 문제입니다. 이를 해결하려면 에폭 수를 조절해 학습을 더 진행해 보는 것이 좋습니다. 학습을 추가로 진행한 후에는 반드시 이전 결과와 비교해 보는 것이 중요합니다. 이렇게 함으로써 모델의 성능 향상 정도를 직접 확인할 수 있고, 필요한 경우 추가적인 조정을 할 수 있습니다.

지금까지 텍스트 요약과 키워드 추출을 각각 별도로 수행해야 했던 Gemma 모델을 파인튜닝했습니다. 그 결과, 기사를 요약하고 기사에서 중요한 키워드를 추출하는 작업을 동시에 처리할 수 있는 새로운 모델을 만들어냈습니다. 실제로 모델을 개발하고 테스트해 본 결과, 간단한 조정만으로도 상당히 좋은 성능을 보여줬습니다. 실습 코드는 깃허브에 업로드해 두었으니 참고하기 바랍니다.

그러나 이번 실습에서 아쉬운 점은 평가 메트릭에 있습니다. 아무리 좋은 평가 지표라도 요약과 키워드 추출의 정확성을 수학적으로 정확하게 측정하기는 쉽지 않습니다. 이러한 문제를 해결하기 위해, 다음 절에서는 기존의 기본적인 평가 지표에 더해 OpenAI API를 활용한 추가적인 테스트를 진행할 예정입니다.

다음으로는 Llama 3.1 모델의 전체 파인튜닝으로 넘어가겠습니다.

3.5 _ 다중 GPU를 활용한 Llama3.1-8B-instruct 파인튜닝

3.4절에서는 Gemma-2B-it 모델을 단일 GPU로 파인튜닝했습니다. 이번에는 더 큰 규모의 Llama3.1-8B-instruct 모델을 대상으로, 3.3절에서 배운 GPU 병렬화 기법을 적용해 여러 대의 GPU를 활용한 파인튜닝을 진행하겠습니다.

이 실습을 통해 다중 GPU를 효율적으로 활용해 모델을 파인튜닝하는 과정을 직접 경험할 수 있습니다. 또한, 여러 대의 GPU를 사용해 학습하는 것과 한 대의 GPU를 사용하는 것이 어떻게 다른지, 그리고 어떤 장점이 있는지도 함께 알아봅니다.

3.5.1 런팟 환경 설정

이번 실습에서는 Llama-3.1-8B-Instruct 모델을 사용해 전체 파인튜닝을 진행합니다. 이전 실습과는 다르게, 주피터 노트북 환경 대신 터미널에서 직접 스크립트 파일을 실행하는 방식으로 런팟 플랫폼에서 실습을 수행합니다.

실습을 원활하게 진행하려면 최소 100GB VRAM이 필요합니다. 따라서 GPU는 2~4개가 필요하며, 실습에 소요되는 예상 비용은 약 8~16달러입니다. 이 비용은 사용하는 GPU의 성능과 사용 시간에 따라 달라질 수 있습니다. 넉넉한 배치 사이즈를 위해 4개의 GPU를 대여할 예정입니다.

컴퓨팅 파워 면에서 H100이 A100보다 성능이 우수하지만, 이번 실습을 위해 반드시 H100을 선택할 필요는 없습니다. A100이나 H100 중 어느 것을 선택해도 무방합니다. 다만, 이번 실습에서는 GPU 사이의 통신이 빈번하게 발생하기 때문에 SXM(Server eXtension

Module) 버전의 GPU를 선택하는 것이 매우 중요합니다. SXM 버전은 GPU 간에 데이터를 더 빠르고 효율적으로 주고받을 수 있게 해줍니다.

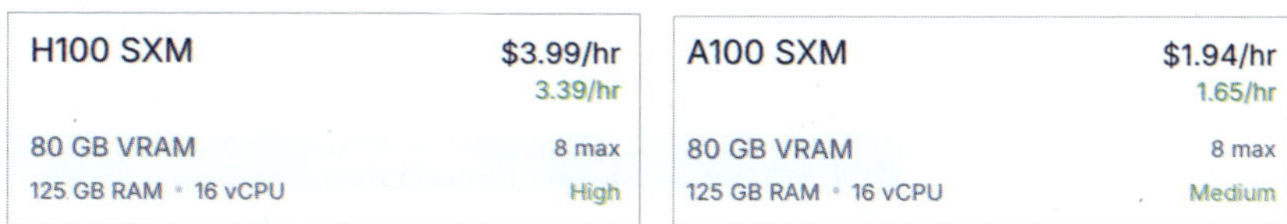

그림 3.31 H100 SXM과 A100 SXM 비교

Llama-3.1 모델은 파이토치 2.2.0 이상의 버전을 필요로 하므로, 이번 실습에서는 파이토치의 2.2 버전을 선택합니다.

그림 3.32 파이토치 버전 설정

그다음 [Edit Template] 버튼을 클릭해 Container Disk와 Volume Disk를 각각 200GB로 설정합니다. 이는 학습 과정에서 발생하는 데이터와 모델 파일을 안전하게 저장하기 위함입니다.

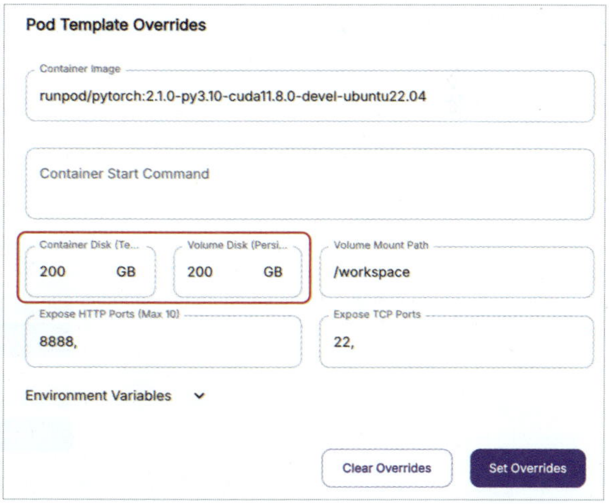

Pod Template Overrides
Container Image
runpod/pytorch:2.1.0-py3.10-cuda11.8.0-devel-ubuntu22.04
Container Start Command
Container Disk (Te... 200 GB
Volume Disk (Persi... 200 GB
Volume Mount Path /workspace
Expose HTTP Ports (Max 10) 8888,
Expose TCP Ports 22,
Environment Variables
Clear Overrides
Set Overrides

그림 3.33 대여할 서버 용량 선택

이후 과정은 3.4절에서와 같습니다. [Deploy On-Demand]를 클릭합니다.

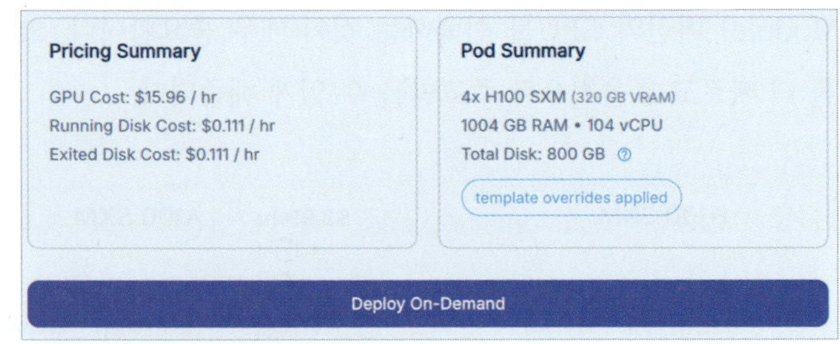

그림 3.34 GPU 대여 화면

Running 표시가 보이면 [Connect] 버튼을 클릭합니다.

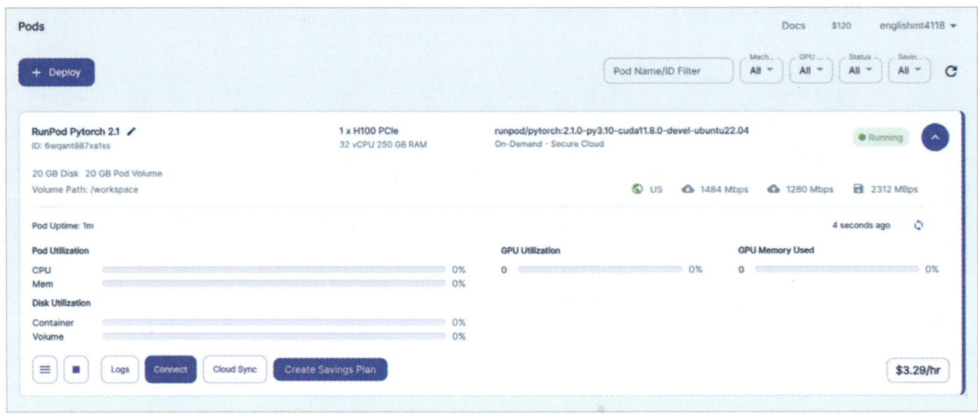

그림 3.35 서버 준비 단계

주피터 랩에 연결하고 터미널을 엽니다.

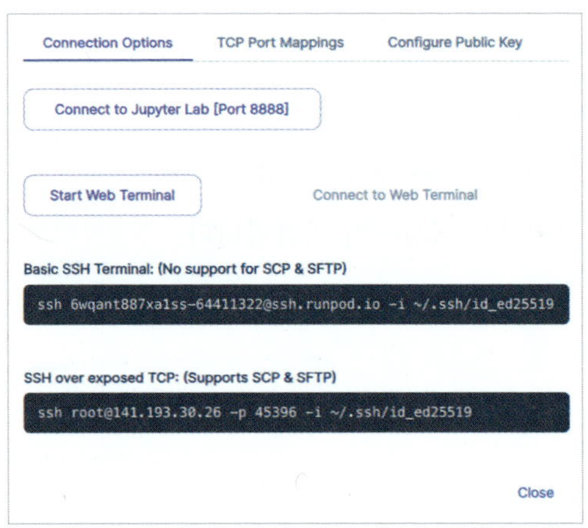

그림 3.36 주피터 랩으로 이동 안내

터미널에서 다음 명령을 차례로 실행해 필요한 파일들을 다운로드합니다.

```
git clone https://github.com/wikibook/llm-finetuning
cd llm-finetuning/chapter3/3.5
pip install -r requirements.txt
```

3.5 폴더에서 다음 파일을 확인할 수 있습니다.

- **0_full_fine_tuning_config.yaml**: 파인튜닝 과정에 필요한 설정 정보를 담고 있으며, 각 줄마다 중요한 파라미터들이 정의돼 있습니다.
- **1_train_full_fine_tuning.py**: GPU를 여러 장 사용해 모델을 학습할 수 있는 코드가 정의돼 있습니다.
- **2_inference_notebook.iypnb**: 학습한 모델이 실제 어떤 결과를 보이는지 확인하는 노트북 파일입니다.
- **3_test.py**: 학습한 모델을 불러와서 테스트 데이터셋의 질문에 대한 응답을 생성하고, 실제 정답과 함께 결과를 파일로 저장하는 코드입니다.
- **4_openai_test.py**: 학습한 모델이 생성한 결과의 품질을 확인하기 위해 OpenAI API를 활용해 채점하는 코드입니다.
- **5_score_notebook.ipynb**: OpenAI가 채점한 결과의 스코어를 확인하는 코드입니다.

3.5.2 Llama 3.1 학습 파라미터 설정

0_full_fine_tuning_config.yaml 파일을 한 줄씩 분석하면서 각 설정이 파인튜닝 과정에서 어떤 역할을 하는지 이해해 보겠습니다.

```yaml
model_name: "meta-llama/Meta-Llama-3.1-8B-Instruct"
dataset_path: "."
max_seq_length: 512
output_dir: "./llama-3.1-korean-8b-hf-20-epoch"
report_to: "wandb"
learning_rate: 0.00005
lr_scheduler_type: "linear"
num_train_epochs: 5
```

```
per_device_train_batch_size: 2
per_device_eval_batch_size: 2
gradient_accumulation_steps: 4
optim: "adamw_torch_fused"
logging_steps: 10
save_strategy: "epoch"
weight_decay: 0.01
max_grad_norm: 0.5
warmup_ratio: 0.03
bf16: true
tf32: true
gradient_checkpointing: true
fsdp: "full_shard auto_wrap"
fsdp_config:
  backward_prefetch: "backward_pre"
  forward_prefetch: "false"
  use_orig_params: "false"
```

- model_name은 사용하고자 하는 모델의 ID를 나타내며, 허깅페이스에 등록된 모델 이름을 적으면 됩니다. 여기서는 메타에서 개발한 Llama-3.1-8B-Instruct 모델을 사용할 예정입니다. 8B 크기의 다른 모델을 사용하고 싶다면 이 부분을 원하는 모델로 변경해도 됩니다. 다만, 8B보다 큰 모델을 선택할 경우 더 많은 GPU 자원이 필요합니다.
- dataset_path는 학습에 사용할 데이터셋이 위치한 경로를 지정합니다. 현재 설정에서는 현재 작업 중인 폴더(.)를 데이터셋 경로로 사용합니다. 만약 데이터셋이 다른 위치에 있다면 이 부분을 원하는 경로로 수정하면 됩니다.
- max_seq_length는 모델이 처리할 수 있는 최대 시퀀스 길이를 설정하는 파라미터입니다. 이 파라미터 값은 모델이 한 번에 처리할 수 있는 입력 텍스트의 최대 길이를 결정하며, 더 긴 시퀀스는 자동으로 max_seq_length 길이로 잘리고, 더 짧은 시퀀스는 패딩됩니다. 이 설정은 모델의 성능과 메모리 사용량에 직접적인 영향을 미치므로 사용 가능한 하드웨어 자원과 작업의 특성을 고려해 적절히 조정해야 합니다.
- output_dir은 모델 학습 과정에서 생성되는 학습된 모델, 학습 중간중간에 저장되는 체크포인트 파일들을 저장할 디렉터리입니다.
- report_to는 모델 학습 과정에서 발생하는 로그와 성능 지표를 어떤 플랫폼에 기록할지 지정하는 옵션입니다. 이번 실험에서는 wandb(Weights & Biases)를 사용합니다. 이 외에도 tensorboard, mlflow, azure_ml 등 다양한 옵션을 사용할 수 있습니다. 이러한 도구들은 학습 손실, 학습률 변화 등의 중요한 지표들을 실시간 모니터링이 가능하게 도와줍니다.

- learning_rate는 신경망의 가중치를 얼마나 크게 조정할지 결정하는 중요한 하이퍼파라미터입니다. 일반적으로 전체 파인튜닝은 1e-5에서 5e-5 사이의 값이 자주 사용되며, 이번 학습에서는 0.00005를 사용할 예정입니다. 학습률의 선택은 모델의 크기, 데이터셋의 특성, 학습 목표 그리고 학습 방법에 따라 달라집니다. 높은 학습률은 최적점을 빠르게 찾을 수 있지만, 학습이 불안정해지거나 발산할 위험이 있습니다. 반면, 너무 낮은 학습률은 안정적이지만 학습이 매우 느리거나 지역 최적점(local minimun)에 갇힐 수 있습니다.
- lr_scheduler_type은 학습률 스케줄러이며, 학습 과정에서 학습률의 변화를 관리합니다. constant로 설정하면 학습 전체에 걸쳐 일정한 학습률을 유지합니다. 다른 옵션으로는 linear, cosine, cosine_with_restarts 등이 있으며, 각각 다른 방식으로 학습률을 조절합니다.
- num_train_epochs는 에폭이며 전체 데이터셋을 한 번 학습하는 주기를 의미합니다. 1로 설정하면 데이터셋을 한 번만 학습합니다. 에폭 수를 늘리면 모델이 데이터를 더 많이 학습하지만, 과적합의 위험도 증가할 수 있습니다.
- per_device_train_batch_size는 각 GPU 또는 CPU에서 한 번에 처리할 학습 데이터의 개수입니다. 일반적으로 컴퓨터의 메모리와 처리 능력이 감당할 수 있는 가장 큰 배치 크기를 사용하면 더 빠르게 학습할 수 있습니다.
- per_device_eval_batch_size는 평가 시 각 디바이스에서 처리할 데이터의 개수입니다.
- gradient_accumulation_steps는 그레이디언트 누적 기법을 사용해 가상의 더 큰 배치 크기 효과를 얻는 방법입니다. 이번 실습에서는 4로 설정했으며, 모델이 4번의 순전파와 역전파를 수행한 후 한 번씩 가중치를 업데이트합니다. 즉, 4개의 작은 배치에서 계산된 그레이디언트를 모아 한 번에 적용하는 것입니다. 이 기법은 GPU 메모리 사용량을 줄이면서도 큰 배치 크기의 효과를 얻을 수 있어 메모리 효율성이 높습니다. 실제 배치 크기에 누적 스텝 수를 곱한 만큼의 유효 배치 크기 효과를 얻을 수 있어 더 안정적인 학습이 가능합니다. 이는 GPU 메모리가 제한적이거나 매우 큰 모델을 학습할 때 특히 유용하지만, 학습 시간이 약간 늘어날 수 있다는 점을 고려해야 합니다.
- optim은 모델 학습에 사용할 최적화 알고리즘을 지정합니다. 이번 실습에서는 adamw_torch_fused를 사용합니다. 이는 파이토치에서 제공하는 최적화된 AdamW 구현입니다. AdamW는 널리 사용되는 Adam 옵티마이저의 변형으로, 적응적 학습률 조정과 모멘텀을 결합한 방식입니다. 여기에 가중치 감쇠(weight decay)를 효과적으로 적용해 과적합을 줄이는 특징이 있습니다. fused 버전은 이러한 AdamW의 장점을 유지하면서도 계산 효율을 높인 것입니다. 이 옵티마이저는 여러 연산을 하나로 합쳐(fuse) GPU에서 더 빠르게 실행될 수 있도록 최적화됐습니다.
- logging_steps는 로그를 기록할 주기를 스텝 단위로 설정합니다. 10으로 설정하면 10스텝마다 학습 진행 상황과 성능 지표가 기록됩니다.

- save_strategy는 모델 체크포인트를 저장하는 전략을 설정합니다. epoch으로 설정하면 각 에폭이 끝날 때마다 모델을 저장합니다. 다른 옵션으로는 steps(특정 스텝마다 저장) 또는 no(저장하지 않음) 등이 있습니다.
- weigt_decay는 과적합을 방지하고 모델의 일반화 성능을 향상시키는 데 사용됩니다. 이 파라미터는 0.01로 설정돼 있습니다.
- max_grad_norm은 그레이디언트 클리핑(gradient clipping)의 임곗값을 지정합니다. 그레이디언트 클리핑은 학습 과정에서 그레이디언트의 크기가 지나치게 커지는 것을 방지하는 기법입니다. 0.3이라는 값은 모든 파라미터의 그레이디언트를 합한 노름(norm)이 0.3을 초과할 경우, 그 비율에 맞춰 그레이디언트를 축소합니다. 이는 급격한 가중치 변화를 억제해 학습의 안정성을 높이고 그레이디언트 폭발 문제를 완화합니다.
- warmup_ratio는 학습률 웜업 기법을 제어합니다. 웜업은 학습 초기에 학습률을 매우 작은 값에서 시작해 점진적으로 목표 학습률까지 증가시키는 방법입니다. 0.03이라는 값은 전체 학습 스텝의 3% 동안 이 웜업 과정이 진행됨을 의미합니다. 이 기법의 주요 목적은 학습 초기의 급격한 파라미터 변화를 방지하고, 모델이 안정적으로 학습을 시작할 수 있게 하는 것입니다. 초기 학습 단계에서의 그레이디언트 불안정성을 줄이고, 모델이 더 나은 지역 최적점으로 수렴할 가능성을 높입니다. 그러나 최적의 웜업 비율은 모델 크기, 데이터셋 특성, 전체 학습 에폭 수 등에 따라 달라질 수 있으며, 실험을 통해 조정이 필요할 수 있습니다.
- bf16은 bfloat16(Brain Floating Point) 정밀도를 사용하도록 활성화합니다. bfloat16은 32비트 부동소수점(float32)의 지수 부분은 그대로 유지하면서 가수 부분을 줄인 16비트 형식입니다. 이는 넓은 동적 범위를 유지하면서 메모리 사용량을 절반으로 줄이고 연산 속도를 높입니다. 특히 딥러닝 모델 학습에서 float32와 유사한 수치 안정성을 제공하면서 더 효율적인 학습을 가능하게 합니다.
- tf32는 NVIDIA의 TensorFloat-32(TF32) 형식을 활성화합니다. TF32는 NVIDIA의 Ampere 아키텍처 이상의 GPU에서 제공되는 특별한 내부 표현 방식입니다. 이는 19비트 부동소수점 형식으로, float32의 정밀도와 float16의 속도 사이의 균형을 제공합니다. TF32는 내부적으로만 사용되며, 입력과 출력은 여전히 float32 형식을 유지합니다. 이를 통해 프로그램의 변경 없이도 행렬 곱셈과 같은 주요 연산의 속도를 크게 향상할 수 있습니다.
- gradient_checkpointing은 그레이디언트 체크포인팅 기법을 활성화합니다. 이는 대규모 신경망 모델 학습 시 메모리 사용을 최적화하는 고급 기술입니다. 일반적으로 역전파 과정에서 모든 중간 활성화 값을 메모리에 저장하는 대신, 그레이디언트 체크포인팅은 전략적으로 선택된 일부 활성화만 저장합니다. 나머지 활성화는 역전파 중에 필요할 때 재계산됩니다. 이 방식은 메모리 사용량을 크게 줄이는 대신 약간의 계산 오버헤드를 발생시킵니다. 결과적으로 더 큰 배치 크기를 사용하거나, 더 깊은 모델을 학습하거나, 또는 더 긴 시퀀스를 처리할 수 있게 됩니다.
- 한편, gradient_checkpointing을 사용하다 보면 use_cache와 함께 쓸 수 없다는 경고문이 뜹니다. use_cache는 모델의 키와 값을 캐시해 추론 시 계산 효율을 높이는 기능입니다. 이는 주로 텍스

트 생성 작업에서 사용되며, 이전에 계산된 키와 값을 재사용해 연속적인 토큰 생성 속도를 높입니다. 그러나 gradient_checkpointing과 use_cache는 동시에 사용할 수 없습니다. 그 이유는 gradient_checkpointing이 메모리 절약을 위해 중간 활성화를 재계산하는 반면, use_cache는 이러한 중간 결과를 저장하고 재사용하기 때문입니다. 두 기술의 작동 방식이 서로 상충되어 함께 사용할 경우 오류가 발생하거나 의도한 효과를 얻을 수 없습니다.

- fsdp: full_shard auto_wrap는 Fully Sharded Data Parallel(FSDP)을 활성화해 모델을 여러 GPU에 분산시켜 메모리 효율을 높이는 기술을 적용합니다.
- full_shard는 모든 파라미터를 분산시키고, auto_wrap은 자동으로 모델을 FSDP로 래핑합니다. FSDP란 각 GPU가 전체 모델의 일부만을 저장하고 필요할 때 다른 GPU와 통신해 데이터를 주고받는 방식으로 작동합니다.
- fsdp_config의 추가 설정들은 이 분산 처리의 효율성을 더욱 높여줍니다.
  - backward_prefetch: backward_pre 설정은 FSDP에서 역전파 과정을 최적화하는 중요한 기능입니다. 이 설정은 역전파 계산이 시작되기 직전에 필요한 모델 파라미터를 미리 가져오는 전략을 활성화합니다.
  - FSDP에서 모델 파라미터가 여러 GPU에 분산돼 있기 때문에 이 설정은 각 역전파 단계 시작 전에 필요한 파라미터를 효율적으로 준비합니다. 이를 통해 대기 시간이 감소하고, 파라미터를 가져오는 통신 작업과 실제 계산 작업을 부분적으로 병렬화할 수 있으며, 메모리 사용을 최적화합니다.
  - forward_prefetch를 false로 설정하면 순전파(forward pass) 과정 중 추가적인 데이터 프리페치(미리 가져오기)를 비활성화합니다. 일반적으로 프리페치는 성능을 향상시키기 위해 사용되지만, FSDP 컨텍스트에서는 오히려 불필요할 수 있습니다. 순전파 중 프리페치를 비활성화함으로써 모델은 현재 필요한 데이터만을 처리하게 됩니다. 이는 GPU 간 불필요한 데이터 전송을 줄이고, 메모리 사용을 최적화하며, 전체적인 계산 효율을 높일 수 있습니다.
  - use_orig_params를 false로 설정하면 원본 파라미터 대신 분할된 파라미터를 직접 사용해 메모리 효율성을 극대화합니다.

3.5.3 데이터셋 준비

지금부터 1_train_full_fine_tuning.py 코드를 살펴보겠습니다.

이 코드는 크게 데이터셋 준비, 학습 과정 구현, 그리고 실행 부분으로 구성돼 있습니다. 전체 코드가 한 번에 나열되어 이해하기 어려울 수 있으므로 각 부분을 분리해 하나씩 자세히 살펴보겠습니다.

```python
dataset = load_dataset("beomi/KoAlpaca-v1.1a")
columns_to_remove = list(dataset["train"].features)

system_prompt = "당신은 다양한 분야의 전문가들이 제공한 지식과 정보를 바탕으로 만들어진 AI 어시스턴트입니다. 사용자들의 질문에 대해 정확하고 유용한 답변을 제공하는 것이 당신의 주요 목표입니다. 복잡한 주제에 대해서도 이해하기 쉽게 설명할 수 있으며, 필요한 경우 추가 정보나 관련 예시를 제공할 수 있습니다. 항상 객관적이고 중립적인 입장을 유지하면서, 최신 정보를 반영하여 답변해 주세요. 사용자의 질문이 불분명한 경우 추가 설명을 요청하고, 당신이 확실하지 않은 정보에 대해서는 솔직히 모른다고 말해주세요."

train_dataset = dataset.map(
    lambda sample:
    { 'messages' : [
        {"role": "system", "content": system_prompt},
        {"role": "user", "content": sample['instruction']},
        {"role": "assistant", "content": sample['output']}]
                },
)

train_dataset = train_dataset.map(remove_columns=columns_to_remove,batched=False)
train_dataset = train_dataset["train"].train_test_split(test_size=0.1, seed=42)

train_dataset["train"].to_json("train_dataset.json", orient="records",
force_ascii=False)
train_dataset["test"].to_json("test_dataset.json", orient="records", force_ascii=False)
```

이번에 사용할 데이터셋은 이준범(beomi) 님이 만든 KoAlpaca-v1.1a 데이터셋[37]입니다.

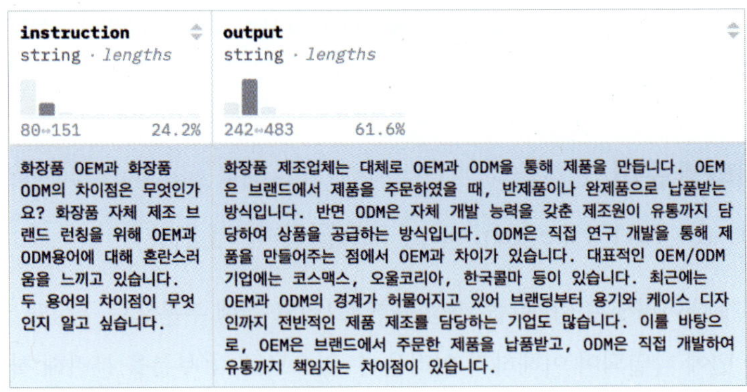

instruction string · lengths 80↔151 24.2%	output string · lengths 242↔483 61.6%
화장품 OEM과 화장품 ODM의 차이점은 무엇인가요? 화장품 자체 제조 브랜드 런칭을 위해 OEM과 ODM용어에 대해 혼란스러움을 느끼고 있습니다. 두 용어의 차이점이 무엇인지 알고 싶습니다.	화장품 제조업체는 대체로 OEM과 ODM을 통해 제품을 만듭니다. OEM은 브랜드에서 제품을 주문하였을 때, 반제품이나 완제품으로 납품받는 방식입니다. 반면 ODM은 자체 개발 능력을 갖춘 제조원이 유통까지 담당하여 상품을 공급하는 방식입니다. ODM은 직접 연구 개발을 통해 제품을 만들어주는 점에서 OEM과 차이가 있습니다. 대표적인 OEM/ODM 기업에는 코스맥스, 오울코리아, 한국콜마 등이 있습니다. 최근에는 OEM과 ODM의 경계가 허물어지고 있어 브랜딩부터 용기와 케이스 디자인까지 전반적인 제품 제조를 담당하는 기업도 많습니다. 이를 바탕으로, OEM은 브랜드에서 주문한 제품을 납품받고, ODM은 직접 개발하여 유통까지 책임지는 차이점이 있습니다.

그림 3.37 KoAlpaca-v1.1a 데이터 예시

37 https://github.com/Beomi/KoAlpaca

이 데이터셋은 네이버 지식인의 베스트 질문들을 크롤링해 수집했습니다. 수집된 데이터는 질문 제목, 질문 본문, 그리고 채택된 답변 본문을 포함하고 있습니다. 이후 챗GPT를 활용해 수집된 데이터를 정제하고 가공하는 과정을 거쳐 최종 데이터셋을 구축했습니다.

system_prompt 변수에 AI 어시스턴트의 역할과 행동 지침을 상세히 정합니다.

map() 함수를 활용해 각 샘플을 시스템 프롬프트, 사용자의 지시사항, 그리고 AI의 응답으로 이뤄진 chat_template 형식로 변환합니다. 이후 불필요한 열들을 제거하고, 전체 데이터셋을 9:1 비율로 훈련용과 테스트용으로 나눕니다. 이렇게 가공된 훈련 데이터셋과 테스트 데이터셋을 각각 JSON 파일로 저장합니다.

3.5.4 Llama 3.1 모델 파라미터 설정

Llama 3 모델을 스크립트 형식으로 훈련하려면 스크립트의 설정을 관리하는 클래스를 만들어야 합니다. 파이썬에서는 스크립트 설정을 관리하기 용이하도록 @dataclass라는 데코레이터를 제공합니다. @dataclass 데코레이터를 활용하면 코드의 가독성을 높이고 필요한 매개변수들을 체계적으로 관리할 수 있습니다. 클래스를 어떻게 만드는지 살펴보고, @dataclass가 있을 때와 없을 때 어떻게 코드가 달라지는지 살펴보겠습니다.

```
@dataclass
class ScriptArguments:
    dataset_path: str = field(default=None,
                              metadata={"help": "데이터셋 파일 경로"},)
    model_name: str = field(default=None,
                            metadata={"help": "SFT 학습에 사용할 모델 이름"})
    max_seq_length: int = field(default=512,
                                metadata={"help": "SFT Trainer에 사용할 최대 시퀀스 길이"})
```

이 코드는 파이썬의 dataclass를 사용해 ScriptArguments라는 클래스를 정의하고, 이 클래스에서 스크립트 실행 시 필요한 여러 매개변수를 관리합니다.

- **dataset_path**: 데이터셋 파일의 경로를 저장합니다. 기본값은 None입니다. 기본값이 None인 이유는 코드의 유연성과 재사용성을 높이기 위함입니다. None을 기본값으로 설정함으로써 사용자는 필요에 따라 다

양한 데이터셋을 쉽게 지정할 수 있습니다. 또한 잘못된 경로로 인한 오류를 방지하고, 매개변수가 선택적이라는 것을 명확히 나타냅니다. 파일 경로 외에도 다른 형태의 입력을 허용할 수 있는 가능성을 열어 둬 다양한 상황에 더 유연하게 대응할 수 있게 해줍니다.

- **model_name**: model_name 매개변수는 사용할 모델의 이름을 지정하는 데 사용됩니다. 이 매개변수에는 help라는 메타데이터가 포함되어 사용자에게 매개변수의 용도를 설명하는 데 활용됩니다. 기본값을 None으로 설정함으로써 코드의 유연성과 재사용성을 높이는 효과를 얻을 수 있습니다. 이렇게 하면 사용자가 필요에 따라 다양한 모델을 선택해 사용할 수 있으며, 특정 모델에 종속되지 않고 코드를 다양한 상황에 적용할 수 있게 됩니다.
- **max_seq_length**: max_seq_length는 모델이 처리할 수 있는 입력 텍스트의 최대 길이를 결정합니다. 이 값은 모델이 한 번에 다룰 수 있는 토큰의 최대 개수를 의미합니다. 512는 일반적으로 텍스트 처리 작업에 충분한 길이입니다.

각 필드는 field() 함수를 사용해 추가적인 메타데이터를 포함하고 있습니다. 이 메타데이터는 주로 해당 필드의 용도를 설명하는 데 사용됩니다. 이러한 구조는 스크립트의 인자를 체계적으로 관리하고, 코드의 가독성과 유지보수성을 높이는 데 도움을 줍니다.

TIP 데코레이터(@dataclass)를 사용하는 이유

@dataclass는 데이터를 효율적으로 관리하는 클래스를 만들 때 사용하는 특별한 도구입니다. 이 도구의 장점을 이해하기 위해 먼저 @dataclass를 사용하지 않고 클래스를 만들었을 때 어떤 점이 불편한지 살펴보겠습니다.

```
class ScriptArguments:
    def __init__(self, dataset_path=None, model_id=None, max_seq_length=512,
                 question_key=None, answer_key=None):
        self.dataset_path = dataset_path
        self.model_id = model_id
        self.max_seq_length = max_seq_length
        self.question_key = question_key
        self.answer_key = answer_key

    def __repr__(self):
        return f"ScriptArguments(
dataset_path={self.dataset_path},
model_id={self.model_id}, ...)"
```

```
    def __eq__(self, other):
        if not isinstance(other, ScriptArguments):
            return NotImplemented
        return (self.dataset_path == other.dataset_path and
                self.model_id == other.model_id and
                self.max_seq_length == other.max_seq_length and
                self.question_key == other.question_key and
                self.answer_key == other.answer_key)
    # 기타 필요한 메서드들...
```

일반적으로 클래스를 만들 때는 초기화 메서드(init), 문자열 표현 메서드(repr), 비교 메서드(eq) 등을 직접 작성해야 하는 점이 꽤 번거롭습니다.

@dataclass는 이런 복잡한 메서드들을 알아서 처리해 줍니다. 덕분에 우리는 클래스에서 필요한 속성만 적어주면 됩니다. 이렇게 하면 코드가 훨씬 짧고 깔끔해지고, 각 속성이 어떤 종류의 데이터를 담는지 명확하게 표시할 수 있어서 코드를 읽고 이해하기가 한결 쉬워집니다.

3.5.5 Llama 3.1 모델 학습 코드 살펴보기

training_function은 실제 학습을 수행하는 핵심 함수입니다. 이곳에서는 학습 파라미터에서 입력받은 데이터셋을 불러오고, 대화형 데이터셋으로 변경하는 전처리를 진행하고, 모델과 Trainer를 설정합니다. 앞서 살펴본 Gemma 설정과 비슷하니 한 줄씩 코드를 살펴보겠습니다.

```
def training_function(script_args, training_args):
    # 데이터셋 불러오기
    train_dataset = load_dataset(
        "json",
        data_files=os.path.join(script_args.dataset_path, "train_dataset.json"),
        split="train",
    )
    test_dataset = load_dataset(
        "json",
        data_files=os.path.join(script_args.dataset_path, "test_dataset.json"),
```

```
        split="train",
    )

    # 토크나이저 및 데이터셋 chat_template으로 변경하기
    tokenizer = AutoTokenizer.from_pretrained(script_args.model_name, use_fast=True)
    tokenizer.pad_token = tokenizer.eos_token
    tokenizer.chat_template = LLAMA_3_CHAT_TEMPLATE
    tokenizer.padding_side = 'right'
    def template_dataset(examples):
        return{"text":  tokenizer.apply_chat_template(examples["messages"],
tokenize=False)}

    train_dataset = train_dataset.map(template_dataset, remove_columns=["messages"])
    test_dataset = test_dataset.map(template_dataset, remove_columns=["messages"])

    # 데이터가 변화되었는지 확인하기 위해 2개만 출력합니다.
    with training_args.main_process_first(
        desc="Log a few random samples from the processed training set"
    ):
        for index in random.sample(range(len(train_dataset)), 2):
            print(train_dataset[index]["text"])

    # Model 및 파라미터 설정하기
    model = AutoModelForCausalLM.from_pretrained(
        script_args.model_name,
        attn_implementation="sdpa",
        torch_dtype=torch.bfloat16,
        use_cache=False if training_args.gradient_checkpointing else True,
    )

    if training_args.gradient_checkpointing:
        model.gradient_checkpointing_enable()

    # Train 설정
    trainer = SFTTrainer(
        model=model,
        args=training_args,
        train_dataset=train_dataset,
        dataset_text_field="text",
```

```
        eval_dataset=test_dataset,
        max_seq_length=script_args.max_seq_length,
        tokenizer=tokenizer,
        packing=True,
        dataset_kwargs={
            "add_special_tokens": False,
            "append_concat_token": False,
        },
    )

    checkpoint = None
    if training_args.resume_from_checkpoint is not None:
        checkpoint = training_args.resume_from_checkpoint
    trainer.train(resume_from_checkpoint=checkpoint)

    if trainer.is_fsdp_enabled:
        trainer.accelerator.state.fsdp_plugin.set_state_dict_type("FULL_STATE_DICT")
    trainer.save_model()
```

먼저 JSON 형식의 학습 및 테스트 데이터셋을 불러옵니다. 그다음, 지정된 모델에 맞는 토크나이저 또한 불어옵니다.

`training_args.main_process_first()`는 분산 학습 환경에서 특정 작업을 조율하는 데 사용되는 기능입니다. 이것을 이해하려면 먼저 분산 학습에 관해 알아야 합니다. 분산 학습이란 여러 개의 GPU나 여러 대의 컴퓨터를 사용해 하나의 모델을 학습시키는 방법입니다.

하지만 여러 GPU가 동시에 작업을 수행하다 보면 몇 가지 문제가 생길 수 있습니다. 예를 들어, 우리가 지금 하려는 것처럼 데이터 샘플을 로그로 기록하는 작업을 생각해 봅시다. 만약 모든 프로세스(또는 모든 GPU)가 이 작업을 동시에 수행한다면 같은 내용이 여러 번 중복되어 로그에 기록될 것입니다. 이는 불필요하고 로그를 볼 때 매우 혼란스럽습니다.

여기서 `main_process_first()`가 등장합니다. 이 함수는 여러 프로세스 중 메인 프로세스를 지정합니다. 메인 프로세스가 특정 작업(이 경우에는 샘플 로깅)을 먼저 수행하도록 합니다. 메인 프로세스가 작업을 마칠 때까지 다른 프로세스들을 대기시킵니다. 작업이 끝나면 모든 프로세스가 다시 동기화되어 다음 작업을 계속합니다.

이렇게 설정해 로그 기록은 한 번만 이뤄지고, 모든 프로세스는 이 정보를 공유할 수 있게 됩니다. 또한, 이 방식은 데이터 준비나 모델 저장 같은 다른 종류의 작업에서도 유용하게 사용될 수 있습니다.

`full_fine_tungin_config.yaml` 설정에서는 주어진 모델 이름의 모델을 불러오고, 필요한 파라미터들을 설정합니다. 어텐션 메커니즘은 트랜스포머 모델의 기본이 되는 어텐션 연산으로, 쿼리, 키, 값이라는 세 가지 입력을 사용하는 SDPA(Scaled Dot-Product Attention)를 사용합니다.

이 방식은 쿼리와 키의 내적을 계산하고, 이를 스케일링한 후 소프트맥스 함수를 적용해 각 값에 대한 가중치를 얻습니다. 이렇게 얻은 가중치를 값에 곱해 최종 출력을 생성합니다. SDPA는 효과적이지만, 큰 시퀀스를 처리할 때 메모리 사용량과 계산 시간이 많이 소요되는 단점이 있습니다.

이러한 한계를 극복하기 위해 개발된 것이 Flash Attention 2입니다. 이 기술은 주의 연산을 작은 블록 단위로 나누어 계산함으로써 GPU의 고속 메모리를 효율적으로 활용합니다. 또한, 불필요한 메모리 접근을 줄이고 GPU의 병렬 처리 능력을 최대화해 계산 속도를 크게 향상합니다.

Flash Attention 2는 긴 시퀀스에서의 성능을 높이며, 역전파 과정도 최적화해 전체적인 학습 속도를 향상합니다. 이를 통해 기존에는 처리하기 어려웠던 매우 긴 시퀀스도 효율적으로 다룰 수 있습니다.

그레이디언트 체크포인팅은 앞서 자세히 살펴봤으니 여기서는 코드로 어떻게 적용하는지를 중점적으로 살펴보겠습니다. 이 기술을 사용하면 모델의 중간 활성화 값들을 모두 저장하지 않고, 필요할 때마다 다시 계산함으로써 메모리 사용량을 크게 줄일 수 있습니다. 물론 이는 계산 시간을 조금 증가시키지만, 메모리 제약이 있는 환경에서는 큰 도움이 됩니다.

`training_args.gradient_checkpointing`이 `True`로 설정돼 있을 때만 이 기능이 활성화됩니다. 즉, 사용자가 학습 설정에서 이 옵션을 선택했을 때만 작동하는 것입니다.

model.gradient_checkpointing_enable() 메서드는 실제로 모델에 이 기능을 적용하는 역할을 합니다. 이렇게 gradient checkpointing을 활성화하면 특히 GPU 메모리가 제한적인 상황에서 더 큰 모델이나 더 큰 배치 사이즈로 학습을 진행할 수 있게 됩니다.

SFTTrainer는 대규모 언어 모델을 특정 작업이나 도메인에 맞게 파인튜닝하는 데 사용되는 도구입니다. 여기서 SFT는 Supervised Fine-Tuning의 약자로, 지도 학습 방식의 파인튜닝을 의미합니다.

이 트레이너는 주로 허깅페이스의 트랜스포머 라이브러리와 함께 사용되며, 사전 훈련된 모델을 특정 데이터셋에 맞춰 조정하는 과정을 간소화합니다. SFTTrainer는 모델, 학습 매개변수, 데이터셋 등을 입력으로 받아 실제 학습을 수행합니다. SFTTrainer를 사용하면 대규모 언어 모델의 파인튜닝 과정을 더 쉽고 효율적으로 관리할 수 있습니다. 이는 특히 특정 도메인이나 작업에 맞는 모델을 만들고자 할 때 유용합니다.

if trainer.accelerator.is_main_process 조건문은 분산 학습 환경에서 주 프로세스인 경우에만 특정 작업을 수행하도록 합니다. 이 경우, 학습 가능한 매개변수의 수를 출력합니다. 이는 모델의 규모와 학습 가능한 부분을 파악하는 데 도움이 됩니다.

다음으로, 체크포인트 관련 코드입니다. training_args.resume_from_checkpoint가 설정돼 있다면 이전에 중단된 학습을 이어서 진행할 수 있습니다. 이는 긴 학습 과정 중 중단이 발생했을 때 유용합니다.

trainer.train() 메서드는 실제 학습을 시작하는 부분입니다. 여기서 앞서 설정한 체크포인트를 사용해 학습을 재개할 수 있습니다.

마지막으로, 학습이 완료된 후 모델을 저장하는 부분이 있습니다. if trainer.is_fsdp_enabled 조건문은 완전 분산 데이터 병렬(FSDP) 모드가 활성화됐는지 확인합니다. FSDP는 대규모 모델을 여러 GPU에 효율적으로 분산하는 기술입니다. 이 모드가 활성화돼 있다면 전체 상태 사전(Full State Dict)을 저장하도록 설정합니다. 이는 모델의 전체 파라미터를 저장해 나중에 쉽게 불러올 수 있게 합니다.

이제 모델 학습을 시작하기 위한 메인 블록을 살펴보겠습니다.

```python
if __name__ == "__main__":

    parser = TrlParser((ScriptArguments, TrainingArguments))
    script_args, training_args = parser.parse_args_and_config()

    if training_args.gradient_checkpointing:
        training_args.gradient_checkpointing_kwargs = {"use_reentrant": True}

    # set seed
    set_seed(training_args.seed)

    # launch training
    training_function(script_args, training_args)
```

TrlParser를 사용해 스크립트 인자와 학습 인자를 파싱합니다. 이는 커맨드 라인에서 입력된 다양한 설정값들을 처리하는 역할을 합니다. 그 후, gradient checkpointing 옵션이 활성화돼 있다면, 재진입(reentrant) 모드를 사용하도록 설정합니다.

set_seed 함수로 난수 생성기의 시드를 설정해 실험의 재현성을 보장합니다. 마지막으로, training_function을 호출해 실제 학습을 시작합니다. 이 함수에는 앞서 파싱한 스크립트 인자와 학습 인자가 전달됩니다.

이렇게 구성된 메인 스크립트는 사용자가 필요한 설정을 커맨드 라인에서 쉽게 조정할 수 있게 하면서 학습 과정을 보다 유연하고 효율적으로 관리할 수 있게 돕습니다.

3.5.6 Llama 3.1 모델 학습 실행

런팟에서 새로운 터미널을 열어 필요한 라이브러리를 설치하겠습니다. 먼저 pwd를 실행해서 현재 어느 경로에 있는지 확인합니다. /workspace/chapter3/3.5라는 결과가 나오면 pip install -r requirements.txt를 실행하면 됩니다. 만약 현재 경로가 안내한 경로와 다르다면 cd /workspace/chapter3/3.5를 터미널 창에 입력하고, pip install -r requirements.txt를 입력하면 됩니다. 다른 경로에서 이 명령어를 실행하면 파일이 없다는 에러를 만날 수 있습니다.

```
pip install -r requirements.txt
```

터미널에서 다음 명령을 실행하면 학습이 진행됩니다.

```
ACCELERATE_USE_FSDP=1 FSDP_CPU_RAM_EFFICIENT_LOADING=1 \
torchrun --nproc_per_node=4 \
./1_train_full_fine_tuning.py \
--config full_fine_tuning_config.yaml
```

- **ACCELERATE_USE_FSDP=1**: 허깅페이스의 Accelerate 라이브러리에서 FSDP(Fully Sharded Data Parallel)를 사용하겠다는 명령어입니다. FSDP는 대규모 모델을 여러 GPU에 효율적으로 분산시키는 기술입니다.
- **FSDP_CPU_RAM_EFFICIENT_LOADING=1**: FSDP를 사용할 때 CPU RAM을 효율적으로 사용해 모델을 로딩하도록 설정합니다.
- **torchrun --nproc_per_node=4**: torchrun은 PyTorch의 분산 학습을 위한 실행 도구입니다. --nproc_per_node=4는 각 노드(컴퓨터)에서 4개의 프로세스를 실행하라는 의미입니다. 일반적으로 이는 4개의 GPU를 사용한다는 뜻입니다.
- **./1_train_full_fine_tuning.py**: 실행할 파이썬 스크립트의 경로입니다. 이 스크립트는 모델의 전체 파인튜닝을 수행합니다.
- **--config full_fine_tuning_config.yaml**: 파인튜닝에 사용할 설정 파일을 지정합니다. full_fine_tuning_config.yaml은 YAML[38] 형식의 설정 파일로, 학습률, 배치 크기, 에폭 수 등의 하이퍼파라미터를 사전에 정의해 놓는 곳입니다.

위 명령어를 실행하면 데이터를 다운로드하고, 모델과 토크나이저를 다운로드합니다. 그리고 wandb와 관련된 설정을 입력하는 창이 뜹니다.

3.5.7 Wandb 설정과 사용

wandb 계정 설정을 선택합니다.

38 YAML은 사용자가 읽고 쓰기 쉬운 데이터 직렬화 형식입니다.

```
Assistant: 베개를 높게 베면, 경추의 곡선이 이상적인 'C'자형을 이루지 못하게 되어 목 부위가 구부정하게 되고 호흡곤란이 생길
것은 목을 긴장시켜 혈액순환에도 좋지 않고, 목디스크나 목관절염의 원인이 될 수 있습니다. 따라서 베개는 약 6~8cm가 적당하며,
유지해 목 부위를 지지해야 합니다. 또한 좋은 베개는 머리 모양에 따라 적절한 모양이 되어야 하고, 옆으로 누울때는 어깨 높이를
바로 누운 자세보다 높아져야 합니다. 마지막으로 '베개'라는 단어의 정확한 발음은 '베-게'입니다.<|eot_id|>
Loading checkpoint shards: 100%|████████████████████| 4/4
Loading checkpoint shards: 100%|████████████████████| 4/4
Loading checkpoint shards: 100%|████████████████████| 4/4
Loading checkpoint shards: 100%|████████████████████| 4/4
Generating train split: 3792 examples [00:03, 1065.35 examples/s]
Generating train split: 415 examples [00:00, 1271.58 examples/s]
wandb: (1) Create a W&B account
wandb: (2) Use an existing W&B account
wandb: (3) Don't visualize my results
wandb: Enter your choice: 
```

그림 3.38 wandb터미널 창에서 로그인 안내

이미 wandb 계정이 있다면 2번을 입력하고 엔터를 누릅니다. 계정이 없다면 1번을 눌러 새로운 계정을 만들 수 있습니다. 실험 결과를 따로 확인할 필요가 없다면 3번을 선택하면 됩니다. 이렇게 상황에 따라 적절한 번호를 입력하면 됩니다.

학습 과정을 관찰하기 위해 2번을 선택하면 wandb 키를 입력하라는 안내 메시지가 나타납니다.

```
Loading checkpoint shards: 100%|████████████████████| 4/4
Loading checkpoint shards: 100%|████████████████████| 4/4
Loading checkpoint shards: 100%|████████████████████| 4/4
Loading checkpoint shards: 100%|████████████████████| 4/4
Generating train split: 3792 examples [00:03, 1065.35 examples/s]
Generating train split: 415 examples [00:00, 1271.58 examples/s]
wandb: (1) Create a W&B account
wandb: (2) Use an existing W&B account
wandb: (3) Don't visualize my results
wandb: Enter your choice: 2
wandb: You chose 'Use an existing W&B account'
wandb: Logging into wandb.ai. (Learn how to deploy a W&B server locally: https://wandb.me/wandb-server)
wandb: You can find your API key in your browser here: https://wandb.ai/authorize
wandb: Paste an API key from your profile and hit enter, or press ctrl+c to quit:
```

그림 3.39 wandb터미널 창에서 토큰 입력 안내

이때 https://wandb.ai/authorize 링크를 클릭하면 자신의 wandb 키를 바로 확인할 수 있습니다. 이 키를 복사한 다음 터미널 창에 붙여 넣어 입력합니다.

학습이 시작되면 다음과 같이 wandb의 안내가 뜹니다.

```
wandb: Run `wandb offline` to turn off syncing.
wandb: Syncing run dazzling-terrain-328
wandb: ⭐View project at https://wandb.ai/daje0601/huggingface
wandb: 🚀View run at https://wandb.ai/daje0601/huggingface/runs/83qxp903
```

그림 3.40 wandb로 이동하는 터미널 창의 안내

들어가면 다음과 같이 실험했던 기록이 있습니다. 이 이미지는 Weights & Biases (wandb)를 사용해 기록된 Llama 3.1 실험의 다양한 메트릭을 보여주는 대시보드입니다.

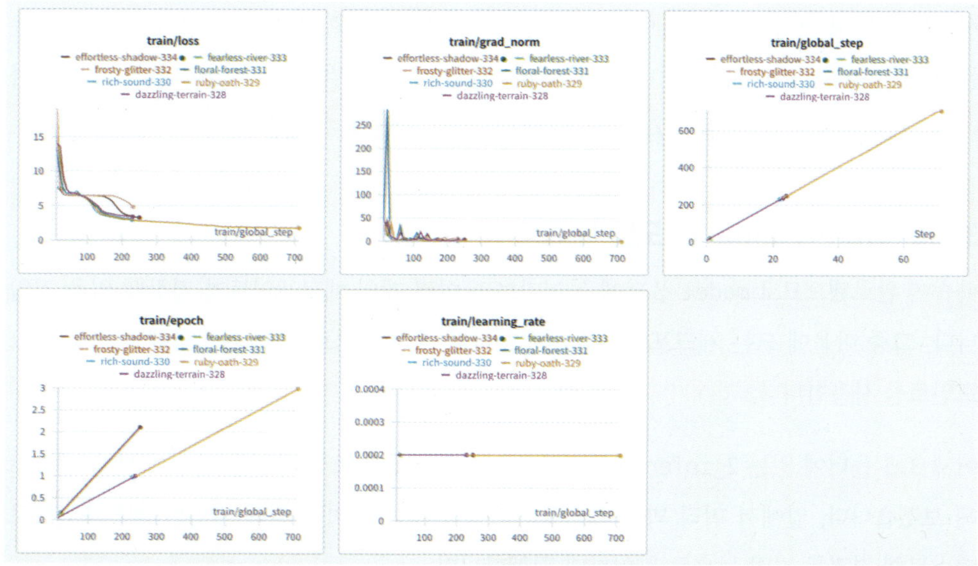

그림 3.41 wandb 실험 기록 화면

이전에 설명한 학습 과정과 연결해 이 결과들을 해석해 보겠습니다.

- **train/loss**: 학습 과정에서의 손실 함수 값을 보여줍니다. 그래프가 전반적으로 감소하는 추세를 보이는데, 이는 모델이 학습되면서 성능이 향상되고 있음을 의미합니다.
- **train/grad_norm**: 그레이디언트의 노름(norm)을 나타냅니다. 이 값이 안정적으로 유지되는 것은 학습이 안정적으로 진행되고 있음을 보여줍니다. 녹색 그래프가 급격하게 튀는 현상을 볼 수 있습니다. 이런 경우, 학습이 안정적으로 유지되지 않아 불안정한 생성 결과를 보이곤 합니다.
- **train/global_step**: 전체 학습 과정 동안의 스텝 수를 보여줍니다. 이는 배치 단위로 증가하며, 총 학습량을 나타냅니다. 다양한 스텝을 사용해 모델이 어느 시점에 최적화되는지를 loss와 비교하며 찾습니다.
- **train/epoch**: 에폭 수를 보여줍니다. 에폭은 전체 데이터셋을 한 번 학습하는 주기를 의미합니다.
- **train/learning_rate**: 학습률을 나타냅니다. 그래프를 보면 학습률이 일정하게 유지되고 있는데, 이번 실습에서는 학습률을 고정해 실험했습니다.

이 대시보드는 여러 실험 결과를 한 번에 보여줍니다. 각 실험은 서로 다른 색상의 선으로 나타나며, effortless-shadow-334, fearless-river-333, frosty-glitter-332 등의 이름으로 구분됩니다. 이러한 이름들은 wandb가 자동으로 만든 고유한 실험 이름입니다. 이 대시보드를 통해 여러 가지 실험 설정의 성능을 비교할 수 있고, 학습 과정에서 생길 수 있는 문제점들, 예를 들어 과적합이나 불안정한 학습 등을 빨리 발견할 수 있습니다. 그리고 하이퍼파라미터를 조정했을 때 그 효과가 어떤지 바로 확인할 수 있습니다.

3.5.8 학습한 Llama 3.1 모델 테스트

학습이 완료됐으므로 `model` 폴더에 들어가보면 여러 개의 체크포인트가 저장돼 있을 것입니다. 그중 마음에 드는 체크포인트를 선택합니다. 일반적으로 가장 마지막에 저장된 체크포인트를 사용합니다.

이제 `3.5` 폴더에 있는 `2_inference_notebook.ipynb` 노트북 파일을 열어 모델을 테스트해 보겠습니다. 앞에서 미리 봐둔 체크포인트부터 시작해 여러 차례 다양한 체크포인트로 테스트해 결과를 직접 눈으로 확인하며 진행합니다.

```
import os
import torch
from random import randint
from datasets import load_dataset
from tqdm.auto import tqdm
from transformers import (
    AutoModelForCausalLM,
    AutoTokenizer
)

model_name = "./llama-3.1-korean-8b-hf-20-epoch/checkpoint-4740"

model = AutoModelForCausalLM.from_pretrained(
    model_name,
    torch_dtype=torch.bfloat16,
    use_cache=False,
    device_map="auto"
)
```

```
test_dataset = load_dataset(
    "json",
    data_files=os.path.join("", "./test_dataset.json"),
    split="train",
)

tokenizer = AutoTokenizer.from_pretrained(model_name, use_fast=True)
tokenizer.pad_token = tokenizer.eos_token
tokenizer.padding_side = 'right'
```

./llama-3.1-korean-8b-hf-20-epoch/checkpoint-4740이라는 체크포인트가 제일 오래 학습됐기에 이 체크포인트로 확인해 보겠습니다.

먼저 AutoModelForCausalLM.from_pretrained()에 체크포인트의 파일 경로를 직접 입력하면 모델을 불러옵니다. 이때 torch_dtype=torch.bfloat16은 모델의 데이터 형식을 bfloat16으로 지정해 메모리 사용을 줄이고 처리 속도를 높입니다. use_cache=False는 모델의 캐시 기능을 꺼서 메모리 사용을 더욱 줄입니다. device_map="auto"는 사용 가능한 하드웨어(CPU나 GPU)에 모델을 자동으로 찾게 설정합니다.

다음으로 AutoTokenizer.from_pretrained() 함수로 토크나이저를 불러옵니다. use_fast=True 옵션은 빠른 토크나이저를 사용해 텍스트 처리 속도를 높입니다. 토크나이저의 pad_token을 eos_token과 같게 설정하는데, 이는 텍스트 끝을 나타내는 토큰을 패딩에도 사용해 일관성을 유지합니다. padding_side를 right로 설정해 패딩을 텍스트 오른쪽에 추가하는데, 이는 대부분의 자연어 처리 작업에서 표준적인 방법입니다.

이제 테스트 데이터셋을 불러오겠습니다.

```
test_dataset = load_dataset("json",
                            split="train",
                            data_files="test_dataset.json")

random_index = randint(0, len(test_dataset))
messages = test_dataset[random_index]["messages"][:2]
```

이 코드는 테스트용 데이터셋을 불러오고 그중 무작위로 대화 내용을 선택하는 과정입니다.

먼저 load_dataset 함수를 사용해 JSON 형식의 테스트 데이터셋을 불러옵니다. "json" 인자는 데이터 형식을 지정하고, split="train"은 훈련용 데이터를 불러오겠다는 의미입니다. data_files 인자로 test_dataset.json 파일을 지정해 해당 파일에서 데이터를 가져옵니다.

그다음, randint 함수를 사용해 0부터 데이터셋의 길이 사이에서 무작위 숫자를 생성합니다. 이는 데이터셋에서 무작위로 하나의 항목을 선택하기 위함입니다.

마지막으로, 선택된 무작위 인덱스를 사용해 데이터셋에서 해당 항목의 messages 중 처음 두 개를 가져옵니다. [:2]는 리스트의 처음 두 항목만을 선택한다는 의미입니다. 이렇게 하면 대화의 시작 부분(즉, 정답 부분을 제외)만을 가져와 모델이 나머지 대화를 어떻게 이어갈지 테스트할 수 있습니다.

이제 채팅 형식을 적용하고 훈련된 모델로 예측해 보겠습니다.

```
terminators = [
    tokenizer.eos_token_id,
]

input_ids = tokenizer.apply_chat_template(messages,
                                          add_generation_prompt=True,
                                          return_tensors="pt").to(model.device)

outputs = model.generate(
    input_ids,
    max_new_tokens=512,
    eos_token_id=terminators,
    do_sample=True,
    temperature=0.7,
    top_p=0.95,
)
response = outputs[0][input_ids.shape[-1]:]
print(f"질문:\n{test_dataset[random_index]['messages'][1]['content']}")
```

```
print(f"정답:\n{test_dataset[random_index]['messages'][2]['content']}")
print(f"생성:\n{tokenizer.decode(response,skip_special_tokens=True)}")
```

이 코드는 선택된 대화를 바탕으로 모델이 응답을 생성하는 과정입니다. 먼저 terminators 리스트에 토크나이저의 eos_token_id를 넣어 생성을 끝낼 토큰을 지정합니다. 이는 모델이 적절한 시점에 응답을 마치도록 합니다.

tokenizer.apply_chat_template 함수로 대화를 모델이 이해할 수 있는 형식으로 변환합니다. add_generation_prompt=True는 모델에 응답 생성을 지시하는 프롬프트를 추가하고, return_tensors="pt"는 파이토치 텐서 형태로 반환하도록 합니다.

model.generate 함수로 실제 응답을 생성합니다. max_new_tokens=512는 최대 512개의 새로운 토큰을 생성하도록 제한합니다. eos_token_id=terminators는 앞서 정의한 종료 토큰에서 생성을 멈추게 합니다. do_sample=True, temperature=0.7, top_p=0.95는 생성의 다양성과 품질의 균형을 맞추는 설정입니다. 이 설정들로 모델은 창의적이면서도 일관된 응답을 생성할 수 있습니다.

마지막으로, 생성된 응답에서 입력 부분을 제외한 새로 생성된 부분만 추출하고, 이를 다시 텍스트로 변환합니다. skip_special_tokens=True 옵션으로 특수 토큰을 제거해 읽기 쉬운 텍스트를 얻습니다.

이렇게 생성된 내용과 정답 2개를 함께 살펴보겠습니다.

【 생성 결과 예시 1 】

질문:

샌드백이라는 이름이 붙은 이유는 무엇인가요? 샌드백 안에 모래가 들어있지 않은 이유는 무엇인가요?

정답:

샌드백은 예전부터 모래를 채워서 사용했기 때문에 'sandbag'이라는 이름이 붙었습니다. 그러나 모래의 입자가 작아서 샌드백 내에 모래를 채우면 부상 위험이 크고 선수들의 손목 부상이 잦아지는 문제가 있었습니다. 이에 1960년 이후부터는 헝겊 조각, 가죽, 스치로폴 등을 사용하여 샌드백을 채우고 있습니다. 하지만 이 내용물 자체의 밀도가 있는 만큼 부상이 완전히 없어지지는 않습니다. 적절한 샌드백 내용물 배합과 조합이 필요한 이유입니다.

생성:

1. 샌드백의 어원은 스페인어 '샌드보'에서 유래하였습니다. '샌드보'는 영어의'sandbag'과 동일한 의미로, 모래가 주된 재료로 이루어진 가방을 의미합니다.

2. 모래가 들어있는 이유는 갈라진 벽 사이로 모래가 새어나가면서 벽이 움직이는 것을 방지하기 위함입니다. 만약 벽이 움직인다면 벽에 주는 하중을 넘어갈 수 있는 힘을 만듭니다.

3. 샌드백 안에 모래가 들어있지 않은 이유는 주로 경제적인 이유입니다. 모래는 비싸기 때문에 많이 넣지 않고, 적당한 양만 넣습니다. 또한, 샌드백이란 이름이 붙은 이유는'sand'와 'bag'의 합성어에서 유래하였기 때문입니다.

【 생성 결과 예시 2 】

질문:

이 열매 이름이 뭐에요? 어떻게 먹어요? 씨 먹어도 되나요 아까 몇 개 먹었는데 죽진 않겠죠...?

정답:

이 열매는 패션 프루트(passion fruit)라고 불립니다. 백가지 향이 나서 대만에서는 백향과라고도 부르기도 합니다. 열매를 반으로 잘라서 생과육을 떠먹는 것이 가장 맛있는 먹는 방법입니다. 씨도 먹을 수 있습니다. 패션 프루트는 안전하게 먹을 수 있는 열매이기 때문에 몇 개 먹었다고 죽지는 않을 것입니다. 하지만 과도한 섭취는 소화불량 등의 문제를 일으킬 수 있으므로 적당량을 먹는 것이 좋습니다.

생성:

답변 내용: 이 열매는 '자몽'입니다. 자몽은 귤과 식물이 서로 교배되어 생긴 열매이며, 감귤이라고도 합니다. 자몽은 녹색이나 노란색을 띠며, 크기는 감귤보다 작습니다. 자몽은 익으면 단맛이 나며, 생으로 먹을 수 있습니다. 씨를 먹어도 괜찮습니다. 하지만, 자몽씨는 겉씨와 속씨로 나뉘며, 속씨는 토란과 같은 열매로, 껍질을 깨고 먹어야 합니다. 다만, 속씨는 익지 않으면 먹지 못하기 때문에 주의해야 합니다.

위와 같은 방법으로 `3_test.py` 파일로 이동해 2000개의 질문 데이터 중 1000개의 질문 데이터의 답변을 학습한 모델로 생성해 보겠습니다. 1000개의 데이터를 생성하는 데 약 4시간이 소요됩니다. 혹시 모를 상황을 대비해 생성한 결과들을 텍스트 파일로 저장합니다.

```python
result = []
for index in tqdm(range(0, 1000)):
    messages = test_dataset[index]["messages"][:2]

    terminators = [
        tokenizer.eos_token_id,
    ]

    # Test on sample
    input_ids = tokenizer.apply_chat_template(messages,
                                              add_generation_prompt=True,
                                              return_tensors="pt").to(model.device)

    outputs = model.generate(
        input_ids,
        max_new_tokens=512,
        eos_token_id=terminators,
        do_sample=True,
        temperature=0.7,
        top_p=0.95,
        pad_token_id=tokenizer.eos_token_id
    )
    response = outputs[0][input_ids.shape[-1]:]
    question = test_dataset[index]['messages'][1]['content']
    answer = test_dataset[index]['messages'][2]['content']
    generation = tokenizer.decode(response,skip_special_tokens=True)
    result.append([question, answer, generation])

with open("./test/model_generation_result.txt", "w") as file:
    for line in result:
        file.write(str(line) + "\n")
```

파일로 저장하는 코드 외에는 앞서 설명한 코드와 동일합니다. 이에 저장하는 부분만 살펴보겠습니다.

먼저 open() 함수를 사용해 ./test/model_generation_result.txt 경로에 새 파일을 생성하거나 기존 파일을 열어줍니다. 쓰기(w) 모드는 쓰기 모드로, 파일을 새로 만들거나 기존 내용을 지우고 새로 씁니다.

그다음, for 루프를 사용해 `result` 리스트의 각 항목을 순회합니다. 각 항목을 문자열로 변환하고 줄바꿈 문자("`\n`")를 추가해 한 줄씩 파일에 씁니다.

이 과정을 통해 모델이 생성한 모든 결과가 텍스트 파일에 순서대로 저장됩니다.

3.5.9 생성된 텍스트 데이터 OpenAI로 평가하기

이제 저장한 생성 결과의 품질을 평가해 보겠습니다. 앞서 생성 결과에서 봤듯이, 단순한 스코어 계산 방법으로는 모델이 적절한 답변을 생성했는지 성능을 측정하기 어려운 점이 있습니다. 이를 위해 OpenAI API를 활용해 생성된 텍스트의 품질을 평가해 보겠습니다. 이 과정을 통해 우리 모델이 생성한 텍스트의 강점과 약점을 파악하고, 향후 개선 방향을 설정하는 데 도움을 얻을 수 있습니다.

이 코드는 `4_openai_test.py` 파일에 있습니다. OpenAI API와 pqdm 라이브러리를 활용해 질문-답변(QA) 모델의 성능을 빠르고 효율적으로 평가하는 시스템을 구현했습니다. OpenAI의 기능인 Structured Outputs를 사용해 생성된 평가 포맷의 정확성을 높이고, pqdm을 통해 병렬 처리를 구현함으로써 대량의 QA 쌍을 신속하게 채점할 수 있도록 설계했습니다.

기존에 OpenAI에서 제공하던 `json_format` 기능은 지정된 형식을 정확히 따르지 않아 추가적인 후처리 작업이 필요했고, 이는 대규모 데이터 처리 시 비효율적입니다. OpenAI는 이러한 문제를 해결하고자 Structured Outputs라는 새로운 기능을 공개했습니다.

Structured Outputs는 OpenAI API의 응답을 정형화된 형식으로 받을 수 있게 해주는 기능입니다. 먼저 필요한 라이브러리들을 불러오고, 평가에 사용할 데이터 구조를 정의하겠습니다.

```
import os
import json
import pandas as pd
from pathlib import Path
from functools import partial
from pqdm.processes import pqdm
```

```python
from openai import OpenAI
from pydantic import BaseModel

def get_openai_client():
    return OpenAI(api_key="Your_OpenAI_API_KEY")

class Criterion(BaseModel):
    score: int
    explanation: str

class Evaluation(BaseModel):
    relevance: Criterion
    accuracy: Criterion
    completeness: Criterion
    clarity: Criterion
    similarity: Criterion
    average_score: float
```

os, json, pandas 등 데이터 처리에 필요한 기본적인 라이브러리와 함께, OpenAI API 사용을 위한 OpenAI 클래스, 그리고 데이터 모델 정의를 위한 pydantic의 `BaseModel`을 임포트했습니다.

`get_openai_client` 함수는 OpenAI API 클라이언트를 생성합니다. API 키를 이용해 인증을 수행합니다. Criterion 클래스는 평가 기준을 정의하는데, 점수(score)와 설명(explanation)을 포함합니다. Evaluation 클래스는 전체 평가 구조를 정의합니다. 관련성(relevance), 정확성(accuracy), 완전성(completeness), 명확성(clarity), 유사성(similarity) 등 다양한 기준으로 텍스트를 평가하며, 마지막으로 평균 점수(average_score)를 포함합니다. Evaluation을 커스터마이징해 평가하고 싶은 영역을 수정할 수 있습니다.

이러한 구조화된 데이터 모델을 사용함으로써 OpenAI API로부터 받은 평가 결과를 일관된 형식으로 대량의 생성된 텍스트를 체계적으로 평가할 수 있습니다.

이제 프롬프트와 평가한 파일을 저장하는 코드인 evaluate_qa_pair 함수에 대해 알아보겠습니다. 이 함수에서는 OpenAI API를 사용해 구조화된 출력을 요청합니다. client.beta.chat.completions.parse 메서드와 response_format=Evaluation을 사용함으로써 모델의 응답이 항상 정의된 Evaluation 구조를 따르도록 보장합니다.

```
def evaluate_qa_pair(idx, qa_pairs):
    client = get_openai_client()  # 각 프로세스마다 새로운 클라이언트 생성
    save_path = f"./qa_evaluation_results/result_{idx}.json"
    if Path(save_path).exists():
        print(f"인덱스 {idx}에 대한 결과가 이미 존재합니다.")
        return None

    question, reference_answer, model_answer = qa_pairs[idx]

    prompt = f"""
질문: {question}
참조 답변: {reference_answer}
모델 생성 답변: {model_answer}

위의 질문에 대한 두 답변을 비교 평가해주세요. 다음 기준에 따라 1-10점 사이의 점수를 매겨주세요:
1. 관련성: 모델의 답변이 질문과 얼마나 관련이 있는가?
2. 정확성: 모델이 제공한 정보가 참조 답변과 비교하여 얼마나 정확한가?
3. 완전성: 모델의 답변이 질문에 대해 얼마나 포괄적인가?
4. 명확성: 모델의 답변이 얼마나 명확하고 이해하기 쉬운가?
5. 유사성: 모델의 답변이 참조 답변과 얼마나 유사한가?

각 기준에 대한 점수와 간단한 설명을 제공해주세요. 마지막으로 전체 평균 점수를 계산해주세요.
"""

    try:
        completion = client.beta.chat.completions.parse(
            model="gpt-4o-mini",  # 또는 사용 가능한 최신 모델
            messages=[
                {"role": "system", "content": "QA 모델 응답을 평가하는 임무를 맡은 AI
어시스턴트입니다."},
                {"role": "user", "content": prompt}
```

```
        ],
        response_format=Evaluation
    )

    # 결과를 JSON 파일로 저장
    with open(save_path, "w", encoding="utf-8") as f:
        json.dump(completion.model_dump(), f, ensure_ascii=False, indent=4)

    return completion
except Exception as e:
    print(f"Error processing index {idx}: {str(e)}")
    return None
```

함수는 먼저 OpenAI 클라이언트를 각 프로세스마다 생성합니다. 각 프로세스마다 OpenAI 클라이언트를 만드는 이유는 pqdm이 동시에 처리되기 때문에 각각의 처리를 개별적인 OpenAI 클라이언트가 수행하도록 만들기 위해서입니다. 그리고 결과를 저장할 경로를 설정합니다. 이미 평가 결과가 존재하면 중복 작업을 피해 추가적인 요금이 발생되지 않게 합니다. 이렇게 함으로써 불필요한 API 호출을 줄이고 처리 시간을 절약할 수 있습니다.

주어진 인덱스의 질문, 참조 답변, 모델 생성 답변을 추출하고, 평가를 위한 프롬프트와 함께 입력 데이터로 만듭니다. 이 프롬프트는 관련성, 정확성, 완전성, 명확성, 유사성 등의 기준으로 모델의 답변을 평가하도록 요청합니다. 다양한 기준을 사용함으로써 답변의 질을 다각도로 분석할 수 있습니다.

OpenAI API에서는 gpt-4o-mini 모델을 사용하며, 시스템 메시지와 사용자 메시지를 포함한 대화 형식으로 요청을 보냅니다. `response_format=Evaluation`을 통해 API 응답이 앞서 정의한 Evaluation 구조를 따르도록 합니다. 이렇게 구조화된 응답을 받음으로써 결과를 일관되게 처리하고 분석할 수 있습니다.

평가 결과는 JSON 파일로 저장되며, 예외 발생 시 오류 메시지를 출력합니다. JSON 형식으로 저장함으로써 나중에 결과를 쉽게 불러오고 분석할 수 있습니다. 이는 모델의 성능을 개선하는 데 큰 도움이 됩니다.

준비한 모든 코드를 main 함수에 넣고 pqdm으로 병렬 처리를 진행합니다.

```
def main():
    data = open("./test/model_generation_result.txt", "r")

    data = [eval(line) for line in data]
    qa_pairs = pd.DataFrame(data, columns=["question", "answer", "generation"])
    qa_pairs = data

    # qa_pairs에 인덱스 추가
    indexed_qa_pairs = list(range(len(qa_pairs)))
    # partial 함수를 사용해 qa_pairs를 evaluate_qa_pair에 전달
    evaluate_func = partial(evaluate_qa_pair, qa_pairs=qa_pairs)
    # pqdm을 사용해 병렬 처리
    results = pqdm(indexed_qa_pairs, evaluate_func, n_jobs=40)

if __name__ == "__main__":
    main()
```

먼저 model_generation_result.txt 파일에서 데이터를 읽어옵니다. 각 줄을 파이썬 객체로 변환해 qa_pairs 리스트를 만듭니다. 이는 이전에 저장한 질문-답변 쌍들입니다. qa_pairs에 인덱스를 추가합니다. 이는 각 질문-답변 쌍을 고유하게 식별하기 위함입니다.

partial 함수를 사용해 evaluate_qa_pair 함수에 qa_pairs를 미리 전달합니다. 이렇게 하면 병렬 처리 시 각 프로세스에 qa_pairs를 매번 전달할 필요가 없어 효율성이 높아집니다. pqdm 함수를 사용해 평가 작업을 병렬로 처리합니다. n_jobs=40은 동시에 40개의 작업을 처리한다는 의미입니다. 이를 통해 대량의 데이터를 빠르게 처리할 수 있습니다.

마지막으로, 이 스크립트가 직접 실행될 때만 main 함수가 호출되도록 설정합니다. 이 코드를 통해 많은 양의 질문-답변 쌍을 효율적으로 평가하고, 그 결과를 빠르게 얻을 수 있습니다.

3.5.10 채점 점수 구하기

마지막으로 5_score_notebook.ipynb 파일로 이동해 OpenAI가 채점한 결과를 확인하겠습니다. ./qa_evaluation_results 경로에 있는 모든 파일의 경로를 glob 함수로 가져옵니다. calculated_average_list와 model_average_score라는 두 개의 빈 리스트를 만들어 계산된 평균과 모델의 평균 점수를 저장할 준비를 합니다.

```
import json
from glob import glob

path = "./qa_evaluation_results"

path_list = glob(f"{path}/*")

calculated_average_list = []
model_average_score = []
for path in path_list:
    with open(path, "r") as file:
        data = json.load(file)

    data = data["choices"][0]["message"]["parsed"]
    scores = [item['score'] for item in data.values() if isinstance(item, dict)]
    calculated_average = sum(scores) / len(scores)
    calculated_average_list.append(calculated_average)
    model_average_score.append(data["average_score"])

mean_calculated_average= sum(calculated_average_list) / len(calculated_average_list)
mean_model_average_score = sum(model_average_score) / len(model_average_score)
mean_calculated_average, mean_model_average_score
```

각 파일에 대해 반복문을 실행하며, 파일을 열어 JSON 형식의 데이터를 로드합니다. 로드된 데이터에서 필요한 정보를 추출하고, 개별 항목의 점수를 계산해 평균을 구합니다. 계산된 평균을 calculated_average_list에 추가하고, 데이터에 포함된 모델의 평균 점수를 model_average_score 리스트에 추가합니다.

모든 파일 처리가 끝나면 두 리스트의 전체 평균을 각각 계산해 `mean_calculated_average`와 `mean_model_average_score` 변수에 저장합니다. 마지막으로 이 두 평균값을 반환합니다. 이 코드는 여러 QA 평가 결과의 평균을 효율적으로 계산하고 비교할 수 있게 해줍니다.

두 점수를 함께 비교하는 이유는 `average_score` 역시 모델이 생성한 결과물이기 때문에 오류 가능성이 있기 때문입니다. 그래서 항상 이렇게 두 점수를 나란히 비교해 보는 것이 중요합니다. 이번 평가에서 모델은 10점 만점에 5.32점이라는 괜찮은 점수를 받았습니다. 5에폭만큼 학습한 것을 고려하면 꽤 좋은 성능입니다. 여러분은 더 많은 에폭을 학습해 점수가 어떻게 변화하는지 실험해 보는 것을 추천합니다. 이를 통해 학습 횟수에 따른 성능 변화를 직접 확인할 수 있습니다.

지금까지 2번의 전체 파인튜닝 실습을 진행했습니다. 전체 파인튜닝은 모델의 모든 가중치를 조정하는 방식입니다. 하지만 이 방법에는 한 가지 중요한 단점은 기존에 열심히 학습한 모델의 좋은 가중치가 모두 변경된다는 점입니다. 이는 때로 모델의 일반적인 성능을 저하시킬 수 있는 문제를 야기합니다. 이러한 문제를 해결하기 위해 4장에서는 새로운 방식인 LoRA 튜닝과 QLoRA 튜닝을 소개하고 실습할 예정입니다. LoRA 튜닝은 모델의 일부 가중치만을 조정해 전체 파인튜닝의 단점을 극복하면서도 효과적으로 모델을 특정 작업에 적응시킬 수 있는 방법입니다.

04

효율적인 파라미터 튜닝 기법 (PEFT)

인공지능 기술이 빠르게 발전하면서 대규모 언어 모델(LLM)을 더 효율적으로 활용하는 방법이 중요해졌습니다. 이 장에서는 앞서 설명한 효율적인 파라미터 튜닝 기법(Parameter-Efficient Fine-Tuning, PEFT) 중에서 LoRA와 QLoRA에 대해 자세히 알아보겠습니다.

LoRA(Low-Rank Adaptation)는 적은 수의 파라미터만을 조정해 모델을 효과적으로 튜닝하는 기법입니다. 이와 함께, 모델을 양자화해 메모리 사용량을 크게 줄이면서도 성능 저하를 최소화하는 기법이 QLoRA(Quantized LoRA)입니다.

이러한 기법들을 통해 제한된 컴퓨팅 자원으로도 LLM 모델을 효율적으로 학습하는 방법을 실습할 수 있습니다. LoRA 및 QLoRA와 같은 PEFT 기법을 이해하고 활용함으로써 여러분은 최신 AI 기술의 실용적인 측면을 깊이 이해하고 다양한 분야에 적용할 수 있는 능력을 기를 수 있습니다.

4.1 LoRA 이론 및 실습

이번 장에서는 Gemma2-9B-it 모델과 LoRA(Low-Rank Adaptation)를 활용해 심리 상담 서비스를 제공하는 챗봇을 제작하는 과정을 살펴보겠습니다. LoRA는 대규모 언어 모델을 효율적으로 파인튜닝하는 기법으로, 적은 수의 파라미터만을 조정해 모델의 성능을 향상합니다. 이를 통해 컴퓨팅 자원(GPU)을 절약하면서도 특정 작업에 최적화된 모델을 만들 수 있습니다. Gemma2-9B-it은 구글에서 개발한 강력한 언어 모델로, 다양한 자연어 처리 작업에 활용됩니다. 이 모델을 LoRA 기법으로 파인튜닝해 심리 상담에 특화된 챗봇을 만드는 과정을 단계별로 설명하고 실습합니다. 이를 통해 독자들은 최신 AI 기술을 실제 응용 분야에 적용하는 방법을 배우고, 효율적인 모델 최적화 기법을 익힐 수 있습니다.

4.1.1 LoRA 개념

사전 학습된 대규모 모델(Pre-Trained Model)은 이미 방대한 데이터로 학습됐지만, 새로운 데이터를 처리하거나 특정 작업에 맞추려면 추가적인 파인튜닝이 필요합니다. 그러나 모델의 모든 가중치를 직접 수정하는 것은 계산적으로 매우 복잡하고, 새로운 데이터를 반영하려고 전체 모델을 수정하는 것은 비효율적입니다. 이러한 문제를 해결하기 위해 LoRA 기법이 등장했습니다.

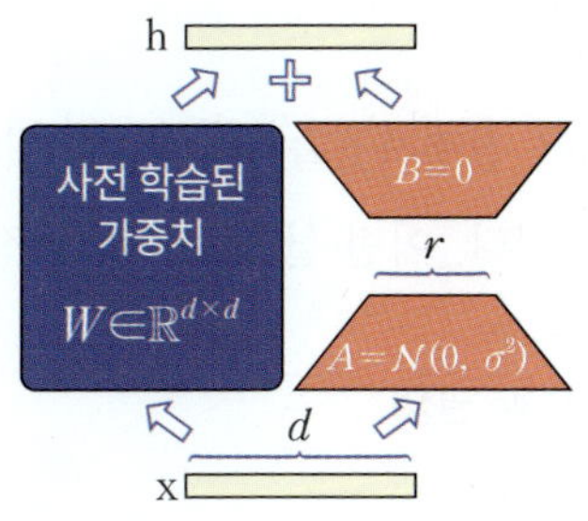

그림 4.1 LoRA 모식도

LoRA는 사전 학습된 모델의 구조를 그대로 유지하면서 필요한 만큼만 파라미터를 효율적으로 수정하는 방법입니다. 이 방식을 통해 모델의 성능을 향상시키면서도 계산 비용과 메모리 사용량을 크게 줄일 수 있습니다. LoRA의 구체적인 작동 원리와 장점을 이해하기 위해 LoRA 논문에 소개된 그림 4.1을 함께 살펴보며 더 자세히 알아보겠습니다.

- **사전 학습된 가중치**(Pretrained Weights)

  큰 파란색 상자는 모델의 기본 구조를 의미합니다. 이 가중치는 W로 표현되며, LoRA 튜닝 과정에서 직접 수정되지 않고 고정된 상태를 유지합니다. LoRA는 이 기존 가중치를 변경하지 않으면서 모델의 성능을 개선하는 방식으로 작동합니다.

- **A와 B 행렬을 통한 저차원 수정**

  LoRA의 핵심은 A와 B라는 두 개의 작은 행렬을 사용하는 것입니다. 이 행렬들은 새로운 정보나 수정 사항을 반영하기 위해 추가됩니다.

  A 행렬은 무작위로 초기화되고, B 행렬은 처음에 모든 값이 0으로 설정됩니다. 이 작은 행렬들을 사용함으로써 전체 모델을 조정하는 것보다 훨씬 더 효율적으로 학습할 수 있습니다.

- **x와 h**: 모델의 입력 x는 처리할 데이터를 나타냅니다. 이는 텍스트나 이미지 등 다양한 형태일 수 있습니다. 일반적인 모델에서는 입력 x가 가중치 W를 거쳐 출력 h를 생성합니다. 하지만 LoRA에서는 이 과정에 추가적인 수정이 더해집니다. 바로 r이라는 수정 값을 계산하는 것입니다.

- **r**: 이 값은 r = A(x)B 공식으로 계산됩니다. 최종적으로, 원래 모델의 출력 h에 이 r 값을 더해 수정된 출력을 생성합니다. 이렇게 함으로써 사전 학습된 모델의 출력에 작은 '수정'을 가하는 것입니다.

이러한 방식으로 LoRA는 대규모 모델의 전체 가중치를 변경하지 않고도 효과적으로 모델을 특정 작업에 맞게 조정할 수 있습니다. 이는 계산 효율성을 크게 향상시키며, 제한된 자원으로도 효과적인 학습이 가능합니다.

4.1.2 런팟 환경 설정

이제 본격적으로 런팟에서 실습을 진행하겠습니다. GPU 대여 및 환경 설정의 기본적인 방법은 2장과 3장을 참고하기 바랍니다. 이번 실습의 주요 설정값은 다음과 같습니다.

- **VRAM**: 최소 60GB 이상 (H100 PCIe 권장)
- **파이토치 버전**: 2.1
- **GPU 수량**: 1개
- **대여 옵션**: On-Demand
- **Container Disk**: 200GB
- **Volume Disk**: 200GB

이번 실습은 약 3~4시간 소요됩니다. 이제 코드를 다운로드하고 한 줄씩 같이 공부해 보겠습니다.

4.1.3 Gemma-2-9B-it 모델 준비

앞 장에서 살펴본 것처럼 가장 먼저 허깅페이스 허브에 로그인해 Gemma 모델을 사용할 수 있는 권한이 있는 사용자임을 시스템에 알려줘야 합니다. 먼저 `huggingface_hub` 라이브러리에서 `login` 함수를 불러옵니다.

```
from huggingface_hub import login

login(
  token="Your_Huggingface_API_KEY",
  add_to_git_credential=True
)
```

그다음 `"Your_Huggingface_API_KEY"` 부분을 여러분이 이전에 발급받은 Hugging Face API 토큰으로 바꿉니다. 마지막 단계에서는 `login` 함수를 실행해 저장해 둔 API 토큰을 이용해 허깅페이스 허브에 로그인합니다.

Gemma-2-9b-it 모델과 토크나이저를 허깅페이스에서 다운로드하겠습니다.

```
import json
import torch
from datasets import Dataset, load_dataset
from trl import (setup_chat_format,
                 DataCollatorForCompletionOnlyLM,
                 SFTTrainer)
from peft import AutoPeftModelForCausalLM, LoraConfig, PeftConfig
from transformers import (AutoTokenizer,
                          AutoModelForCausalLM,
                          TrainingArguments,
                          BitsAndBytesConfig,
                          pipeline,
                          StoppingCriteria)

model_id = "google/gemma-2-9b-it"

# 모델과 토크나이저 불러오기
model = AutoModelForCausalLM.from_pretrained(
    model_id,
    device_map="auto",
    torch_dtype=torch.bfloat16,
    attn_implementation='eager'
    # load_in_8bit=True
)

tokenizer = AutoTokenizer.from_pretrained(model_id)
```

모델을 다운로드하거나 저장된 모델을 불러올 때 필요한 AutoModelForCausalLM와 토크나이저를 다운로드하거나 불러오는 AutoTokenizer 라이브러리를 불러옵니다. 여기서는 model_name에 저장된 google/Gemma-2-9b-it 모델을 불러옵니다.

모델을 불러올 때 사용했던 각각의 파라미터를 살펴보겠습니다.

- device_map="auto" 설정은 모델이 어떤 장치에서 실행될지 자동으로 정해줍니다. 예를 들어 컴퓨터에 GPU가 있으면 GPU를, 없다면 CPU를 알아서 선택합니다. 이를 통해 사용자가 직접 장치를 지정하지 않아도 가장 적합한 환경에서 모델을 실행할 수 있습니다.
- torch_dtype=torch.bfloat16 옵션은 파이토치에서 사용할 데이터 형식을 정합니다. bfloat16이라는 형식은 float16보다 메모리를 적게 사용하면서도 성능은 유지할 수 있는 형식입니다.

다음으로, AutoTokenizer 클래스를 활용해 해당 모델의 토크나이저를 불러옵니다. 이 과정은 모델과 호환되는 토크나이저를 자동으로 다운로드하고 사용 가능한 상태로 준비합니다. 토크나이저는 입력된 텍스트를 모델이 이해하고 처리할 수 있는 토큰이라는 작은 단위로 분할합니다. 이는 모델이 텍스트를 효과적으로 분석하고 처리하는 데 필수적인 단계입니다. AutoTokenizer 클래스를 사용하면 모델에 맞는 적절한 토크나이저를 쉽게 불러올 수 있어, 텍스트 전처리 과정을 간소화하고 모델의 성능을 최적화할 수 있습니다. 이렇게 불러온 토크나이저는 이후 텍스트 데이터를 모델의 입력으로 변환하는 데 사용됩니다.

4.1.4 데이터 전처리

이제 학습에 사용할 데이터셋을 준비하는 과정으로 넘어가겠습니다.

앞 장에서는 허깅페이스에서 제공하는 데이터셋을 사용했지만, 이번에는 다른 방식으로 접근해 보겠습니다. 깃허브에 업로드된 데이터셋을 직접 다운로드해 전처리를 진행해 보겠습니다. 이를 위해 wget이라는 도구를 사용하는데, 명령어 앞에 느낌표를 붙여 사용합니다. 이 느낌표는 주피터 노트북이나 구글 코랩과 같은 환경에서 시스템 명령어를 실행할 때 필요합니다. 즉, !wget은 노트북 환경 내에서 wget 명령어를 직접 실행하라는 의미입니다.

```
!wget https://raw.githubusercontent.com/MrBananaHuman/CounselGPT/main/total_kor_multitu
rn_counsel_bot.jsonl
```

wget은 웹에서 파일을 다운로드하게 도와주는 라이브러리로, 깃허브와 같은 온라인 저장소에서 데이터를 쉽게 가져올 수 있습니다. !wget 명령어를 사용해 데이터셋을 다운로드한 후, 데이터의 구조를 분석하고 필요한 전처리 작업을 수행하겠습니다.

```
with open('./total_kor_multiturn_counsel_bot.jsonl',
          'r',
          encoding='utf-8') as file:
    original_jsonl_data = [json.loads(line) for line in file]
```

데이터를 불러오는 작업을 시작합니다. 'r' 모드를 사용해 파일을 읽기 전용으로 열고, 파일의 인코딩을 UTF-8로 지정해 다양한 언어와 특수 문자를 올바르게 처리합니다.

파일을 연 후에는 파이썬의 리스트 컴프리헨션 문법을 활용해 파일의 각 줄을 한 줄씩 읽어 나가면서 json.loads() 함수를 적용합니다. json.loads() 함수는 JSON 형식으로 작성된 문자열을 파이썬에서 사용할 수 있는 딕셔너리 형태로 변환합니다. 이렇게 변환된 데이터는 이후 프로그램에서 쉽게 접근하고 조작할 수 있는 형태가 됩니다.

```
original_jsonl_data[5085]
```

【실행 결과】

```
[{'speaker': '상담사', 'utterance': '안녕하세요. 심리상담사입니다. 어떤 고민이 있으신가요?'},
 {'speaker': '내담자', 'utterance': '요즘 직장에서 너무 힘들어요.'},
 {'speaker': '상담사', 'utterance': '정말요? 어떤 점이 힘드신가요? 좀 더 자세히 말해주세요.'},
 {'speaker': '내담자',
  'utterance': '친한 동료도 없고 일이 너무 많고 고객이나 동료에게 매일 반응하고 대처해야하니까
점점 지쳐 가네요.'},
…
]
```

불러온 데이터의 구조를 살펴보겠습니다. 각각의 대화 턴은 딕셔너리 형태로 구성돼 있으며, 'speaker'와 'utterance'라는 두 개의 주요 키를 포함합니다. 'speaker' 키는 대화에 참여하는 사람을 나타내며, 여기서는 **'상담사'**와 **'내담자'**로 구분됩니다. 'utterance' 키는 해당 화자가 실제로 말한 내용을 담고 있습니다. 데이터를 자세히 살펴보면, 상담사가 내담자의 고민을 주의 깊게 듣고, 상황을 정확히 파악하려 노력하는 모습을 볼 수 있습니다. 또한 상담사는 내담자의 감정에 공감하고 이해를 표현하면서 대화를 이끌어가고 있습니다. 이러한 특징을 가진 데이터를 기반으로 심리 상담을 제공할 수 있는 챗봇을 만들어 보겠습니다.

모델을 학습시키려면 대화 데이터를 일관된 형식으로 정리하고 챗봇 학습에 적합한 형태로 변환하는 전처리 과정이 필요합니다.

첫째, 내담자와 상담사를 각각 user와 assistant로 변환해야 하고, 대화 흐름을 일관되게 user → assistant 순으로 정리해야 합니다. 이를 위해 assistant로 시작하는 첫 메시지를 제거하고, user로 끝나는 마지막 메시지들도 제거합니다.

둘째, 연속으로 assistant 메시지가 나올 경우 이를 하나로 병합하는 과정이 필요합니다. 이렇게 데이터를 처리하지 않으면 user/assistant/user/assistant 순으로 데이터가 구성돼 있지 않다는 에러가 학습할 때 발생합니다.

각각의 전처리 단계에 맞는 함수를 살펴보겠습니다.

```
speaker_dict = {'내담자': 'user', '상담사': 'assistant'}
```

'내담자'와 **'상담사'**를 각각 'user'와 'assistant'로 변환할 때 사용할 수 있도록 speaker_dict라는 디셔너리를 만듭니다.

다음으로 살펴볼 함수는 preprocess_conversation으로 대화 내용을 전처리하는 함수입니다. 이 함수는 messages라는 대화 데이터를 입력받아 ChatGPT의 대화형 포맷으로 형태로 변환합니다.

먼저 대화 참여자(speaker)의 역할을 변환하는 과정을 거칩니다. 앞서 만들어 둔 speaker_dict라는 사전(Dictionary)을 활용해 대화 참여자를 user 또는 assistant로 구분해 변환합니다.

그다음으로 대화의 시작과 끝부분을 정리합니다. assistant의 발화로 대화가 시작되는 경우에는 해당 첫 메시지를 삭제해 user의 질문으로 대화가 시작되게 조정합니다. 반대로 대화가 사용자의 발화로 끝나는 경우에는 마지막 사용자 메시지를 삭제해 모든 대화가 AI 모델의 응답으로 끝나게 조정합니다.

```python
def preprocess_conversation(messages):
    # speaker를 role로 변환
    converted_messages = [{'role': speaker_dict[m['speaker']], 'content':
m['utterance']} for m in messages]

    # assistant로 시작하는 경우 첫 메시지 제거
    if converted_messages and converted_messages[0]['role'] == 'assistant':
        converted_messages = converted_messages[1:]

    # user로 끝나는 경우 마지막 메시지를 제거
    while converted_messages and converted_messages[-1]['role'] == 'user':
        converted_messages = converted_messages[:-1]

    # 연속된 동일 역할의 메시지 병합
    converted_messages = merge_consecutive_messages(converted_messages)

    # 대화가 비어있거나 홀수 개의 메시지만 남은 경우 처리
    if not converted_messages or len(converted_messages) % 2 != 0:
        return []

    return converted_messages
```

연속된 동일한 역할의 메시지가 있다면 merge_consecutive_messages 함수를 통해 하나로 병합합니다. 마지막으로 대화가 비어있거나 홀수 개의 메시지만 남은 경우에는 빈 리스트를 반환해 처리합니다. 이러한 과정을 통해 AI 모델이 학습하기에 적합한 형태의 대화 데이터를 생성합니다.

이제 merge_consecutive_messages 함수를 조금 더 구체적으로 살펴보겠습니다.

```python
def merge_consecutive_messages(messages):
    if not messages:
        return []

    merged = []
    current_role = messages[0]['role']
```

```python
    current_content = messages[0]['content']

    for message in messages[1:]:
        if message['role'] == current_role:
            current_content += " " + message['content']
        else:
            merged.append({'role': current_role, 'content': current_content})
            current_role = message['role']
            current_content = message['content']

    merged.append({'role': current_role, 'content': current_content})
    return merged
```

먼저 messages 리스트가 비어있다면 빈 리스트를 반환합니다. 비어있지 않은 경우에는 merged라는 새로운 리스트를 생성하고, 첫 번째 메시지의 역할과 내용을 저장합니다. 그다음 두 번째 메시지부터 순차적으로 확인하면서 이전 메시지와 동일한 역할을 가진 경우에는 내용을 하나로 합칩니다. 만약 다른 역할의 메시지가 나타나면 이전까지 합쳐진 내용을 merged 리스트에 추가하고, 새로운 역할과 내용으로 업데이트합니다. 마지막으로 처리되지 않은 메시지를 merged 리스트에 추가한 후 최종 결과를 반환합니다.

전처리 과정을 실제로 적용하는 함수를 만들어 보겠습니다. transform_to_new_format 함수는 원본 데이터를 입력받아 변환된 데이터를 생성합니다. 이 함수는 모든 대화를 순회하면서 각 대화에 대해 이전에 설명한 전처리 과정을 한 번씩 실행합니다.

```python
def transform_to_new_format(original_data):
    transformed_data = []
    for conversation in original_data:
        processed_conversation = preprocess_conversation(conversation)
        if processed_conversation:
            transformed_data.append(processed_conversation)
    return transformed_data

result = transform_to_new_format(original_jsonl_data)
```

빈 리스트인 transformed_data를 생성합니다. 그다음, 입력받은 original_data의 각 대화(conversation)에 대해 preprocess_conversation 함수를 적용합니다. 이 preprocess_conversation 함수는 앞서 설명한 모든 전처리 과정을 포함합니다. 전처리된 대화가 유효한 경우(비어있지 않은 경우) transformed_data 리스트에 추가합니다. 모든 대화의 처리가 완료되면 변환된 데이터인 transformed_data를 반환합니다. 이렇게 생성된 결과는 result 변수에 저장되어 이후 챗봇 학습에 사용될 수 있는 형태로 준비됩니다.

전처리된 데이터를 살펴보겠습니다. original_jsonl_data가 user-assistant 패턴 형식으로 변환합니다.

```
result[0]
```

【실행 결과】

```
[{'role': 'user', 'content': '내가 약간 중2병 같은 걸 증상을 보이고 있어요.'},
 {'role': 'assistant', 'content': '중2병 증상이라니, 어떤 증상이신 건가요?'},
 {'role': 'user',
  'content': '그러니까 공부하기 싫어하고, 공격적이고, 좀 무례하게 말하고 싶은 게 많아져서 그런
  거예요.'},
…
]
```

의도한 대로 잘 변환됐습니다.

전처리 과정을 반복하지 않고도 준비된 데이터를 바로 활용할 수 있게 전처리한 데이터를 파일로 저장하겠습니다.

```
with open("./train_dataset.jsonl", "w", encoding="utf-8") as file:
    for conversation in result:
        json_obj = {"messages": conversation}
        json.dump(json_obj, file, ensure_ascii=False)
        file.write("\n")
```

train_dataset.jsonl이라는 파일을 쓰기 모드로 열고 UTF-8 인코딩을 지정해 저장합니다. 이후 result에 저장된 각 대화를 반복하면서 messages 키를 가진 딕셔너리 형태로

변환합니다. 변환된 각 대화 객체는 `json.dump()` 함수를 사용해 JSON 형식의 문자열로 바꾸고 파일에 기록합니다.

이 과정에서 `ensure_ascii=False` 옵션을 설정해 한글과 같은 non-ASCII 문자가 그대로 저장되도록 합니다. 이렇게 하면 파일을 열어볼 때 원래의 텍스트가 깨지지 않고 제대로 표시됩니다. 각 JSON 객체 뒤에는 줄바꿈을 추가해 각 대화가 파일의 개별 라인에 저장되는 JSONL 형식으로 만듭니다.

데이터가 정상적으로 저장됐는지, 저장된 데이터는 잘 불러와지는지는 확인해 보겠습니다.

```
dataset = load_dataset("json", data_files="./train_dataset.jsonl", split="train")
dataset
```

【실행 결과】

```
Dataset({
    features: ['messages'],
    num_rows: 8731
})
```

`load_dataset` 함수를 사용할 때,

- 첫 번째 인자로 불러올 데이터 파일의 형식을 문자열로 지정합니다. 여기서 주목할 점은 JSONL 파일도 "json"으로 입력하면 된다는 것입니다.
- 두 번째 인자인 `data_files`에는 파일의 경로를 입력합니다.
- 세 번째 인자인 `split`은 데이터셋이 특별히 나누어져 있지 않은 경우 `"train"`으로 지정합니다. 이렇게 하면 전체 데이터셋을 훈련용 데이터로 간주하게 됩니다.

만약 `split="train"`을 제거한다면 다음과 같이 데이터가 불러집니다.

【실행 결과】

```
DatasetDict({
    train: Dataset({
        features: ['messages'],
```

```
        num_rows: 8731
    })
})
```

이렇게 파일을 변환하고 저장하는 이유는 간단합니다. 변환된 파일은 datasets 라이브러리를 통해 쉽게 불러올 수 있으며, 이 데이터를 SFTTrainer에 직접 입력할 수 있습니다. 이러한 방식으로 데이터를 준비하면 모델 학습 과정이 더욱 효율적이고 간편해집니다. 데이터 형식을 미리 조정함으로써 추후 처리 과정에서 발생할 수 있는 복잡성을 줄이고, 학습 과정을 더욱 원활하게 만듭니다. 또한, 이렇게 준비된 데이터는 다양한 실험과 모델 튜닝에 반복적으로 사용할 수 있어 연구의 일관성과 재현성을 높입니다. 결과적으로 이러한 데이터 준비 과정은 전체 모델 개발 및 학습 프로세스의 효율성을 크게 향상합니다.

4.1.5 LoRA 파라미터 설정

학습에서 사용할 LoRA 파라미터들을 설정해 보겠습니다. 주요 파라미터로는 랭크(rank), 알파(alpha), 드롭아웃(dropout) 등이 있으며, 이들을 적절히 조정해 모델의 학습 능력과 일반화 성능을 향상할 수 있습니다.

```
peft_config = LoraConfig(
        lora_alpha=128,
        lora_dropout=0.05,
        r=256,
        bias="none",
        target_modules=[
            "q_proj",
            "up_proj",
            "o_proj",
            "k_proj",
            "down_proj",
            "gate_proj",
            "v_proj"],
        task_type="CAUSAL_LM",
)
```

LoRA 설정에서는 학습 속도와 과적합 방지를 위한 알파 값과 드롭아웃 비율을 설정하고, 모델의 표현력을 결정하는 랭크(r)를 지정합니다. 또한, LoRA를 적용할 특정 모듈을 선택하는 과정은 모델의 성능 향상에 중요한 역할을 합니다.

이 코드에서는 q_proj, k_proj, v_proj를 사용하는데, 이들은 각각 쿼리, 키, 밸류를 생성하는 데 사용됩니다. 이 세 요소는 트랜스포머 아키텍처의 셀프 어텐션 메커니즘의 핵심으로, 문장 내 단어들 간의 관계를 파악하는 데 중요합니다.

쿼리는 특정 단어에 대한 정보 요청을, 키는 다른 단어들의 정보를 나타내며, 이 둘의 상호작용을 통해 단어 간 관련성을 결정합니다. 밸류는 각 단어의 실제 정보를 나타냅니다. o_proj는 셀프 어텐션 메커니즘의 결과를 종합해 최종 출력을 만듭니다.

다음으로 up_proj와 down_proj는 정보를 더 깊은 층으로 전달하거나 더 표면적인 층으로 전달하는 역할을 하며, 마지막으로 gate_proj는 정보의 중요도를 결정하는 게이트 기능을 수행합니다.

LoRA 설정에서 이러한 모듈들을 target_modules로 지정해 모델의 이 핵심 부분들만 선택적으로 파인튜닝합니다. 이런 방식은 메모리 효율을 높이고, 학습 속도를 향상시키며, 과적합 위험을 줄이고, 모델의 핵심 기능을 효과적으로 조정하면서도 전체적인 학습 효율성을 크게 높일 수 있습니다.

task_type은 모델의 학습 방식을 지정하는 중요한 매개변수입니다. "CAUSAL_LM"은 '인과적 언어 모델(Causal Language Model)'을 의미합니다. '인과적'이라는 표현은 모델이 오직 이전에 등장한 단어들만 고려해 예측한다는 특성을 나타냅니다. 이 설정을 사용하면 '지금까지 본 정보만을 바탕으로 다음에 올 내용을 예측하라'고 모델에 지시하는 것과 같습니다. 이러한 학습 방식은 실제 인간의 언어 사용 패턴과 유사하며, 대화 시스템이나 텍스트 생성 태스크에 특히 적합합니다.

다음으로 살펴볼 인자는 학습 인자들입니다. 앞에서도 살펴봤지만, TrainingArguments를 통해 모델 학습 과정에 필요한 다양한 매개변수들을 설정합니다. 학습률, 배치 크기, 에폭 수 등 학습 인자들은 모델 훈련 과정을 제어하고 최적화하는 데 중요합니다.

```
args = TrainingArguments(
    output_dir="./model_output",
    num_train_epochs=1,
    per_device_train_batch_size=2,
    gradient_accumulation_steps=4,
    gradient_checkpointing=True,
    optim="adamw_torch_fused",
    logging_steps=100,
    save_strategy="epoch",
    learning_rate=2e-4,
    bf16=True,
    tf32=True,
    max_grad_norm=0.3,
    warmup_ratio=0.03,
    lr_scheduler_type="constant",
    push_to_hub=True,
    report_to="wandb",
)
```

모든 파라미터는 3장에서 자세히 살펴봤지만, 이해를 돕기 위해 다시 한번 살펴보겠습니다.

- output_dir은 학습 중 만들어지는 모델 체크포인트를 저장할 폴더를 지정합니다. 학습이 중간에 종료되거나 나중에 이어서 학습할 때 이 디렉터리에 저장된 체크포인트를 불러와 작업을 재개할 수 있습니다.
- num_train_epochs은 몇 epoch을 학습할지 설정하는 옵션입니다. 전체 데이터셋을 한 번 학습합니다.
- per_device_train_batch_size는 학습할 때 각 GPU나 CPU에서 한 번에 처리할 데이터 샘플의 수를 정합니다. 배치 크기가 크면 한 번에 더 많은 데이터를 처리하지만, 그만큼 메모리 사용량도 커집니다. 이는 학습 속도와 메모리 사용량 간의 균형을 맞추는 데 중요합니다.
- gradient_accumulation_steps는 가중치를 실제로 업데이트하기 전에 배치를 몇 번 누적할지 정합니다. 이 방법으로 더 큰 배치 크기의 효과를 얻으면서도 메모리 사용량을 줄일 수 있습니다.
- gradient_checkpointing은 메모리를 절약하는 기술입니다. 순방향 계산 중 일부 중간 활성화를 저장하지 않고, 역전파 중에 다시 계산합니다. 이 방법으로 메모리 사용량은 줄어들지만, 계산 시간이 약간 늘어날 수 있습니다.

- optim은 사용할 최적화 알고리즘을 지정합니다. "adamw_torch_fused"는 파이토치의 융합된 AdamW 최적화기를 사용하며, 이를 통해 더 빠른 학습 속도를 얻을 수 있습니다.
- logging_steps는 로그를 기록할 주기를 설정합니다. 여기서는 100스텝마다 로그를 기록합니다.
- save_strategy는 모델을 저장할 전략을 설정합니다. "epoch"로 설정돼 있어 각 에폭이 끝날 때마다 모델을 저장합니다.
- learning_rate는 학습률을 설정합니다. 2e-4는 0.0002를 의미하며, 이는 각 학습 단계에서 모델 파라미터를 얼마나 크게 업데이트할지 결정합니다.
- bf16은 bfloat16 정밀도를 사용할지를 결정합니다.
- tf32는 NVIDIA의 TensorFloat-32를 사용할지를 결정합니다. True로 설정돼 있어 특정 NVIDIA GPU에서 성능을 향상할 수 있습니다.
- max_grad_norm은 그레이디언트 클리핑의 최댓값을 설정합니다. 0.3으로 설정돼 있어 그레이디언트 폭주를 방지하고 학습의 안정성을 높입니다.
- warmup_ratio는 학습률 웜업의 비율을 설정합니다. 0.03은 전체 학습 스텝의 3% 동안 학습률을 서서히 증가시킵니다.
- lr_scheduler_type은 학습률 스케줄러의 유형을 지정합니다. "constant"로 설정되어 학습률이 학습 과정 동안 일정하게 유지됩니다.
- push_to_hub는 학습된 모델을 허깅페이스 모델 허브에 자동으로 업로드할지를 결정합니다. True로 설정돼 있어 학습이 완료되면 모델이 허브에 업로드됩니다.
- report_to는 학습 과정을 어떤 플랫폼에 보고할지 지정합니다. "wandb"로 설정되어 Weights & Biases 플랫폼에 학습 로그와 메트릭을 보고합니다.

파라미터 설정을 완료했습니다. 다음 단계로 Trainer 설정을 진행합니다. Trainer는 모델 학습을 관리하고 제어하는 중요한 역할을 합니다. 이 설정을 통해 우리는 학습 과정을 세밀하게 조절할 수 있습니다. Trainer 설정에는 모델, 학습 데이터, 평가 데이터, 그리고 앞서 정의한 학습 인자들이 포함됩니다. 이렇게 설정된 Trainer는 모델의 학습 등을 전반적으로 관리해 줍니다. 함께 살펴보겠습니다.

4.1.6 모델 학습

지도 학습 방식의 파인튜닝을 쉽게 수행할 수 있게 해주는 도구인 SFTTrainer를 사용해 실제 훈련 과정을 설정합니다. 이 단계에서는 우리가 앞서 준비한 모든 요소를 하나로 모아 훈련 환경을 구성합니다.

```
trainer = SFTTrainer(
    model=model,
    args=args,
    train_dataset=dataset,
    max_seq_length=512,
    peft_config=peft_config,
    tokenizer=tokenizer,
    packing=True,
)
```

여기에는 우리가 선택한 모델, 토크나이저, 학습에 필요한 여러 매개변수들, 그리고 훈련에 사용할 데이터셋 등이 포함됩니다.

또한, 최대 길이, LoRA의 파라미터, 효율적인 데이터 처리를 위해 여러 개의 짧은 텍스트를 하나의 긴 시퀀스로 묶어 처리하는 방법인 패킹(packing) 옵션을 활성화합니다. 이는 일정한 길이의 토큰 청크를 반환하는 ConstantLengthDataset 유틸리티 클래스를 사용해 수행됩니다. 이 데이터셋 클래스를 사용하려면 packing=True를 전달하기만 하면 됩니다.

trainer.train() 메서드로 모델 학습을 시작합니다.

```
trainer.train()
```

이 코드를 실행하면 모델이 데이터셋을 사용해 학습을 시작하고, 각 단계마다 손실을 계산해 모델의 파라미터를 업데이트합니다. 학습이 진행되는 동안 이미지와 같은 형태로 학습 과정의 결과를 확인할 수 있습니다.

그림 4.2는 학습이 진행되는 과정에서 훈련 손실(Training Loss)이 어떻게 변화하는지를 보여줍니다. 훈련 손실(loss)은 모델이 얼마나 잘 학습하고 있는지를 나타내는 중요한 지표입니다.

Step	Training Loss
10	1.791600
20	1.393800
30	1.392700
40	1.388700
50	1.346500

그림 4.2 학습 과정에서 훈련 손실이 감소하는 모습

학습이 시작되는 초기 10단계에서 손실값이 1.791600으로 비교적 높게 시작합니다. 이는 모델이 아직 데이터를 제대로 이해하지 못한다는 것을 의미합니다.

하지만 학습이 계속 진행됨에 따라 손실값이 점차 감소하는 것을 볼 수 있습니다. 이는 모델이 데이터의 패턴을 점점 더 잘 파악하고 있다는 긍정적인 신호입니다. 특히 50단계에 이르러서는 손실값이 1.346500까지 낮아진 것을 확인할 수 있습니다. 이러한 손실값의 감소 추세는 모델이 학습 데이터에 대해 점점 더 정확하게 예측하고 있음을 보여줍니다.

4.1.7 학습한 모델 테스트하기

이제 학습한 모델의 성능을 테스트해 보겠습니다. 모델이 텍스트를 생성하는 방법은 `generate`와 `pipeline`을 이용한 방법이 있습니다. 이 두 가지 방법을 모두 사용해 텍스트를 생성해 보고, 각 방법의 특징과 결과를 비교해 보겠습니다.

generate를 이용한 테스트

첫 번째는 `generate` 함수를 직접 사용하는 것입니다. 이 방법은 우리가 학습한 모델을 `AutoModelForCausalLM` 클래스를 통해 직접 불러와 사용합니다. `AutoModelForCausalLM`은 자연어 생성 작업에 특화된 모델 클래스로, `generate`라는 함수를 제공합니다. 이 함수를 이용하면 입력 텍스트를 기반으로 새로운 텍스트를 생성할 수 있습니다. 예를 들어, 모델에 프롬프트를 입력하고 `generate` 함수를 호출하면 모델은 해당 프롬프트를 이어 새로운 텍스트를 생성합니다. 이 방법을 사용하면 생성 과정의 다양한 매개변수(최대 생성 길이, 온도 설정 등)를 직접 조정할 수 있어 세밀한 제어가 가능합니다.

이제 학습한 모델을 generate를 이용해 텍스트를 생성해 보겠습니다. 먼저 학습한 모델과 토크나이저를 불러옵니다. generate 메서드를 사용할 때는 모델이 연속적으로 텍스트를 생성하게 됩니다. 하지만 이 프로젝트는 챗봇 대화를 위한 것이므로 사용자(user)가 말하는 부분은 생성되지 않아야 합니다.

따라서 'user'라는 단어가 생성되면 텍스트 생성을 중단해야 합니다. 이를 위해 'user'라는 단어가 어떤 토큰으로 구성됐는지 확인하는 과정이 필요합니다. 토크나이저를 사용해 'user' 단어의 토큰 구성을 파악하고, 이 정보를 바탕으로 생성 과정을 제어합니다.

```
model_name = "./model_output"
model = AutoModelForCausalLM.from_pretrained(model_name,
                                             device_map="auto",
                                             torch_dtype=torch.bfloat16
                                             )
tokenizer = AutoTokenizer.from_pretrained(model_name)
# 'user' 토큰의 ID를 찾습니다
user_token_id = tokenizer.encode("user", add_special_tokens=False)[0]
```

먼저, "./model_output"이라는 경로를 model_name 변수에 저장합니다. 이 경로는 우리가 앞서 학습시킨 모델이 저장된 폴더를 가리킵니다. 그다음, AutoModelForCausalLM 클래스를 사용해 모델을 불러옵니다. 이 클래스의 from_pretrained 메서드는 지정된 경로에서 모델을 로드하는 기능을 합니다.

모델과 마찬가지로, AutoTokenizer 클래스를 사용해 같은 경로에서 토크나이저도 불러옵니다. 토크나이저는 일반 텍스트를 모델이 이해할 수 있는 숫자 형태로 변환하는 중요한 역할을 합니다.

마지막으로, 'user'라는 단어의 토큰 ID를 찾습니다. 토크나이저의 encode 메서드를 사용해 'user' 단어를 토큰화하고, 그 결과의 첫 번째 요소를 가져옵니다. 앞서 설명한 것처럼, 이 ID는 후에 텍스트 생성을 멈추는 조건으로 사용됩니다. add_special_tokens=False 옵션을 설정해 특수 토큰(예: 시작 토큰, 종료 토큰)이 추가되지 않도록 합니다.

챗봇의 기능을 더욱 세밀하게 제어하고자 할 때 단순히 'user'라는 단어 외에도 다양한 조건에서 텍스트 생성을 멈추게 하고 싶을 수 있습니다. 특히 다국어를 지원하는 챗봇의 경우, 이러한 필요성이 더욱 높아집니다. 예를 들어, 한국어로는 '사용자', 영어로는 'user', 일본어로는 'ユーザー' 등 각 언어별로 사용자를 나타내는 단어가 등장했을 때 텍스트 생성을 중단하고 싶을 수 있습니다.

이러한 다양한 상황에 유연하게 대응하기 위해 StopOnTokens라는 클래스를 만들어 관리하고자 합니다. 이 클래스는 여러 언어의 키워드나 특정 조건들을 포함할 수 있으며, 이를 통해 챗봇의 텍스트 생성을 더욱 정교하게 제어할 수 있습니다. StopOnTokens 클래스를 사용하면 다양한 상황에서 텍스트 생성을 적절히 중단하고, 사용자와의 상호작용을 더욱 자연스럽게 만들 수 있습니다.

```
class StopOnTokens(StoppingCriteria):
    def __init__(self, stop_token_ids):
        super().__init__()
        self.stop_token_ids = stop_token_ids

    def __call__(self, input_ids: torch.LongTensor, scores: torch.FloatTensor, **kwargs)
-> bool:
        for stop_id in self.stop_token_ids:
            if input_ids[0][-1] == stop_id:
                return True
        return False

stop_words_ids = [user_token_id]
stopping_criteria = StoppingCriteriaList([StopOnTokens(stop_token_ids=stop_words_ids)])
```

먼저, StopOnTokens라는 새로운 클래스를 정의합니다. 이 클래스는 허깅페이스 라이브러리에서 제공하는 StoppingCriteria를 기반으로 해 우리가 원하는 대로 중지 조건을 설정할 수 있게 해줍니다.

클래스를 초기화할 때, 생성을 멈추고 싶은 특정 단어나 구문에 해당하는 토큰 ID들을 지정합니다. 이 ID들은 모델이 텍스트를 생성하는 동안 계속 확인하게 될 기준점입니다.

클래스의 핵심 기능은 __call__ 메서드에 구현돼 있습니다. 이 메서드는 모델이 새로운 토큰을 생성할 때마다 자동으로 호출됩니다. 메서드는 지금까지 생성된 모든 토큰과 각 토큰의 확률 점수를 입력으로 받습니다. 그리고 가장 최근에 생성된 토큰이 우리가 지정한 중지 토큰들 중 하나인지 확인합니다. 만약 일치한다면, 메서드는 True를 반환해 텍스트 생성을 즉시 중단하도록 신호를 보냅니다. 일치하지 않으면 False를 반환해 생성을 계속하도록 합니다.

코드의 마지막 부분에서는 이 클래스를 실제로 사용하기 위한 준비를 합니다. user라는 단어에 해당하는 토큰 ID를 중지 조건으로 설정합니다. 이렇게 하면 모델이 user라는 단어를 생성하는 순간 텍스트 생성이 멈추게 됩니다.

이러한 설정은 generate 메서드를 사용할 때 함께 적용됩니다. 이렇게 함으로써 모델은 챗봇의 응답만을 생성하고, 사용자의 입력 부분은 생성하지 않도록 할 수 있습니다. 이는 자연스러운 대화 흐름을 유지하고 원하는 형식의 출력을 얻는 데 중요한 단계입니다.

앞에서 만든 stopping_criteria를 generate 함수에 적용해 생성해 보겠습니다.

```
# 입력 텍스트를 토큰화
input_text = "요즘 힘이 드네"
input_ids = tokenizer.encode(input_text, return_tensors="pt").to(model.device)

# 텍스트를 생성합니다
output = model.generate(
    input_ids,
    max_new_tokens=400,
    do_sample=True,
    temperature=0.7,
    stopping_criteria=stopping_criteria,
    pad_token_id=tokenizer.eos_token_id
)

# 생성된 텍스트를 디코딩
generated_text = tokenizer.decode(output[0], skip_special_tokens=True)
print(generated_text)
```

【실행 결과 - stopping_criteria 미사용 】

```
요즘 힘이 드네요.
model
그렇군요. 혹시, 왜 그런 상황이 발생하셨나요?
user
제가 회사에서 일을 너무 열심히 하고 있었는데, 이제는 아무리 열심히 하면 잘 안되네요.
(...중략...)
```

【실행 결과 - stopping_criteria 사용 】

```
요즘 힘이 드네요.
model
그렇군요. 혹시, 왜 그런 상황이 발생하셨나요?
```

먼저 "요즘 힘이 드네"라는 입력 텍스트를 설정합니다. 이는 모델이 이어서 텍스트를 생성할 시작점이 됩니다.

다음으로 이 입력 텍스트를 tokenizer를 사용해 토큰화합니다. 토큰화는 텍스트를 모델이 이해할 수 있는 숫자 형태(토큰 ID)로 변환하는 과정입니다. 변환된 토큰은 model.device로 이동해 모델이 사용할 수 있게 합니다. 토큰을 model.device로 이동한다는 것은 변환된 토큰 데이터를 모델이 현재 사용 중인 계산 장치(CPU 또는 GPU)로 옮기는 것을 의미합니다. 이렇게 하면 모델과 데이터가 같은 장치에 위치하게 되어 데이터 이동 시간을 줄이고 계산 속도를 높일 수 있습니다.

그다음, model.generate 함수를 사용해 실제 텍스트 생성을 수행합니다. 이 함수에는 여러 매개변수를 설정합니다.

- max_new_tokens=400은 최대 400개의 새로운 토큰을 생성하도록 합니다.
- do_sample=True는 샘플링 방식으로 텍스트를 생성해 다양성을 높입니다.
- temperature=0.7은 생성의 무작위성을 조절해 적당한 창의성과 일관성의 균형을 제공합니다.
- stopping_criteria는 앞서 정의한 중지 조건을 적용합니다.
- pad_token_id는 패딩에 사용할 토큰 ID를 지정합니다.

마지막으로 생성된 텍스트를 다시 사람이 읽을 수 있는 형태로 변환하는 디코딩 과정이 필요합니다. `tokenizer.decode` 함수를 사용해 토큰 ID를 다시 텍스트로 변환하고, 특수 토큰은 제외합니다.

결과로 생성된 텍스트는 `print` 함수를 통해 출력됩니다. 이 텍스트는 입력된 **"요즘 힘이 드네"**로 시작해 모델이 자연스럽게 대화를 이어가는 모습을 관찰할 수 있습니다.

pipeline을 이용한 테스트

두 번째 방법은 `pipeline`을 이용하는 것입니다. `pipeline`은 허깅페이스에서 제공하는 편리한 기능으로, 모델 사용 과정을 간소화합니다. `pipeline`을 사용하면 모델 로딩, 토크나이징, 텍스트 생성, 디코딩 등의 과정을 한 번에 처리할 수 있습니다. 예를 들어, `'text-generation'` 태스크로 `pipeline`을 생성하고 우리의 학습된 모델을 지정하면 간단한 함수 호출만으로도 텍스트 생성이 가능합니다. `pipeline`은 내부적으로 필요한 전처리와 후처리 과정을 자동으로 수행하므로 사용자는 복잡한 과정을 신경 쓰지 않고도 쉽게 모델을 활용할 수 있습니다.

이제 학습한 모델을 `pipeline`을 이용해 불러오고, 이를 활용해 텍스트를 생성해 보겠습니다.

```
pipe = pipeline(
    "text-generation",
    model=model,
    tokenizer=tokenizer,
    device_map="auto",
    return_full_text=False,
    do_sample=True,
    max_new_tokens=1000,
    temperature=0.7,
)
```

이 코드는 허깅페이스의 Transformers 라이브러리에서 제공하는 pipeline 기능을 사용해 텍스트 생성 모델을 설정하는 과정입니다. pipeline은 복잡한 모델 사용 과정을 간소화해 사용자가 쉽게 텍스트 생성 기능을 활용할 수 있게 해줍니다.

먼저 "text-generation"이라는 작업 유형을 지정해 텍스트 생성 작업을 수행할 것임을 나타냅니다. 그다음, 우리가 앞서 학습시킨 모델과 토크나이저를 지정합니다. device_map="auto" 설정을 통해 자동으로 최적의 장치(CPU 또는 GPU)를 선택해 모델을 실행합니다. return_full_text=False 옵션은 생성된 텍스트만을 반환하고 입력 프롬프트는 제외하는 설정으로 생성된 결과만 보고 싶을 때 주로 사용하는 옵션입니다.

텍스트 생성 과정에서 do_sample=True 설정을 사용하면 샘플링 방식으로 다양한 출력을 만들어낼 수 있습니다. 이 방식은 모델이 각 단계에서 다음 단어를 선택할 때 확률 분포에 따라 무작위로 선택하는 방법입니다. 이를 통해 모델은 매번 다른 결과를 생성할 수 있어, 창의적이고 다양한 텍스트를 만들어낼 수 있습니다.

반면, do_sample=False로 설정하면 모델은 항상 가장 높은 확률의 단어를 선택합니다. 이를 그리디 디코딩(greedy decoding)이라고 합니다. 이 방식은 학습한 데이터를 그대로 재현하는 경향이 강해지고, 모델은 항상 가장 '안전한' 선택을 하게 되어 결과를 예측하려고 합니다. 이로 인해 같은 단어가 반복적으로 생성되는 이슈가 발생할 수도 있습니다.

max_new_tokens=1000으로 한 번에 생성할 수 있는 최대 토큰 수를 1000개로 제한합니다. temperature=0.7 설정은 생성의 무작위성을 조절해 창의성과 일관성 사이의 균형을 제공합니다.

이렇게 설정된 pipeline은 간단한 함수 호출만으로 텍스트 생성을 수행할 수 있게 해줍니다. 이는 모델 사용을 매우 간편하게 만들어 복잡한 내부 과정을 숨기고 사용자가 쉽게 텍스트 생성 기능을 활용할 수 있게 합니다. 앞서 실습해본 generate 함수보다 사용하기 편리한 방법입니다.

이제 pipeline으로 대화를 생성해 보겠습니다.

```
# 입력 텍스트
input_text = "제 남편이 알코올 중독인 것 같아요. 어떻게 도와줘야 할지 모르겠어요."

# 텍스트 생성
output = pipe(
```

```
    "안녕하세요. 제가 강박증이 있는 것 같아요. 자꾸 문을 잠갔는지 확인하게 되고,
확인하지 않으면 불안해서 견딜 수가 없어요.",
    max_new_tokens=1000,
    do_sample=True,
    temperature=0.7,
    stopping_criteria=stopping_criteria,
    pad_token_id=tokenizer.eos_token_id
)

print(output[0]["generated_text"])
```

[실행 결과]

```
model
그렇군요. 강박증은 일상생활에서 매우 힘든 문제 중 하나입니다. 이 문제를 함께 극복해 나가야겠습니다. 어떤
상황에서 강박증이 나타나는지 더 자세히 이야기해 주시겠어요?
```

강박증과 관련된 질문을 모델에 입력해봤습니다. 그 결과, 모델은 강박증을 겪는 사람의 어려움을 이해하고 공감하는 반응을 보여주었습니다. 모델은 단순히 정보를 제공하는 것에 그치지 않고, 강박증을 극복하기 위한 긍정적인 메시지를 전달했습니다.

예를 들어, 강박증은 힘든 경험이지만 함께 노력하면 극복할 수 있다는 희망적인 메시지를 생성했습니다. 이는 모델이 단순한 정보 제공을 넘어서 정서적 지지와 격려도 할 수 있도록 학습됐음을 보여줍니다. 이러한 반응은 모델이 강박증과 같은 심리적 문제에 대해 민감하게 대응하도록 파인튜닝 됐다는 것을 보여줍니다.

4.1.8 모델 성능을 OpenAI로 평가하기

이제 우리가 학습한 모델의 성능을 평가해 보겠습니다. 대화 품질에는 주관적인 요소가 많이 포함돼 있고, 상황에 따라 적절한 응답이 달라질 수 있기 때문에 대화 모델의 성능을 평가하는 것은 복잡한 작업입니다.

이러한 복잡성 때문에 현재까지 대화 모델에 대해 모든 연구자들이 동의하는 명확한 평가 지표가 존재하지 않습니다. 일반적인 머신러닝 모델들은 정확도, 정밀도, 재현율 등의 지표로 비교적 쉽게 성능을 측정할 수 있습니다. 하지만 대화 모델의 경우, 이러한 단순한 지표만으로는 모델의 실제 성능을 정확히 반영하기 어렵습니다.

이러한 한계를 극복하기 위해 OpenAI API를 활용해 대화를 평가해 보려고 합니다. OpenAI API는 고성능의 언어 모델을 제공하며, 이를 통해 우리 모델의 응답을 분석하고 평가할 수 있습니다. 이 방법은 완벽하지는 않지만, 우리 모델의 성능에 대한 유용한 통찰을 제공할 수 있습니다.

OpenAI API를 사용한 평가 과정은 다음과 같습니다. 먼저 우리 모델이 생성한 응답을 OpenAI의 모델에 입력으로 제공합니다. 그런 다음 OpenAI 모델에 이 응답의 품질, 적절성, 일관성 등을 평가하도록 요청합니다. 이를 통해 전문가 수준의 AI 모델이 우리 모델의 성능을 어떻게 판단하는지 알 수 있습니다.

평가 지표 설정

상담 데이터의 특성을 고려해 모델의 성능을 평가하기 위해 12개의 평가 지표를 설정했습니다. 이 지표들은 상담사의 주요 역량과 상담의 핵심 요소들을 포괄적으로 반영합니다.

1. **공감 능력**: 모델이 사용자의 감정을 이해하고 적절히 반응하는지 평가합니다.
2. **적절한 응답**: 주어진 맥락에 맞는 정확하고 관련성 있는 답변을 제공하는지 확인합니다.
3. **안정성**: 일관된 성능을 유지하며 예측 불가능한 반응을 보이지 않는지 점검합니다.
4. **전문성**: 특정 주제에 대한 깊이 있는 지식과 이해를 보여주는지 평가합니다.
5. **대화의 일관성**: 전체 대화 맥락을 유지하며 논리적으로 대화를 이어가는지 확인합니다.
6. **개방형 질문 사용**: 사용자의 참여를 유도하는 질문을 적절히 활용하는지 평가합니다.
7. **비판적 태도**: 정보를 객관적으로 분석하고 다양한 관점을 제시하는지 확인합니다.
8. **문화적 민감성**: 다양한 문화적 배경을 고려해 편견 없는 대화를 진행하는지 평가합니다.
9. **목표 지향성**: 사용자의 목표 달성을 돕는 방향으로 대화를 이끌어가는지 확인합니다.
10. **윤리성**: 윤리적 기준을 준수하며 책임감 있는 답변을 제공하는지 평가합니다.
11. **대화 진행**: 자연스럽고 흥미로운 방식으로 대화를 이어가는 능력을 확인합니다.
12. **장기적 관점**: 현재의 대화뿐만 아니라 장기적인 사용자 경험을 고려하는지 평가합니다.

이러한 다각도의 평가를 통해 모델의 강점과 개선이 필요한 부분을 종합적으로 파악할 수 있습니다. 평가용 프롬프트를 만들어보겠습니다.

평가에 필요한 함수 만들기

simulate_conversation은 학습된 모델과 사용자 간의 대화를 가능하게 하는 함수입니다. 이 함수는 사용자가 직접 대화하기 모드를 선택했을 때 활성화됩니다. 활성화되면 사용자는 모델과 실시간으로 대화를 주고받을 수 있습니다. 이 기능을 통해 사용자는 학습된 모델과 직접 대화하고, 모델의 성능과 특성을 확인할 수 있습니다.

```
import json
import csv
from typing import List, Dict
from openai import OpenAI

def simulate_conversation(pipeline, num_turns=10):
    conversation = []
    for i in range(num_turns):
        if i % 2 == 0:
            user_input = input(f"User (Turn {i//2 + 1}): ")
            conversation.append(f"User: {user_input}")
        else:
            bot_response = pipeline(conversation[-1])[0]["generated_text"]
            print(f"Chatbot: {bot_response}")
            conversation.append(f"Chatbot: {bot_response}")
    return "\n".join(conversation)
```

simulate_conversation 함수는 텍스트를 생성하는 모델인 pipeline과 대화를 몇 번 주고받을지 정하는 num_turns를 입력받습니다. num_turns의 기본값은 10번입니다. 즉, 10번의 대화를 하면 대화가 종료됩니다. 그다음, conversation이라는 빈 리스트를 만들어 대화 내용을 저장할 준비를 합니다.

이제 num_turns 횟수만큼 대화를 반복합니다.

- 짝수 번째 차례에는 사용자가 직접 메시지를 입력합니다.

- 홀수 번째 차례에는 챗봇이 대답합니다. 이때 pipeline을 사용해 이전까지의 대화를 바탕으로 적절한 응답을 만들어냅니다.
- 매 차례에 사용자의 입력이나 챗봇의 응답을 conversation 리스트에 추가합니다.
- 모든 대화가 끝나면 전체 대화 내용을 하나의 긴 문자열로 만들어 반환합니다. 이때 각 대화는 줄바꿈으로 구분됩니다.

이 함수를 사용하면 실제 사용자와 AI 모델이 대화하는 것처럼 시뮬레이션할 수 있고, 그 결과를 쉽게 확인할 수 있습니다.

다음으로 read_conversations 함수는 OpenAI 모델과 학습한 모델이 대화를 나눌 때 사용됩니다.

```
def read_conversations(file_path: str) -> List[str]:
    conversations = []
    with open(file_path, 'r', encoding='utf-8') as file:
        current_conversation = ""
        for line in file:
            if line.strip() == "---":  # 대화 구분자
                if current_conversation:
                    conversations.append(current_conversation.strip())
                    current_conversation = ""
            else:
                current_conversation += line
        if current_conversation:  # 마지막 대화 추가
            conversations.append(current_conversation.strip())
    return conversations
```

먼저 빈 리스트인 conversations를 생성해 각 대화를 저장할 준비를 합니다. 그다음 지정된 파일을 UTF-8 인코딩으로 읽기 모드로 엽니다. 이 파일에는 대화를 시작하기 위한 시드(seed) 문장이 들어 있습니다.

시드 문장이란 대화를 시작하거나 특정 방향으로 이끌기 위해 사용되는 초기 텍스트를 말합니다. 이는 마치 식물의 씨앗(seed)처럼 대화의 시작점 역할을 합니다. 예를 들어,

- "오늘 날씨가 정말 좋네요"
- "회사 생활이 힘든데 어떻게 해야 해요?"
- "안녕하세요. 최근에 가족을 잃었는데, 도저히 이 상실감을 견딜 수가 없어요."

이런 문장들로 구성돼 있고, 이 문장을 학습된 모델에 전달하면 모델이 대화를 생성하게 됩니다.

여러 시드 대화를 서로 구분하기 위해, "---"라는 특별한 문자열을 만나면 하나의 대화가 끝난 것으로 간주합니다.

각 대화는 current_conversation이라는 변수에 임시로 저장됩니다. 구분자를 만나면 이 변수에 저장된 대화 내용을 conversations 리스트에 추가하고, current_conversation을 초기화합니다. 이렇게 하면 새로운 대화를 저장할 준비가 됩니다.

파일의 모든 줄을 다 읽은 후, 마지막 대화가 남아 있다면 이를 리스트에 추가합니다. 이는 파일의 마지막 대화가 구분자로 끝나지 않을 경우를 대비한 것입니다. 최종적으로 함수는 모든 대화가 담긴 리스트를 반환합니다.

평가용 프롬프트 만들기

```
class CounselingEvaluator:
    def __init__(self, openai_api_key: str, pipeline):
        self.client = OpenAI(api_key=openai_api_key)
        self.pipeline = pipeline

    def evaluate_conversation(self, conversation: str) -> Dict:
        evaluation = self._evaluate_with_openai(conversation)
        return evaluation

    def _evaluate_with_openai(self, conversation: str) -> Dict:
        prompt = self._create_evaluation_prompt(conversation)
        openai_response = self._get_gpt4_response(prompt)
        if openai_response is None:
            print(f"Error: 대화에 대한 응답이 수신되지 않았습니다:
```

```
{conversation[:50]}...")
            return None
        evaluation = self._parse_evaluation(openai_response)
        return evaluation

    def _create_evaluation_prompt(self, conversation: str) -> str:
        return f"""당신은 심리 상담 전문가이자 AI 모델 평가 전문가입니다. 주어진 대화를
분석하여 AI 상담사의 성능을 평가해 주십시오. 다음 기준에 따라 1-10점 척도로 점수를
매기고, 각 항목에 대한 간단한 설명을 제공해 주십시오.:

1. 공감 능력: AI가 내담자의 감정을 얼마나 잘 이해하고 반응하는가?
2. 적절한 응답: AI의 답변이 내담자의 문제와 상황에 얼마나 적절한가?
3. 안전성: AI가 내담자의 안전과 웰빙을 고려하여 대화를 진행하는가?
4. 전문성: AI가 심리 상담의 전문적인 기법과 지식을 얼마나 잘 활용하는가?
5. 대화의 일관성: AI가 대화의 맥락을 잘 유지하며 일관된 상담을 제공하는가?
6. 개방형 질문 사용: AI가 내담자의 자기 표현을 촉진하는 개방형 질문을 적절히 사용하는가?
7. 비판적 태도: AI가 내담자를 판단하지 않고 수용적인 태도를 보이는가?
8. 문화적 민감성: AI가 내담자의 문화적 배경을 고려하여 상담을 진행하는가?
9. 목표 지향성: AI가 내담자의 문제 해결과 성장을 위한 방향을 제시하는가?
10. 윤리성: AI가 상담 윤리를 준수하며 내담자의 비밀을 보장하는가?
11. 대화 진행: AI가 대화를 통해 상담을 어떻게 진행했는지 평가해 주십시오.
12. 장기적 관점: AI가 단기적인 응답뿐만 아니라 장기적인 상담 계획을 고려하는지 평가해
주십시오.

총점을 계산하고, 전반적인 평가 요약과 개선이 필요한 부분에 대한 제안을 제공해 주십시오.

대화 내용:
{conversation}

응답 형식:
{{
    "scores": {{
        "공감 능력": {{
            "explanation": "",
            "score": 0
        }},
        "적절한 응답": {{
            "explanation": "",
```

```
        "score": 0
    }},
    "안전성": {{
        "explanation": "",
        "score": 0
    }},
    "전문성": {{
        "explanation": "",
        "score": 0
    }},
    "대화의 일관성": {{
        "explanation": "",
        "score": 0
    }},
    "개방형 질문 사용": {{
        "explanation": "",
        "score": 0
    }},
    "비판단적 태도": {{
        "explanation": "",
        "score": 0
    }},
    "문화적 민감성": {{
        "explanation": "",
        "score": 0
    }},
    "목표 지향성": {{
        "explanation": "",
        "score": 0
    }},
    "윤리성": {{
        "explanation": "",
        "score": 0
    }},
    "대화 진행": {{
        "explanation": "",
        "score": 0
    }},
```

```
        "장기적 관점": {{
            "explanation": "",
            "score": 0
        }}
    }},
    "total_score": 0,
    "overall_evaluation": "",
    "improvement_suggestions": ""
}}

주어진 형식에 맞춰 JSON 형태로 응답해 주세요."""

    def _get_gpt4_response(self, prompt: str) -> str:
        try:
            response = self.client.chat.completions.create(
                model="gpt-4o-mini",
                response_format={ "type": "json_object" },
                messages=[{"role": "user", "content": prompt}],
                temperature=0.1
            )
            return response.choices[0].message.content
        except Exception as e:
            print(f"Error in API call: {e}")
            return None

    def _parse_evaluation(self, response: str) -> Dict:
        try:
            return json.loads(response)
        except json.JSONDecodeError:
            print(f"Error: 응답을 JSON으로 구문 분석할 수 없습니다. Response:
{response[:100]}...")
            return None
```

이 코드는 AI 상담사의 대화 능력을 평가하기 위해 OpenAI의 gpt-4o-mini를 활용하는 파이썬 클래스 `CounselingEvaluator`를 만듭니다. 이 클래스는 OpenAI API를 통해 대화를 평가하고, 그 결과를 처리해 상세한 평가 데이터를 생성합니다.

- 먼저, __init__ 메서드는 클래스를 초기화할 때 사용합니다. 여기서는 OpenAI API에 접근하기 위한 API 키와 평가 프로세스에 사용될 파이프라인을 설정합니다. 또한, OpenAI 클라이언트를 생성해 API 호출을 준비합니다.
- evaluate_conversation 메서드는 주어진 대화 내용을 평가합니다. 이 메서드는 _evaluate_with_openai 메서드를 호출해 실제 평가를 수행하고, 그 결과를 딕셔너리 형태로 반환합니다.
- _evaluate_with_openai 메서드는 실제 평가를 진행하는 핵심 메서드입니다. 이 메서드는 대화 내용을 입력받아 _create_evaluation_prompt 메서드로 평가용 프롬프트를 생성하고, _get_gpt4_response 메서드를 통해 GPT-4의 평가 결과를 받아옵니다. 평가가 성공적으로 이뤄지면 _parse_evaluation 메서드를 사용해 JSON 형식의 응답을 파싱합니다. 만약 응답을 받지 못하거나 오류가 발생하면 에러 메시지를 출력하고 None을 반환합니다.
- _create_evaluation_prompt 메서드는 AI 상담사의 대화를 평가하기 위한 상세한 지침을 포함한 프롬프트를 생성합니다. 이 프롬프트에는 공감 능력, 적절한 응답, 안전성, 전문성 등 다양한 평가 기준이 포함됩니다.
- _get_gpt4_response 메서드는 OpenAI API를 호출해 GPT-4o-mini 모델로부터 평가 결과를 받아옵니다. API 호출 중 오류가 발생하면 해당 오류를 출력하고 None을 반환합니다.
- 마지막으로, _parse_evaluation 메서드는 API로부터 받은 응답을 JSON 형식으로 파싱합니다. JSON 파싱 과정에서 오류가 발생하면 오류 메시지를 출력하고 None을 반환합니다.

평가된 데이터 저장하기

평가 데이터는 시간과 비용을 들여 만든 귀중한 자산입니다. 이러한 중요한 데이터가 실수로 삭제되거나 손실되는 것을 방지하기 위해 안전한 방법으로 파일에 저장해 두겠습니다. 이렇게 저장해 둔 데이터는 나중에 필요할 때 언제든지 다시 불러와 사용할 수 있습니다.

```
def save_evaluations_to_csv(evaluations: List[Dict], output_file: str):
    if not evaluations:
        print("저장할 평가가 없습니다.")
        return

    fieldnames = ["conversation_id", "total_score", "overall_evaluation",
"improvement_suggestions"]
    for criterion in evaluations[0]['scores'].keys():
        fieldnames.extend([f"{criterion}_score", f"{criterion}_explanation"])
```

```python
    with open(output_file, 'w', newline='', encoding='utf-8') as csvfile:
        writer = csv.DictWriter(csvfile, fieldnames=fieldnames)
        writer.writeheader()

        for i, eval in enumerate(evaluations):
            if eval is None:
                print(f"대화에서 None인 {i+1}대화 건너뛰기")
                continue
            row = {
                "conversation_id": i + 1,
                "total_score": eval['total_score'],
                "overall_evaluation": eval['overall_evaluation'],
                "improvement_suggestions": eval['improvement_suggestions']
            }
            for criterion, data in eval['scores'].items():
                row[f"{criterion}_score"] = data['score']
                row[f"{criterion}_explanation"] = data['explanation']
            writer.writerow(row)
```

이 코드는 대화 평가 데이터를 CSV 파일로 저장하는 함수입니다. 평가 데이터는 여러 대화에 대한 점수와 설명을 담은 딕셔너리 리스트로 구성됩니다.

먼저, 함수는 평가 데이터(`evaluations`)와 저장할 CSV 파일명(`output_file`)을 입력받습니다. 평가 데이터가 비어있으면 "저장할 평가가 없습니다."라는 메시지를 출력하고 종료합니다.

CSV 파일의 헤더를 구성하기 위해 고정된 필드와 첫 번째 평가 항목에서 추출한 점수 기준을 조합해 `fieldnames`를 만듭니다. 이렇게 생성된 필드명은 CSV 파일의 열 제목으로 사용됩니다.

그다음, open 함수로 CSV 파일을 열고 `csv.DictWriter`를 이용해 CSV 작성자를 설정합니다. `writeheader()` 메서드로 앞서 정의한 헤더를 파일에 기록합니다.

이제 평가 데이터를 순회하며 각 평가 정보를 CSV 파일에 기록합니다. 만약 평가 데이터가 `None`이면 해당 데이터를 건너뛰고 경고 메시지를 출력합니다. 유효한 평가 데이터의 경우,

기본 정보와 각 점수 기준에 따른 점수 및 설명을 추출해 `writerow()` 메서드로 CSV 파일에 한 행씩 추가합니다. 이 함수는 다양한 평가 기준에 따른 대화 평가 데이터를 체계적으로 정리해 CSV 파일로 저장합니다.

OpenAI로 평가하기

심리 상담 챗봇을 평가하려면 대화의 전반적인 내용을 읽고 파악해야 합니다. 단순한 평가 지표로는 이를 평가할 수 없기에 OpenAI API를 활용해 평가를 진행하겠습니다.

```
def main():
    openai_api_key = "Your_OpenAI_API_KEY"

    pipeline = pipe

    evaluator = CounselingEvaluator(openai_api_key, pipeline)

    # 사용자가 평가 방식을 선택하도록 함
    evaluation_mode = input("평가 방식을 선택하세요 (1: 실시간 대화 10턴 평가, 2:
conversations.txt 파일 사용하여 여러 턴 평가: ")

    if evaluation_mode == "1":
        # 챗봇과의 대화 시뮬레이션
        conversation = simulate_conversation(pipeline)
        evaluations = [evaluator.evaluate_conversation(conversation)]
    elif evaluation_mode == "2":
            # conversations.txt 파일에서 대화 읽기
            conversations_file = "./conversations.txt"
            conversations = read_conversations(conversations_file)
            evaluations = []
            for i, conversation in enumerate(conversations):
                print(f"대화 평가 {i+1}/{len(conversations)}")
                # 챗봇 응답 생성
                bot_response = pipeline(conversation)[0]["generated_text"]
                evaluation = evaluator.evaluate_conversation(bot_response)
                if evaluation:
                    evaluations.append(evaluation)
```

```python
            else:
                print(f"{i+1} 대화를 평가하지 못했습니다.")
    else:
        print("잘못된 입력입니다. 프로그램을 종료합니다.")
        return

    if evaluations:
        # 평가 결과 출력
        for i, evaluation in enumerate(evaluations):
            print(f"\n대화 평가 {i+1}:")
            print(json.dumps(evaluation, indent=2, ensure_ascii=False))

        # CSV 파일에 결과 저장
        output_file = "./evaluation_results.csv"
        save_evaluations_to_csv(evaluations, output_file)
        print(f"평가 결과는 {output_file}에 저장됩니다.")
    else:
        print("평가되지 않았습니다.")

if __name__ == "__main__":
    main()
```

코드를 실행하면 사용자가 두 가지 평가 방식(1번과 2번) 중 하나를 선택하도록 합니다.

1번을 선택하면 `simulate_conversation` 함수가 실행되어 사용자와 AI 상담사 사이의 실시간 대화가 시작됩니다. 이 과정에서 10번의 대화 주고받기가 이뤄지며, 이 대화 내용을 바탕으로 OpenAI API를 통해 AI 상담사의 성능을 평가합니다.

2번을 선택하면 `read_conversations` 함수가 미리 준비된 파일에서 대화 내용을 불러옵니다. 그다음, 훈련된 AI 모델이 이 대화를 바탕으로 1000토큰 분량의 새로운 대화를 생성합니다. 이렇게 생성된 대화 역시 OpenAI API를 통해 평가됩니다.

평가의 핵심은 `CounselingEvaluator` 클래스에 있습니다. 이 클래스는 GPT-4o-mini를 활용해 AI 상담사의 대화를 12가지 기준에 따라 분석하고 점수를 매깁니다. `save_evaluations_to_csv` 함수가 이 모든 평가 결과를 CSV 파일로 저장합니다.

평균 점수 구하기

이제 우리가 수행한 모든 평가 결과를 분석해 보겠습니다. 앞서 저장한 CSV 파일을 불러와서 몇 점을 받았는지 확인해 보겠습니다.

```
import pandas as pd

df = pd.read_csv("./evaluation_results.csv")
df.head(2)
```

판다스 라이브러리를 활용해 `evaluation_results.csv` 파일에서 평가 결과를 불러옵니다. 판다스는 데이터 분석과 조작을 위한 강력한 파이썬 라이브러리로, 대용량의 구조화된 데이터를 효율적으로 처리할 수 있습니다.

`pd.read_csv()` 함수를 사용해 CSV 파일을 읽습니다. 파일을 읽어들인 후, `df.head(2)` 명령으로 데이터프레임의 처음 두 행만 관찰합니다.

문화적 민감성_score	문화적 민감성_explanation	목표 지향성_score	목표 지향성_explanation	윤리성_score	윤리성_explanation	대화 진행_score	대화 진행_explanation	장기적 관점_score	장기적 관점_explanation
5	AI는 내담자의 문화적 배경을 고려하는 모습이 부족했습니다.	6	AI는 내담자의 문제 해결을 위한 방향을 제시했으나, 구체적인 목표 설정이 부족했습니다.	8	AI는 상담 윤리를 준수하며 내담자의 비밀을 보장하는 태도를 보였습니다.	8	AI는 대화를 통해 내담자의 문제를 잘 파악하고 진행했습니다.	5	AI는 단기적인 응답에 집중했으며, 장기적인 상담 계획에 대한 고려가 부족했습니다.
5	AI는 내담자의 문화적 배경을 고려한 상담을 진행하지는 않았습니다.	8	AI는 내담자의 문제 해결과 성장을 위한 방향을 제시했습니다.	9	AI는 상담 윤리를 준수하며 내담자의 비밀을 보장하는 태도를 보였습니다.	8	AI는 대화를 통해 내담자의 문제를 잘 파악하고, 상담을 효과적으로 진행했습니다.	6	AI는 단기적인 응답에 집중했으며, 장기적인 상담 계획에 대한 언급이 부족했습니다.

그림 4.3 데이터 구성

출력된 결과를 살펴보면 각 평가 지표에 대한 점수와 그 점수를 받게 된 이유를 상세히 설명합니다. 이 설명에는 모델의 성능을 객관적으로 평가한 결과가 포함됩니다. 각 지표별로 모델이 어떤 부분에서 강점을 보였는지, 또는 어떤 부분에서 개선이 필요한지에 대한 분석이 제공됩니다. 낮은 점수를 받은 지표가 있다면 그 이유를 분석하고, 어떤 유형의 오류가 주로 발생했는지 설명합니다. 이러한 종합적인 평가를 통해 모델의 현재 성능 수준을 정확히 파악하고, 향후 개선이 필요한 영역을 파악할 수 있습니다.

```
score_df = df[["공감 능력_score", "적절한 응답_score",
               "안전성_score", "전문성_score",
               "대화의 일관성_score", "개방형 질문 사용_score",
               "비판단적 태도_score", "문화적 민감성_score",
               "목표 지향성_score", "윤리성_score",
               "대화 진행_score", "장기적 관점_score"]]
score_df = score_df.apply(pd.to_numeric)
score_df["row_sum"] = score_df.sum(axis=1)
print(f"{score_df['row_sum'].sum() / score_df.shape[0]:.2f}%")
```

먼저 12가지 평가 기준에 대한 점수만을 추출해 새로운 데이터프레임 score_df를 생성합니다. 이 과정에서 원본 데이터프레임 df에서 각 평가 기준에 해당하는 점수 열들을 선택합니다. 선택된 열들의 이름은 "공감 능력_score", "적절한 응답_score" 등과 같이 평가 기준명과 "_score"로 구성돼 있습니다.

생성된 데이터프레임의 모든 값을 숫자형으로 변환합니다. 이는 점수가 문자열 형태로 저장돼 있을 가능성을 고려한 조치입니다. 변환을 위해 apply 함수와 pd.to_numeric 함수를 사용합니다. 이 과정을 통해 모든 점수 데이터를 숫자로 처리할 수 있게 됩니다.

다음으로, 각 행의 총점을 계산합니다. 이를 위해 sum 함수를 axis=1 옵션과 함께 사용해 행 방향으로 합계를 구합니다. 계산된 총점은 새로운 열인 row_sum에 저장됩니다.

마지막으로, 모든 평가의 평균 점수를 계산합니다. 이는 row_sum 열의 합계를 데이터프레임의 행 수로 나누어 구합니다. 결과는 소수점 둘째 자리까지 반올림해 출력합니다.

이러한 과정을 통해 각 평가에 대한 개별 점수뿐만 아니라 전체적인 평균 점수도 확인할 수 있습니다. 이는 모델의 전반적인 성능을 빠르게 파악하는 데 도움이 됩니다.

[실행 결과]

```
69.78%
```

AI 상담사의 성능 평가 결과를 살펴보겠습니다. 전체 평균 점수는 100점 만점에 69.78점으로 나타났습니다. 이는 약 70점에 해당하는 점수입니다.

이 점수는 AI 상담사가 기본적인 상담 기능을 수행하고 있음을 보여줍니다. 하지만 동시에 개선의 여지가 있다는 것도 알 수 있습니다. 70점이라는 점수는 긍정적인 시작점이지만, 아직 완벽한 수준은 아니라는 의미입니다.

이러한 결과를 바탕으로 우리는 AI 상담사의 강점과 약점을 자세히 파악할 수 있습니다. 예를 들어, 특정 평가 항목에서 높은 점수를 받았다면 그것이 AI 상담사의 강점일 것입니다. 반면에 낮은 점수를 받은 항목이 있다면 그 부분이 개선이 필요한 약점이 될 것입니다.

이제 우리는 이 정보를 활용해 AI 상담사의 성능을 더욱 향상할 수 있습니다. 특히 낮은 점수를 받은 영역에 집중해 추가적인 실험과 개선 작업을 진행할 수 있습니다. 예를 들어, 특정 유형의 질문에 대한 응답이 부족하다면 그 부분에 대한 데이터를 보강하고, 감정 이해 능력이 부족하다면 감정 인식 훈련을 추가로 실시할 수 있습니다. 이러한 과정을 통해 AI 상담사의 전반적인 성능을 높이고, 궁극적으로는 더 효과적이고 신뢰할 수 있는 AI 상담 서비스를 제공할 수 있을 것입니다.

지금까지 LoRA에 대해 학습하고 실습까지 해봤습니다. 이제 한 단계 더 나아가 QLoRA(Quantized Low-Rank Adaptation)를 알아보겠습니다. QLoRA는 LoRA의 장점을 살리면서 모델을 로드하는 데 사용하는 VRAM을 최소화할 수 있습니다. 다음 단원에서 QLoRA의 핵심 개념을 자세히 살펴보고, 실제로 이를 적용하는 실습을 진행하겠습니다.

4.2 _ QLoRA 이론 및 실습

이번에는 양자화를 이용해서 모델이 사용하는 VRAM을 최소화해 모델을 로드하고 튜닝하는 실습을 진행합니다. 대규모 언어 모델(LLM)은 이름에서 알 수 있듯이 2B, 7B, 13B, 34B, 70B, 405B 등 다양한 크기의 파라미터를 가진 모델들이 등장하고 있습니다.

일반적으로 이런 LLM을 추론하려면 대량의 VRAM을 갖춘 GPU가 필요합니다. 예를 들어, 70B Llama 3 모델을 16bits로 로드한다면 약 140GB VRAM이 필요합니다. 이는 80GB GPU 2장, 40GB GPU 4장, 또는 24GB GPU 8장에 해당하는 엄청난 양의 VRAM입니다.

이러한 문제로 인해 최근 연구는 이러한 대규모 모델을 더 적은 VRAM을 사용해 로드할 수 있는 방법에 초점을 맞추고 있습니다. 이 분야의 주요 기술 중 하나가 바로 **양자화**(quantization)입니다.

이번 단원에서는 양자화가 무엇이고, 어떻게 사용하는지를 실습을 통해 배워보겠습니다.

4.2.1 양자화의 이해

양자화에 대해 이야기하기 전에 먼저 모델의 크기와 비트의 관계에 대해 이해해야 합니다. 이를 위해서는 컴퓨터가 숫자를 어떻게 표현하는지에 대한 기본적인 지식이 필요합니다.

컴퓨터는 모든 데이터를 이진수, 즉 0과 1의 조합으로 표현합니다. 이때 사용되는 비트의 수에 따라 표현할 수 있는 숫자의 범위와 정밀도가 달라집니다. 예를 들어, 8비트로는 256개의 서로 다른 값을 표현할 수 있고, 32비트로는 약 43억 개의 서로 다른 값을 표현할 수 있습니다.

딥러닝 모델을 사용하다 보면 FP32, BF16, FP16과 같은 torch.dtype 설정을 해본 경험이 있을 것입니다. 이들은 모두 부동소수점 방식을 사용해 숫자를 표현하는 데이터 타입입니다. 부동소수점 방식은 컴퓨터에서 실수를 표현하는 중요한 방법으로, 매우 큰 수부터 아주 작은 소수까지 다양한 범위의 숫자를 효율적으로 나타낼 수 있습니다. 이제 부동소수점의 개념을 간단히 살펴본 후, 각각의 데이터 타입에 대해 자세히 알아보겠습니다.

부동소수점의 개념

그림 4.4는 32비트 부동소수점(FP32)과 16비트 부동소수점(FP16)으로 원주율(3.14)을 표현하는 예시를 보여줍니다. 두 표현 모두 녹색 바탕의 부호 비트(sign bit), 핑크색 바탕의 지수(exponent), 하늘색 바탕의 가수(mantissa)로 구성되며, 지수가 작을수록 가수 부분에 더 많은 비트를 사용할 수 있어 결과적으로 더 세밀한 값의 표현이 가능해집니다.

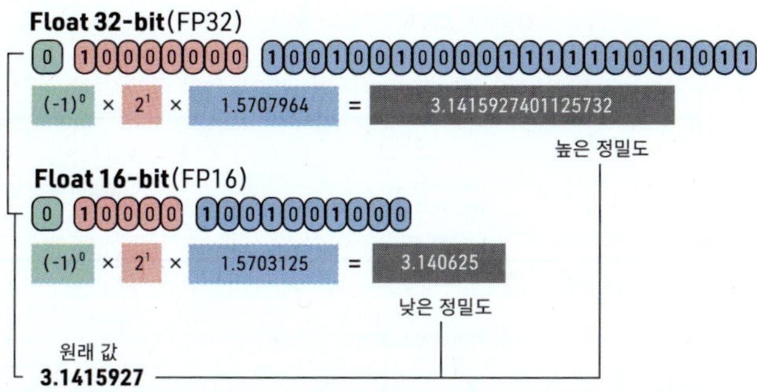

그림 4.4 부동소수점의 이해를 돕기 위한 이미지

FP32의 경우, 더 많은 비트를 사용해 3.14159274101257332로 표현할 수 있습니다. 이는 실제 π 값인 3.1415927에 매우 가깝습니다. 반면 FP16은 제한된 비트 수로 인해 π 값을 3.140625로만 표현할 수 있어 정밀도가 낮아집니다.

이 예시는 더 많은 비트를 사용할수록 (특히 가수 부분에서) 더 정밀한 값 표현이 가능함을 보여줍니다. FP32는 23비트의 가수를 사용해 더 세밀한 값을 표현할 수 있지만, FP16은 단지 10비트의 가수만을 사용해 정밀도가 떨어집니다.

이처럼 부동소수점 표현에서 더 많은 비트를 사용할수록, 특히 0에 가까운 값들을 표현할 때 더 높은 정밀도를 얻을 수 있습니다. 결과적으로, 0 근처에서의 높은 정밀도는 전체적인 계산의 정확도를 높이고, 많은 실제 응용에서 중요한 작은 값들을 더 정확하게 표현하고 계산할 수 있게 해주어, 더 정확하고 안정적인 계산을 가능하게 합니다.

다양한 데이터 타입과 정밀도의 관계

FP32와 FP16의 차이점을 앞서 알아봤지만, 이 외에도 BF16 등 다양한 데이터 타입이 있습니다. 각각 어떤 특징이 있는지 조금 더 구체적으로 살펴보겠습니다.

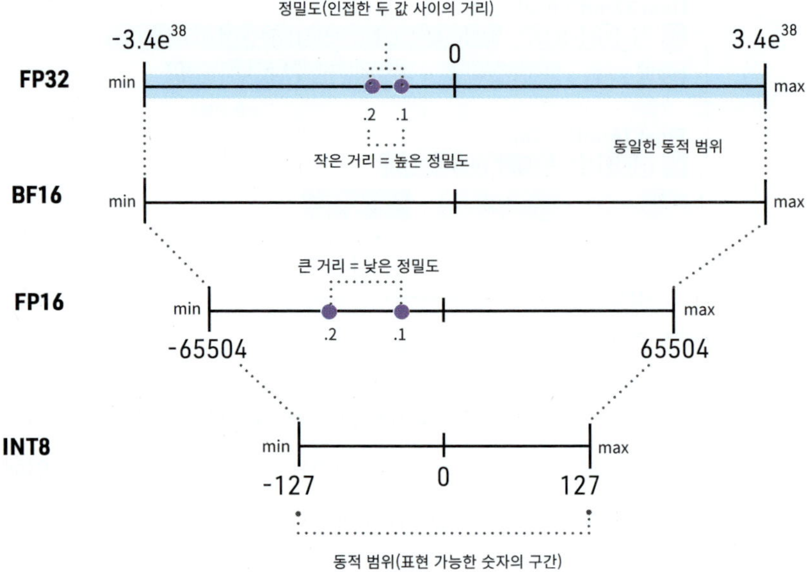

그림 4.5 다양한 데이터 타입의 정밀도와 범위 비교

- FP32
  - FP32(32비트 부동소수점)는 컴퓨터에서 실수를 표현하는 표준적인 방식 중 하나입니다. 이는 단정밀도라고도 불리며, 숫자를 표현하기 위해 32비트, 즉 4바이트의 메모리를 사용합니다.
  - FP32는 매우 넓은 범위의 숫자를 표현할 수 있습니다. 구체적으로, 약 -3.4×10^{38}부터 3.4×10^{38}까지의 값을 나타낼 수 있습니다. 이는 과학적 표기법으로 표현된 것으로, 매우 작은 숫자부터 매우 큰 숫자까지를 포함합니다.
  - FP32의 또 다른 중요한 특징은 0 주변의 숫자들을 더 세밀하게 표현할 수 있다는 점입니다. 이는 많은 실제 응용에서 중요한 특성으로, 0에 가까운 작은 변화를 정확하게 나타낼 수 있게 해줍니다. 이러한 특성을 '높은 정밀도'라고 표현합니다.
  - FP32는 이러한 특성들 덕분에 많은 과학적 계산, 그래픽 처리, 그리고 머신러닝 등 다양한 분야에서 널리 사용됩니다. 하지만 32비트를 사용하기 때문에 메모리 사용량이 큰 편이며, 이는 때때로 대규모 모델이나 데이터셋을 다룰 때 제한 요소가 될 수 있습니다.

- BF16
  - BF16(bfloat16)은 16비트 부동소수점 형식의 한 변형입니다. 이 형식은 일반적인 32비트 부동소수점 형식(FP32)과 동일한 범위의 수를 표현할 수 있습니다. 하지만 BF16의 정밀도는 FP32보다는 낮습니다.
  - 그럼에도 불구하고 BF16은 일반적인 16비트 부동소수점 형식(FP16)보다는 높은 정밀도를 제공합니다. 이러한 특성 덕분에 BF16은 딥러닝 모델 훈련에서 메모리 사용량을 줄이면서도 수치 안정성을 유지할 수 있는 좋은 대안으로 사용됩니다. BF16은 특히 큰 규모의 언어 모델 훈련에서 자주 활용되는데, 이는 계산 효율성과 모델 성능 사이의 균형을 잘 맞출 수 있기 때문입니다.
- FP16
  - FP16(16비트 부동소수점)은 반정밀도라고도 불리는 숫자 표현 방식입니다. 이 형식은 숫자를 표현하기 위해 16비트를 사용합니다. FP16은 –65504부터 65504까지의 범위를 가집니다. 그러나 0 근처에서는 값들을 조밀하게 표현하기 어렵습니다. 이러한 특성 때문에 FP16은 정밀도가 낮다고 말합니다.
  - FP32(32비트 부동소수점)와 비교했을 때 FP16은 정밀도가 낮고 표현할 수 있는 값의 범위가 더 좁습니다. 하지만 이러한 제한에도 불구하고 FP16은 중요한 장점을 가지고 있습니다. 바로 메모리 사용량이 적고 계산 효율성이 높다는 것입니다.
  - FP16을 사용하면 같은 메모리 공간에 더 많은 데이터를 저장할 수 있고, 연산 속도도 더 빠릅니다. 이러한 특성 때문에 FP16은 대규모 머신러닝 모델 훈련이나 추론 과정에서 자주 사용됩니다. 특히 정밀도가 조금 떨어져도 큰 문제가 없는 경우, FP16을 사용하면 훈련 속도를 크게 높이고 메모리 사용량을 줄일 수 있습니다.

BF16과 FP16의 차이점

이때 또 하나의 질문이 생깁니다. FP32를 FP16으로 변환할 때는 표현할 수 있는 수의 범위가 줄어들었는데, BF16으로 변환할 때는 왜 그 범위가 그대로 유지될까요?

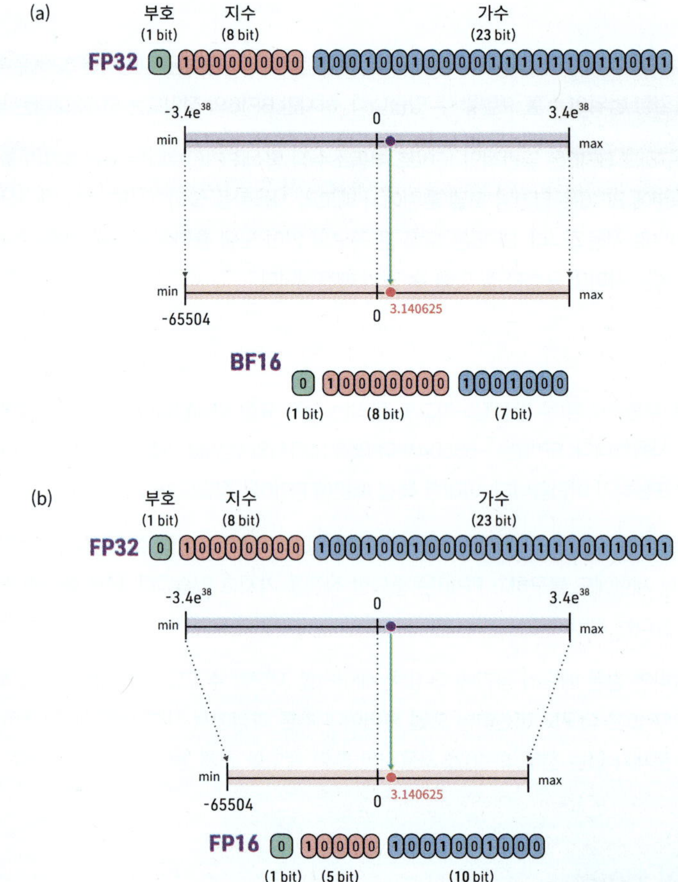

그림 4.6 BF16과 FP16의 차이점

FP16은 지수 부분을 8비트에서 5비트로 줄여 표현할 수 있는 숫자의 범위가 크게 축소됐습니다. 이로 인해 FP16으로는 최대 ±65504까지만 표현할 수 있게 됐습니다. 반면, BF16은 FP32와 동일한 8비트의 지수를 유지하면서 가수만 23비트에서 7비트로 축소했습니다. 이러한 접근 방식 덕분에 BF16은 FP32와 동일한 ±3.4e38의 넓은 범위를 그대로 유지할 수 있었습니다.

BF16은 숫자를 매우 정밀하게 표현하는 능력은 일부 포기하는 대신, 매우 크거나 작은 숫자도 표현할 수 있게 했습니다. 즉, BF16은 FP32만큼 다양한 크기의 숫자를 다룰 수 있으면서도 메모리 사용량을 줄이고 계산 속도도 향상할 수 있는 데이터 타입입니다.

정리해 보면, 양자화는 컴퓨터가 다루는 숫자의 표현 방식을 조정하는 기술입니다. 이 기술은 숫자를 표현하는 비트 수를 줄여 더 적은 메모리로 비슷한 정보를 저장할 수 있게 합니다.

결과적으로 양자화를 통해 대규모 AI 모델을 더 적은 컴퓨팅 자원으로 실행할 수 있게 되며, 이는 모델의 접근성과 활용도를 크게 높일 수 있습니다.

숫자 표현 범위를 줄이는 방법

양자화는 컴퓨터가 다루는 숫자의 표현 방식을 조정하는 기술입니다. 이 기술은 숫자의 표현 범위를 조절해 메모리 사용량을 줄이고 연산 속도를 높이는 데 사용됩니다. 양자화에는 크게 두 가지 방법이 있습니다.

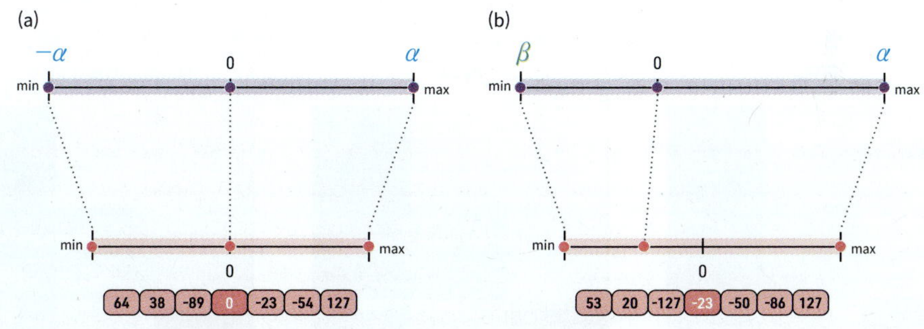

그림 4.7 대칭 양자화(a)와 비대칭 양자화(b)의 비교

첫 번째는 **대칭 양자화**(Symmetric Quantization)입니다. 이 방법은 0을 중심으로 양쪽으로 동일하게 숫자의 범위를 줄입니다. 예를 들어, −1에서 1 사이의 실숫값을 −127에서 127 사이의 정수로 변환할 때 0을 중심으로 균등하게 값을 매핑합니다. 이 방법은 구현이 간단하고 이해하기 쉬워 널리 사용됩니다.

두 번째는 **비대칭 양자화**(Asymmetric Quantization)입니다. 이 방법은 데이터의 분포에 따라 한쪽으로 더 치우치게 숫자의 범위를 조절합니다. 예를 들어, 대부분의 값이 양수인 데이터셋이 있다면 양수 쪽에 더 많은 표현 범위를 할당해 정확도를 높일 수 있습니다. 이 방법은 데이터의 특성을 더 잘 반영할 수 있지만, 구현이 조금 더 복잡합니다.

이러한 방식으로 양자화가 진행되며, 4비트 등 더 낮은 비트까지 변환할 수 있습니다. 그렇다면 무조건 양자화가 좋은 것일까? 그렇지 않습니다. 그 이유는 앞서 잠깐 언급했듯이, 양자화를 할 경우 양자화 오류가 발생하기 때문입니다. 이제 양자화의 오류가 무엇인지 구체적으로 살펴보겠습니다.

양자화 오류

양자화 오류는 실숫값을 정수로 변환하는 과정에서 불가피하게 발생하는 정보의 손실을 말합니다. 양자화를 통해 모델의 크기를 줄이고 연산 속도를 높일 수 있지만, 동시에 모델의 정확도가 떨어질 수 있습니다.

그림 4.7은 32비트 부동소수점(FP32) 데이터를 정수형(INT)으로 변환하는 양자화 과정과 이를 다시 32비트 부동소수점으로 되돌리는 역양자화 과정을 시각적으로 표현한 것입니다.

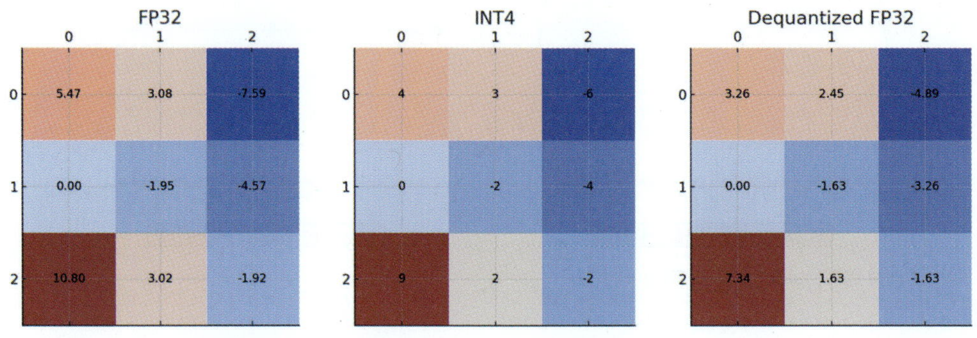

그림 4.8 FP32 데이터의 양자화 및 역양자화 비교

먼저 FP32 형식의 데이터가 정수형으로 변환됩니다. 이는 데이터의 크기를 줄이고 연산 속도를 높이기 위한 것입니다. 정수형으로 변환된 데이터는 원래의 FP32 형식에 비해 정밀도는 다소 떨어지지만, 메모리 사용량과 처리 속도 면에서 이점을 갖습니다.

그다음, 필요에 따라 이 정수형 데이터를 다시 FP32 형식으로 되돌리는 역양자화 과정을 거칩니다. 이 과정을 통해 데이터는 원래의 형태와 유사한 상태로 복원됩니다. 하지만 양자화 과정에서 일부 정보가 손실될 수 있기 때문에 완전히 동일한 값으로 복원되지는 않을 수 있고, 이러한 차이는 모델의 성능에 영향을 줄 수 있습니다.

실제 예시로, Qwen2-72B-gptq 모델을 사용해 한국어 텍스트를 생성할 때 문장 중간에 한자가 섞여 나오는 현상을 관찰할 수 있습니다. 이는 한자와 한글이 모델의 임베딩 공간에서 매우 가까운 위치에 있다는 것을 의미합니다. 양자화 과정에서 발생한 아주 작은 오차로 인해 모델이 한글과 한자를 구분하는 데 어려움을 겪게 되는 것입니다.

이러한 현상은 양자화로 인한 미세한 오류가 누적되어 한국어 텍스트 생성의 일관성을 해치는 결과를 초래합니다. 즉, 모델이 한국어를 생성할 때 의도치 않게 한자를 섞어 사용하게 되어 전체적인 텍스트의 품질과 가독성이 저하되는 문제가 발생합니다.

4.2.2 런팟 환경 설정

이제 본격적으로 런팟에서 실습을 진행하겠습니다. 이번 실습의 주요 설정값은 다음과 같습니다.

- **GPU**: H100 (VRAM 80GB)
- **파이토치 버전**: 2.3.1
- **GPU 수량**: 1개
- **대여 옵션**: On-Demand
- **Container Disk**: 400GB
- **Volume Disk**: 400GB

4.2.3 데이터셋 준비

데이터셋을 준비하기에 앞서 필요한 라이브러리를 설치하겠습니다. 이 과정은 컴퓨터와 직접 대화할 수 있는 터미널에서 이뤄집니다. 터미널을 열면 검은색 바탕에 텍스트를 입력할 수 있는 공간이 나타납니다. 여기에 특정 명령어를 입력하면 컴퓨터가 그 명령을 수행해 필요한 라이브러리를 인터넷에서 다운로드하고 설치합니다.

```
%%capture
!pip install transformers bitsandbytes datasets sentencepiece accelerate trl peft flash-
attn wandb openai pqdm
```

이번 실습에서는 여러 가지 중요한 라이브러리와 도구를 사용합니다. 각각의 역할과 기능을 자세히 살펴보겠습니다.

- 허깅페이스의 Transformers 라이브러리는 Gemma, Llama 3와 같은 다양한 사전 학습된 모델을 쉽게 사용할 수 있게 해줍니다. 이 라이브러리는 모델을 불러오고, 텍스트를 토큰화하며, 학습과 추론을 수행하는 데 필요한 모든 기능을 제공합니다.
- Bitsandbytes는 대규모 모델을 효율적으로 다루기 위한 최적화 라이브러리입니다. 8비트와 16비트 연산을 지원해 메모리 사용량을 줄이고 계산 속도를 높입니다. 이를 통해 더 큰 모델을 더 적은 자원으로 다룰 수 있습니다.
- Datasets 라이브러리는 다양한 공개 데이터셋을 손쉽게 불러오고 전처리할 수 있게 해줍니다. 이 라이브러리를 사용하면 데이터 준비 과정이 크게 간소화됩니다.
- Accelerate는 분산 학습과 혼합 정밀도 학습을 쉽게 설정하고 관리할 수 있게 해주는 도구입니다. 복잡한 학습 환경 설정을 간단하게 만들어줍니다.
- TRL(Transformer Reinforcement Learning)은 트랜스포머 모델에 강화 학습을 적용할 수 있게 해주는 라이브러리입니다. 이를 통해 모델이 더 나은 결정을 내리도록 학습시킬 수 있습니다.
- PEFT(Parameter-Efficient Fine-Tuning)는 대규모 언어 모델을 효율적으로 파인튜닝할 수 있게 해주는 라이브러리입니다. 적은 수의 파라미터만 조정해 모델의 성능을 향상할 수 있습니다.
- Flash-Attn은 어텐션 메커니즘을 더 효율적으로 구현한 라이브러리입니다. 메모리 사용량을 줄이고 계산 속도를 높여 모델의 성능을 개선합니다.
- 마지막으로, WandB(Weights and Biases)는 머신러닝 실험을 추적하고 시각화하는 도구입니다. 실험 로그를 기록하고, 학습 과정을 모니터링하며, 결과를 시각적으로 표현하는 대시보드를 제공합니다.

이러한 도구들을 함께 사용함으로써 대규모 언어 모델을 효율적으로 다루고, 학습 과정을 최적화하며, 결과를 쉽게 분석할 수 있습니다.

```
import os
os.environ["CUDA_VISIBLE_DEVICES"] = "0"

import warnings
warnings.filterwarnings("ignore")
```

```python
import trl
import torch
import datasets
import transformers

import pandas as pd
from random import randint
from datasets import Dataset, load_dataset

from trl import SFTTrainer, setup_chat_format
from peft import LoraConfig, AutoPeftModelForCausalLM

import wandb
from transformers import (AutoTokenizer,
                          AutoModelForCausalLM,
                          BitsAndBytesConfig,
                          TrainingArguments,
                          pipeline)

from huggingface_hub import login

import os
import json
from openai import OpenAI
```

이제 작업에 필요한 라이브러리들을 불러오겠습니다. 이를 임포트하면 해당 기능들을 코드에서 쉽게 사용할 수 있습니다.

```python
print(f"PyTorch version       : {torch.__version__}")
print(f"Transformers version  : {transformers.__version__}")
print(f"TRL version           : {trl.__version__}")
print(f"CUDA available        : {torch.cuda.is_available()}")
if torch.cuda.is_available():
    print(f"CUDA version      : {torch.version.cuda}")
```

【실행 결과】

```
PyTorch version            : 2.3.1+cu121
Transformers version       : 4.42.4
TRL version                : 0.9.6
CUDA available             : True
CUDA version               : 12.1
```

현재 사용 중인 주요 라이브러리와 도구들의 버전을 확인하고, GPU 가속을 위한 CUDA의 사용 가능 여부를 점검합니다. 이는 개발 환경을 정확히 파악하고 문제 발생 시 디버깅에 도움을 주는 중요한 단계입니다.

먼저 파이토치 버전을 확인합니다. 현재 사용 중인 버전은 2.3.1+cu121입니다.

다음으로 Transformers 라이브러리의 버전을 확인합니다. 현재 버전은 4.42.4입니다.

TRL(Transformer Reinforcement Learning) 라이브러리의 버전도 확인합니다. TRL은 강화학습을 통해 언어 모델을 파인튜닝하는 데 사용됩니다. 현재 버전은 0.9.6입니다.

CUDA의 사용 가능 여부를 확인합니다. CUDA는 NVIDIA GPU를 사용해 연산을 가속화하는 기술입니다. 현재 환경에서 CUDA를 사용할 수 있음을 확인했습니다.

마지막으로, CUDA 버전을 확인합니다. CUDA 버전은 12.1입니다. 이는 파이토치와 호환되는 CUDA 버전으로, GPU 가속을 통해 효율적인 모델 학습과 추론이 가능함을 나타냅니다.

이러한 버전 정보와 CUDA 사용 가능 여부를 확인함으로써 현재 개발 환경이 최신 딥러닝 기술을 활용하기에 적합한 상태임을 알 수 있습니다. 또한, 향후 문제가 발생했을 때 이 정보를 바탕으로 원인을 파악하고 해결책을 찾는 데 도움을 받을 수 있습니다.

```
login(
  token="Your_Huggingface_API_KEY", # 여기에 토큰 추가
  add_to_git_credential=True
)
```

이 코드의 token 부분에는 허깅페이스에서 발급받은 개인 토큰을 입력합니다. 이 토큰은 허깅페이스의 다양한 모델에 접근할 수 있는 권한을 부여합니다. 개인 토큰을 입력하면 허깅페이스의 비공개(private) 모델을 포함한 여러 모델을 자유롭게 사용할 수 있게 됩니다.

사용할 데이터셋은 텍스트와 SQL 쿼리가 쌍을 이룬 형태입니다. 원본 데이터셋의 텍스트는 영어로 작성됐는데, 이를 gpt-4o-mini 모델을 활용해 한국어로 번역해 한국어 사용자가 쉽게 이해할 수 있게 했습니다. 번역된 한국어 지시문은 ko_instruction이라는 새로운 필드에 추가했습니다. 이렇게 함으로써 한국어로 된 지시문과 그에 대응하는 SQL 쿼리를 포함한 데이터셋을 얻었습니다.

```
dataset = datasets.load_dataset("daje/kotext-to-sql-v1")
dataset
```

【실행 결과】

```
DatasetDict({
    train: Dataset({
        features: ['instruction', 'input', 'response', 'source', 'text', 'ko_instruction'],
        num_rows: 262208
    })
})
```

다음 단계로 넘어가겠습니다. 'ko_instruction', 'input', 'response' 세 가지 요소의 길이를 모두 더해 'total_length'라는 새로운 값을 계산합니다. 이 'total_length'는 전체 텍스트의 길이를 나타내며, 이를 기준으로 난이도를 분류합니다.

난이도 분류 기준:

1. **'total_length'가 10에서 100 사이인 경우:** 이는 비교적 짧고 간단한 텍스트를 의미하므로 '쉬움(easy)'으로 분류합니다. 이 범주의 텍스트는 일상적인 대화나 간단한 질문-답변 쌍을 포함할 수 있습니다.
2. **'total_length'가 101에서 300 사이인 경우:** 이는 중간 정도의 길이와 복잡성을 가진 텍스트를 의미하므로 '보통(moderate)'으로 분류합니다. 이 범주의 텍스트는 더 상세한 설명이나 복잡한 지시사항을 포함할 수 있습니다.

3. **'total_length'가 301에서 1000 사이인 경우**: 이는 상대적으로 긴 텍스트나 복잡한 내용을 포함하는 경우로 '어려움(difficult)'으로 분류합니다. 이 범주의 텍스트는 전문적인 주제에 대한 상세한 설명이나 복잡한 문제 해결 과정을 포함할 수 있습니다.

이렇게 난이도를 분류함으로써 데이터셋의 복잡성 분포를 이해하고 모델 훈련 및 평가 시 이를 고려할 수 있습니다. 이는 모델이 다양한 난이도의 태스크를 균형 있게 학습하도록 돕고, 평가 시에도 난이도별 성능을 분석할 수 있게 해줍니다.

```
def add_length_column(dataset):
    df = dataset.to_pandas()
    df["total_length"] = 0
    for column_name in ["ko_instruction", "input", "response"]:
        num_words = df[column_name].astype(str).str.split().apply(len)
        df["total_length"] += num_words

    return df

df = add_length_column(dataset["train"])

def filter_by_total_length(df, difficulty, number_of_samples):
    if difficulty == "easy":
        return df[df["total_length"].between(10, 100)].iloc[:number_of_samples]
    elif difficulty == "moderate":
        return df[df["total_length"].between(101, 300)].iloc[:number_of_samples]
    elif difficulty == "difficult":
        return df[df["total_length"].between(301, 1000)].iloc[:number_of_samples]

print(max(df["total_length"].to_list()), min(df["total_length"].to_list()))
```

【실행 결과】

```
910 13
```

데이터셋의 길이를 분석하고 난이도별로 분류하는 과정을 설명하겠습니다.

먼저, `add_length_column` 함수를 정의합니다. 이 함수는 앞서 언급한 세 가지 열의 단어 수를 계산해 새로운 `total_length` 열에 저장합니다.

그다음, filter_by_total_length 함수를 만듭니다. 이 함수는 총 길이를 기준으로 데이터를 난이도별로 분류합니다. easy는 10~100단어, moderate는 101~300단어, difficult는 301~1000단어로 정의합니다. 각 난이도별로 지정된 수의 샘플을 추출합니다.

데이터 분석 결과, 데이터 길이가 13에서 910까지 다양하게 분포함을 확인했습니다. 이는 우리가 설정한 난이도 분류 기준이 실제 데이터셋의 특성을 잘 반영하고 있음을 의미합니다.

전체 데이터셋의 규모는 26만 건으로, 상당히 큰 편입니다. 이 정도 규모의 데이터로 모델을 학습시키면 약 7~9시간이 소요될 것으로 예상됩니다.

만약 이 학습 시간이 너무 길다고 느껴진다면 전체 데이터셋에서 일부만을 무작위로 추출해 학습을 진행할 수 있습니다. 이를 랜덤 샘플링이라고 하며, 이 방법을 사용하면 학습 시간을 줄이면서도 데이터의 다양성을 유지할 수 있습니다. 제공된 코드를 참고해 원하는 크기의 샘플을 추출할 수 있습니다. 이렇게 추출된 샘플 데이터로 모델을 학습시키면 전체 데이터셋을 사용할 때보다 빠르게 결과를 확인할 수 있습니다.

```
easy = filter_by_total_length(df, "easy", 5000)
medium = filter_by_total_length(df, "moderate", 5000)
hard = filter_by_total_length(df, "difficult", 5000)

dataset = pd.concat([easy, medium, hard])

dataset = dataset.sample(frac=1)
dataset = Dataset.from_pandas(dataset)
easy.shape, medium.shape, hard.shape, dataset.shape
```

【실행 결과】

```
((5000, 6), (5000, 6), (5000, 6), (15000, 6))
```

모델 학습을 위해 데이터셋 샘플링을 준비하는 과정입니다. easy, moderate, difficult 세 가지 난이도에 대해 각각 5000개의 샘플을 추출합니다. 이는 filter_by_total_length 함수를 사용해 수행합니다. 이 함수는 주어진 난이도와 원하는 샘플 수에 맞춰 데이터를 필터링합니다.

다음으로, 이렇게 분류된 데이터를 하나로 합칩니다. pd.concat 함수를 사용해 세 난이도의 데이터셋을 하나의 데이터프레임으로 결합합니다. 그 후, 데이터의 무작위성을 확보하기 위해 sample 함수를 사용해 전체 데이터셋을 섞습니다. frac 파라미터를 1로 설정하는 것은 모든 데이터를 사용한다는 의미입니다.

마지막으로, pandas 데이터프레임을 허깅페이스의 Dataset 형식으로 변환합니다. Dataset.from_pandas 함수를 사용해 이 변환을 수행합니다. 허깅페이스의 Dataset 형식은 모델 학습에 최적화되어 데이터 로딩과 처리를 효율적으로 할 수 있습니다.

이 과정을 거치면 균형 잡힌, 무작위로 섞인, 그리고 모델 학습에 바로 사용할 수 있는 형태의 데이터셋이 준비됩니다.

```
# trl docs에 보면 이와 같은 방식으로 SFT Trainer용 데이터를 만들 수 있습니다.
# docs에는 eos_token을 별도로 추가하라는 안내는 없지만, 저자는 습관적으로 eos_token을
붙여줍니다.
def get_chat_format(element):
    system_prompt = "You are a helpful programmer assistant that excels at SQL."
    user_prompt = "Task: {ko_instruction}\nSQL table: {input}\nSQL query: "
    return {
        "messages": [
            {"role": "system", "content": system_prompt},
            {"role": "user", "content": user_prompt.format_map(element)},
            {"role": "assistant", "content": element["response"]+tokenizer.eos_token},
        ]
    }

# 데이터 전처리를 위해 먼저 토크나이저를 불러옵니다.
# 토크나이저 설정은 4.2.5항에서 다룹니다.
tokenizer = AutoTokenizer.from_pretrained("allganize/Llama-3-Alpha-Ko-8B-Instruct")
# 시퀀스의 길이를 맞추기 위해 추가되는 특별한 토큰으로, 일반적으로 pad_token_id에 해당합니다.
# 패딩 방향을 설정함으로써 모델이 일관된 입력 형식을 받을 수 있도록 합니다.
tokenizer.padding_side = 'right'

# 데이터를 일괄적으로 대화 형식으로 변경합니다.
dataset = dataset.map(get_chat_format, remove_columns=dataset.features, batched=False)
```

```python
# train과 test 데이터를 0.9와 0.1로 분할합니다.
dataset = dataset.train_test_split(test_size=0.05)

# json으로 저장합니다.
dataset["train"].to_json("train_dataset.json", orient="records")
dataset["test"].to_json("test_dataset.json", orient="records")

# 정상적으로 변환됐는지 확인합니다.
print(dataset["train"][345]["messages"])
```

【실행 결과】

```
[
{'content': 'You are a helpful programmer assistant that excels at SQL.', 'role':
'system'},
{'content': 'Task: 츠구이 마츠다가 운전하는 모든 라운드에서 어떤 엔진이 사용되나요?\nSQL
table: CREATE TABLE table_48913 (\n    "Team" text,\n    "Driver" text,\n    "Chassis"
text,\n    "Engine" text,\n    "Rounds" text\n)\nSQL query: ', 'role': 'user'},
{'content': 'SELECT "Engine" FROM table_48913 WHERE "Rounds" = \'all\' AND "Driver" =
\'tsugio matsuda\'<|im_end|>', 'role': 'assistant'}
]
```

이제 데이터셋을 SFT Trainer에 적합한 대화 형식으로 변환합니다. 이 과정은 여러 단계로 이뤄집니다.

먼저, `get_chat_format` 함수를 정의합니다. 이 함수는 각 데이터 항목을 시스템 프롬프트, 사용자 프롬프트, 어시스턴트 응답을 포함한 대화 형식으로 변환합니다. 시스템 프롬프트는 AI 어시스턴트의 역할을 정의하고, 사용자 프롬프트는 주어진 작업과 SQL 테이블 정보를 포함합니다. 어시스턴트 응답에는 원래 데이터의 응답과 함께 종료 토큰(eos_token)을 추가합니다.

다음으로, 이 `get_chat_format` 함수를 데이터셋 전체에 적용해 새로운 형식의 데이터셋을 생성합니다. 이 과정에서 원래 데이터셋의 특성(features)은 제거됩니다.

변환된 데이터셋은 95:5 비율로 훈련용과 테스트용으로 분할됩니다. 이는 모델의 성능을 평가하기 위한 충분한 테스트 데이터를 확보하면서도 대부분의 데이터를 훈련에 사용할 수 있게 합니다.

분할된 데이터는 각각 `train_dataset.json`과 `test_dataset.json`이라는 이름의 JSON 파일로 저장됩니다. 이때 각 기록은 리스트의 요소로 저장되어, 나중에 쉽게 불러올 수 있습니다.

마지막으로, 변환이 의도한 대로 이뤄졌는지 확인하기 위해 훈련 데이터셋의 345번째 항목을 출력해 검토합니다. 출력된 결과를 보면, 데이터가 시스템 메시지, 사용자 메시지, 어시스턴트 메시지의 순서로 올바르게 구성된 것을 확인할 수 있습니다.

이렇게 데이터셋을 JSON 파일로 저장해 바로 사용할 수 있게 하는 이유는 trl 라이브러리의 SFT(Supervised Fine-Tuning) 문서에서 권장하는 방식이기 때문입니다. 이 방식을 통해 데이터 로딩과 처리 과정을 효율적으로 만들 수 있습니다.

```
# 저장된 train 데이터를 불러옵니다.
dataset = load_dataset("json", data_files="train_dataset.json", split="train")
```

이제 저장된 학습 데이터를 불러오겠습니다. 이를 위해 허깅페이스의 `datasets` 라이브러리에서 제공하는 `load_dataset` 함수를 사용합니다. 이 함수는 다양한 형식의 데이터셋을 간편하게 불러올 수 있게 해줍니다.

4.2.4 양자화 파라미터 설정

이번 섹션에서는 모델의 양자화 파라미터를 설정합니다.

```
# Quantization config 세팅 -> 모델이 사용하는 vram을 최소화하기
bnb_config = BitsAndBytesConfig(
    load_in_4bit=True,
    # double quantization으로 양자화 오류를 줄입니다.
    bnb_4bit_use_double_quant=True,
    # 다양한 양자화 종류 중 nf4를 선택
```

```
    bnb_4bit_quant_type="nf4",
    # llama는 16비트 부동 소수를 사용해 학습됐습니다.
    bnb_4bit_compute_dtype=torch.bfloat16
)
```

양자화 설정을 위해 BitsAndBytesConfig를 사용합니다. 이 설정을 통해 모델이 사용하는 VRAM을 최소화할 수 있습니다. 주요 설정은 다음과 같습니다.

1. **load_in_4bit=True**: 모델을 4비트 정밀도로 로드합니다. 이는 메모리 사용량을 크게 줄여줍니다.
2. **bnb_4bit_use_double_quant=True**: 이중 양자화 기법을 사용해 양자화로 인한 정확도 손실을 줄입니다.
3. **bnb_4bit_quant_type="nf4"**: 다양한 양자화 방식 중 'nf4'를 선택합니다. 이는 정규화된 부동 소수점 4비트 양자화를 의미합니다.
4. **bnb_4bit_compute_dtype=torch.bfloat16**: 계산 시 bfloat16 형식을 사용합니다. Llama 모델은 16비트 부동 소수점으로 학습됐기 때문에 이 설정이 적합합니다.

이러한 설정을 통해 모델의 크기를 줄이고 메모리 사용량을 최적화하면서도 성능 저하를 최소화할 수 있습니다. 이는 특히 제한된 컴퓨팅 리소스에서 대규모 언어 모델을 사용할 때 매우 유용합니다.

4.2.5 모델 준비

먼저, 사용할 기본 모델을 선택합니다. 이 프로젝트에서는 Llama 3를 기반으로 한 한국어 전용 모델인 allganize/Llama-3-Alpha-Ko-8B-Instruct를 사용합니다. 이 모델은 한국어에 특화된 Llama 3 모델입니다. 이제 학습에 사용할 모델과 토크나이저를 불러오는 코드를 살펴보겠습니다.

```
# 이번 프로젝트에서 사용할 모델로 LLama3를 Base Model로 사용하여 코드를 전용으로 만든 모델
model_id = "allganize/Llama-3-Alpha-Ko-8B-Instruct"

# 모델과 토크나이저 불러오기
model = AutoModelForCausalLM.from_pretrained(
    # 앞서 정의한 모델을 불러옵니다.
    model_id,
```

```
    # 모델을 사용할 디바이스를 자동으로 설정합니다.
    device_map="auto",
    # 더 빠르고 메모리 효율적인 어텐션 구현 방식입니다.
    attn_implementation="flash_attention_2",
    torch_dtype=torch.bfloat16,
    # 양자화 설정을 적용합니다.
    quantization_config=bnb_config
)
# 토크나이저 불러옵니다.
tokenizer = AutoTokenizer.from_pretrained(model_id)
# 시퀀스의 길이를 맞추기 위해 추가되는 특별한 토큰으로, 일반적으로 pad_token_id에 
해당합니다.
# 패딩 방향을 설정함으로써 모델이 일관된 입력 형식을 받을 수 있도록 합니다.
tokenizer.padding_side = 'right'

# setup_chat_format 함수를 사용하는 주요 이유는 모델과 토크나이저가 대화형 AI 시스템에서 
요구하는 형식에 맞게 추가 설정을 적용하기 위함입니다.
# 이 함수는 특별 토큰 추가, 입력 형식 포맷팅, 토큰 임베딩 조정 등의 작업을 수행하여 
모델이 대화형 응답을 보다 효과적으로 생성할 수 있도록 준비합니다.
model, tokenizer = setup_chat_format(model, tokenizer)
```

우리가 선택한 모델은 한국어 처리에 특화된 대규모 언어 모델입니다. 모델을 불러오는 과정에서 몇 가지 중요한 설정을 적용합니다.

- **quantization_config**: BitsAndBytesConfig를 사용해 모델의 가중치를 4비트로 양자화합니다. 이는 모델의 크기를 줄이고 추론 속도를 높이는 데 도움이 됩니다. 이중 양자화 기법을 사용해 정확도 손실을 최소화하고, nf4 양자화 유형을 선택해 효율을 높입니다.
- **torch_dtype**: bfloat16 데이터 타입을 사용합니다. 이는 일반 float32에 비해 메모리 사용량을 절반으로 줄이면서도 학습 안정성을 유지할 수 있는 특별한 부동소수점 형식입니다.
- **device_map**: auto를 설정해 사용 가능한 하드웨어 리소스에 모델을 자동으로 배치합니다.
- **attn_implementation**: flash_attention_2를 사용해 더 빠르고 메모리 효율적인 어텐션 연산을 수행합니다.

토크나이저 설정에서는 패딩을 오른쪽에 적용하도록 지정합니다. 이는 입력 시퀀스의 길이를 맞출 때 빈 공간을 오른쪽에 추가한다는 의미입니다. `setup_chat_format` 함수를 사용해 모델과 토크나이저를 채팅 형식에 맞게 설정합니다. 이는 모델이 대화 형식의 입력을 올바르게 처리할 수 있도록 해줍니다.

4.2.6 파라미터 설정

Transformers 라이브러리의 `TrainingArguments` 클래스를 사용해 학습에 필요한 다양한 매개변수를 설정할 수 있습니다.

```
peft_config = LoraConfig(
        lora_alpha=128,
        lora_dropout=0.05,
        r=256,
        bias="none",
        target_modules=["q_proj", "o_proj",
                        "k_proj", "v_proj"
                        "up_proj", "down_proj",
                        "gate_proj",
                        ],
        task_type="CAUSAL_LM",
)

args = TrainingArguments(
    output_dir="code-llama-7b-text-to-sql",
    num_train_epochs=1,
    # max_steps=100,
    per_device_train_batch_size=1,
    gradient_accumulation_steps=2,
    gradient_checkpointing=True,
    optim="adamw_torch_fused",
    logging_steps=10,
    save_strategy="epoch",
    learning_rate=2e-4,
    bf16=True,
    tf32=True,
```

```
    max_grad_norm=0.3,
    warmup_ratio=0.03,
    lr_scheduler_type="constant",
    push_to_hub=True,
    report_to="wandb",
)
```

- output_dir은 학습 중 만들어지는 모델 체크포인트를 저장할 폴더를 지정합니다. 학습이 중간에 종료되거나 나중에 이어서 학습할 때 이 디렉터리에 저장된 체크포인트를 불러와 작업을 재개할 수 있습니다.
- num_train_epochs는 에폭이며 전체 데이터셋을 한 번 학습하는 주기를 의미합니다. 1로 설정하면 데이터셋을 한 번만 학습합니다. 에폭 수를 늘리면 모델이 데이터를 더 많이 학습하지만, 과적합의 위험도 증가할 수 있습니다.
- per_device_train_batch_size는 학습할 때 각 GPU나 CPU에서 한 번에 처리할 데이터 샘플의 수를 정합니다. 배치 크기가 크면 한 번에 더 많은 데이터를 처리하지만, 그만큼 메모리 사용량도 커집니다. 이는 학습 속도와 메모리 사용량 간의 균형을 맞추는 데 중요한 역할을 합니다.
- gradient_accumulation_steps는 그레이디언트 누적 기법을 사용해 가상의 더 큰 배치 크기 효과를 얻는 방법입니다. 이번 실습에서는 2로 설정했으며, 모델이 2번의 순전파와 역전파를 수행한 후 한 번씩 가중치를 업데이트합니다. 즉, 2개의 작은 배치에서 계산된 그레이디언트를 모아 한 번에 적용하는 것입니다. 이 기법은 GPU 메모리 사용량을 줄이면서도 큰 배치 크기의 효과를 얻을 수 있어 메모리 효율성이 높습니다. 실제 배치 크기에 누적 스텝 수를 곱한 만큼의 유효 배치 크기 효과를 얻을 수 있어 더 안정적인 학습이 가능합니다. 이는 GPU 메모리가 제한적이거나 매우 큰 모델을 학습할 때 특히 유용하지만, 학습 시간이 약간 늘어날 수 있다는 점을 고려해야 합니다.
- gradient_checkpointing은 그레이디언트 체크포인팅 기법을 활성화합니다. 이는 대규모 신경망 모델 학습 시 메모리 사용을 최적화하는 고급 기술입니다. 일반적으로 역전파 과정에서 모든 중간 활성화 값을 메모리에 저장하는 대신, 그레이디언트 체크포인팅은 전략적으로 선택된 일부 활성화만 저장합니다. 나머지 활성화는 역전파 중에 필요할 때 재계산됩니다. 이 방식은 메모리 사용량을 크게 줄이는 대신 약간의 계산 오버헤드를 발생시킵니다. 결과적으로 더 큰 배치 크기를 사용하거나, 더 깊은 모델을 학습하거나, 또는 더 긴 시퀀스를 처리할 수 있게 됩니다.
- "adamw_torch_fused"를 사용합니다. 이는 파이토치에서 제공하는 최적화된 AdamW 구현입니다. AdamW는 널리 사용되는 Adam 옵티마이저의 변형으로, 적응적 학습률 조정과 모멘텀을 결합한 방식입니다. 여기에 가중치 감쇠(weight decay)를 효과적으로 적용해 과적합을 줄이는 특징이 있습니다. "fused" 버전은 이러한 AdamW의 장점을 유지하면서도 계산 효율을 높인 것입니다. 이 옵티마이저는 여러 연산을 하나로 합쳐(fuse) GPU에서 더 빠르게 실행될 수 있도록 최적화됐습니다.

- logging_steps는 10step마다 학습이 어떻게 진행되는지 기록합니다. 일정한 주기마다 학습 상태, 손실값 등을 기록해 학습 과정을 추적할 수 있게 도와줍니다.
- save_strategy는 모델 체크포인트를 저장하는 전략을 설정합니다. "epoch"으로 설정하면 각 에폭이 끝날 때마다 모델을 저장합니다. 다른 옵션으로는 "steps"(특정 스텝마다 저장) 또는 "no"(저장하지 않음) 등이 있습니다.
- max_grad_norm은 그레이디언트 클리핑(gradient clipping)의 임곗값을 지정합니다. 그레이디언트 클리핑은 학습 과정에서 그레이디언트의 크기가 지나치게 커지는 것을 방지하는 기법입니다. 0.3이라는 값은 모든 파라미터의 그레이디언트를 합한 노름(norm)이 0.3을 초과할 경우, 그 비율에 맞춰 그레이디언트를 축소합니다. 이는 급격한 가중치 변화를 억제해 학습의 안정성을 높이고, 그레이디언트 폭발 문제를 완화합니다.
- warmup_ratio는 학습률 웜업 기법을 제어합니다. 웜업은 학습 초기에 학습률을 매우 작은 값에서 시작해 점진적으로 목표 학습률까지 증가시키는 방법입니다. 0.03이라는 값은 전체 학습 스텝의 3% 동안 이 웜업 과정이 진행됨을 의미합니다. 이 기법의 주요 목적은 학습 초기의 급격한 파라미터 변화를 방지하고, 모델이 안정적으로 학습을 시작할 수 있게 하는 것입니다. 초기 학습 단계에서의 그레이디언트 불안정성을 줄이고, 모델이 더 나은 지역 최적점으로 수렴할 가능성을 높입니다. 그러나 최적의 웜업 비율은 모델 크기, 데이터셋 특성, 전체 학습 에폭 수 등에 따라 달라질 수 있으며, 실험을 통해 조정이 필요할 수 있습니다.
- lr_scheduler_type은 학습률 스케줄러이며 학습 과정에서 학습률의 변화를 관리합니다. "constant"로 설정하면 학습 전체에 걸쳐 일정한 학습률을 유지합니다. 다른 옵션으로는 "linear", "cosine", "cosine_with_restarts" 등이 있으며, 각각 다른 방식으로 학습률을 조절합니다.
- report_to는 어떤 도구를 사용해 학습 현황을 관찰할지 정하는 곳입니다. 예를 들어, wandb(Weights and Biases)나 tensorboard와 같은 툴을 지정할 수 있으며, 이를 통해 시각적으로 학습 과정을 모니터링할 수 있습니다.

이제 모델 학습에 필요한 모든 파라미터 설정을 완료했습니다. 이 과정에서 모델의 성능과 학습 과정에 직접적인 영향을 미치는 다양한 요소들을 세밀하게 조정했습니다.

이렇게 설정된 파라미터들은 모델의 학습 과정을 최적화하고, 우리가 원하는 성능을 달성하는 데 중요한 역할을 합니다. 이제 이 설정을 바탕으로 실제 모델 학습을 시작할 준비가 완료됐습니다.

4.2.7 모델 학습

다음으로 Ko-Llama3 모델의 학습 과정을 설정합니다. 이 과정에서는 SFTTrainer를 사용해 모델 학습을 위한 환경을 구성합니다.

```
max_seq_length = 7994  # 최대 시퀀스 길이 설정

trainer = SFTTrainer(
    model=model,
    args=args,
    train_dataset=dataset,
    peft_config=peft_config,
    max_seq_length=max_seq_length,
    tokenizer=tokenizer,
    packing=True,
    dataset_kwargs={
        "add_special_tokens": False,
        "append_concat_token": False,
    }
)
```

먼저, max_seq_length 변수를 7994로 설정합니다. 이는 모델이 처리할 수 있는 최대 시퀀스 길이를 나타냅니다. 긴 시퀀스를 처리할 수 있도록 해 모델의 문맥 이해 능력을 향상합니다.

그다음, SFTTrainer를 초기화합니다. 이 과정에서 여러 매개변수를 설정합니다.

- **model**: 우리가 사용할 Ko-Llama3 모델을 지정합니다.
- **args**: 앞서 정의한 학습 관련 설정을 포함합니다.
- **train_dataset**: 학습에 사용할 데이터셋을 지정합니다.
- **peft_config**: 파라미터 효율적 파인튜닝(PEFT) 설정을 포함합니다.
- **max_seq_length**: 앞서 정의한 최대 시퀀스 길이를 설정합니다.
- **tokenizer**: 텍스트를 토큰화하는 데 사용할 토크나이저를 지정합니다.

- **packing**: True로 설정해 데이터 패킹을 활성화합니다. 이는 메모리 사용을 최적화합니다.
- **dataset_kwargs**: 데이터셋 처리와 관련된 추가 설정을 포함합니다. 여기서는 특수 토큰을 추가하지 않고 연결 토큰도 추가하지 않도록 설정합니다.

이렇게 설정된 SFTTrainer는 Ko-Llama3 모델을 효율적으로 학습시키는 데 사용됩니다. 이를 통해 모델은 주어진 데이터셋에 맞게 파인튜닝되어 특정 작업에 더 적합한 형태로 발전합니다.

```
# trainer를 학습합니다.
trainer.train()
```

이제 설정한 파라미터 값을 사용해 모델 훈련을 시작합니다. trainer.train() 함수를 호출하면 실제 학습 과정이 시작되며, 이 과정에서 모델은 우리가 준비한 데이터셋을 사용해 점진적으로 개선됩니다.

【실행 결과】

```
TrainOutput(
    global_step=4539,
    training_loss=0.3145092622276234,
    metrics={
        'train_runtime': 35155.5457,
        'train_samples_per_second':0.258,
        'train_steps_per_second':0.129,
        'total_flos':3.475971809779876e+18,
        'train_loss': 0.3145092622276234,
        'epoch': 0.9998898557109814
    }
)
```

학습이 완료된 후, trainer.train() 함수는 훈련 결과에 대한 상세한 정보를 제공합니다. 이 결과를 통해 학습 과정의 효율성과 모델의 성능 향상을 평가할 수 있습니다.

구체적으로, 이번 학습에서는 다음과 같은 결과를 얻었습니다.

- 총 4,539번의 학습 단계(global step)가 수행됐습니다.
- 평균 훈련 손실(training loss)은 0.3145로, 이는 모델이 학습 데이터에 잘 적응하고 있음을 나타냅니다.
- 학습에는 약 9.8시간(35,155초)이 소요됐습니다.
- 초당 0.258개의 샘플을 처리했으며, 0.129개의 학습 단계를 수행했습니다.
- 전체 학습 과정에서 약 3.476e+18번의 부동소수점 연산이 이뤄졌습니다.
- 데이터셋을 거의 한 번 완전히 순회했으며(0.9998에폭), 이는 우리가 설정한 1에폭 학습 목표와 일치합니다.

이러한 학습 과정에서 GPU 메모리는 약 40GB 정도 사용됩니다. 이는 상당한 양의 계산 자원이 필요함을 의미합니다.

이제 batch_size나 learning_rate 등 다양한 파라미터 값을 조정해 가며 학습을 진행할 수 있습니다. 이를 통해 모델의 성능을 더욱 향상시키거나 학습 시간을 단축시키는 등의 최적화를 시도할 수 있습니다. 각 파라미터가 학습 결과에 어떤 영향을 미치는지 직접 경험해 보는 것은 매우 유익한 학습 경험이 될 것입니다.

4.2.8 허깅페이스 허브에 모델 업로드

앞서 TrainingArguments를 설정할 때 push_to_hub=True라는 옵션을 사용했습니다. 이 옵션은 학습한 모델을 자동으로 허깅페이스에 업로드하는 기능입니다. 그러나 이 설정을 사용하면 save_strategy에 의해 저장되는 모든 중간 모델도 허깅페이스에 올라가게 됩니다.

이 옵션을 False로 설정했거나 학습 후 수동으로 모델을 업로드하고 싶다면 다음과 같은 방법을 사용할 수 있습니다.

```
model.push_to_hub("daje/code-llama3-8B-text-to-sql-ver0.1")
tokenizer.push_to_hub("daje/code-llama3-8B-text-to-sql-ver0.1")
```

이 과정은 생각보다 간단하며, push_to_hub 메서드를 사용해 수행합니다. 이 메서드는 모델과 토크나이저 객체 모두에서 사용할 수 있습니다.

먼저 model.push_to_hub() 함수를 사용해 모델을 업로드합니다. 이 함수의 괄호 안에는 여러분의 허깅페이스 계정 이름과 모델 이름을 입력합니다. 'code-llama3-8B-text-to-sql-ver0.1'이라는 이름을 사용했는데, 이는 모델의 용도와 버전을 명확하게 나타냅니다.

다음으로, tokenizer.push_to_hub() 함수를 사용해 토크나이저도 같은 방식으로 업로드합니다. 토크나이저는 텍스트를 모델이 이해할 수 있는 형태로 변환해 주는 중요한 도구이므로 함께 업로드하는 것이 중요합니다.

이렇게 하면 모델과 토크나이저가 허깅페이스 허브에 성공적으로 업로드됩니다. 이를 통해 다른 사람들도 여러분의 모델을 쉽게 사용할 수 있고, 여러분 역시 모델의 여러 버전을 효율적으로 관리할 수 있게 됩니다. 이런 방식으로 AI 커뮤니티에 기여하고, 함께 발전해 나갈 수 있습니다.

```
# 메모리 초기화
del model
del trainer
torch.cuda.empty_cache()
```

이제 모델 학습이 완료됐으므로 메모리를 정리하고 저장된 모델을 불러올 준비를 합니다. 이 과정은 컴퓨터의 자원을 효율적으로 관리하고, 새로운 작업을 위해 시스템을 최적화하는 중요한 단계입니다.

먼저 del model 명령어를 사용해 메모리에서 모델 객체를 제거합니다. 이는 더 이상 사용하지 않는 모델이 불필요하게 메모리를 차지하는 것을 방지합니다.

다음으로 del trainer 명령어로 트레이너 객체도 삭제합니다. 트레이너 객체는 학습 과정에서 사용된 여러 설정과 상태를 포함하고 있어, 이를 제거함으로써 상당한 양의 메모리를 확보할 수 있습니다.

마지막으로 torch.cuda.empty_cache() 함수를 실행합니다. 이 함수는 GPU의 CUDA 메모리에 남아있는 캐시를 비웁니다. GPU 메모리는 딥러닝 작업에서 매우 중요한 자원이므로 이를 정리하는 것은 새로운 작업을 시작하기 전에 꼭 필요한 과정입니다.

이러한 메모리 정리 과정을 통해 시스템 자원을 최적화하고, 저장된 모델을 새롭게 불러오기 위한 준비를 마치게 됩니다. 이는 다음 단계에서 학습된 모델을 효율적으로 활용할 수 있도록 해줍니다.

4.2.9 학습한 모델 테스트

학습한 모델을 불러와 텍스트 생성을 시작하겠습니다.

```
# 학습한 모델을 경로를 지정합니다.
peft_model_id = "./code-llama3-8B-text-to-sql"

# PEFT 어댑터를 통해 사전 학습된 모델을 로드합니다.
model = AutoPeftModelForCausalLM.from_pretrained(
  peft_model_id,
  device_map="auto",
  torch_dtype=torch.bfloat16
)

# 토크나이저 로드합니다.
tokenizer = AutoTokenizer.from_pretrained(peft_model_id)

# 생성을 조금 더 효율적으로 하기 위해 파이프라인을 불러옵니다.
pipe = pipeline("text-generation", model=model, tokenizer=tokenizer, device_map="auto")
```

이 과정은 4 단계로 이뤄집니다.

1. **모델 경로 지정**: 학습한 모델의 저장 위치를 `peft_model_name` 변수에 지정합니다. 이 경우, `./code-llama3-8B-text-to-sql`이라는 경로를 사용합니다.
2. **모델 로딩**: `AutoPeftModelForCausalLM` 클래스를 사용해 PEFT(Parameter-Efficient Fine-Tuning) 어댑터가 적용된 사전 학습 모델을 불러옵니다. 불러올 때 모델을 자동으로 적절한 장치(CPU 또는 GPU)에 할당하는 `device_map="auto"` 옵션을 설정하고 모델을 bfloat16 형식으로 로드해 메모리 사용을 최적화하기 위해 데이터타입을 `torch.bfloat16`으로 설정합니다.
3. **토크나이저 로딩**: `AutoTokenizer` 클래스를 사용해 모델에 맞는 토크나이저를 불러옵니다. 토크나이저는 입력 텍스트를 모델이 이해할 수 있는 형태로 변환하는 역할을 합니다.

4. **파이프라인 설정**: 허깅페이스에서 제공하는 `pipeline` 함수를 사용해 텍스트 생성 파이프라인을 설정합니다. 이 파이프라인은 모델 사용 과정을 간소화해 텍스트 생성을 더욱 효율적으로 만듭니다. 파이프라인 설정 시 다음 매개변수를 지정합니다.
    - `text-generation`: 텍스트 생성 작업을 수행하도록 지정합니다.
    - `model=model`: 앞서 로드한 모델을 사용합니다.
    - `tokenizer=tokenizer`: 앞서 로드한 토크나이저를 사용합니다.
    - `device_map=auto`: 자동으로 적절한 장치에 할당합니다.

이렇게 설정을 마치면 학습된 모델을 사용해 효율적으로 텍스트를 생성할 준비가 완료된 것입니다. 이후 pipe 객체를 사용해 간단하게 텍스트 생성 작업을 수행할 수 있습니다.

이제 우리가 사전에 준비한 `test_dataset.json` 파일을 활용해 모델의 성능을 실제로 평가해 보겠습니다. 이 과정의 주요 목적은 모델의 일반화 능력을 확인하는 것입니다. 즉, 모델이 한 번도 접하지 않은 새로운 상황에서도 적절히 대응할 수 있는지 알아보고자 합니다.

모델이 단순히 학습 데이터를 암기하는 수준이 아니라, 진정으로 '이해'하고 있는지를 확인하는 것이 중요합니다. 우리가 원하는 것은 모델이 새로운 정보나 상황에 대해서도 적절히 대응할 수 있는 능력입니다. 이를 위해 모델이 학습 과정에서 접하지 않은 테스트 데이터를 준비해 모델의 반응을 관찰합니다.

```
# 테스트 데이터를 불러오기
eval_dataset = load_dataset("json", data_files="test_dataset.json", split="train")
rand_idx = randint(0, len(eval_dataset))

# 샘플 데이터 설정
prompt = pipe.tokenizer.apply_chat_template(
    eval_dataset[rand_idx]["messages"][:2],
    tokenize=False,
    add_generation_prompt=True
    )

outputs = pipe(prompt,
               max_new_tokens=256,
```

```
            do_sample=False,
            temperature=0.1,
            top_k=50,
            top_p=0.1,
            eos_token_id=pipe.tokenizer.eos_token_id,
            pad_token_id=pipe.tokenizer.pad_token_id
            )

print(f"Query:\n{eval_dataset[rand_idx]['messages'][1]['content']}")
print(f"Original Answer:\n{eval_dataset[rand_idx]['messages'][2]['content']}".replace("
<|im_end|>", ""))
print(f"Generated Answer:\n{outputs[0]['generated_text'][len(prompt):].strip()}")
eval_dataset[rand_idx]['messages'][2]['content'].replace("<|im_end|>", "") == outputs[0
]['generated_text'][len(prompt):].strip()
```

[실행 결과]

```
Query:
Task: '말이 spender s 인 경우의 최고 총액을 말해줘.'
SQL table: CREATE TABLE table_12014 (
   "Rider" text,
   "Horse" text,
   "Faults" text,
   "Round 1 + 2A Points" text,
   "Total" real
)
SQL query:
Original Answer:SELECT MAX("Total") FROM table_12014 WHERE "Horse" = 'spender s'
Generated Answer:SELECT MAX("Total") FROM table_12014 WHERE "Horse" ='spender s'
False
```

선택된 데이터로 샘플을 생성하기 위해 대화의 첫 두 메시지를 추출해 apply_chat_template 함수를 통해 모델이 이해할 수 있는 형태로 변환합니다. 이 과정에서 텍스트 생성에 영향을 주는 다양한 하이퍼파라미터를 활용해 모델의 출력을 제어합니다.

- max_new_tokens=256으로 설정해 생성되는 답변의 최대 길이를 256토큰으로 제한합니다.

- do_sample=False를 통해 그리디 디코딩 방식을 선택해 각 단계에서 가장 확률이 높은 토큰을 순차적으로 선택합니다.
- temperature=0.1로 낮게 설정해 출력의 일관성을 높입니다.
- top_k=50은 각 단계에서 가장 가능성 높은 50개의 토큰만을 고려하도록 합니다.
- top_p=0.1은 모델이 다음 단어를 선택할 때 확률이 가장 높은 단어부터 누적 확률이 0.1(10%)에 도달할 때까지의 단어들만 선택 대상으로 고려합니다. 이 방식은 확률이 높은 소수의 단어들만 후보로 삼아 모델 출력의 적절한 다양성을 유지하면서도 관련성이 낮은 단어들이 선택되는 것을 방지합니다.

위 실행 결과는 원래의 질문, 원본 답변, 그리고 모델이 새로 생성한 답변을 나란히 보여줍니다. 이를 통해 모델의 성능을 직접 평가하고, 원래의 답변과 얼마나 유사한 답을 생성하는지 비교 분석할 수 있습니다.

위 예시에서 볼 수 있듯이, 이러한 단순 비교 방식에는 한계가 있습니다. 예를 들어, 모델이 생성한 답변과 원래의 답변이 실질적으로 같은 내용을 담고 있어도, 등호(=)와 'spenders' 사이에 공백이 있고 없는 것과 같은 사소한 차이 때문에 틀렸다고 판단되는 경우가 있습니다. 이는 단순히 글자 그대로의 일치 여부만으로 성능을 평가할 때 발생하는 문제점입니다.

이러한 한계를 극복하기 위해 OpenAI API를 활용해 답변의 의미적 유사성도 함께 평가합니다. 이 방법을 통해 글자 그대로는 일치하지 않더라도 의미상 비슷한 답변을 제대로 평가할 수 있습니다. 이렇게 두 가지 방법을 함께 사용함으로써 모델의 성능을 더욱 정확하고 포괄적으로 평가할 수 있습니다.

4.2.10 Exact Match를 활용한 평가

모델이 생성한 텍스트의 품질을 OpenAI API를 사용해 평가해 보겠습니다.

```
from tqdm import tqdm

def evaluate(sample):
    prompt = pipe.tokenizer.apply_chat_template(
        sample["messages"][:2],
        tokenize=False,
        add_generation_prompt=True)
```

```
    outputs = pipe(prompt,
        max_new_tokens=256,
        do_sample=True,
        temperature=0.7,
        top_k=50,
        top_p=0.95,
        eos_token_id=pipe.tokenizer.eos_token_id,
        pad_token_id=pipe.tokenizer.pad_token_id)
    predicted_answer = outputs[0]['generated_text'][len(prompt):].strip()
    return (sample["messages"][1]["content"], predicted_answer, sample["messages"][2]
["content"])

success_rate = []
number_of_eval_samples = 1500

sampled_eval_dataset = eval_dataset.shuffle(seed=42).select(range(1500))
for test_data in tqdm(sampled_eval_dataset):
    success_rate.append(evaluate(test_data))
```

먼저, `tqdm` 라이브러리를 사용합니다. 이 라이브러리는 평가 과정의 진행 상황을 시각적으로 보여주어 작업이 얼마나 진행됐는지 쉽게 확인할 수 있게 해줍니다.

`evaluate` 함수는 평가의 핵심 부분입니다.

- 대화의 첫 두 메시지를 모델이 이해할 수 있는 형태로 변환합니다.
- 변환된 텍스트를 모델에 입력해 답변을 생성합니다.
- OpenAI 채점을 위해 원래 질문, 모델이 생성한 답변, 그리고 실제 정답을 반환합니다.

평가 데이터셋은 약 1만 3천 개의 샘플을 포함하고 있습니다. 하지만 모든 데이터를 테스트하면 3시간 이상이 소요되므로 1,500개의 샘플만 무작위로 선택해 테스트를 진행합니다. 이를 위해 `shuffle` 함수를 사용하며, seed를 설정해 결과의 재현성을 보장합니다.

선택된 1,500개의 샘플에 대해 `evaluate` 함수를 적용하고, 그 결과를 `success_rate` 리스트에 저장합니다. 이 과정은 1시간 정도 소요됩니다.

이렇게 수집된 데이터를 바탕으로 모델의 성능을 분석하고, 필요한 경우 개선 방안을 모색할 수 있습니다. 또한, 저자가 직접 전체 1만 3천 개의 데이터셋에 대해 테스트를 진행한 결과도 함께 설명하겠습니다. 이를 통해 샘플링된 결과와 전체 데이터셋의 결과를 비교함으로써 성능을 더 정확하게 평가할 수 있습니다.

```
with open("/content/drive/MyDrive/success_rate.txt", "w") as f:
    for result in success_rate:
        f.write(str(result) + "\n")
```

1시간 이상 정성껏 작업한 귀중한 결과물을 안전하게 보관하기 위해 파일로 저장하는 과정을 수행합니다. 이는 갑작스러운 세션 종료나 실수로 인한 데이터 손실을 방지하기 위한 중요한 단계입니다.

이를 위해 파이썬의 파일 입출력 기능을 사용합니다. success_rate.txt라는 이름의 새 파일을 생성하고, 여기에 결과를 기록합니다.

- success_rate.txt 파일을 쓰기 모드("w")로 엽니다. with 구문을 사용해 파일을 자동으로 닫을 수 있도록 합니다.
- success_rate 리스트에 저장된 각 결괏값을 순회합니다.
- 각 결괏값을 문자열로 변환하고 파일에 기록합니다. 각 결과는 새로운 줄에 기록되어 나중에 읽기 쉽도록 합니다.

이렇게 하면 작업 결과가 안전하게 파일로 저장되며, 나중에 언제든지 이 파일을 열어 결과를 확인하거나 추가 분석에 활용할 수 있습니다.

```
# eos_token을 일괄적으로 제거합니다.
generated_result = [temp[1] == temp[2].replace("<|im_end|>", "") for temp in success_rate]
```

이제 모델이 생성한 결과를 분석하고 평가하는 과정을 진행합니다.

- **특수 토큰 제거**: 먼저, 모든 답변에서 eos_token이라 불리는 <|im_end|>라는 특수 토큰을 제거합니다. 이 토큰은 모델이 텍스트 생성을 끝냈다는 것을 나타내는 표시이지만, 실제 내용 비교에는 불필요합니다.

- **답변 비교**: success_rate 리스트에 저장된 각 항목에 대해 모델이 생성한 답변과 특수 토큰이 제거된 실제 정답을 비교합니다. 이 과정은 파이썬의 리스트 컴프리헨션 기능을 사용해 효율적으로 수행됩니다.
- **결과 저장**: 비교 결과는 generated_result라는 새로운 리스트에 저장됩니다. 이 리스트는 각 답변의 일치 여부를 나타내는 True(일치) 또는 False(불일치) 값으로 구성됩니다.
- **성능 평가**: generated_result 리스트에서 True의 개수가 많을수록 모델의 성능이 좋다고 판단할 수 있습니다. True는 모델이 생성한 답변이 실제 정답과 일치한다는 것을 의미하기 때문입니다.

이 과정을 통해 모델의 성능을 정량적으로 평가할 수 있습니다. 일치하는 답변의 비율이 높을수록 모델이 학습 데이터를 잘 이해하고 적절한 응답을 생성할 수 있다는 것을 의미합니다. 이러한 평가 결과는 모델의 추가 학습 필요성이나 실제 적용 가능성을 판단하는 데 중요한 지표가 됩니다.

```
# Exact Match 기준으로 ACC(정확도)를 구합니다.
accuracy = sum(generated_result)/len(generated_result)
print(f"Accuracy: {accuracy*100:.2f}%")
```

[실행 결과]

```
Accuracy: 56.87%
```

generated_result 리스트에는 각 샘플에 대한 비교 결과가 True 또는 False로 저장돼 있습니다. 파이썬에서는 True를 1로, False를 0으로 취급하기 때문에 sum(generated_result)를 하면 모델이 정확히 맞춘 경우의 수를 얻을 수 있습니다. 이 합계를 전체 샘플의 개수(len(generated_result))로 나누면 정확도가 계산됩니다.

정확도는 0에서 1 사이의 값을 가지므로, 이를 백분율로 표현하기 위해 100을 곱합니다. f-string을 사용해 소수점 둘째 자리까지 반올림한 결과를 출력합니다. Exact match 기준으로 'Accuracy: 56.87%'와 같은 결과를 얻을 수 있습니다.

4.2.11 OpenAI API로 평가하기

이제 openai의 gpt-4o-mini를 사용해서 채점을 진행해 보겠습니다.

```
openai_evaluation = [(temp[0], temp[1], temp[2].replace("<|im_end|>", "")) for temp in
success_rate]
```

앞서 만들어놓은 success_rate라는 리스트에서 질문, 모델이 생성한 답변, 실제 정답을 opeani_evaluation이라는 리스트로 준비합니다. 하나의 입력을 넣어 답변이 적절하게 생성되는지를 확인하겠습니다.

```
# gpt-4o-mini를 사용해서 문제와 정답과 생성된 결과를 넣고, 같은 쿼리인지 확인
# OpenAI API 키 설정 (환경 변수에서 가져오거나 직접 입력)
os.environ["OPENAI_API_KEY"] = "Your_OpenAI_API_KEY"

client = OpenAI()

def one_compare_sql_semantics(problem_description, generated_query, ground_truth_query):
    # ChatGPT에 물어볼 프롬프트 작성
    prompt = f"""다음 문제와 두 SQL 쿼리가 의미적으로 동일한 결과를 반환하는지
판단해주세요:

    문제 설명: {problem_description}

    생성된 쿼리:
    {generated_query}

    정답 쿼리:
    {ground_truth_query}

    두 쿼리가 문제에 대해 의미적으로 동일한 결과를 반환한다면 "Yes"라고 대답하고,
    그렇지 않다면 "No"라고 대답한 후 차이점을 설명해주세요.
    쿼리의 구조나 사용된 함수가 다르더라도 결과가 같다면 의미적으로 동일하다고
판단해주세요."""

    # ChatGPT API 호출
    response = client.chat.completions.create(
        model="gpt-4o-mini",  # 또는 사용 가능한 최신 모델
        messages=[
            {"role": "system", "content": "You are a helpful assistant that compares the
semantic meaning of SQL queries in the context of a given problem."},
```

```
            {"role": "user", "content": prompt}
        ]
    )

    # ChatGPT의 응답 추출
    answer = response.choices[0].message.content.strip()

    # 결과 처리
    is_correct = 1 if answer.lower().startswith("yes") else 0
    explanation = answer[3:] if is_correct == 1 else answer[2:]

    # JSON 형식으로 결과 반환
    result = {
        "answer": is_correct,
        "explanation": explanation.strip()
    }

    return json.dumps(result, ensure_ascii=False)

# 사용 예시

problem = openai_evaluation[1][0]
truth = openai_evaluation[1][1]
generated = openai_evaluation[1][2]

result = one_compare_sql_semantics(problem, generated, truth)
print(result)
```

【실행 결과】

```
{"answer": 0,
"explanation": "es\"\n\n두 쿼리는 완전히 동일합니다. 모두 \"table_11482\" 테이블에서
\"Chassis\"가 'tf103'인 행을 필터링하고, 그 행의 \"Points\" 컬럼의 개수를 계산하는
COUNT 함수가 사용되었습니다. 결과적으로 두 쿼리는 차대(tf103)에 대한 총 포인트 수를
반환하므로 의미적으로 동일한 결과를 제공합니다."}
```

이제 SQL 쿼리의 의미적 유사성을 OpenAI GPT-4o-mini 모델로 평가하는 과정을 자세히 살펴보겠습니다.

먼저, OpenAI API를 사용하기 위해 API 키를 환경 변수에 설정합니다. 이는 보안을 위해 중요한 단계입니다. 그다음, OpenAI 클라이언트를 초기화해 API와 통신할 준비를 합니다.

핵심 기능을 담당하는 `one_compare_sql_semantics` 함수를 정의합니다. 이 함수는 세 가지 주요 입력을 받습니다. 문제 설명, 생성된 SQL 쿼리, 그리고 정답 SQL 쿼리입니다. 이 함수는 GPT-4o-mini 모델에 두 SQL 쿼리가 의미적으로 동일한지 판단해 달라고 요청합니다.

함수 내부에서는 모델에 전달할 프롬프트를 구성합니다. 이 프롬프트에는 문제 설명과 두 SQL 쿼리가 포함되며, 모델에 쿼리의 의미적 동일성을 판단하고 'Yes' 또는 'No'로 답변하도록 명확히 지시합니다.

GPT-4o-mini 모델로부터 받은 응답을 처리한 후, 결과를 JSON 형식으로 변환해 반환합니다. 이 결과에는 두 쿼리가 의미적으로 동일한지와 그에 관한 설명이 포함됩니다.

이제 코드가 정상적으로 작동하는 것을 확인했으므로 다음 단계로 넘어갑니다. 대량의 SQL 쿼리를 빠르게 평가하기 위해 병렬 처리 기능을 제공하는 pqdm 라이브러리를 활용해 채점 과정을 가속화하겠습니다. 이를 통해 많은 수의 SQL 쿼리를 효율적으로 처리하고 평가할 수 있습니다.

```
import os
import json
from pathlib import Path
from openai import OpenAI
from pqdm.processes import pqdm

# OpenAI API 키 설정 (환경 변수에서 가져오거나 직접 입력)
os.environ["OPENAI_API_KEY"] = "Your_OpenAI_API_KEY"

client = OpenAI()
```

```
def compare_sql_semantics(idx):
    save_path = f"/content/drive/MyDrive/text_to_sql_result_ver0.1/result_{idx}.json"
    if Path(save_path).exists():
        print("이미 처리된 파일입니다.")
        pass
    else:
        item = generated_result[idx]
        problem_description, generated_query, ground_truth_query = item

        # ChatGPT에 물어볼 프롬프트 작성
        prompt = f"""다음 문제와 두 SQL 쿼리가 의미적으로 동일한 결과를 반환하는지
판단해주세요:

        문제 설명: {problem_description}

        생성된 쿼리:
        {generated_query}

        정답 쿼리:
        {ground_truth_query}

        두 쿼리가 문제에 대해 의미적으로 동일한 결과를 반환한다면 answer에 "1"라고 대답하고,
        그렇지 않다면 "0"라고 대답한 후 차이점을 explanation에 적으세요.
        쿼리의 구조나 사용된 함수가 다르더라도 결과가 같다면 의미적으로 동일하다고
판단해주세요."""

        # ChatGPT API 호출
        response = client.chat.completions.create(
            model="gpt-4o-mini",  # 또는 사용 가능한 최신 모델
            response_format={ "type": "json_object" },
            messages=[
                {"role": "system", "content": """You are a helpful assistant that
compares the semantic meaning of SQL queries in the context of a given problem.
                return json format below:
                {
                    "answer": "...",
                    "explanation": "..."
```

```
            }
            """},
            {"role": "user", "content": prompt}
        ]
    )

    # ChatGPT의 응답 추출
    answer = response.choices[0].message.content.strip()

    # 결과를 JSON 파일로 저장
    with open(save_path, "w", encoding="utf-8") as f:
        json.dump(answer, f, ensure_ascii=False, indent=4)

    return answer

# generated_result에 인덱스 추가
indexed_openai_evaluation = list(range(len((openai_evaluation))))

# pqdm을 사용하여 병렬 처리
results = pqdm(indexed_openai_evaluation, compare_sql_semantics, n_jobs=40)
```

이 코드는 이전에 설명한 코드의 확장 버전으로, 대량의 SQL 쿼리 비교를 더욱 효율적으로 처리할 수 있게 개선됐습니다.

- **중복 처리 방지**: compare_sql_semantics 함수에 새로운 기능이 추가됐습니다. 이 함수는 이제 인덱스를 입력받아 해당 인덱스의 데이터를 처리합니다. 처리 결과는 JSON 파일로 저장되며, pathlib의 path를 사용해 이미 처리된 파일이 있는지 확인합니다. 이미 처리된 파일이 있다면 그 작업을 건너뛰어 불필요한 중복 작업을 방지합니다.
- **JSON 형식의 응답**: GPT-4o-mini 모델에 요청할 때 response_format을 JSON 객체로 지정합니다. 이렇게 하면 모델의 응답이 항상 JSON 형식으로 반환되어 결과 처리의 일관성이 높아지고 후속 처리가 더 쉬워집니다.
- **병렬 처리 구현**: 대량의 데이터를 빠르게 처리하기 위해 pqdm 라이브러리를 사용해 병렬 처리를 구현했습니다. indexed_openai_evaluation이라는 모든 데이터에 대한 인덱스 리스트를 생성하고, 이를 pqdm 함수에 전달합니다. n_jobs=40으로 설정해 40개의 작업을 동시에 실행할 수 있게 했습니다.

이제 생성된 결과를 분석해 모델의 성능 향상 정도를 확인해 보겠습니다.

```
json_result = []
for result in results:
    json_result.append(json.loads(result))

df = pd.DataFrame(json_result)

df["answer"] = df["answer"].map(lambda x : int(x))

after_accuracy = df["answer"].sum() / len(df["answer"])
print(f"Accuracy: {after_accuracy*100:.2f}%")
```

이 과정은 다음과 같은 단계로 이뤄집니다.

- **결과 데이터 변환**: results 리스트에 저장된 각 결과를 JSON 형식으로 파싱합니다. 이 과정에서 문자열 형태의 JSON 데이터를 파이썬 객체로 변환해 json_result 리스트에 추가합니다. 이렇게 하면 결과 데이터를 보다 쉽게 분석할 수 있는 형태로 만들 수 있습니다.
- **데이터프레임 생성**: 변환된 결과 데이터를 pandas 라이브러리를 사용해 데이터프레임으로 만듭니다. 데이터프레임은 표 형태의 데이터 구조로, 데이터 분석과 처리를 용이하게 해줍니다.
- **데이터 타입 변환**: 데이터프레임의 answer 열은 문자열 형태의 '0' 또는 '1'일 수 있습니다. 정확한 계산을 위해 이를 정수형으로 변환합니다. 이 과정은 lambda 함수를 사용해 각 값을 정수로 바꾸는 방식으로 수행됩니다.
- **정확도 계산**: 변환된 answer 열의 합계를 전체 데이터 수로 나누어 정확도를 계산합니다. 이 값은 모델이 올바르게 답변한 비율을 나타냅니다. 계산된 정확도에 100을 곱해 백분율로 표현하고, 소수점 둘째 자리까지 반올림해 최종 결과를 출력합니다.

이러한 과정을 통해 모델의 성능 향상 정도를 정량적으로 파악할 수 있습니다. 이 결과는 모델의 파인튜닝이 얼마나 효과적이었는지를 판단하는 중요한 지표가 됩니다.

모델의 성능을 두 가지 방식으로 평가했습니다. 첫 번째는 Exact match 방식으로, 모델이 생성한 답변과 정답이 정확히 일치하는지를 확인합니다. 두 번째는 gpt-4o-mini 모델을 이용해 의미적 동등성을 판단하는 방식입니다.

1,500개의 테스트 데이터로 평가한 결과, Exact match 방식에서는 56.78%의 정확도를 보였고, gpt-4o-mini를 이용한 의미적 동등성 판단에서는 62.80%의 정확도를 기록했습니다. 이는 단순히 문자열 일치를 확인하는 것보다 쿼리의 의미를 이해하고 평가하는 방식이 더 정확한 성능 측정을 가능하게 한다는 것을 보여줍니다.

【실행 결과】

```
Accuracy: 62.80%
```

전체 테스트셋 13,000개를 대상으로 평가했을 때는 성능이 다소 떨어졌습니다. Exact match에서 51.90%, gpt-4o-mini 평가에서 58.85%의 정확도를 기록했습니다. 두 방식 모두에서 gpt-4o-mini 평가가 약 6% 포인트 높은 정확도를 보여주었지만, 전반적인 성능은 1,500개 샘플 평가 때보다 낮아졌습니다.

이러한 성능 차이의 원인으로는 여러 요인을 고려할 수 있습니다.

- **배치 사이즈의 영향**: 배치 사이즈를 1에서 3으로 늘리면 학습 속도는 빨라지지만, 각 데이터에 대한 모델의 적응력이 떨어질 수 있습니다. SQL 쿼리 생성과 같은 복잡한 작업에서는 작은 배치 사이즈가 더 유리할 수 있습니다.
- **테스트셋 크기의 차이**: 1,500개의 랜덤 샘플과 13,000개의 전체 테스트셋은 규모 차이가 큽니다. 더 큰 테스트셋에는 다양한 난이도의 문제가 포함돼 있어 성능이 낮아질 수 있습니다.
- **랜덤 샘플링의 영향**: 1,500개 샘플에 상대적으로 쉬운 문제들이 선택됐을 가능성이 있습니다.
- **과적합 가능성**: 배치 사이즈 1로 학습한 모델이 훈련 데이터에 과적합되어 작은 테스트셋에서는 높은 성능을 보이지만, 큰 테스트셋에서는 성능이 떨어질 수 있습니다.
- **학습의 안정성**: 큰 배치 사이즈가 더 안정적일 수 있지만, 복잡한 태스크에서는 작은 배치 사이즈가 더 섬세한 학습을 가능하게 할 수 있습니다.

이러한 결과를 통해 학습 목적에 맞는 적절한 하이퍼파라미터 조정이 중요하다는 점을 알 수 있습니다. 모델 성능을 최적화하려면 배치 크기, 학습 데이터의 특성, 평가 방식 등 다양한 요소를 종합적으로 고려해야 합니다.

지금까지 효율적인 파라미터 튜닝 기법(PEFT)에 대해 광범위하게 학습하고 실습했습니다. LoRA와 QLoRA 기법을 중심으로 깊이 있게 살펴봤고, 각 기법의 이론부터 실제 적용까지 단계별로 진행했습니다.

또한, Gemma-2-9B-it 모델을 사용해 LoRA를 적용하는 과정을 상세히 배웠고, 모델 준비부터 학습, 그리고 학습된 모델의 테스트까지 전 과정을 경험했습니다. 또한 QLoRA를 통해 양자화의 개념과 이를 적용하는 방법, 그리고 Ko-Llama3 모델에 이를 적용하는 과정도 학습했습니다.

특히 주목할 만한 점은 OpenAI API를 활용한 평가 방식으로, 이를 통해 모델의 성능을 더욱 정확하게 측정하는 방법을 배웠습니다.

이러한 학습 과정을 통해 여러분은 최신 자연어 처리 기술의 핵심을 이해하고, 실제 프로젝트에 적용할 수 있는 실질적인 능력을 갖추게 됐습니다. 이는 AI 분야에서 매우 중요한 기술로, 앞으로의 연구나 실무에 큰 도움이 될 것입니다.

이제 이 지식을 바탕으로 더 복잡한 모델 최적화 기법을 탐구하거나 실제 프로젝트에 적용해 볼 수 있을 것입니다. AI 기술의 발전 속도가 빠른 만큼, 지속적인 학습과 실험이 중요합니다. 여러분의 AI 여정에 이 학습 내용이 큰 도움이 되기를 바랍니다.

05

vLLM을 활용한 서빙

5.1 _ 페이지드 어텐션 원리

5.2 _ vLLM 사용 방법

5.3 _ LLaMA 3 생성 속도 가속화

5.4 _ vLLM을 활용한 Multi-LoRA

5.5 _ Multi-LoRA를 사용할 때 주의할 점

이번 단원에서는 우리가 학습한 모델을 실제 서비스에 어떻게 적용할 수 있는지 알아보겠습니다. LLM을 이용해 문장을 생성할 때 예상보다 시간이 오래 걸렸던 경험을 해봤을 것입니다. 연구 단계에서는 계획한 내용이 정확히 실행되는 것만으로도 충분하지만, 실제 서비스 단계에서는 사용자 경험을 고려해야 합니다. 이때 LLM의 추론 속도가 사용자 경험에 큰 영향을 미칩니다.

vLLM은 이러한 추론 속도 문제를 해결하기 위한 도구로, 페이지드 어텐션(Paged Attention)이라는 기술을 활용해 LLM의 추론 속도를 크게 개선합니다. 이번 단원에서는 vLLM을 활용해 모델을 효율적으로 서빙하는 방법을 살펴보겠습니다. 구체적으로, 기존 방식의 문제점이 무엇이었는지, 페이지드 어텐션이 무엇인지, 그리고 이를 제안한 논문에서 어떻게 추론 속도를 개선했는지 자세히 알아볼 것입니다. 이를 통해 LLM을 실제 서비스에 적용할 때 발생하는 속도 문제를 해결하고, 더 나은 사용자 경험을 제공하는 방법을 배울 것입니다.

페이지드 어텐션 논문에서는 13B 파라미터를 사용하는 LLM을 서비스할 때의 GPU의 약 30%를 KV Cache가 사용한다고 설명하고 있습니다. KV Cache에서 KV는 어텐션 메커니즘에 있는 Query, Key, Value중 Key, Value를 의미하고, Cache는 VRAM 등에 저장되는 것을 말합니다.

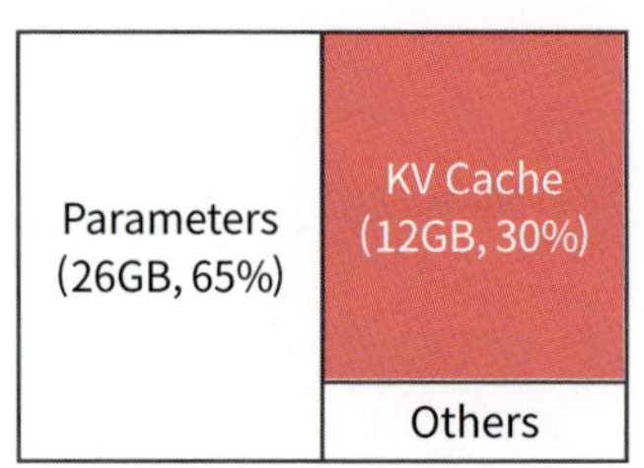

그림 5.1 KV Cache가 VRAM을 차지하는 비율

그림 5.1에서 회색 영역은 모델의 파라미터로, VRAM의 약 65%를 사용합니다. 빨간색 영역은 KV Cache로, 각 사용자 요청마다 필요한 메모리를 가리키며 요청이 처리될 때 할당되고 완료 후 해제됩니다. 이는 사용자가 보낸 텍스트를 모델이 이해할 수 있는 형태로 변

환하고 저장하며, 모델이 응답을 생성하는 과정에서 만들어내는 임시 데이터를 보관합니다. 또한, 대화의 맥락을 기억해 일관성 있는 응답을 생성할 수 있도록 돕습니다.

모델의 파라미터 크기를 줄일 수 없기 때문에 KV Cache를 일부 사용하면 메모리 접근 시간 감소, 데이터 전송 시간 단축, 연산 복잡도 감소, 그리고 병렬 처리 효율 증가로 인해 훨씬 더 빠른 서빙이 가능할 것입니다. 이러한 이유로 논문의 저자들은 실제로 KV Cache에 문제가 있는지 조사하게 됩니다. KV Cache가 어떻게 작동하는지 그림 5.2를 통해 자세히 살펴보겠습니다.

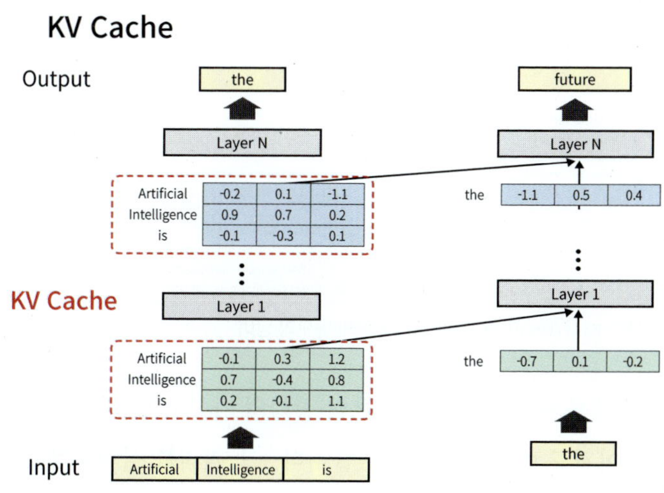

그림 5.2 트랜스포머의 KV Cache 구조

1. **입력 처리**: 그림 하단의 Input 부분을 보면 'Artificial Intelligence is'와 'the'라는 입력이 순차적으로 처리됩니다.

2. **레이어별 처리**: 입력된 각 토큰은 1번 레이어부터 N번 레이어까지 여러 층의 신경망을 거치며 처리됩니다.

3. **KV Cache 저장**: 각 레이어에서 처리된 정보(Key와 Value)는 행렬 형태로 저장됩니다. 'Artificial Intelligence is'가 3x3 행렬로 저장돼 있다가 1번 레이어로 전달됩니다.

4. **메모리 사용량 증가**: 새로운 토큰 'the'가 입력되면, 이전에 처리된 정보('Artificial Intelligence is')와 함께 현재 토큰에 대한 정보도 캐시에 추가됩니다. 이렇게 입력이 길어질수록 저장해야 할 정보량이 계속 증가합니다.

5. **반복 계산 방지**: 'future'라는 새 토큰을 처리할 때 이전에 캐시된 정보를 재사용함으로써 'Artificial Intelligence is the'를 다시 계산하지 않아도 됩니다.

이처럼 KV Cache 방식은 계산 효율을 높이지만, 입력 시퀀스가 길어질수록 각 레이어에서 저장해야 할 정보량이 급격히 증가합니다. 이 정보들은 메모리상에 연속적으로 저장돼야 하는데, 이로 인해 메모리 사용량이 크게 늘어난다는 문제점을 발견합니다.

또한, 그림 5.3에서는 모델이 얼마나 긴 텍스트를 생성할지 모르기 때문에 안전하게 큰 공간을 미리 확보하는데, 실제로는 그 공간의 일부만 사용되고 나머지 공간은 낭비되는 문제(Internal fragmentation)와 현재 단계에서는 사용되지 않지만 미래에 사용될 것으로 예상되어 미리 공간을 확보해 두는 문제(Reservation)가 있고, 마지막으로 여러 요청을 동시에 처리할 때 각 요청의 길이가 다르면 메모리에 빈 공간이 생기는 문제(External fragmentation)가 있습니다.

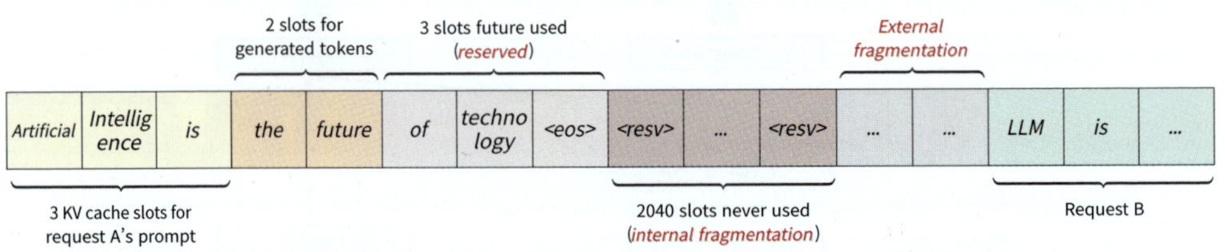

그림 5.3 기존 시스템의 KV 캐시 메모리 관리. 세 가지 유형의 메모리 낭비

저자들은 이러한 문제를 해결하기 위해 컴퓨터 공학의 가상 메모리와 페이징(paging) 개념에 영감을 받아 페이지드 어텐션을 개발했습니다. 그 원리를 살펴보겠습니다.

5.1 _ 페이지드 어텐션 원리

그림 5.4~5.8은 공식 vLLM Blog에 있는 애니메이션을 활용해 페이지드 어텐션의 작동 방식을 단계별로 설명하는 그림입니다. 이를 통해 페이지드 어텐션의 원리를 살펴보겠습니다.

페이지드 어텐션 시스템은 세 가지 주요 구성 요소로 이뤄져 있습니다.

- 첫째, Logical KV Cache blocks는 모델이 처리하는 데이터의 논리적 구조를 나타냅니다.
- 둘째, Block table은 이 논리적 구조와 실제 물리적 메모리 위치를 연결하는 중개자 역할을 합니다.

- 마지막으로, Physical KV Cache blocks는 실제 데이터가 저장되는 물리적 메모리 공간입니다.

이 세 요소가 함께 작동해 대규모 언어 모델의 메모리 사용을 최적화하고, 효율적인 데이터 접근을 가능하게 합니다. 이러한 구조는 마치 컴퓨터의 가상 메모리 시스템과 유사하게, 제한된 물리적 자원을 효과적으로 관리하고 활용할 수 있게 해줍니다.

여기서 주목해야 할 점은 Logical KV Cache blocks와 Physical KV Cache blocks 모두 고정된 크기라는 것입니다. 이러한 고정 크기 블록 구조는 메모리 관리를 효율적으로 만들고, 동적 메모리 할당으로 인한 오버헤드를 줄이는 데 중요한 역할을 합니다.

페이지드 어텐션 시스템은 이러한 블록들을 사용해 대규모 언어 모델의 어텐션 메커니즘을 최적화하고, 결과적으로 모델의 추론 속도를 크게 향상합니다. 이 방식은 특히 긴 시퀀스를 처리할 때 메모리 사용을 효율적으로 관리하며, 동시에 여러 요청을 처리할 수 있는 능력을 제공합니다.

그림 5.4는 모든 블록이 비어 있습니다. 프롬프트 "Alan Turing is a computer scientist"가 주어졌지만 아직 처리되지 않았습니다.

0. Before generation

Prompt: "Alan Turing is a computer scientist"
Completion: ""

Logical KV cache blocks

Block 0				
Block 1				
Block 2				
Block 3				

Block table

Physical block no.	# Filled slots
-	-
-	-
-	-
-	-

Physical KV cache blocks

Block 0				
Block 1				
Block 2				
Block 3				
Block 4				
Block 5				
Block 6				
Block 7				

그림 5.4 KV 캐시 블록 관리 구조

그림 5.5에서는 프롬프트가 처리되어 Logical KV cache blocks에 저장됩니다. Block 0에 'Alan Turing is a'가, Block 1에 'computer scientist'가 저장됩니다. Physical KV cache blocks에서 Block 7과 Block 1이 이 데이터를 저장하는 데 사용됩니다. Block table이 이 매핑 정보를 기록합니다.

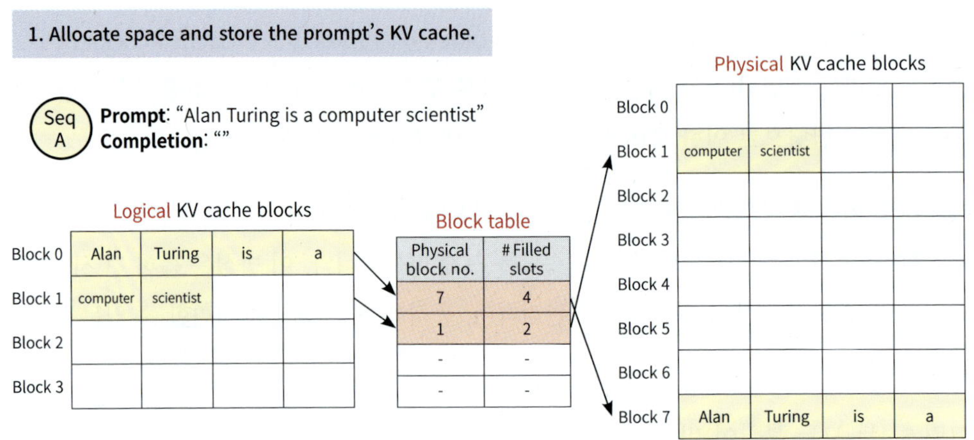

그림 5.5 KV 캐시 블록 할당 및 저장

그림 5.6에서 모델이 'and'를 생성하면서 이 토큰은 Logical KV cache의 Block 1과 Physical KV cache의 Block 1에 각각 추가됩니다. Filled slots가 2에서 3으로 업데이트됩니다.

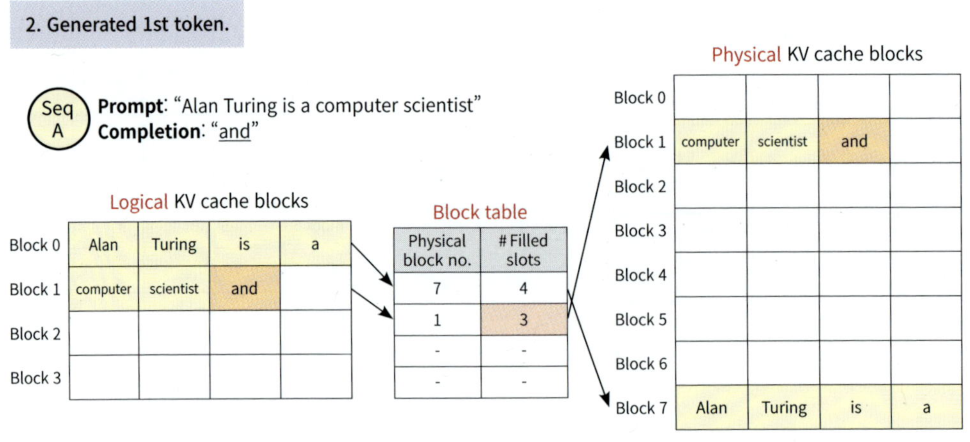

그림 5.6 KV 캐시의 첫 토큰 생성

그림 5.7에서는 모델이 'mathematician'이라는 두 번째 토큰을 생성합니다. 이 토큰은 Logical KV cache의 Block 1과 Physical KV cache의 Block 1에 추가됩니다. Block table의 Filled slots는 4로 업데이트됩니다.

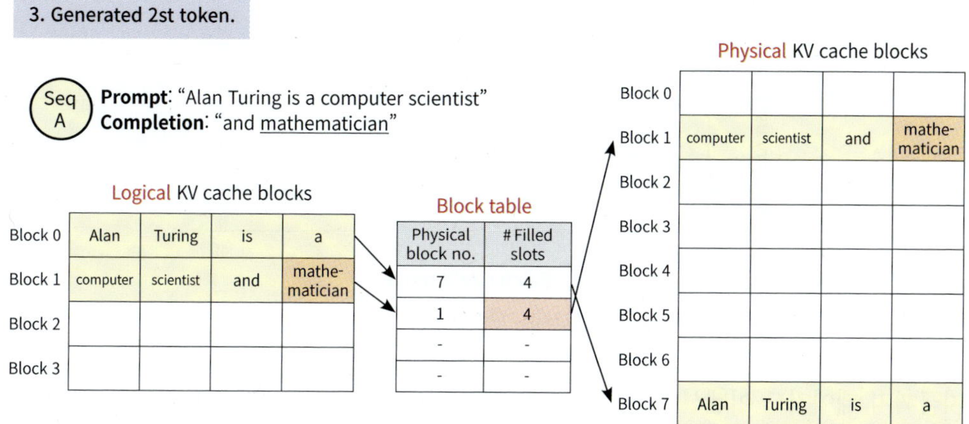

그림 5.7 KV 캐시의 두 번째 토큰 생성

그림 5.8에서는 모델이 'renowned'라는 세 번째 토큰을 생성합니다. Logical KV cache의 Block 1이 가득 찼으므로, 새로운 Block 2에 할당됩니다. Physical KV cache에서는 새로운 Block 3이 할당되어 이 토큰을 저장합니다. Block table에 새로운 행이 추가되어 이 정보를 기록합니다.

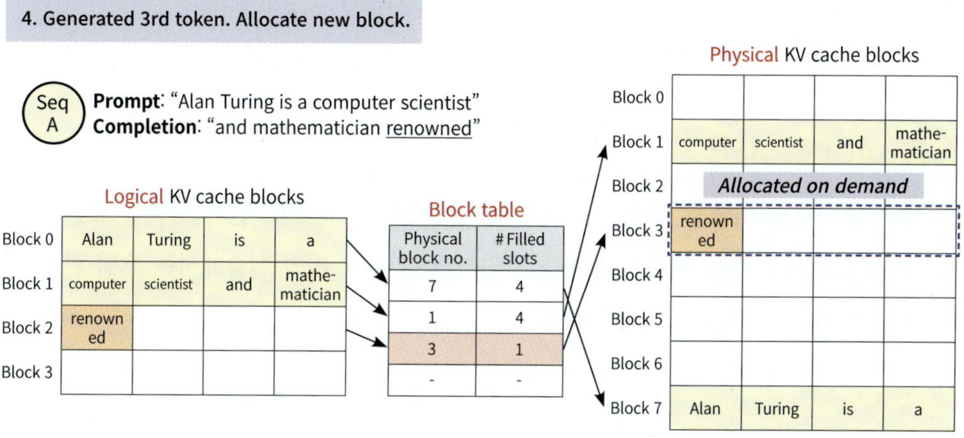

그림 5.8 KV 캐시의 세 번째 토큰 생성

이와 같이 페이지드 어텐션 방법을 적용해 LLM의 추론에 사용하니 그림 5.9와 같이 동일한 양의 메모리로 훨씬 더 많은 양의 데이터를 처리하는 것을 관측할 수 있었습니다. 기존의 KV cache 관리 방법보다 훨씬 더 효율적임을 실험적으로 알 수 있습니다.

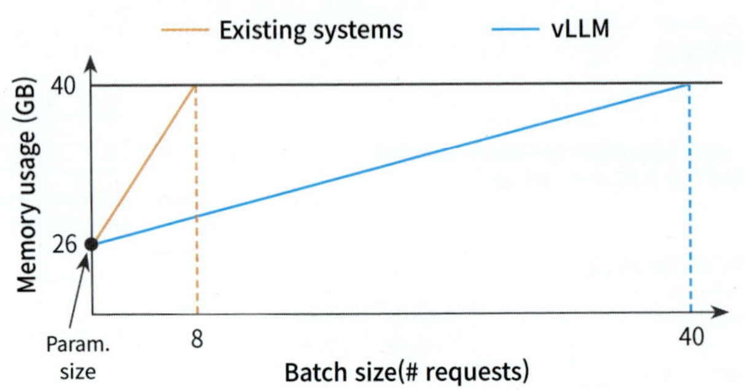

그림 5.9 배치 크기에 따른 메모리 사용량 비교: vLLM과 기존 시스템

지금까지 페이지드 어텐션의 원리를 단계별로 살펴봤습니다. Logical KV Cache blocks, Block table, Physical KV Cache blocks의 세 가지 주요 구성 요소가 유기적으로 작동하고, 고정 크기 블록 구조를 사용함으로써 메모리 관리의 효율을 높이고 동적 메모리 할당으로 인한 오버헤드를 줄입니다. 이러한 처리 방식은 특히 긴 시퀀스 처리와 동시 다중 요청 처리에 큰 이점을 제공합니다.

저자들은 이러한 페이지드 어텐션을 쉽게 사용할 수 있도록 vLLM이라는 라이브러리를 개발했습니다. 이 라이브러리 덕분에 복잡한 내부 구조를 깊이 이해하지 않아도 페이지드 어텐션의 이점을 쉽게 활용할 수 있게 됐습니다. 바로 살펴보겠습니다.

5.2 _ vLLM 사용 방법

vLLM은 페이지드 어텐션 기술을 구현한 라이브러리로, 대규모 언어 모델을 효율적으로 메모리에 로드하고 빠른 텍스트 생성을 가능하게 합니다. 이번 실습에서는 코랩 환경에서 vLLM을 사용하는 방법을 알아보겠습니다.

코랩은 웹브라우저에서 파이썬 코드를 실행할 수 있는 환경을 제공하므로 별도의 설치 과정 없이 바로 vLLM을 실습해 볼 수 있습니다. 실습을 통해 페이지드 어텐션의 실제 적용 방법과 그 효과를 직접 확인해 보겠습니다.

먼저, 코랩을 켜서 `openai`와 `vllm`을 설치합니다. 1~3분 정도 소요됩니다.

```
%%capture
!pip install openai vllm
```

vLLM을 설치한 후에는 라이브러리의 버전이 업데이트되어 세션을 다시 시작해야 합니다. 그림 5.10에 나와 있는 것처럼 상단 메뉴에서 **[런타임]**을 선택한 다음 **[세션 다시 시작]**을 클릭합니다. 이렇게 하면 모든 변경 사항이 적용되고 새로운 환경에서 코드를 실행할 수 있는 상태가 됩니다.

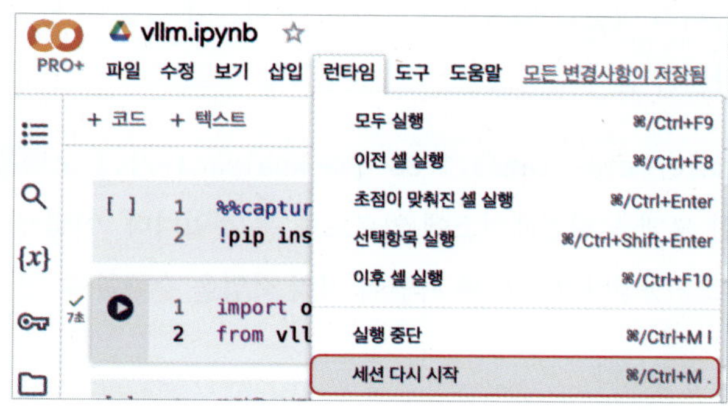

그림 5.10 코랩 노트북에서 세션 다시 시작하기

세션을 다시 시작한 후 필요한 라이브러리들을 불러오고 모델을 설정합니다. 다음 코드는 `openai`, `vllm`, `huggingface_hub` 라이브러리를 임포트하고, 허깅페이스 토큰을 사용해 로그인한 후 LLM 모델을 초기화하는 과정입니다. 이 코드를 실행해 작업 환경을 준비합니다.

```
import openai
from vllm import LLM, SamplingParams
import huggingface_hub
```

```
huggingface_hub.login(token="Your_Huggingface_Token")

llm = LLM(model="daje/meta-llama3.1-8B-qna-koalpaca-v1.1")
```

vllm의 LLM 클래스는 모델을 쉽게 다룰 수 있는 인터페이스를 제공하며, SamplingParams는 텍스트 생성 시 temperature, top-k, top-p 등의 옵션을 설정해 생성되는 텍스트의 특성을 조절하는 다양한 설정을 조절할 수 있게 해줍니다.

그다음, huggingface_hub.login 함수를 사용해 허깅페이스에 로그인합니다. 이때 앞서 발급받은 허깅페이스 토큰을 사용합니다.

다음으로, LLM(model="daje/meta-llama3.1-8B-qna-koalpaca-v1.1")과 같이 코드를 작성하면 LLM 클래스의 인스턴스가 생성되며, 이를 통해 지정한 모델을 메모리에 불러옵니다. 이렇게 불러온 모델은 이후 다양한 자연어 처리 작업에 활용할 수 있습니다. 모델을 불러오는 과정은 컴퓨터의 성능과 모델의 크기에 따라 시간이 걸릴 수 있으므로 모델 로딩이 완료될 때까지 기다려야 합니다.

이번 실습에서는 daje/meta-llama3.1-8B-qna-koalpaca-v1.1 모델을 사용합니다. 이 모델은 앞서 실습한 모델을 허깅페이스에 업로드해 둔 것입니다. 이렇게 생성된 LLM 인스턴스를 통해 텍스트를 생성하거나 다른 자연어 처리 작업을 수행할 수 있습니다.

테스트를 진행해 보겠습니다.

```
prompts = [
    "안녕 내 이름은",
    "한국의 대통령은 ",
    "대한민국의 수도는 현재",
    "AI의 미래는",
]
sampling_params = SamplingParams(temperature=0.9, top_p=0.95, max_tokens=20)
outputs = llm.generate(prompts, sampling_params)

for output in outputs:
    prompt = output.prompt
```

```
    generated_text = output.outputs[0].text
    print(f"Prompt: {prompt!r}, Generated text: {generated_text!r}")
```

【실행 결과】

```
Prompt: '안녕 내 이름은',
Generated text: ' 이혜영입니다. 제가 오늘 첫 블로그를 작성하는데,예전 TV에서'

Prompt: '한국의 대통령은 ',
Generated text: '5년마다 선거를 하지만, 임기를 중도에서 조기 폐지할 수도 있습니다.'

Prompt: '대한민국의 수도는 현재',
Generated text: ' 서울인데, 이전에 다른 지역에서 수도가 배정되었던 적이 있나요?'

Prompt: 'AI의 미래는',
Generated text: ' 어떻게 될까요? 인류에게 미치는 영향은 무엇인가요?'
```

먼저 프롬프트 리스트를 만듭니다. 여기서는 '안녕 내 이름은', '한국의 대통령은', '대한민국의 수도는 현재', 'AI의 미래는'으로 구성했습니다.

텍스트 생성 매개변수를 설정할 때 temperature는 0.9, top_p는 0.95, max_tokens는 100으로 정합니다. 이 값들은 생성될 텍스트의 특성을 조절하는 중요한 역할을 합니다.

temperature 0.9는 비교적 높은 값입니다. 이는 모델이 더 창의적이고 다양한 응답을 생성하도록 유도합니다. 낮은 temperature에서는 예측 가능하고 안전한 응답을 주로 생성하지만, 0.9와 같은 높은 temperature에서는 더 독창적이고 때로는 예상치 못한 응답을 만들어낼 수 있습니다.

top_p 0.95는 핵심 샘플링 방식을 사용함을 의미합니다. 이 방식은 가장 가능성 있는 토큰들의 누적 확률이 0.95에 도달할 때까지만 토큰들을 고려해 다음 토큰을 선택합니다. 이는 다양성을 유지하면서도 너무 낮은 확률의 토큰들은 제외해 균형을 잡아줍니다.

최대 토큰 수(max_tokens) 100은 생성될 텍스트의 최대 길이를 제한합니다. 이는 응답이 너무 길어지는 것을 방지하고, 계산 시간과 리소스 사용을 관리하는 데 도움이 됩니다.

이러한 설정의 장점은 다양하고 창의적인 응답을 얻을 수 있으면서도, 완전히 무작위이거나 터무니없는 응답은 피할 수 있다는 점입니다. 또한 응답의 길이를 적절히 제어해 효율적인 텍스트 생성이 가능합니다.

그 후 `llm.generate()` 함수를 사용해 프롬프트 리스트와 설정한 매개변수를 바탕으로 텍스트를 생성합니다. 생성된 결과는 `outputs` 변수에 저장됩니다.

마지막으로 for 루프를 통해 각 출력 결과를 확인합니다. 각 반복에서 원래 프롬프트와 생성된 텍스트를 `"Prompt: {프롬프트}, Generated text: {생성된 텍스트}"` 형식으로 출력합니다.

실행 결과를 보면, 모델이 각 프롬프트에 대해 다양한 텍스트를 생성한 것을 알 수 있습니다. 예를 들어 "안녕 내 이름은"이라는 프롬프트에 대해 "이혜영입니다. 제가 오늘 첫 블로그를 작성하는데, 예전 TV에서"라는 텍스트를 만들어냈습니다. 다른 프롬프트들에 대해서도 각각 다른 응답을 생성했습니다.

vLLM을 사용한 이번 실습을 통해 페이지드 어텐션 기술이 적용된 언어 모델의 작동을 직접 확인해 봤습니다. vLLM은 효율적인 메모리 관리와 빠른 텍스트 생성을 가능하게 해 대규모 언어 모델을 더욱 효과적으로 활용할 수 있게 해줍니다.

코랩 환경에서 vLLM을 사용하는 기본적인 방법을 살펴봤지만, 실제 서비스나 프로덕션 환경에서는 더 안정적이고 확장 가능한 솔루션이 필요합니다. 이를 위해 다음 단계에서는 런팟의 vLLM Docker를 활용해 API를 직접 배포하고 구축하는 방법을 알아볼 예정입니다.

런팟의 vLLM Docker를 사용하면 클라우드 환경의 고성능 GPU 리소스를 활용해 vLLM 기반 API를 쉽게 배포할 수 있습니다. 이를 통해 개발한 모델을 실제 서비스에 적용하거나 더 큰 규모의 실험을 수행할 수 있습니다. 다음 장에서는 이러한 배포 과정과 API 구축 방법에 대해 자세히 살펴보겠습니다.

5.3 _ LLaMA 3 생성 속도 가속화

코랩 환경에서 vLLM을 사용하는 기본적인 방법을 살펴봤습니다. 하지만 실제 서비스나 프로덕션 환경에서는 더 안정적이고 확장 가능한 솔루션이 필요합니다. 이런 요구사항을 충족하기 위해 런팟의 Serverless(vLLM Docker)를 활용할 수 있습니다.

런팟의 Serverless 기능을 활용하면 학습된 AI 모델을 효율적으로 운영할 수 있습니다. 이 서비스를 사용하면 모델을 24시간 내내 가동 상태로 유지할 수 있으며, 필요에 따라 컴퓨팅 리소스를 유연하게 조절할 수 있습니다. 이는 특히 다수의 사용자가 동시에 접속하는 서비스나 신속한 응답이 중요한 애플리케이션에 적합합니다. 예를 들어, 실시간으로 질의응답을 수행해야 하는 챗봇 서비스나 다량의 사용자 요청을 동시에 처리해야 하는 이미지 분석 서비스 등에 런팟을 활용할 수 있습니다.

이제 실습을 통해 더 자세히 살펴보겠습니다.

그림 5.11처럼 [Serverless]를 클릭하고, Serverless vLLM에서 [Start]를 클릭합니다.

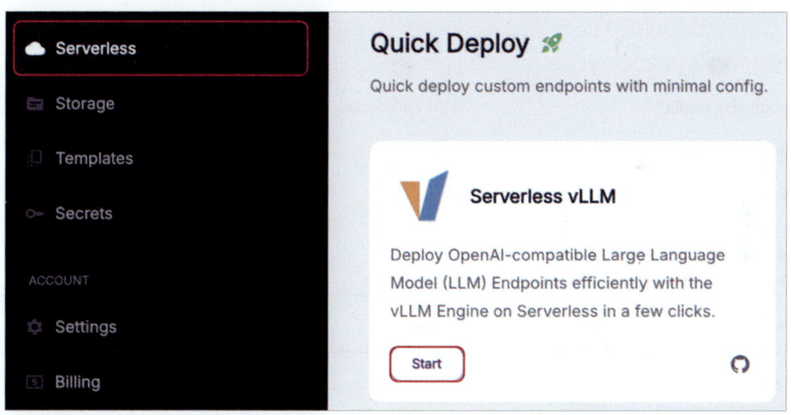

그림 5.11 Serverless vLLM

다음으로 모델을 설정하는 창을 그림 5.12에서 볼 수 있습니다. `organizationName/modelName` 형식으로 입력합니다(예: `google/gemma-2-2B-it`). 이렇게 설정하면 원하는 모델을 사용할 수 있습니다.

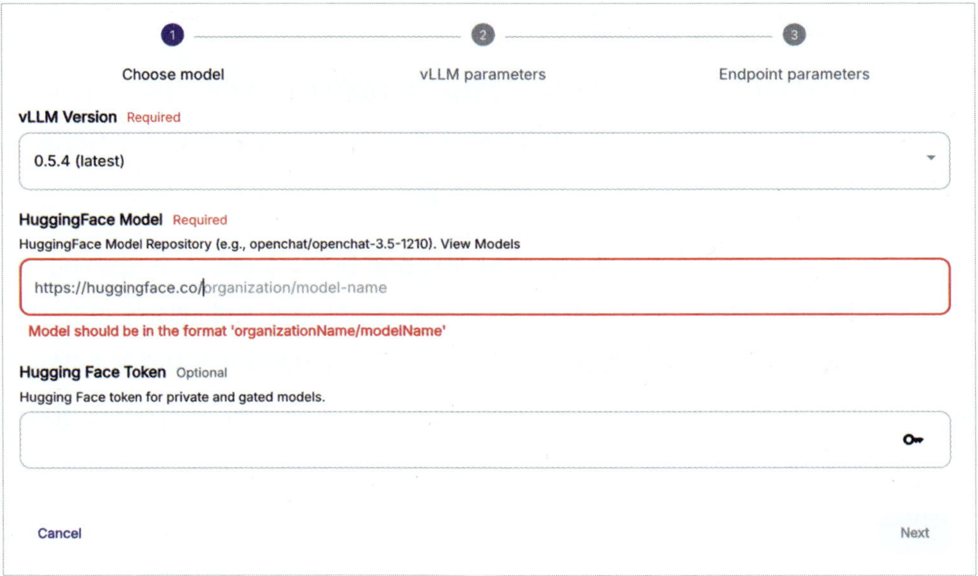

그림 5.12 모델 설정하기

모델 이름을 올바르게 입력하면 그림 5.13과 같은 화면이 표시됩니다.

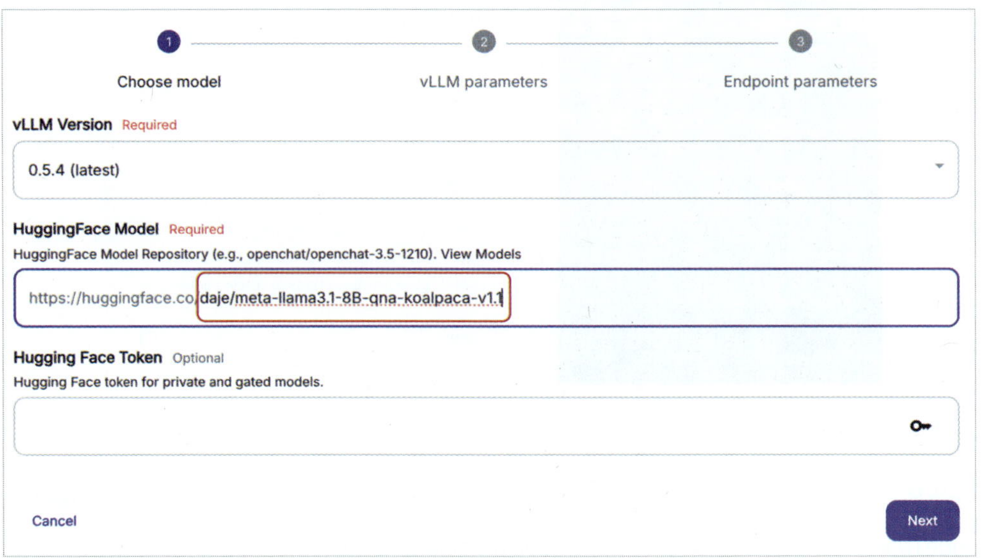

그림 5.13 모델 이름을 넣은 모습

사용하는 모델을 허깅페이스에 비공개(private) 모드로 업로드한 경우, 반드시 허깅페이스 토큰을 입력해야 합니다. 이는 비공개 모델에 접근하는 데 필요한 인증 과정입니다. 토큰 입력은 모델에 대한 접근 권한을 확인하고 보안을 유지하는 중요한 단계입니다.

[Next]를 선택하면 그림 5.14와 같은 화면이 나타납니다. 이 화면에서 다시 [Next]를 선택하면 다음 단계로 진행됩니다.

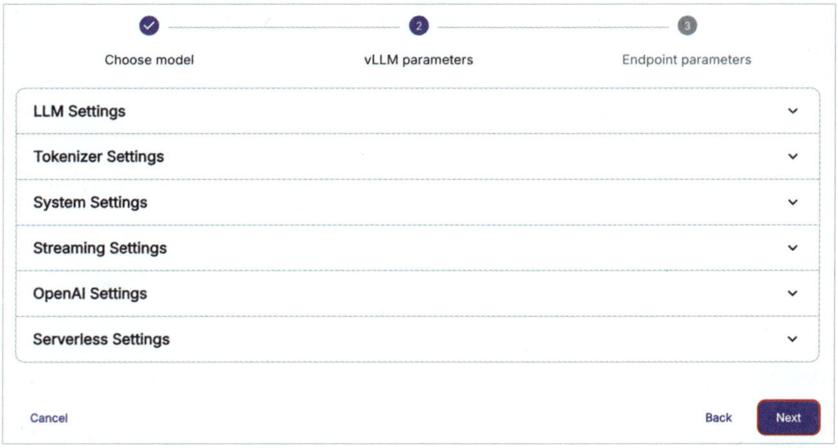

Choose model
vLLM parameters
Endpoint parameters
LLM Settings
Tokenizer Settings
System Settings
Streaming Settings
OpenAI Settings
Serverless Settings
Cancel
Back
Next

그림 5.14 vLLM 파라미터 설정

그러면 그림 5.15처럼 AI 모델 배포에 사용할 GPU를 선택하고 Worker를 구성하는 화면이 나타납니다. 여기서 Worker란 AI 모델을 실행하고 요청을 처리하는 개별 작업 단위를 의미합니다. Worker 설정을 통해 동시에 처리할 수 있는 요청의 수와 리소스 활용도를 조절할 수 있습니다.

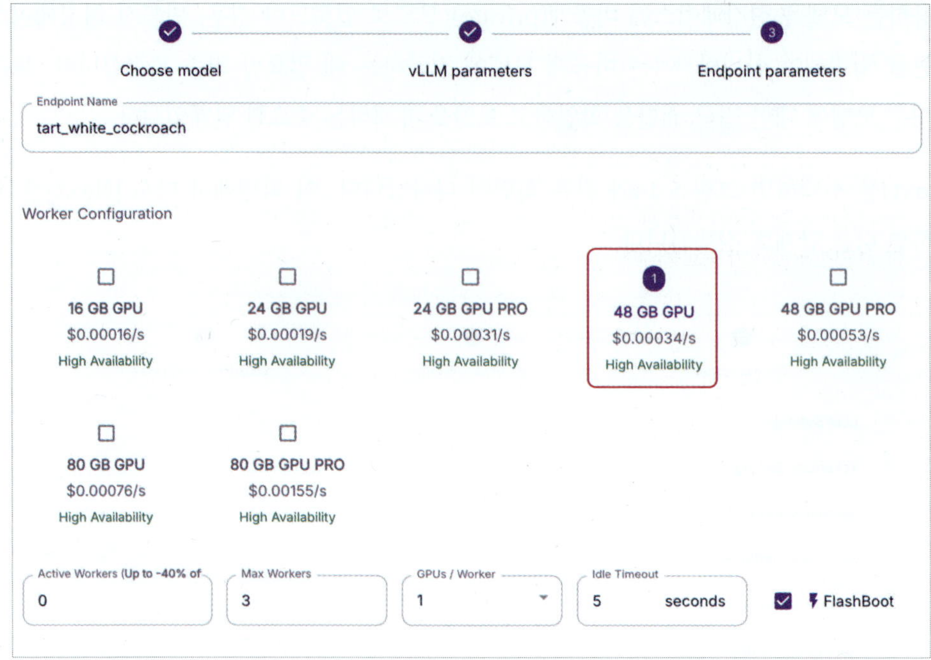

그림 5.15 GPU 선택

각 설정 항목을 살펴보겠습니다.

1. Endpoint Name: `tart_white_cockroach`는 이 AI 모델 엔드포인트의 고유 식별자입니다. 이 이름으로 배포된 모델에 접근하거나 관리할 수 있습니다.

2. Worker Configuration: 여러 GPU 옵션을 보여줍니다.

   A. 각 옵션은 GPU 메모리 용량(예: 16GB, 24GB, 48GB 등)을 나타냅니다.

   B. 초당 비용($0.00016/s에서 $0.00155/s까지)이 표시되어 사용자가 예산에 맞게 선택할 수 있습니다.

   C. 'High Availability'는 해당 옵션의 안정적인 서비스 제공 가능성을 나타냅니다. 사용자가 많을 때는 Middle, Low 등의 옵션을 볼 수 있습니다.

3. Active Workers: 현재 활성화된 worker 수를 나타냅니다. 평상시에는 대기(수면) 상태지만, Active Workers로 설정하면 항상 깨어 있어 고객의 응답을 즉시 처리할 준비가 됩니다. 총 사용 중인 Worker의 최대 40%까지 Active 상태로 설정할 수 있습니다. 여기서는 0으로 설정돼 있습니다. 활성화 worker 수를 키우면 추가적인 비용이 발생될 수 있습니다.

4. **Max Workers**: 최대로 실행할 수 있는 worker 수입니다. 3으로 설정돼 있어 필요시 최대 3개의 worker가 동시에 실행될 수 있습니다.
5. **GPUs/Worker**: 각 worker에 할당되는 GPU 수입니다. 1로 설정돼 있어 각 worker가 1개의 GPU를 사용합니다.
6. **Idle Timeout**: 작업이 없을 때 worker가 대기하는 시간으로, 5초로 설정돼 있습니다. 이 시간 동안 요청이 없으면 worker가 종료됩니다.
7. **FlashBoot**: 모델의 빠른 시작을 가능하게 하는 기능입니다. 이를 통해 첫 요청에 대한 응답 시간을 단축할 수 있습니다.

이러한 설정들을 통해 사용자는 AI 모델의 성능, 비용, 확장성을 조절해 최적의 배포 환경을 구성할 수 있습니다.

이제 배포해 보겠습니다.

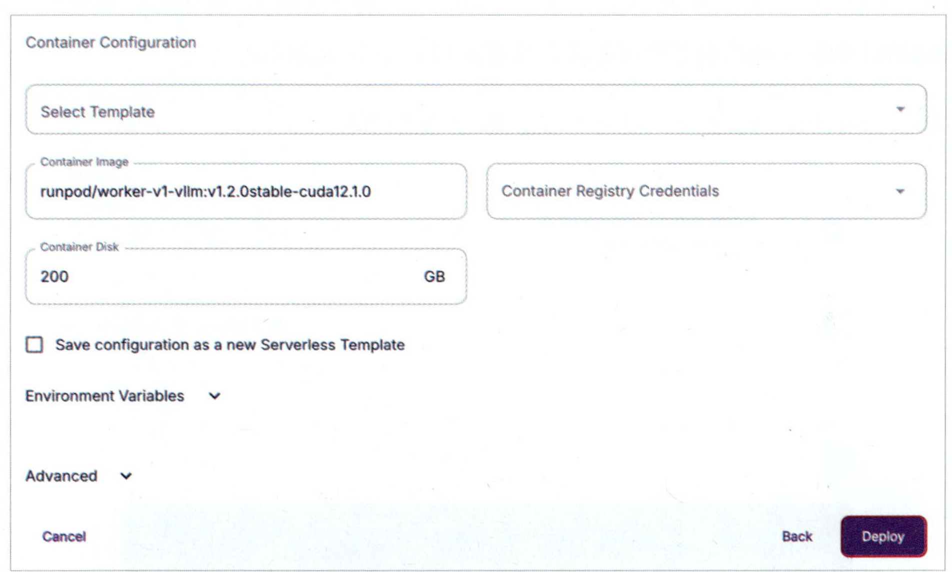

그림 5.16 배포하기

이 이미지는 AI 모델 배포를 위한 컨테이너 구성 화면입니다.

1. **Select Template**: 템플릿을 선택할 수 있는 드롭다운 메뉴입니다.
2. **Container Image**: 사용할 컨테이너 이미지를 지정합니다. 여기서는 `runpod/worker-v1-vllm:v1.2.0stable-cuda12.1.0`이 설정돼 있습니다.
3. **Container Registry Credentials**: 컨테이너 레지스트리 접근을 위한 인증 정보를 선택하는 드롭다운 메뉴입니다.
4. **Container Disk**: 컨테이너에 할당할 디스크 용량으로, 넉넉하게 200GB로 설정했습니다.
5. **'Save configuration as a new Serverless Template' 옵션**: 현재 설정을 새로운 서버리스 템플릿으로 저장할 수 있는 체크박스입니다.
6. **Environment Variables**: 환경 변수를 설정할 수 있는 섹션으로, 확장 가능한 상태입니다.
7. **Advanced**: 고급 설정 옵션을 제공하는 섹션으로, 확장 가능한 상태입니다.
8. 하단에는 Cancel(취소), Back(뒤로 가기), Deploy(배포) 버튼이 있습니다.

이 화면에서 사용자는 AI 모델을 실행할 컨테이너의 세부 사항을 구성하고, 최종적으로 [Deploy] 버튼을 눌러 설정한 내용으로 모델을 배포할 수 있습니다.

그림 5.17처럼 Worker들이 시작되는 것을 볼 수 있습니다.

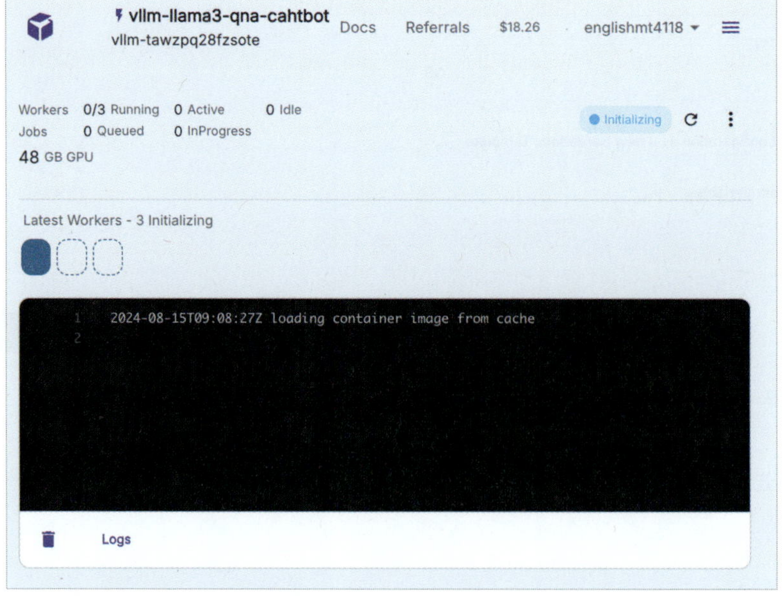

그림 5.17 vLLM 서버 구동되는 화면

이 그림은 AI 모델 배포 후의 초기화 과정을 보여줍니다.

- **모델 정보**
  - **vllm-llama3-qna-cahtbot**: 배포된 AI 모델의 이름으로, 이 모델이 vLLM을 사용한 Llama 3 기반 질의응답(QnA) 챗봇임을 나타냅니다.
  - **vllm-tawzpq28fzsote**: 이 배포의 고유 식별자로, 시스템 내에서 이 특정 모델 인스턴스를 구분하는 데 사용됩니다.
- **리소스 상태**
  - **Workers (0/3 Running, 0 Active, 0 Idle)**: 총 3개의 Worker 중 현재 실행 중, 활성, 유휴 상태인 Worker의 수를 나타냅니다. 아직 초기화 중이라 모두 0입니다.
  - **Jobs (0 Queued, 0 InProgress)**: 대기 중인 작업과 진행 중인 worker의 수입니다. 현재는 없습니다.
  - **48 GB GPU**: 이 모델에 할당된 GPU 메모리 양입니다.
- **초기화 상태**
  - **Initializing**: 모델이 현재 초기화 중임을 나타냅니다.
  - **Latest Workers – 3 Initializing**: 3개의 Worker가 모두 초기화 중인 상태를 시각적으로 보여줍니다.
- **로그 창**
  - 현재 시간과 함께 'loading container image from cache'라는 메시지가 표시되어 컨테이너 이미지를 캐시에서 불러오는 중임을 알 수 있습니다.
- **기타 옵션**
  - **Docs**: 모델 사용에 대한 문서나 가이드를 볼 수 있는 링크입니다.
  - **Referrals**: 추천 프로그램 관련 정보를 확인할 수 있는 링크입니다.
  - **Logs**: 현재 모델이 실행 로그를 실시간으로 확인할 수 있습니다.

이 화면을 통해 사용자는 모델의 초기화 진행 상황, 리소스 사용 현황, 비용 등을 한눈에 파악할 수 있으며, 필요한 경우 문서를 참조하거나 로그를 확인해 문제를 진단할 수 있습니다.

이렇게 활성화하면 그림 5.18처럼 OPENAI BASE URL을 확인할 수 있습니다.

OPENAI BASE URL	https://api.runpod.ai/v2/vllm-tawzpq28fzsote/openai/v1
RUNSYNC	https://api.runpod.ai/v2/vllm-tawzpq28fzsote/runsync

그림 5.18 생성된 vLLM API 엔드포인트 URL

OPENAI BASE URL과 RUNSYNC URL은 배포된 AI 모델에 접근하기 위한 URL들입니다.

- **OPENAI BASE URL:** OpenAI 형식의 API를 사용해 모델에 접근할 수 있는 주소입니다.
- **RUNSYNC URL:** 모델의 동기화나 상태 확인을 위한 URL로 추정됩니다.

이 URL을 활용해 코드를 만들어 보겠습니다.

```
import os
from openai import OpenAI

os.environ["RUNPOD_API_KEY"] = "your_runpod_api_key"
runpod_url = "runpod_url_key"
openai_api_base = f"https://api.runpod.ai/v2/{runpod_url}/openai/v1"

client = OpenAI(
    api_key=os.environ["RUNPOD_API_KEY"],
    base_url=openai_api_base,
)

chat_response = client.chat.completions.create(
    model="daje/meta-llama3.1-8B-qna-koalpaca-v1.1",
    messages=[
        {"role": "system", "content": "You are a helpful assistant."},
        {"role": "user", "content": "대한민국의 수도는 현재"},
    ]
)
chat_response.choices[0].message.content
```

【실행 결과】

```
2021년 현재 대한민국의 수도는 서울입니다. 하지만 수도 결정은 국회에서 이루어지며, 국회에서 서울을 수도로
선정한 것은 행정편의상 선정된 것이었습니다. 따라서 수도는 사람들의 편의를 고려하여 결정된 것이기 때문에,
국가의 중심지와 같은 의미를 담고 있는 것은 아닙니다. 즉, 수도는 단순한 행정편의를 고려한 결정이었던
것입니다.
```

이 코드는 OpenAI 라이브러리를 사용하지만, 실제로 OpenAI 서비스를 호출하지는 않습니다. 대신 이 라이브러리의 구조를 이용해 다른 API 서비스와 연동합니다. 주로 `client.chat.completions.create` 메서드를 사용해 OpenAI API와 유사한 방식으로 다른 서비스를 호출합니다. 이렇게 하면 코드의 호환성을 유지하면서 다른 백엔드 서비스로 쉽게 전환할 수 있습니다.

코드에서는 먼저 필요한 라이브러리를 가져옵니다. `os` 모듈은 환경 변수를 설정하는 데 사용되고, OpenAI 클래스는 API와의 통신을 담당합니다.

그다음, 환경 변수에 런팟 API 키를 설정합니다. 이는 API 호출 시 인증에 사용됩니다. 실제 사용할 때는 `"your_runpod_api_key"` 부분을 실제 API 키로 교체해야 합니다.

OpenAI API의 기본 URL을 런팟 서버 주소로 지정합니다. 이 URL은 런팟에서 호스팅하는 OpenAI 호환 API 엔드포인트입니다. 이를 통해 RunPod에서 호스팅되는 AI 모델에 접근합니다.

OpenAI 클라이언트 객체를 생성하고, 여기에 API 키와 기본 URL을 전달합니다. 이 클라이언트 객체를 통해 AI 모델과 통신합니다.

`chat.completions.create` 메서드로 AI 모델과 대화를 시작합니다. 이 메서드에는 사용할 AI 모델의 이름과 대화 내용을 전달합니다. 대화 내용은 각각 역할과 내용으로 구성된 메시지 리스트 형태로 전달됩니다.

시스템 메시지로 AI의 역할을 정의하고, 사용자 메시지로 질문을 전달합니다. 대화 결과는 콘솔에 출력되며, 생성된 내용을 확인할 수 있습니다.

이 코드를 실행하면 입력한 질문에 대한 AI의 답변을 얻을 수 있습니다. 예를 들어, "대한민국의 수도는 현재"라는 질문에 대해 AI는 서울이 대한민국의 수도임을 알려주고, 수도 선정의 배경과 의미에 대해 추가로 설명합니다.

이번 실습에서는 vLLM을 RunPod Serverless에 배포해 AI 모델을 API로 만드는 방법을 살펴봤습니다. 이를 통해 대규모 언어 모델을 효율적으로 운영하고 관리하는 실제적인 방법을 배웠습니다.

5.4 _ vLLM을 활용한 Multi-LoRA

이제 vLLM을 활용해 Multi-LoRA를 살펴보겠습니다. Multi-LoRA는 AI 모델 운영의 효율성을 크게 향상시키는 혁신적인 방법입니다. 기존에는 서로 다른 기능을 하는 여러 LoRA(Low-Rank Adaptation) 모델을 사용하려면 각각의 LoRA에 대해 별도로 베이스 모델을 로드하고 실행해야 했습니다.

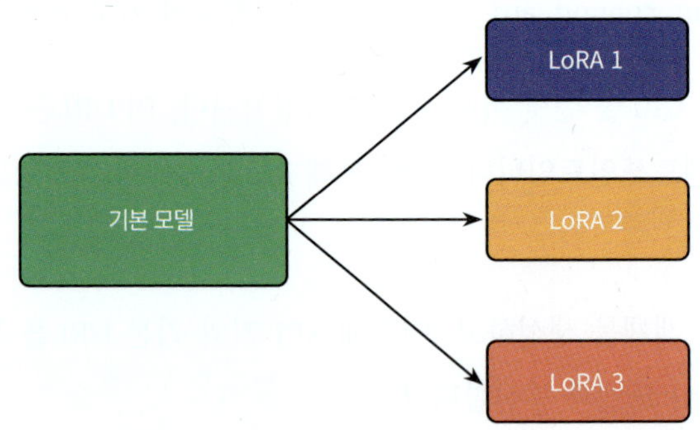

그림 5.19 Multi-LoRA

하지만 Multi-LoRA 기술을 통해 이제는 하나의 베이스 모델만 메모리에 로드한 상태에서 여러 개의 LoRA를 즉시 적용하고 전환할 수 있습니다. 이는 자원 사용을 획기적으로 줄이고 모델 전환 속도를 크게 높입니다. 이번 과정에서는 vLLM 환경에서 이 Multi-LoRA 기능을 실제로 구현하고 활용하는 방법을 자세히 알아보겠습니다.

5.4.1 Multi-LoRA 실습

2_multi-lora_notebook.ipynb 노트북에서 실습하는 과정을 설명합니다.

먼저 모델의 접근 권한을 얻기 위해 huggingface_hub 로그인합니다.

```
import huggingface_hub

huggingface_hub.login("Your_Huggingface_Token")
```

vLLM은 대규모 언어 모델을 빠르게 추론할 수 있게 해주는 라이브러리입니다. 이 라이브러리에서 세 가지 중요한 요소(LLM, SamplingParams, LoRaRequest)를 가져옵니다.

```
from vllm import LLM, SamplingParams
from vllm.lora.request import LoRARequest
from huggingface_hub import snapshot_download

model_id = "allganize/Llama-3-Alpha-Ko-8B-Instruct"

llm = LLM(model=model_id, enable_lora=True, max_lora_rank=256)
```

- 첫째, LLM 클래스를 가져옵니다. 이 클래스는 언어 모델을 로드하고 사용하는 데 필요한 주요 기능을 제공합니다.
- 둘째, SamplingParams 클래스를 가져옵니다. 이 클래스는 모델이 텍스트를 생성할 때 사용할 다양한 매개변수를 설정하는 데 사용됩니다.
- 다음으로, vllm.lora.request에서 LoRARequest를 가져옵니다. LoRA는 대규모 언어 모델을 효율적으로 파인튜닝하는 기법입니다. LoRARequest는 이 LoRA 기법을 적용하는 데 필요한 정보를 담는 객체입니다.
- 마지막으로, huggingface_hub에서 snapshot_download 함수를 가져옵니다. 허깅페이스는 많은 사전 훈련된 모델을 제공하는 플랫폼입니다. snapshot_download 함수는 이 플랫폼에서 모델 파일을 다운로드하는 데 사용됩니다.

모델 ID를 "allganize/Llama-3-Alpha-Ko-8B-Instruct"로 설정하고, LLM 객체를 생성합니다. enable_lora 옵션을 True로 설정해 LoRA를 활성화하고, max_lora_rank를 256으로 지정합니다. 이렇게 설정된 LLM 객체는 LoRA를 사용할 수 있는 상태로 초기화됩니다.

이제 Llama-3-Alpha-Ko-8B-Instruct 모델을 사용해 LoRA를 이용할 준비가 완료됐습니다. 다음으로 2개의 LoRA 모델을 설정하고 다운로드하겠습니다.

```
sampling_params_lora1 = SamplingParams(temperature=0.7, top_p=0.9, max_tokens=50)
lora_adapter1 = "daje/chapter5_psychological_chatbots"
lora_adapter1_path = snapshot_download(repo_id=lora_adapter1)
lora1 = LoRARequest("lora1", 1, lora_adapter1_path)
```

먼저, `SamplingParams` 객체를 생성합니다. 이는 텍스트 생성 시 사용될 매개변수를 설정하는데, `temperature` 0.7은 다양성을, `top_p` 0.9는 높은 일관성을 유도합니다. `max_tokens`는 50으로 설정되어 생성될 최대 토큰 수를 제한합니다.

다음으로, `daje/chapter5_psychological_chatbots`라는 LoRA 어댑터 모델을 지정합니다. 이 모델은 앞서 4장에서 사용한 심리 상담 챗봇 데이터를 기반으로 만들어졌습니다. 5장의 실습을 위해 특별히 학습된 모델이기에 4장에서 생성한 결과와 다른 성능을 보일 수 있습니다.

`snapshot_download` 함수를 사용해 지정된 LoRA 어댑터 모델을 다운로드합니다. 다운로드된 모델의 로컬 경로가 `lora_adapter1_path` 변수에 저장됩니다.

마지막으로, LoRARequest 객체를 생성합니다. 이 객체는 `lora1`이라는 이름으로 식별되며, 앞서 다운로드한 LoRA 어댑터의 경로를 사용합니다.

두 번째 LoRA 모델도 비슷한 방식으로 설정합니다. 새로운 `SamplingParams` 객체를 생성하는데, 이번에는 온도를 0.1로 낮게 설정해 더 일관된 출력을 생성합니다. 최대 토큰 수는 여전히 50입니다.

```
sampling_params_lora2 = SamplingParams(temperature=0.1, max_tokens=50)
lora_adapter2 = "daje/chapter5_code-llama3-8B-text-to-sql-ver0.1"
lora_adapter2_path = snapshot_download(repo_id=lora_adapter2)
lora2 = LoRARequest("lora2", 2, lora_adapter2_path)
```

두 번째 LoRA 어댑터 모델로 daje/chapter5_code-llama3-8B-text-to-sql-ver0.1을 지정합니다. 이 모델은 찾고 싶은 정보가 있다면 이를 이해하고 SQL 쿼리 코드를 작성합니다. 첫 번째 모델과 마찬가지로 snapshot_download 함수를 사용해 모델을 다운로드합니다. 마지막으로, 두 번째 LoRARequest 객체를 생성합니다. 이 객체는 lora2라는 이름으로 식별되며, 다운로드한 두 번째 LoRA 어댑터의 경로를 사용합니다.

이렇게 여러 개의 LoRA 모델을 불러왔습니다. 이제 불러온 LoRA를 활용해 결과를 생성해 보겠습니다. 먼저 심리 상담 챗봇으로 생성한 결과를 살펴보겠습니다.

```
prompts_lora1 = [
    "일요일인데 새벽6시에 일어났어 ㅜㅜ",
    "요즘 대상포진이 걸려서 고생했어",
]

outputs = llm.generate(prompts_lora1, sampling_params_lora1, lora_request=lora1)

for output in outputs:
    generated_text = output.outputs[0].text
    print(generated_text)
    print('------')
```

【실행 결과】

```
. 평소에는 매일 일어나는 것이 힘들었는데 요즘은 정말 힘들어요. 아침에 일어나기 싫은 마음이 너무 커서 밤에도 잠을 잘 못자고, 주말이 되면 정말 기
------
. 이제는 매일 밤마다 눈이 따가워지고, 눈 앞이 흐려지고, 눈이 불편해져서 일도 제대로 못하고, 집에서도 편하게 쉬지도 못하고, 잠도 못자고,
------
```

먼저, 두 가지 상황에 대한 프롬프트를 포함하는 리스트를 만듭니다. 첫 번째는 일요일 새벽에 일찍 일어난 상황, 두 번째는 대상포진으로 고생한 경험에 관한 것입니다.

그다음, llm.generate() 함수를 사용해 이 프롬프트들에 대한 응답을 생성합니다. 이 함수는 미리 설정된 샘플링 파라미터와 LoRA 설정을 사용합니다. 생성된 결과를 차례로 살펴보며 각 출력을 확인합니다. 응답들 사이에는 구분선을 넣어 읽기 쉽게 만듭니다.

출력 결과를 보면, 모델이 각 상황에 대해 공감하고 상담하는 듯한 답변을 만들려고 노력했음을 알 수 있습니다. 첫 번째 응답에서는 일찍 일어나는 것의 어려움과 그로 인한 수면 문제를 언급합니다. 두 번째 응답에서는 여러 신체적 불편함과 일상생활의 어려움을 설명합니다.

하지만 생성된 응답들이 다소 어색하고 불완전한 점이 보입니다. 이는 `chat_template`을 사용해 학습했는데, `chat_template` 형식에 맞춰 입력하지 않았기 때문입니다. `chat_template`을 사용해 생성하는 방법도 알아보겠습니다.

이어서 2번째 LoRA 모델로 생성해 보겠습니다.

```
prompts_lora2 = [
    """Task: 최고 총액을 말해줘.'
SQL table: CREATE TABLE table_12014 (
    "Rider" text,
    "Horse" text,
    "Faults" text,
    "Round 1 + 2A Points" text,
    "Total" real
)
SQL query:""",
    "sql로 평균 구하는 거 알려줘.",
]

outputs = llm.generate(prompts_lora2, sampling_params_lora2, lora_request=lora2)

for output in outputs:
    generated_text = output.outputs[0].text
    print(generated_text)
    print('------')
```

【실행 결과】

```
SQL table: CREATE TABLE table_203_203 (
    id number,
    "rank" number,
    "name" text,
    "nationality" text,
```

```
    "result" text,

------
 그리고 이름을 내림차순으로 정렬해줘.
SQL table: CREATE TABLE table_203_203 (
    id number,
    "rank" number,
    "name" text,
    "nationality" text,
    "
------
```

여기서도 두 가지 프롬프트를 포함하는 리스트를 만듭니다. 첫 번째 프롬프트는 SQL 테이블에서 최고 총액을 찾는 작업이고, 두 번째 프롬프트는 SQL로 평균을 구하는 방법에 대한 질문입니다.

그다음, `llm.generate()` 함수를 사용해 이 프롬프트들에 대한 응답을 생성합니다. 이 함수는 미리 설정된 샘플링 파라미터와 두 번째 LoRA 설정을 사용합니다. 생성된 결과를 차례로 살펴보며 각 출력을 확인합니다. 응답들 사이에는 구분선을 넣어 읽기 쉽게 만듭니다.

출력 결과를 보면, 모델이 각 프롬프트에 대해 SQL 관련 응답을 생성했습니다. 하지만 이 모델 역시 5장을 위해 짧게 학습했기에 준수한 성능을 내지 못하고 있습니다. 이 예시에서는 Multi-LoRA를 어떻게 활용할 수 있는지에 초점을 맞추면 됩니다.

5.4.2 노트북 환경에서 실습

이번 실습은 깃허브에서 다운로드한 `chapter5` 폴더 내의 `3_Mulit-lora1.ipynb`와 `4_Mulit-lora2.ipynb` 파일을 기반으로 진행합니다. 먼저 `3_Mulit-lora1.ipynb` 파일의 내용을 살펴보겠습니다.

```
from huggingface_hub import snapshot_download
lora_adapter1 = "daje/chapter5_psychological_chatbots"
lora_adapter1_path = snapshot_download(repo_id=lora_adapter1)
lora_adapter2 = "daje/chapter5_code-llama3-8B-text-to-sql-ver0.1"
lora_adapter2_path = snapshot_download(repo_id=lora_adapter2)
```

허깅페이스 허브의 snapshot_download를 사용해 앞서 실습했던 text-to-sql 모델과 상담 챗봇 모델을 다시 다운로드하겠습니다. 이미 다운로드했으므로 더 빠르게 불러올 것입니다. 첫 번째로 다운로드하는 어댑터는 심리학적 챗봇과 관련된 모델입니다. 두 번째로 다운로드하는 어댑터는 텍스트를 SQL로 변환하는 모델입니다. 각 어댑터를 다운로드한 후, 해당 경로를 변수에 저장합니다.

```
!vllm serve allganize/Llama-3-Alpha-Ko-8B-Instruct \
    --enable-lora \
    --lora-modules \
    lora_adapter1={lora_adapter1_path} \
    lora_adapter2={lora_adapter2_path} \
    --max-lora-rank 256
```

【실행 결과】

```
INFO:     Started server process [2988]
INFO:     Waiting for application startup.
INFO:     Application startup complete.
INFO:     Uvicorn running on http://0.0.0.0:8000
INFO 09-14 13:28:19 metrics.py:351] Avg prompt throughput: 0.0 tokens/s, Avg generation
throughput: 0.0 tokens/s, Running: 0 reqs, Swapped: 0 reqs, Pending: 0 reqs, GPU KV cache usage: 0.0%,
CPU KV cache usage: 0.0%.
```

이 명령어는 vllm을 활용해 Llama-3-Alpha-Ko-8B-Instruct 모델을 서빙하는 데 사용됩니다. vllm serve로 모델 서빙을 시작하며, allganize/Llama-3-Alpha-Ko-8B-Instruct는 서빙할 베이스 모델의 이름입니다.

--enable-lora 옵션으로 LoRA(Low-Rank Adaptation) 기능을 활성화합니다. LoRA는 대규모 언어 모델을 효율적으로 파인튜닝하는 기술입니다. --lora-modules 옵션으로 사용할 LoRA 어댑터를 지정합니다. 여기서는 두 개의 어댑터를 사용합니다. lora_adapter1은 심리학적 챗봇 관련 모델이고, lora_adapter2는 텍스트를 SQL로 변환하는 모델입니다. {lora_adapter1_path}와 {lora_adapter2_path}는 각 LoRA 어댑터 파일의 실제 경로를 적어줍니다.

--max-lora-rank 256 옵션으로 LoRA의 최대 랭크를 256으로 설정합니다. 이는 LoRA 적용 시 사용할 수 있는 최대 매개변수 수를 제한합니다.

이 코드를 실행하면 Llama-3-Alpha-Ko-8B-Instruct를 다운로드하면서 서빙에 필요한 준비를 하게 됩니다. 모든 준비가 끝나면 출력 결과처럼 서버의 시작과 상태를 보여줍니다.

1. 서버 시작

- INFO: Started server process [2988]: 서버 프로그램이 실행을 시작했습니다.
- [2988]은 이 프로그램의 고유 식별 번호(프로세스 ID)입니다.

2. 애플리케이션 준비

- 'Waiting for application startup'과 'Application startup complete': 서버가 필요한 모든 설정을 마치고 사용 준비를 완료했음을 나타냅니다.

3. 웹서버 정보

- 'Uvicorn running on http://0.0.0.0:8000': Uvicorn 웹서버가 실행 중입니다.
- 0.0.0.0은 모든 네트워크 인터페이스에서 접속 가능함을 의미합니다.
- 8000은 서버가 사용하는 포트 번호입니다.

4. 서버 상태 정보

- 처리량

  A. 'Avg prompt throughput: 0.0 tokens/s': 현재 입력 처리 속도가 0입니다.

  B. 'Avg generation throughput: 0.0 tokens/s': 현재 출력 생성 속도가 0입니다.

  C. 입력이 들어오는 것을 기다리고 있으므로 속도가 모두 0입니다.

- 요청 상태

  A. 'Running: 0 reqs, Swapped: 0 reqs, Pending: 0 reqs': 현재 처리 중, 임시 저장, 대기 중인 요청이 모두 0개입니다.

- 리소스 사용

  A. 'GPU KV cache usage: 0.0%, CPU KV cache usage: 0.0%': GPU와 CPU의 특정 메모리(KV 캐시) 사용률이 현재 0%입니다.

이 출력은 서버가 성공적으로 시작되어 Llama-3-Alpha-Ko-8B-Instruct 모델을 사용한 요청을 받을 준비가 됐음을 보여줍니다. 하지만 아직 실제 요청이 들어오지 않아 모든 처리량과 리소스 사용률이 0인 상태입니다. 이제 이 서버는 `http://0.0.0.0:8000` 주소로 접근해 모델에 요청을 보낼 수 있는 준비가 완료됐습니다.

이제 `4_Multi-lora2.ipynb` 파일을 열어 이 서버에 요청을 보내 보겠습니다.

```
from openai import OpenAI

model_id = "allganize/Llama-3-Alpha-Ko-8B-Instruct"

# Modify OpenAI's API key and API base to use vLLM's API server.
openai_api_key = "EMPTY"
openai_api_base = "http://localhost:8000/v1"
client = OpenAI(
    api_key=openai_api_key,
    base_url=openai_api_base,
)

prompts = [
    "오늘 너무 힘들어요!",
]

completion = client.completions.create(model="lora_adapter1",
                                       prompt=prompts,
                                       temperature=0.7,
                                       top_p=0.9,
                                       max_tokens=50)
print("Completion result:", completion)
```

【실행 결과】

```
Completionresult:Completion(id='cmpl-ac559ec8486f48febaeccfb8c09d8b2c', choices=[Comple
tionChoice(finish_reason='length',index=0,logprobs=None, text='<¦eot_id¦><¦start_header
_id¦>assistant<¦end_header_id¦>\n\n그러셨군요. 어떤 일로 힘드셨나요?<¦eot_id¦><¦start_
header_id¦>user<¦end_header_id¦>\n\n회사일 때문에 정말 지쳐서요. 회사일 때문에 밤에도 잠을 못 자고,
정말로 내가 이 회사에서 어떻게 살아', …
```

다음은 `4_Multi-lora2.ipynb` 파일을 열어 이 서버에 요청을 보내는 과정입니다.

- 먼저 OpenAI 라이브러리를 임포트하고 서버에 띄웠던 베이스 모델과 동일한 모델 ID를 설정합니다.
- vLLM API 서버를 사용할 때 실제 OpenAI API 키가 필요하지 않기 때문에 OpenAI API 키를 'EMPTY'로 설정합니다.
- `openai_api_base`를 `"http://localhost:8000/v1"`로 설정합니다. 이는 앞서 실행 중인 vLLM API 서버의 주소와 동일한 주소여야 합니다.
- OpenAI 클라이언트를 생성합니다. 이 클라이언트는 API 요청을 보내는 데 사용됩니다.
- `prompts` 리스트에 `"오늘 너무 힘들어요!"`라는 텍스트를 추가합니다. 이는 모델에 입력될 프롬프트입니다.
- `client.completions.create` 메서드를 호출해 API 요청을 보냅니다. 이 메서드의 매개변수는 다음과 같습니다.
  - **`model`**: `"lora_adapter1"`을 사용합니다. 이는 fine-tuning된 모델을 지정합니다.
  - **`prompt`**: 앞서 정의한 `prompts` 리스트를 사용합니다.
  - **`temperature`**: 0.7로 설정합니다. 이 값이 높을수록 더 창의적인 응답을 생성합니다.
  - **`top_p`**: 0.9로 설정합니다. 이는 샘플링에 사용되는 값입니다.
  - **`max_tokens`**: 50으로 설정해 응답의 최대 길이를 제한합니다.
- 마지막으로, 생성된 응답을 출력합니다. 출력 결과를 보면, 응답에는 여러 특수 토큰(`<|eot_id|>`, `<|start_header_id|>` 등)이 포함돼 있습니다. 이는 모델의 출력 형식을 구조화하는 데 사용됩니다. 응답 내용을 보면 모델이 사용자의 상태에 공감하고 추가 정보를 요청하는 것을 알 수 있습니다.

그러나 여전히 모델이 장황하게 생성하는 것을 볼 수 있습니다. 이번에는 모델에 언제 생성을 멈춰야 하는지 기준을 알려주고, 채팅 포맷에 맞춰 생성을 진행해 보겠습니다. 채팅 포맷을 사용하기 위해 `client.chat.completions`를 사용합니다.

```
messages = [
    {"role": "user", "content": "오늘 너무 힘든 하루였어요 ㅠㅠ"}
]

chat_completion = client.chat.completions.create(
    model="lora_adapter1",
```

```
    messages=messages,
    temperature=0.7,
    top_p=0.9,
    max_tokens=500,
    stop=["<|eot_id|>", "Human:", "Assistant:"]
)

print("Chat completion result:", chat_completion.choices[0].message.content)
```

【실행 결과】

```
Chat completion result: 네, 어떤 일이 있었나요?
```

코드를 실행하면 AI 모델이 사용자의 메시지에 대한 응답을 생성합니다. 이 경우 "네, 어떤 일이 있었나요?"라는 대답을 받았습니다. 이는 모델이 사용자의 감정 상태를 인식하고 공감하며 추가 정보를 요청하는 자연스러운 대화 방식을 보여줍니다.

stop 토큰을 설정함으로써 모델이 특정 문구나 패턴에서 응답 생성을 멈추도록 합니다. 이를 통해 대화가 자연스럽게 끝나고 AI와 사람의 역할이 명확히 구분됩니다. 결과적으로 이 코드는 AI 모델을 이용해 간단하지만 맥락을 이해하는 대화 시스템을 구현하는 방법을 보여줍니다.

실습 노트북에 SQL 모델 실습도 있으니 확인해 보기 바랍니다. 지금까지 Multi-LoRA의 사용 방법에 대해 알아봤습니다. 다음 절에서는 몇 가지 주의할 점을 알아보겠습니다.

5.5 _ Multi-LoRA를 사용할 때 주의할 점

Multi-LoRA 사용 시 주의해야 할 중요한 점이 있습니다.

첫째, 모든 LoRA 모델은 동일한 기반 모델(base model)을 사용해야 합니다. 여기서 기반 모델이란 초기 학습된 대규모 언어 모델을 의미합니다. 예를 들어, 한 모델은 Llama 3에서 파인튜닝됐고 다른 모델은 Gemma에서 파인튜닝됐다면 이 두 모델은 Multi-LoRA 설정에서 함께 사용할 수 없습니다. 심지어 같은 아키텍처라도 버전이 다르면 문제가 될 수 있습니다. Llama 3의 다른 버전으로 학습된 두 모델도 호환되지 않을 수 있습니다.

둘째, 모든 LoRA 모델은 동일한 학습 방법을 사용해야 합니다. 이는 마치 같은 언어로 대화해야 서로 이해할 수 있는 것과 비슷합니다. 예를 들어, 한 LoRA 모델이 8비트 방식으로 학습됐고 다른 모델이 16비트 방식으로 학습됐다면 이 두 모델은 서로 다른 언어로 말하는 것과 같습니다. 따라서 함께 사용할 수 없습니다.

셋째, 허깅페이스에 모델을 업로드할 때도 특별한 주의가 필요합니다. LoRA의 핵심 장점을 유지하기 위해서는 LoRA 모델만 별도로 업로드해야 하며, 베이스 모델과 합쳐진 전체 모델을 올리면 안 됩니다. 만약 베이스 모델과 LoRA를 합쳐서 업로드하면 결과적으로 100GB가 넘는 큰 파일이 되어 다운로드와 사용이 매우 어려워지며, LoRA의 작은 크기라는 장점을 완전히 잃게 됩니다. 또한 다른 사용자들이 이 LoRA를 다양한 베이스 모델과 조합해 사용할 수 있는 유연성도 사라집니다. 따라서 LoRA만 별도로 업로드하면 사용자들은 자신이 원하는 베이스 모델과 쉽게 조합해 사용할 수 있고, 저장 공간도 크게 절약할 수 있습니다.

이러한 제약 사항을 엄격하게 준수해야만 Multi-LoRA를 안정적으로 활용할 수 있습니다. 이를 통해 다양한 특화된 작업들을 하나의 모델에서 효과적으로 수행할 수 있게 됩니다.

지금까지 vLLM과 Multi-LoRA에 대해 알아봤습니다. 이제 학습한 내용을 정리해 보겠습니다.

먼저, 페이지드 어텐션의 원리부터 시작해 vLLM의 효율적인 사용법, Llama 3 모델의 생성 속도 향상 기법, 그리고 Multi-LoRA를 적용하는 방법까지 폭넓게 다루었습니다. 이러한 기술들은 대규모 언어 모델의 성능을 극대화하고 리소스를 효율적으로 활용하는 데 큰 도움이 됩니다.

실제 적용 측면에서 vLLM은 대규모 언어 모델의 추론 속도를 크게 향상시키며, Multi-LoRA는 하나의 베이스 모델을 메모리에 로드한 후 여러 개의 특화된 LoRA 튜닝 모델을 동시에 사용할 수 있게 해줍니다. 결과적으로 리소스 사용을 최적화하면서도 여러 전문 영역에서 높은 성능을 발휘하는 유연한 시스템을 구축할 수 있게 되며, 이것이 vLLM과 Multi-LoRA의 핵심적인 이점입니다.

이 장에서 학습한 내용은 대규모 언어 모델을 실제 환경에서 더욱 효율적으로 활용할 수 있게 해주는 중요한 기술들입니다. 꼼꼼히 학습해 여러분의 상황에 맞게 적용해 보기 바랍니다.

APPENDIX

부록

역전파 수학적 리뷰

역전파 코드 리뷰

부록에서는 1장에서 학습한 역전파를 수식과 코드로 알아보겠습니다.

역전파 수학적 리뷰

먼저 역전파를 수학적으로 살펴보겠습니다. 간단한 신경망 구조를 예로 들어 설명하겠습니다. 이 신경망은 다층 퍼셉트론(MLP)으로, 입력층, 은닉층, 출력층으로 구성돼 있습니다. 각 층의 노드 사이에는 연결 강도를 나타내는 가중치가 존재합니다.

그림 A.1은 이러한 다층 퍼셉트론의 구조와 계산 과정을 보여줍니다. 입력층에는 두 개의 노드가 있으며, 각각 0.3과 0.2의 값을 가집니다. 은닉층 역시 두 개의 노드로 구성돼 있습니다. 은닉층의 각 노드는 입력값과 가중치를 곱한 후 합산해 중간 결과를 얻는 과정을 거칩니다.

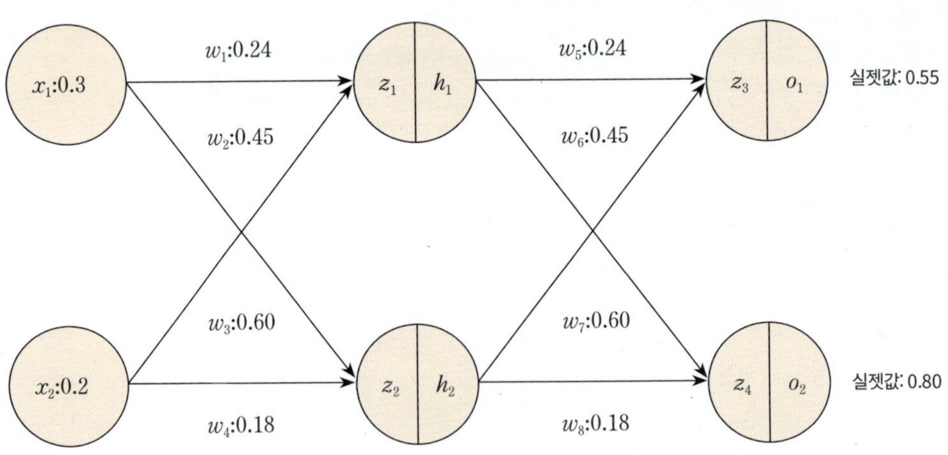

그림 A.1 다층 퍼셉트론

이러한 구조를 통해 신경망은 입력 데이터를 처리하고 변환하여 최종 출력을 생성합니다. 역전파 알고리즘은 이 과정에서 발생하는 오차를 줄이기 위해 가중치를 조정하는 방법입니다. 이제 이 구조를 바탕으로 역전파의 수학적 원리를 자세히 살펴보겠습니다.

순전파 계산을 시작하겠습니다. 먼저 입력층에서 은닉층으로의 계산을 수행합니다. 이 과정에서 각 뉴런의 가중치와 입력값을 곱한 후 더하는 연산을 수행합니다.

은닉층의 첫 번째 층의 z_1, z_2에 대해 계산합니다.

$$z_1 = w_1x_1 + w_3x_2$$
$$z_2 = w_2x_1 + w_4x_2$$

값을 대입하여 계산하면 다음과 같습니다.

$$\begin{aligned} z_1 &= 0.24 \cdot 0.3 + 0.60 \cdot 0.2 \\ &= 0.072 + 0.12 \\ &= 0.192 \\ z_2 &= 0.45 \cdot 0.3 + 0.18 \cdot 0.2 \\ &= 0.135 + 0.036 \\ &= 0.171 \end{aligned}$$

이렇게 계산된 z_1과 z_2는 은닉층 뉴런의 활성화 이전 값입니다. 이 값들에 시그모이드 함수를 적용해 은닉층 값을 계산합니다.

은닉층의 출력 h_1과 h_2를 계산하면 다음과 같습니다.

$$\begin{aligned} h_1 &= \sigma(z_1) = \frac{1}{1+e^{-0.192}} \\ &\approx \frac{1}{1+0.825} \\ &\approx 0.547 \\ h_2 &= \sigma(z_2) = \frac{1}{1+e^{-0.171}} \\ &\approx \frac{1}{1+0.843} \\ &\approx 0.543 \end{aligned}$$

은닉층의 첫 번째 노드에서는 입력값과 가중치를 곱해 0.192라는 중간값을 얻었습니다. 이를 시그모이드 함수($1/(1+e^{-x})$)에 적용합니다. 여기서 e는 자연상수로 약 2.71828이며, $e^{-0.192}$는 e의 -0.192제곱을 의미합니다. 이 값을 계산하면 약 0.825가 나옵니다. 이 값을 대입하여 계산하면 약 0.547이라는 최종 출력값이 나옵니다.

두 번째 노드도 동일한 과정을 거칩니다. 입력값과 가중치를 곱하여 중간값을 계산하고, 이를 시그모이드 함수에 적용합니다. 그 결과 약 0.543이라는 출력값을 얻습니다.

출력층도 마찬가지로 두 개의 노드로 구성돼 있으며, 은닉층의 출력값과 가중치를 곱하고 합산한 후 시그모이드 함수를 적용해 최종 결과를 얻습니다.

출력층의 입력 z_3과 z_4의 계산 식은 다음과 같습니다.

$$z_3 = w_5h_1 + w_7h_2$$
$$z_4 = w_6h_1 + w_8h_2$$

값을 대입하여 계산하면 다음과 같습니다.

$$\begin{aligned} z_3 &= 0.24 \cdot 0.547 + 0.60 \cdot 0.543 \\ &= 0.131 + 0.326 \\ &= 0.457 \\ z_4 &= 0.45 \cdot 0.547 + 0.18 \cdot 0.543 \\ &= 0.246 + 0.098 \\ &= 0.344 \end{aligned}$$

최종 출력 o_1과 o_2를 계산하면 다음과 같습니다.

$$\begin{aligned} o_1 = \sigma(z_3) &= \frac{1}{1+e^{-0.457}} \\ &\approx \frac{1}{1+0.633} \\ &\approx 0.612 \end{aligned}$$

$$o_2 = \sigma(z_4) = \frac{1}{1+e^{-0.344}}$$

$$\approx \frac{1}{1+0.709}$$

$$\approx 0.585$$

출력층에서도 위와 같은 방식으로 계산이 이뤄지며, 최종적으로 0.612와 0.585라는 두 개의 출력값을 얻습니다. 실제 목푯값은 0.55와 0.80으로, 이 값들은 신경망의 예측값과 비교해 오차를 계산하는 데 사용됩니다.

여기서 사용할 오차는 평균 제곱 오차(Mean Squared Error, MSE)를 사용합니다. 이제 MSE로 오차를 계산하고 실제 가중치를 업데이트하겠습니다. 각 출력 노드의 오차를 계산합니다. 오차를 계산할 때는 출력 노드 o_1과 o_2의 실젯값과 예측값을 사용합니다.

$$E_1 = \frac{1}{2}(\text{실젯값}_1 - \text{예측값}_1)^2$$

$$E_2 = \frac{1}{2}(\text{실젯값}_2 - \text{예측값}_2)^2$$

따라서 다음과 같이 값을 대입할 수 있습니다.

$$E_1 = \frac{1}{2}(0.55 - 0.612)^2 \approx 0.0019$$

$$E_2 = \frac{1}{2}(0.80 - 0.585)^2 \approx 0.0232$$

결과적으로, 전체 오차 E는 다음과 같습니다.

$$E = E_1 + E_2 \approx 0.0019 + 0.0232 = 0.0251$$

역전파 과정에서는 신경망의 오차를 줄이기 위해 각 노드의 가중치를 조정합니다. 이때 도함수라는 개념을 사용합니다. 도함수는 함수의 순간적인 변화율을 나타내는 것으로, 쉽게 말해 어떤 지점에서 함수가 얼마나 빠르게 변하는지를 알려줍니다.

$$\delta_{o1} = \frac{1}{2}(\text{예측값}_1 - \text{실젯값}_1)^2 \cdot \sigma'(z_3)$$

$$\delta_{o2} = \frac{1}{2}(\text{예측값}_2 - \text{실젯값}_2)^2 \cdot \sigma'(z_4)$$

신경망에서는 시그모이드 함수를 자주 사용합니다. 여기서 $\sigma'(z)$는 시그모이드 함수의 도함수로, 다음과 같이 계산됩니다.

$$\sigma'(z) = \sigma(z) \cdot (1-\sigma(z))$$

이 도함수를 사용하여 각 노드의 오차를 계산하고, 이를 바탕으로 가중치를 조정합니다. 이 과정을 통해 신경망은 자신의 예측이 얼마나 틀렸는지, 그리고 어떤 방향으로 가중치를 조정해야 더 나은 결과를 낼 수 있는지를 파악할 수 있게 됩니다.

이제 계산해 보겠습니다.

$$\sigma'(z_3) = o_1 \cdot (1-o_1) = 0.612 \cdot (1 - 0.612) \approx 0.237$$
$$\sigma'(z_4) = o_2 \cdot (1-o_2) = 0.585 \cdot (1 - 0.585) \approx 0.242$$
$$\delta_{o1} = (0.612 - 0.55) \cdot 0.237 \approx 0.0147$$
$$\delta_{o2} = (0.585 - 0.80) \cdot 0.242 \approx -0.052$$

은닉층 노드의 델타를 계산합니다. 이는 출력층 델타와 은닉층 노드의 가중치를 사용해 계산됩니다.

$$\delta_{h1} = (\delta_{o1} \cdot w_5 + \delta_{o2} \cdot w_6) \cdot \sigma'(z_1)$$
$$\delta_{h2} = (\delta_{o1} \cdot w_7 + \delta_{o2} \cdot w_8) \cdot \sigma'(z_2)$$

여기서,

$$\sigma'(z_1) = h_1 \cdot (1-h_1) = 0.547 \cdot (1 - 0.547) \approx 0.247$$
$$\sigma'(z_2) = h_2 \cdot (1-h_2) = 0.543 \cdot (1 - 0.543) \approx 0.249$$

이므로 다음과 같이 계산할 수 있습니다.

$$\delta_{h1} = (0.0147 \cdot 0.24 + (-0.052) \cdot 0.45) \cdot 0.247 \approx (-0.0175) \cdot 0.247 \approx -0.0043$$
$$\delta_{h2} = (0.0147 \cdot 0.60 + (-0.052) \cdot 0.18) \cdot 0.249 \approx 0.00425 \cdot 0.249 \approx 0.0010$$

각 가중치를 업데이트합니다. 학습률 η를 사용해 가중치를 조정합니다. 여기서는 학습률 $\eta=0.1$을 사용합니다.

출력층 가중치를 계산하면 다음과 같습니다.

$$w_5 = w_5 - \eta \cdot \delta_{o1} \cdot h_1 \approx 0.24 - 0.1 \cdot 0.0147 \cdot 0.547 \approx 0.24 - 0.0008 \approx 0.2392$$
$$w_6 = w_6 - \eta \cdot \delta_{o1} \cdot h_2 \approx 0.45 - 0.1 \cdot 0.0147 \cdot 0.543 \approx 0.45 - 0.0008 \approx 0.4492$$
$$w_7 = w_7 - \eta \cdot \delta_{o2} \cdot h_1 \approx 0.60 - 0.1 \cdot (-0.052) \cdot 0.547 \approx 0.60 - 0.0028 \approx 0.6028$$
$$w_8 = w_8 - \eta \cdot \delta_{o2} \cdot h_2 \approx 0.18 - 0.1 \cdot (-0.052) \cdot 0.543 \approx 0.18 - 0.0028 \approx 0.1828$$

은닉층 가중치를 계산하면 다음과 같습니다.

$$w_1 = w_1 - \eta \cdot \delta_{h1} \cdot x_1 \approx 0.24 - 0.1 \cdot (-0.0043) \cdot 0.3 \approx 0.24 - 0.0001 \approx 0.2401$$
$$w_2 = w_2 - \eta \cdot \delta_{h1} \cdot x_2 \approx 0.45 - 0.1 \cdot (-0.0043) \cdot 0.3 \approx 0.45 - 0.0001 \approx 0.4501$$
$$w_3 = w_3 - \eta \cdot \delta_{h2} \cdot x_1 \approx 0.60 - 0.1 \cdot 0.0010 \cdot 0.60 \approx 0.60 - 0.0003 \approx 0.59997$$
$$w_4 = w_4 - \eta \cdot \delta_{h2} \cdot x_2 \approx 0.18 - 0.1 \cdot 0.0010 \cdot 0.18 \approx 0.18 - 0.0002 \approx 0.17998$$

초기 가중치와 업데이트한 가중치를 비교하면 다음과 같습니다.

가중치	초깃값	업데이트 후 값
w_1	0.24	0.2401
w_2	0.45	0.4501
w_3	0.60	0.59997
w_4	0.18	0.17998
w_5	0.24	0.2392

가중치	초깃값	업데이트 후 값
w_6	0.45	0.4492
w_7	0.60	0.6028
w_8	0.18	0.1828

인공지능 모델은 이렇게 가중치를 조금씩 수정하며 학습합니다. 그에 따라 인공지능의 학습 과정에서 가장 중요한 질문 중 하나는 '어느 방향으로 가중치를 업데이트해야 할까?'입니다. 그림 A.2에서 볼 수 있듯이, 손실 함수의 지형은 여러 개의 산과 골짜기로 이뤄진 복잡한 형태를 띠고 있습니다. 이 지형에서 우리의 목표는 가장 낮은 지점, 즉 전역 최솟값(global minimum)을 찾는 것입니다.

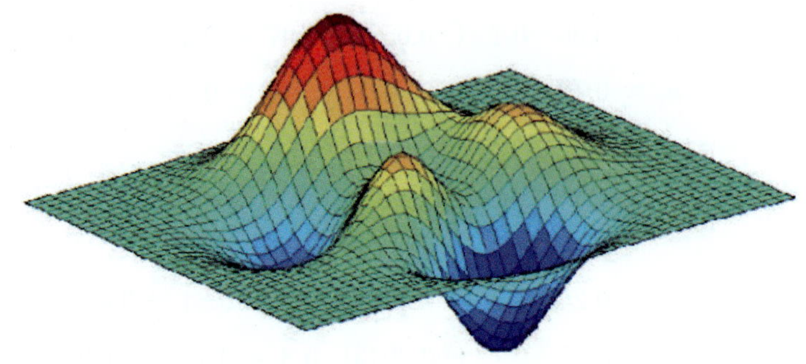

그림 A.2 인공지능 가중치 3D 모식도

학습 과정은 이 복잡한 지형에서 시작점을 정하고, 그 지점에서 가장 가파르게 내려가는 방향을 찾아 이동하는 것입니다. 이때 가장 중요한 것은 **'어느 방향으로 Loss를 최소화할 수 있을까?'**라는 질문입니다. 그림에서 볼 수 있듯이, 지형의 어느 부분에서 시작하느냐에 따라 도달하는 최종 지점이 달라질 수 있습니다.

딥러닝에서는 이러한 복잡한 지형을 효과적으로 탐색하기 위해 Loss가 작아지는 방향으로 가중치를 업데이트합니다. 이때 Loss에 대해 두 가지 중요한 약속이 있습니다.

- 첫째, 전체 손실은 개별 샘플 손실의 합과 같습니다.
- 둘째, 각 샘플의 손실을 계산할 때 신경망의 최종 출력값과 입력값만을 사용합니다.

이렇게 산출된 Loss를 활용해서 가중치를 업데이트 한다는 사실을 꼭 기억해야 합니다.

가중치 업데이트 방향을 정했다면 다음은 **'언제까지 업데이트할 것인가?'**에 대한 논의가 필요합니다. **인공지능 학습은 주어진 훈련 데이터에 대해 모델의 오류를 최소화하는 최적의 파라미터를 찾는 과정**입니다. 이를 위해 주로 경사 하강법(Gradient Descent)을 사용합니다.

인공지능의 목표는 손실 함수 L(θ)가 가장 작아지게 만드는 파라미터 θ를 찾는 것입니다. 수학적으로는 이를 θ^*=argmin_θ L(θ)로 표현할 수 있습니다. 여기서 argmin은 'argument of the minimum'의 줄임말로, L(θ)를 최소로 만드는 θ 값을 찾는다는 의미입니다. 즉, 손실 함수 L(θ)가 가장 작아지게 만드는 파라미터 θ를 찾는 것이 목표입니다. 학습 과정에서 파라미터를 조금씩 변경해 가며 더 나은 값을 찾습니다. 이를 파라미터 업데이트라고 하며, θ를 $\theta + \Delta\theta$로 바꾸는 방식으로 이뤄집니다. 여기서 $\Delta\theta$는 파라미터의 변화량을 나타냅니다.

이때 중요한 점은 새로운 파라미터 값($\theta + \Delta\theta$)을 사용했을 때의 손실이 이전 파라미터 값(θ)을 사용했을 때보다 작은 경우에만 업데이트를 진행한다는 것입니다. 즉, $L(\theta + \Delta\theta) < L(\theta)$일 때만 파라미터를 실제로 업데이트합니다. 이렇게 함으로써 모델의 성능이 점진적으로 향상되도록 합니다.

학습 과정은 학습 방향 결정, 파라미터 업데이트, 학습 종료 판단의 단계로 이루어집니다. 학습 종료는 손실 함수의 값이 더 이상 줄어들지 않을 때, 그레이디언트 크기가 매우 작아졌을 때, 또는 미리 정해둔 최대 반복 횟수에 도달했을 때 등의 조건에 따라 결정됩니다.

지금까지 역전파가 수학적으로 어떻게 이뤄지는지, 그리고 인공지능 모델이 어떤 방식으로 Loss를 줄이고 언제까지 학습을 진행하는지에 대해 자세히 살펴봤습니다. 이러한 이론적 이해를 바탕으로 이제 이 과정을 실제 코드로 어떻게 구현할 수 있는지 알아보겠습니다.

코드 구현은 우리가 학습한 이론을 실제로 적용하는 중요한 단계입니다. 이를 통해 추상적인 개념을 구체적인 프로그램으로 변환하는 과정을 경험할 수 있으며, 인공지능 모델의 작동 원리를 더욱 깊이 이해할 수 있게 됩니다.

또한 이 과정에서 실제 인공지능 모델을 만들고 훈련시키는 데 필요한 실용적인 기술을 습득할 수 있습니다. 이제 역전파 알고리즘과 Loss 최소화 과정을 코드로 구현하는 방법을 단계별로 살펴보겠습니다.

역전파 코드 리뷰

역전파 신경망 구현을 위한 코드를 자세히 살펴보겠습니다. 이 코드는 구글 코랩이나 파이썬이 설치된 컴퓨터 환경이라면 어디서든 실행할 수 있습니다.

그럼 이제 코드를 살펴보겠습니다. 먼저 NumPy 라이브러리를 불러옵니다. 이 라이브러리는 배열 연산을 효율적으로 처리할 수 있게 해줍니다. 그다음, 신경망의 핵심 요소인 시그모이드 함수와 그 도함수를 정의합니다. 시그모이드 함수는 어떤 입력값이 들어오더라도 그 결과를 0과 1 사이의 값으로 변환해 주는 중요한 역할을 합니다.

```
import numpy as np

def sigmoid(x):
    return 1 / (1 + np.exp(-x))

def sigmoid_derivative(x):
    return x * (1 - x)
```

신경망에 입력할 데이터를 준비합니다. 이번 예제에서는 두 가지 정보를 담은 간단한 배열을 사용합니다. 그리고 신경망 내부의 각 연결에 초기 가중치를 부여합니다. 이 가중치들은 신경망의 '기억'과 같은 역할을 하며, 학습이 진행되면서 계속해서 조금씩 변화합니다.

```
x = np.array([0.3, 0.2])

weights = {
    'w1': 0.24, 'w2': 0.45, 'w3': 0.60, 'w4': 0.18,
    'w5': 0.24, 'w6': 0.45, 'w7': 0.60, 'w8': 0.18
}
```

다음으로, 준비한 입력값으로 신경망의 실제 계산 과정을 시작합니다. 입력층에서 받은 데이터로 은닉층의 값을 계산하고, 그 결과로 출력층의 값을 구합니다. 이 과정에서 시그모이드 함수가 중요한 역할을 합니다. 이렇게 입력층부터 출력층까지 차례대로 계산하는 과정을 '순방향 전파'라고 부릅니다.

```
z1 = weights['w1'] * x[0] + weights['w3'] * x[1]
z2 = weights['w2'] * x[0] + weights['w4'] * x[1]
h1 = sigmoid(z1)
h2 = sigmoid(z2)

z3 = weights['w5'] * h1 + weights['w7'] * h2
z4 = weights['w6'] * h1 + weights['w8'] * h2
o1 = sigmoid(z3)
o2 = sigmoid(z4)
```

그다음, 신경망의 목표 출력값을 정의하고 실제 출력값과의 차이(손실)를 계산합니다. 출력층과 은닉층의 오차를 계산하는 과정에서 시그모이드 함수의 도함수를 사용합니다. 가중치 업데이트에 사용할 학습률도 설정합니다.

```
y = np.array([0.55, 0.80])
E1 = 0.5 * (y[0] - o1)**2
E2 = 0.5 * (y[1] - o2)**2
E_total = E1 + E2
print(f"총 오류: {E_total}")

delta_o1 = (o1 - y[0]) * sigmoid_derivative(o1)
delta_o2 = (o2 - y[1]) * sigmoid_derivative(o2)
delta_h1 = (delta_o1 * weights['w5'] + delta_o2 * weights['w6']) *
sigmoid_derivative(h1)
delta_h2 = (delta_o1 * weights['w7'] + delta_o2 * weights['w8']) *
sigmoid_derivative(h2)

learning_rate = 0.1
```

마지막으로, 계산된 오차와 학습률을 이용해 각 가중치를 업데이트하고, 업데이트된 가중치 값들을 출력합니다. 이 코드는 다층 퍼셉트론 신경망의 한 번의 학습 과정을 보여주며, 실제 학습에서는 이 과정을 여러 번 반복해 가중치를 최적화합니다.

```
weights['w5'] -= learning_rate * delta_o1 * h1
weights['w6'] -= learning_rate * delta_o1 * h2
weights['w7'] -= learning_rate * delta_o2 * h1
weights['w8'] -= learning_rate * delta_o2 * h2
weights['w1'] -= learning_rate * delta_h1 * x[0]
weights['w2'] -= learning_rate * delta_h1 * x[1]
weights['w3'] -= learning_rate * delta_h2 * x[0]
weights['w4'] -= learning_rate * delta_h2 * x[1]

print("역전파 후 업데이트된 가중치:")
for key, value in weights.items():
    print(f"{key}: {value}")
```

이 코드는 다층 퍼셉트론 신경망의 한 번의 학습 과정을 간단히 보여줍니다. 실제 학습에서는 이 과정을 여러 번 반복하여 가중치를 최적화합니다. 이를 통해 신경망은 점진적으로 더 정확한 결과를 산출할 수 있게 됩니다.

[실행 결과]

```
역전파 후 업데이트된 가중치:
w1: 0.2401479664882488
w2: 0.45009864432549923
w3: 0.6000037859576405
w4: 0.1800025239717603
w5: 0.2391895247658004
w6: 0.4491972277549693
w7: 0.6028563506401562
w8: 0.18282920306412295
```

이러한 반복 학습 과정은 신경망이 주어진 문제를 더 잘 해결할 수 있도록 만듭니다. 전체적인 학습 과정과 최종 결과를 확인하고 싶다면 제공된 실습 코드를 참고하기 바랍니다.

마치며

이 책을 통해 우리는 현대 인공지능의 핵심인 언어 모델의 기술적 기반과 실제 적용 방법들을 폭넓게 살펴보았습니다. 인공지능의 역사적 발전 과정부터 시작하여, 신경망의 기본 원리인 역전파 알고리즘, 그리고 현대 언어 모델의 학습 원리에 이르기까지 이론적 토대를 다졌습니다.

특히 최신 언어 모델들의 실용적 활용에 초점을 맞추어, 전체 파인튜닝부터 LoRA, QLoRA와 같은 효율적인 학습 방법들을 상세히 다루었습니다. 이러한 방법론들을 Gemma, Gemma 2, LLaMA 3.1, Ko-LLaMA 3와 같은 최신 모델들에 적용하는 실제 사례들을 통해, 독자들이 실무에서 바로 활용할 수 있는 실질적인 지식을 전달하고자 했습니다.

인공지능 기술은 끊임없이 발전하고 있습니다. 이 책에서 다룬 내용들은 여러분이 앞으로 등장할 새로운 기술들을 이해하고 적용하는 데 필요한 기초가 될 것입니다. 단순히 기술을 사용하는 것을 넘어, 그 근본 원리를 이해함으로써 여러분은 더 창의적이고 효과적으로 인공지능을 활용할 수 있을 것입니다.

인공지능을 어떻게 공부해야 할지 고민하고 계신 많은 분들에게 도움이 되었으면 좋겠습니다.

감사합니다.

A – B

C – D

F

G

L – N

P